清华版·高等院校旅游与饭店管理专业规划教材

旅游项目策划

杨振之 主　编

陈　谨　　
甘　露　副主编

清华大学出版社
北京

内 容 简 介

本书是教育部旅游管理专业教育教学改革项目配套教材之一，也是清华版高等院校旅游与饭店管理专业规划教材之一。

旅游项目策划是旅游管理专业一门新兴的学科，正在引起旅游行政管理部门、旅行社、饭店、旅游项目投资商、旅游项目营运商和各高等院校的重视。旅游业的发展必须依托项目，即使旅游业已发展到较高的水平，需要升级的时候依然要依托项目，项目是旅游业运作的核心。本书共 10 章，阐述旅游项目策划的基本概念；旅游项目策划的基本原理；旅游项目开发的条件及环境分析；旅游项目策划的市场调查；旅游项目的定位报告；旅游项目规划设计；项目投资估算；项目经济效益分析；旅游项目的营销策划；项目管理。附录 A、B 包括项目建议书编制、申报、审批；可行性研究报告编制、申报、审批。

本书适合高等学校旅游管理等专业的教学用书，也可供旅游从业人员及广大旅游爱好者参考阅读。

本书封面贴有清华大学出版社防伪标签，无标签者不得销售。
版权所有，侵权必究。举报：010-62782989，beiqinquan@tup.tsinghua.edu.cn。

图书在版编目(CIP)数据

旅游项目策划/杨振之主编；陈谨，甘露副主编. —北京：清华大学出版社，2007.8(2024.2 重印)
(清华版·高等院校旅游与饭店管理专业规划教材)
ISBN 978-7-302-15696-3

Ⅰ. ①旅… Ⅱ. ①杨… ②陈… ③甘… Ⅲ. ①旅游市场—市场营销学—高等学校—教材
Ⅳ. ①F590.8

中国版本图书馆 CIP 数据核字(2007)第 105480 号

责任编辑：温　洁
封面设计：常雪影
版式设计：北京东方人华科技有限公司
责任校对：马素伟
责任印制：丛怀宇

出版发行：清华大学出版社
　　　　网　　址：https://www.tup.com.cn，https://www.wqxuetang.com
　　　　地　　址：北京清华大学学研大厦 A 座　　邮　编：100084
　　　　社 总 机：010-83470000　　　　　　　　　邮　购：010-62786544
　　　　投稿与读者服务：010-62776969，c-service@tup.tsinghua.edu.cn
　　　　质量反馈：010-62772015，zhiliang@tup.tsinghua.edu.cn
　　　　课件下载：https://www.tup.com.cn，010-62791865
印 装 者：三河市人民印务有限公司
经　　销：全国新华书店
开　　本：185mm×260mm　　印　张：21.25　　字　数：495 千字
版 印 次：2007 年 8 月第 1 版　　　　　　　　印　次：2024 年 2 月第 12 次印刷
定　　价：56.00 元

产品编号：021321-03

教育部面向21世纪
旅游管理专业教育教学改革工程项目配套教材
清华版·高等院校旅游与饭店管理专业规划教材

总 主 编　马　勇　田　里

副总主编　郑向敏　罗兹柏　高　峻

主编委员（按姓氏笔画排序）

马　波　马　勇　王　琳　王远水
王远坤　田　里　叶　红　叶晓辉
龙京红　吕宛青　刘　纯　刘大可
刘爱服　牟　红　冯冬明　朱承强
肖　星　李　丽　李　昕　李　晴
李亚利　李肇荣　杜文才　陈福义
陈绍友　张文建　张德成　杨　敏
杨振之　郑向敏　郑耀星　赵　丽
赵　毅　罗兹柏　罗有贤　修月桢
高　峻　徐启明　曹华盛　韩玉灵
魏　卫

丛 书 序

进入21世纪以来，随着中国社会经济的飞跃发展，综合国力的不断增强，国民生活水平的显著提高，中国旅游业迅速发展起来，并且保持着持续发展的活力。根据世界旅游组织的预测，2020年中国将成为世界第一大旅游目的地国，并成为世界主要旅游客源国之一。在21世纪的起始阶段，中国旅游业的发展将本着"大力发展入境游，积极发展国内游，规范发展出境游"的方针，逐步发展成为出入境旅游并举的旅游客源输出大国和旅游目的地大国。

中国能够快速发展成为全球最主要的旅游市场之一，首先需要大量优秀的专业人才做支撑。旅游产业的发展运行需要管理、策划、营销、服务等多方面和多层次的专业人才体系来支撑，涉及面包括了从旅游资源的规划与开发到旅游产品的策划与设计，从旅游活动的组织创意到旅游线路的营销推介，从旅游企业的管理运营到旅游项目的筹划运作以及到各种旅游服务的实际提供与操作等等；同时，随着现代旅游产业发展呈现出的多元化、国际化趋势，旅游节庆、旅游会展、旅游地产、旅游电子商务等新型旅游产业迅速发展起来，对现代旅游从业人员提出了新的要求，也是对当前旅游管理专业的高等教育提出了新的挑战。

当前，我国旅游管理专业教学建设已有了一定的发展基础，在中国步入"十一五"新的发展时期，中国旅游专业人才的培养需要一套具有新理念、新思维、高水平的精品教材，以培养出一批符合未来中国旅游产业发展需求的合格人才。为此，清华大学出版社策划组织了国内一流旅游院校中的部分院系著名专家教授和学科带头人参与编写了这套能够适应中国旅游业发展需要的高等院校系列教材。本套教材是教育部面向21世纪旅游管理专业教育教学改革工程项目的系列配套教材，由清华大学出版社组织出版。本套教材的宗旨是进一步完善全国旅游管理专业的高等教学体系，总结中国旅游产业发展的理论成果和实践经验，推进中国旅游管理专业的理论发展和学科建设，并希望有助于提高中国现代旅游从业人员的专业素养和理论功底。

在编制本套教材的过程中，我们力求系统地、完整地和准确地介绍旅游管理专业的基本理论和知识，并体现资料全、观点新和体系完整的特色，尽可能地将当前国内外旅游产业发展的前沿理论和热点、焦点问题收纳进来。本套教材既可作为全国高等院校旅游管理专业教育教学的专业教材，也可作为旅游企业专业人才培训的参考用书。本套教材由教育部工商管理教学委员会委员马勇教授和田里教授担任总主编，由华侨大学郑向敏教授、重庆师范大学罗兹柏教授和上海师范大学高峻教授担任副总主编。

本套系列教材将于2006年秋季陆续出版发行，其中刘纯教授的《现代饭店督导管理》、郑向敏教授的《现代饭店经营管理》已评为教育部国家级"十一五"规划教材。在教材的编制过程中，清华大学出版社特别邀请了全国旅游教育界和企业界的知名教授和专家学者进行了严格的审定，借此机会对支持和参与本套教材编、审工作的专家、学者表示衷心的感谢。

欢迎全国旅游高等院校师生和旅游专业人士的选用，并提出宝贵意见，以利于今后本套系列教材的修订与完善。

编委会

2006年7月

前 言

本书是教育部旅游管理专业教育教学改革项目配套教材之一，也是清华版高等院校旅游与饭店管理专业规划教材之一。

旅游项目策划是旅游管理专业一门新兴的学科，正在引起旅游行政管理部门、旅行社、饭店、旅游项目投资商、旅游项目营运商和各高等院校的重视。许多高等院校纷纷新设这一课程，或者正在准备开设这一新课程。其实质是由于市场上对这类人才的需求很旺，高等院校必须顺势而为。旅游业的发展必须依托项目，即使旅游业发展到较高水平需要升级时依然要依托项目；项目是旅游业运作的核心。

旅游项目策划需要熟悉各种相关的法律规范和国家标准，需要熟悉市场运作，需要了解商业运作，而这些正是高校教师和学生所缺少的，本书对此进行了详细论述。本书力图建立旅游项目策划的学科体系，理论和知识系统，再通过一系列实践案例的讲解和分析，力求将理论与实践紧密结合。

本书配有电子课件，以适应多媒体教学的需要。下载地址：

www.tup.com.cn

本书的编写团队是一个理论研究与实战经验结合得较好的团队，他们一方面在大学任教，担任相关的教学与科研工作，另一方面参与了大量旅游项目开发的实际工作，知道市场的需求、学生的需求，也熟悉旅游项目策划的技术深度，这样就保证了本书的理论性与实战性。同时，作为教材的编写，本书吸取了国内外最新的研究成果，尽量做到平实、公允、全面。

本书由杨振之(四川大学旅游学院教授、博导)任主编，确定本书的基本思想、思路和大纲，并负责全书的统稿，陈谨、甘露任副主编，协助统稿工作。邹积艺撰写第一章，甘露撰写第二章、第五章，甘露、刘红艳撰写第三章，李会云撰写第七章、第九章，陈谨撰写第四章、第六章，肖葱撰写第八章、第十章，邹积艺、张丹、魏莉莉、刘广锐编写了第五章的案例。

本书在编写过程中参考和引用了国内外的一些相关文献和资料，以及一些成熟的观点，谨向这些文献资料和所引观点的作者致以诚挚的谢意。清华大学出版社与温洁编辑给予了无私的帮助,在此表示感谢。对关心与支持我们工作的同事,以及委托我们编制旅游项目策划、规划、设计的所有单位表示感谢。

  由于编者水平有限,书中难免存在疏漏、谬误之处,恳请各位同仁、读者不吝赐教。

编者

旅游项目策划：走向规范化与科学化
——绪　　论

　　旅游项目策划被列入高校旅游管理专业教材，是中国旅游界的一个标志。它不仅标志着旅游策划已登堂入室，成为莘莘学子的教科书，而且标志着旅游项目策划走向规范化与科学化。

　　中国旅游业经过近 30 年来的实践，无论从政府管理部门、旅游企业、旅游景区、旅游投资者还是专家学者都深知旅游策划的重要性，而旅游策划又是以项目策划为核心的，所有的策划都必须从项目展开又回到项目，项目是旅游开发的灵魂。因此，如果在旅游项目开发过程中，项目策划处于无序状态，以为旅游是人人都可以说的学科，旅游策划是许多人想做就可以做的事，没有评价标准，没有学科体系，那将是旅游业的大不幸。实际上，旅游业也从中吃了不少苦头。也正因为如此，旅游业呼唤着科学旅游项目策划体系的产生。

　　本书试图建立科学的旅游项目策划体系至少能使人们知道旅游项目策划包括哪些基本内容，它的完整体系是怎么一回事，它需要符合哪些法律法规和国家标准，一个规范的旅游项目策划是如何完成的。如果实现了这样一个目标，也算是我们对中国旅游业尽了一点责任，对投资者、地方政府、旅游企业和学生们尽了一点责任。

　　在实践中，我们曾看到过有的旅游项目策划方案，既没有精心推敲的市场调查和研究，也没有深入的文化挖掘和研究，策划的项目得不到国家法律法规和规范的支持，策划者无视甚至于不知道这些规范，策划的项目在工程上难以实施。这样的方案或者天马行空，或者妙笔生花，或者以投资模式、经营模式的策划代替项目策划，甚至用投资模式、经营模式的策划代替景区规划，结果方案无法获得批准，许多项目在进入详细规划阶段又不得不被推翻。

　　旅游项目的策划，实际上是对旅游项目开发的可行性进行研究，根据工作阶段和深度要求的不同，对项目的策划可分为预可行性研究和可行性研究两个阶段，相当于工程咨询编制的《项目建议书》和《可行性研究报告》。在预可行性研究阶段，可以增加商业策划的内容，方案的设想尽可以大胆一些，放开思路，用头脑风暴法进行"大胆假设"，但是必须以严谨科学的态度进行"小心求证"。所以，项目策划的这两个阶段都必须熟悉旅游规划、城市规划、风景区规划、工程咨询等方面的法律法规和国家标准，熟悉规划的技术标准。在项目策划中，市场需求是导向，资源评价是基础，项目策划是灵魂，政策法规是保障，工程技术是支撑，这五大原则是项目策划者自始至终应当遵循的。但要想运用好这些原则，既要有非凡的思路，又要有熟练的技术，还要有认真负责的态度。

旅游项目策划要对开发项目的各种相关条件和环境进行分析，对现状条件进行透彻的分析，要知道市场调查和分析的基本方法和技术，以及如何进行竞争者分析和研究，如何研究商业业态——特别是景区商业业态的研究，应该是旅游景区项目策划和详细规划的基础性研究工作，是旅游产业链条如何在景区内合理布局的依据，它决定着景区的建筑如何布局，而不是规划师和建筑师随意地在图上根据自己的理解来布局商业空间和产业空间。但迄今为止，旅游界对景区商业业态的研究还没有引起重视，这就有可能造成这样的结果——规划设计了很多的房子和店铺，但它们并不能产生良好的商业效应，反而破坏了环境；或者是商业店铺规划设计过少，没有产生商业的集聚效应。这些店铺放在什么地方，旅游的六大要素在景区如何布局，游客在什么时候才能产生强烈的消费欲望，是需要对景区的商业业态和游客的消费行为与消费心理进行好好研究的。

在市场研究的同时，要进行文化的研究。景区的灵魂是文化，但如何整理和发掘文化、展示文化，如何通过文化符号和文化产品恰如其分地展示文化，却是一件非常艰难的事情。到目前为止，难以找到一条定律，使我们在旅游项目策划和规划设计时可以遵循。对文化的展示，很大程度上依赖于策划者、规划设计者对文化、旅游和市场的综合理解和解读能力，而且文化现象千差万别，确实难以把握。这里可以肯定的一个原则是，在旅游项目策划和规划设计中，不必要为了文化而文化，不必要以历史文化专家的理解来演绎旅游文化，而要从市场的角度和游客的角度来理解和演绎旅游文化。当然对文化遗产的保护和解读就另当别论，它必须依照法律和遗产保护的原则来进行，不在本书的讨论之列。

项目策划者要熟悉规划设计的基本原理和方法，以及规划设计的国家规范和技术深度，比如熟悉总体规划、控制性详细规划、修建性详细规划的技术深度和要求，熟悉建筑设计的基本规范，至少要对景观设计、建设设计的策划创意有心得，要知道根据不同的地形、环境、地域文化来进行景观、建筑的创意，要熟悉工程、建筑建设的造价，对投资财务分析要熟悉。此外，项目策划者既要会编制商业策划书，又要会编制《项目建议书》和《可行性研究报告》。尽管这些都是技术性的问题，但对于旅游项目策划来说，工程技术是支撑，不熟悉工程技术的项目策划，只能是空中楼阁。

旅游项目策划是对项目规划设计的指导，旅游项目策划的最终成果可以编制成《可行性研究报告》，成为政府、投资商开发项目立项、融资的基础性文件。只不过要达到这样的深度，一般要在编制详细规划以后。

如前所述，旅游项目策划的规范性和可行性是非常重要的，它直接关系到项目开发的可行性，是政府、投资者下定决心进行旅游项目开发的基础性文件。但是在项目策划过程中，必须融进感性的因素，特别是产品策划与文化策划，非科学、非理性因素的融入也是很重要的。笔者在《旅游原创策划》(2005)一书中提出了"旅游策划与后旅游策划"的理论与方法，提出在旅游策划时要用后旅游策划的观念去批判旅游策划，即用非科学、非理性的元素去批判旅游策划，比如用文学的、艺术的眼光，用游客体验的眼光去自我批判旅游策划，才能使旅游策划更贴近市场，这才是做好旅游项目策划应该具备的认真负责态度。

何为"后旅游策划"呢？因为旅游策划是一个科学的、完整的、理性的体系，它讲究的是程序，追求的目标是解决旅游业的实际问题。但这可能使旅游策划显得过于理性而缺乏生命力。其原因在于，旅游行为是理性与感性共生的，而且有时旅游行为的感性特征还要强于理性特征。因为，游客的感知在很大程度上是感性的，游客对旅游经历的体验也是感性的，游客心理活动的变化无常，游客的"触景生情"，都是情绪化很浓的感性行为。"后旅游策划"是针对旅游策划可能出现的弊端而提出的概念。后旅游策划与旅游策划在时间上并无先、后之分，实则是同时存在着的两种不同的理念和方法论。"后旅游策划"是对"旅游策划"的批判，是对旅游策划有可能出现过分注重科学、理性方法的矫正，它有利于矫正旅游策划的过于理性化，强调旅游策划的感性回归。换言之，在进行旅游策划的时候，必须抱着"后旅游策划"的批判态度，才能促使旅游策划的理性与感性的统一，也才能使旅游规划、景观设计、城市规划设计、建筑设计等达到至善境界。

在旅游项目策划中，旅游策划与后旅游策划也应该同时存在，如是，才能使因循与创新共存、继承与批判同构。只有抱着这样的态度，旅游项目策划才能不断地发扬光大，并呈现出生生不息的局面。

杨振之

目 录

第一章 旅游项目策划的基本概念............1

  第一节 旅游与旅游项目..................2
    一、旅游的概念........................2
    二、旅游项目的概念..................3
  第二节 策划与旅游策划..................4
    一、策划的概念........................4
    二、旅游策划的概念..................6
    三、旅游策划与旅游规划的关系......9
  第三节 旅游项目策划的范畴与方法......10
    一、旅游项目策划的知识
       范畴与研究内容..................10
    二、旅游项目策划的研究方法......11
    三、项目策划者的学识修养..........13
  第四节 国内研究基本现状..............14
    一、概念的混乱........................14
    二、理论滞后于实践..................14
    三、研究与实践脱节..................15
  复习自测题..................................15

第二章 旅游项目策划的基本原理............17

  第一节 市场需求是导向..................18
    一、旅游市场调查....................18
    二、旅游需求预测....................20
  第二节 资源评价是基础..................22
    一、旅游资源和旅游吸引物
       的概念及分类....................22
    二、旅游资源评价的方法............25
  第三节 项目策划是灵魂..................29
    一、旅游项目策划是开发
       旅游产品的基础..................29
    二、旅游项目策划——介于
       科学与艺术之间..................32

  第四节 政策法规是保障..................35
    一、熟悉政策,把握项目
       策划的方向........................35
    二、掌握法律规范是项目
       策划实施的保障..................37
  第五节 工程技术是支撑..................39
    一、熟悉规划设计的技术规范......39
    二、工程技术的科学性是
       项目策划的支撑..................41
  复习自测题..................................42

第三章 旅游项目开发的条件及环境分析............43

  第一节 旅游项目的外部环境
       调查与分析......................44
    一、SWOT 分析法....................44
    二、PEST 要素分析法................45
    三、旅游项目发展的外部
       环境要素..........................46
  第二节 旅游区位分析....................49
    一、区位和区位理论..................49
    二、旅游项目的区位分析............51
  第三节 旅游地块分析....................54
    一、宏观层次..........................54
    二、中观层次..........................56
    三、微观分析..........................56
  复习自测题..................................58

第四章 旅游项目策划的市场调查............59

  第一节 游客行为研究....................60
    一、游客基本情况研究..............60
    二、游客消费的时空行为研究......63
  第二节 竞争者调查分析..................76

一、竞争者研究内容 78
　　　二、旅游项目竞争状况研究概述 78
　　　三、旅游项目竞争状况的系统
　　　　　量化研究法流程 79
　　　四、系统量化研究法操作要点 80
　　第三节　商业业态调查 82
　　　一、商业业态及分类 82
　　　二、商业业态调查 86
　　　三、旅游商业业态调查 90
　　复习自测题 94

第五章　旅游项目的定位报告 95
　　第一节　项目的形象定位与市场定位 96
　　　一、形象定位 96
　　　二、市场规模定位 98
　　　三、目标市场定位 100
　　第二节　旅游产品特色定位 102
　　　一、产品特色定位与形象定位
　　　　　的关系 102
　　　二、如何定位旅游产品的特色 103
　　　三、旅游特色产品库 105
　　第三节　竞争定位 109
　　　一、竞争定位理论 110
　　　二、竞争策略定位 112
　　复习自测题 121

第六章　旅游项目规划设计 123
　　第一节　项目规划设计 124
　　　一、总体规划 124
　　　二、控制性详细规划 125
　　　三、修建性详细规划 130
　　第二节　建筑设计 133
　　　一、建筑内容与形式的关系 133
　　　二、功能与空间 135
　　　三、建筑设计中的形式美规律 138
　　　四、外部体形的处理 141
　　第三节　景观设计 146

　　　一、山地景观工程规划 146
　　　二、带形空间景观规划设计 153
　　　三、景观生态绿地规划与
　　　　　植物造景工程 158
　　第四节　道路工程与地形竖向设计 166
　　　一、风景园林道路和交通 166
　　　二、地形竖向设计 175
　　第五节　给排水工程设计 183
　　　一、景园给水 183
　　　二、景园排水 186
　　　三、污水处理与利用 188
　　　四、中水规划设计 192

第七章　项目投资估算 197
　　第一节　投资估算概念及其内容 198
　　　一、投资估算的范围与内容 198
　　　二、投资估算的深度与要求 198
　　　三、投资估算的依据与作用 199
　　第二节　分类投资估算 200
　　　一、建设投资(不含建设期利息)
　　　　　估算 200
　　　二、建设期利息的估算 206
　　　三、流动资金估算 207
　　第三节　项目投入总资金与
　　　　　　分期投资计划 208
　　　一、项目投入总资金 208
　　　二、分年投资计划 209
　　第四节　土地国民经济费用
　　　　　　的计算方法 209
　　复习自测题 212

第八章　项目经济效益分析 213
　　第一节　财务基础数据预测 214
　　　一、财务基础数据的内容 214
　　　二、项目寿命期的预测 216
　　　三、固定资产折旧估算 216
　　　四、流动资金估算 217

五、资金筹措和使用计划估算 217
　　　六、成本费用估算 219
　　　七、营业收入、税金和利润估算 .. 222
　第二节　项目现金流量和资金的
　　　　　时间价值 224
　　　一、项目投资的现金流量 224
　　　二、资金的时间价值的含义 225
　　　三、资金时间价值的计算方法 227
　　　四、资金时间价值计算举例 229
　第三节　投资项目财务分析评价 229
　　　一、盈利性分析评价 230
　　　二、项目清偿能力分析评价 232
　　　三、财务分析举例 234
　第四节　不确定性分析 234
　　　一、盈亏平衡分析 235
　　　二、敏感性分析 238
　　　三、概率分析 240
　复习自测题 242

第九章　旅游项目的营销策划 243
　第一节　实战案例简介 244
　　　一、区位条件 244
　　　二、资源条件 245
　　　三、市场条件 247
　　　四、景区定性定位 252
　第二节　营销战略及策略 253
　　　一、营销战略 253
　　　二、营销策略 254
　　　三、目标市场策略 256
　第三节　营销组合 259
　　　一、产品战略 259
　　　二、分销战略 261
　　　三、促销战略 264
　　　四、定价战略 265
　第四节　回顾：营销推广策划
　　　　　的方法 267

　　　一、比较推广策划 267
　　　二、印象类推策略 267
　　　三、网络互动营销 268
　　　四、逆向营销策略 269
　　　五、直复营销策略 270
　　　六、事件营销策略 271
　复习自测题 272

第十章　项目管理 273
　第一节　项目管理概述 274
　　　一、项目管理的含义和特点 274
　　　二、项目管理的知识体系 275
　第二节　项目时间管理 280
　　　一、项目时间管理的内容 280
　　　二、项目时间管理的方法 281
　第三节　项目成本管理 285
　　　一、项目成本管理的内容 286
　　　二、项目成本管理的方法 287
　第四节　项目质量管理 291
　　　一、项目质量管理的内容 291
　　　二、项目质量管理的方法 294
　第五节　项目风险管理 298
　　　一、项目风险管理的内容 298
　　　二、项目风险管理的方法 300
　复习自测题 305

**附录A　项目建议书编制、申报、
　　　　审批** 306

**附录B　可行性研究报告编制、
　　　　申报、审批** 311

**附录C　旅游项目策划需要参照的
　　　　重要法律法规和国家
　　　　行业标准** 314

参考文献 317

第一章 旅游项目策划的基本概念

【本章导读】

什么是旅游项目策划？旅游项目策划的研究对象是什么？旅游策划与旅游规划有什么关系？旅游项目策划在旅游规划中有何特殊地位？本章内容就是围绕这些问题展开的。对基本概念进行阐述，有时候也许会被认为是枯燥无味的，然而，它确实是阐述任何问题的起点，因为这让我们有共同的"语言"，同时，"思辨"也让我们更加睿智，难道不是么？开始我们的学习之旅吧。

【关键词】

策划(planning)
旅游项目(tourism project)
旅游策划(tourism planning)

第一节　旅游与旅游项目

一、旅游的概念

生活中，我们对"旅游"是如此的熟悉，但是，要对"旅游"进行研究，却不是一件轻而易举的事情，这往往需要综合众多学科的知识、方法与观念。要对旅游的概念进行界定，回答"旅游是什么？"这个问题，也不是一件简单的事情，以至于国内外研究者们对它的界定争议颇多。总的来看，对旅游的界定分为两类：将旅游定义为人的一种活动；将旅游定义为一个系统[①]。

世界旅游组织认为，旅游是指人们离开平时的环境，为消闲、公务或其他目的而到外地旅行或逗留时间在一年以内的活动。这是认为旅游为一种人的活动的诸多定义中具有代表性的一种。另外，还有一些研究者从不同的视角对旅游进行了定义，比如经济活动论，认为旅游从根本上讲是一种经济活动；文化活动论，认为旅游从根本上讲是一种文化活动；心理体验论，认为旅游是一种经历或体验等。总的来说，他们的定义倾向于从某一学科入手，比如经济活动论倾向于从经济学入手，文化活动论倾向于从社会学、文化学、人类学入手，心理体验论则倾向于从心理学入手。

把旅游作为旅游学研究对象，部分研究者从这一视角对旅游进行了定义，他们认为旅游是一些要素的组合，即一个系统。国际旅游专家联合会认为(艾斯特定义)，旅游是非定居者(non-residents)的旅行(travel)和暂时居留(stay)而引起的现象和关系的总和，这些人不会导致永久定居(permanent residence)，并且不牵涉任何赚钱的活动。部分研究者也受艾斯特定义的影响，认为应定义旅游为一个系统，对于这个问题，前人多有论述，此处不一一列举。

定义旅游，有不同的语境，不同的视角，或者说是不同的认识论，由于他们展示了各自不同的哲学理念，不能简单地说谁对谁错。介于旅游项目策划的过程将着重要考虑对旅游系统的考察与分析，所以我们选择系统的旅游定义[②]：旅游是由旅游者、旅游供应商(business suppliers)、旅游地政府、吸引和接待游客的旅游地社区四者之间的互动(interaction)而产生的所有现象和关系的总和(Robert W. McIntosh，1995)。

对于旅游的系统定义，也许会遭到批评，因为有人会认为这种"组合整体"系统观

[①] 部分研究者将旅游的定义分为技术性的定义(Technical definition)和概念性定义(Conceptual definition)两类。技术性的定义是为了统计等技术性目的，而概念性定义是作为一种研究对象的定义。

[②] 本书提到的旅游，在某些语境也会专指作为人的活动的旅游，但是旅游项目策划研究的指向却是旅游系统。

的"折衷主义"缺少对旅游特征的提炼，缺少对旅游的概念具有明晰性的揭示，根据这个概念，似乎什么都可以包含在旅游系统之中。然而，旅游确实是一个综合的领域，我们也期待有更好的定义。

课堂讨论

您如何看待旅游？如果让你来回答"旅游究竟是什么"，你的定义是什么？你有没有更好的定义？

二、旅游项目的概念

要了解旅游项目的概念，首先需要考察"项目"的概念。《辞海》解释说，"项目"就是"事物分成的种类或条目"。《现代汉语大词典》认为项目就是"事物分成的门类"。从这个角度来看，"项目"似乎是一个抽象的名词，用来描述一个单位或者分类。我们知道身边的项目无处不在：建设项目、工程项目、体育项目、投资项目、研究项目……

也许你会联想到管理学中的项目管理(project management)的项目概念，那里的项目与这里的项目有何异同呢？对这种项目的定义很多，这里选择一种，John M. Nicholas(2001)对项目的描述性定义为：(项目)是一个单一的，可定义的目标或产品，具有独特性(不能复制)、临时性、跨专业性、陌生性、风险性等特征。可见，管理领域的"项目"是指一种管理对象，一项有待完成的任务，这种任务具有复杂性。而旅游项目也同时具有这些特征，但旅游项目中"项目"的范畴更广，它不单是一种管理对象，策划对象，还指策划的"条目①"，并且，这种"条目"是旅游系统中的条目，否则它就不成为旅游项目，而成为其他领域的项目了。

应该怎么认识旅游项目呢？总的来看，旅游项目有大有小，可大可小：一个景区开发可以成为一个项目，一项旅游活动可以成为一个项目，一栋饭店建设可以成为一个项目，旅游地的一种美食、景观带，甚至一个旅游开发主题、形象设计……都可以成为一个旅游项目，因为在旅游开发中，这些都是旅游策划的对象。由此来看，旅游项目是为旅游者活动提供的物质与文化载体。

如果你曾研究过旅游，也许你会联想到旅游产品(tourism products)这个概念，它与旅游项目又有何异同呢？旅游产品是一个从经济学角度定义的概念，而旅游项目是从旅游开发、运营和管理角度来说的，两者之间有着紧密的联系，在多数情况下，正在开发的是旅游项目，开发完后准备出售给旅游者，旅游项目就变成旅游产品。所以二者的时间段不同，对象不同。从另一个角度说，由于旅游产品是专门为出卖给旅游者而生产或开发出来的，所以一个旅游项目一旦有这种属性，它就成为旅游产品。

再回到旅游项目，我们不难发现，旅游项目是一个偏正式复合词，理解旅游项目，

---

① 要在英语中找到相近的单词，这里的项目可以是 item, project, 甚至或者 event。

需要整合旅游和项目两个概念，就像理解"鸡+蛋=鸡蛋"一样。一方面，旅游项目是因旅游系统而存在的，就像旅游系统因为人们的旅游活动而存在一样；另一方面，旅游项目是旅游活动的物质文化载体，是旅游策划规划的对象，是旅游策划中要考察、研究的"条目"。

课堂讨论

你如何认识"旅游项目"这个概念？旅游项目与旅游产品是什么关系？

第二节　策划与旅游策划

一、策划的概念

策划一词在现代社会中已经被人们经常使用，而"策划"的本意是什么？有必要先对它进行一番探索。策划这一个词语包含两个字，即"策"与"划"。

《说文解字》："册[①]，符命也，诸侯进受于王也。象其札一长一短，中有二编之形"。由此看，策的本意为书简。后来，"册"引申为赐封，竹制的马鞭，鞭打，谋略、计谋，谋划等意义。

《说文解字》："画，界也。象田四界，聿所以画之。"另划又同"劃"。是用刀割开的意思。所以策划的"划"，最早有绘画、用刀割开、划分界线的意思，后来引申为计谋。

《辞源》对"策划"的解释为："筹谋，计划。文选晋干令升(宝)晋纪总说'筹谋军国'。注引晋纪：'魏武帝为丞相，命高祖(司马懿)为文学掾，每与谋策划，多善'"《辞海》对"策划"的解释为："谋划；运筹。"《现代汉语大词典》对"策划"的解释为："谋划、计谋。"通过对策划词义的探源，可以初步发现，策划一般是指谋划、筹划、打算、计谋、筹谋、对策、设计、计划、办法等智谋活动。

策划的历史，与人类社会的历史一样，古老而又久远。中国古代最早的策划大师当首推商周交替时期被民间称作姜太公的吕尚。姜太公吕尚既有军事谋略，又有政治才干，司马迁《史记·齐太公世家》："阴谋修德以倾商政，其书多兵权与奇计，故后世之言兵及周之阴权，皆宗太公为本谋"；"天下三分，其二归周者，太公之谋计居多"。

中国古代著名兵书《六韬》相传也为姜太公吕尚所撰，姜太公吕尚不愧为中国古代策划师之祖。

[①] 现代策划中的"策"从"册"演变而来；现代策划中的"划"，从"劃"演变而来。

中国古代的策划历史源远流长，策划理论和策划实践，在政治生活、社会生活和思想文化生活等各个方面，都有展现。《孙子兵法》、《战国策》、《三国演义》、《水浒传》等著作之中的思想、策略、事件和故事，都反映了策划的神奇功效和巨大魅力。

随着现代社会和经济的发展，人们对策划的理解也在不断发展，众多专家学者在对策划的概念上进行了探索。

苏珊(2002)总结了国外学者对策划①的定义，认为他们主要从以下几种视角进行定义。

事前设计说：认为策划是策划者为实现特定的目标，在行动之前为所要实施的行动设计，持这种观点的专家学者以美国学者威廉·H. 纽曼(William H. Newman)、韩国权宁赞以及马修·E. 迪莫克(Marshall E. Dimock)为代表。

管理行为说：认为策划与管理是密不可分的整体，策划是管理的内容之一，是一种有效的管理方法，持这种观点的专家学者以哈罗德·D. 史密斯(Harold D. Smith)为代表。

选择决定说：认为策划是一种决定，是在多个计划、方案中寻找最佳的计划(方案)，是在选择中做出的决定，持这种观点的专家学者以美国学者哈罗德·库恩兹(Harold Koontz)和塞瑞耳·O. 多恩德(Cyril O. Donned)为代表。

思维程序说：认为策划是人们的一种思维活动，是人类通过思考而设定目标及为达到目标而进行的最基本、最自然的思维活动，持这种观点的专家学者以赫伯特·A.史密斯(Herbert A.smith)和日本的星野匡为代表。

相比而言，国内专家学者对策划的定义更具东方的智谋色彩，同时也融合了西方学者的观念。

陈放(1998)认为，策划的定义应该是：为实现特定的目标，提出新颖的思路对策即创意，并注意操作信息，从而制定出具体实施计划方案的思维及创造实施活动。总之，策划是一个综合系统工程。

吴灿(2001)认为，策划就是对某件事、某种项目有何计划、打算，用什么计谋，采取何种谋策、划策。然后综合实施运行，使之达到较好的效果。

李宝山、张利库(2003)认为，策划就是为实现特定的目标，运用科学的方法，产生、设计、选择组织与环境的最佳衔接方式，并制定出具体实施方案的创造性思维活动。

雷鸣雏(2004)认为，策划是通过概念和理念创新，利用整合各种资源，达到实现预期目标的过程。

杨振之(2005)认为，策划是通过整合各种资源，利用系统分析方法和手段，通过对变化无穷的市场和各种相关要素的把握，设计出能解决实际问题的、具有科学系统分析和论证的可行性方案和计划，并使这样的方案和计划达到最优化，使效益和价值达到最大化的过程。

综合比较中外对策划的定义以后，我们认为，策划就是人们谋划和计划的预谋活动，

---

① 严格意义上讲，"策划"一词在英语中还没有完全对等的词语，相近的词语主要有 planning, scheme, strategy, consulting, plot, hatch 等，但 planning 最常用。

是在整合各种要素的基础上，制定出一套创造性、时效性、可行性兼备的方案，使方案效益和价值达到最大的过程。

策划具有以下几个特征：第一，策划具有智谋性，它常常是一个策划团队的智慧结晶；第二，策划具有预先性和前瞻性，它是事前精心的智谋活动；第三，策划注重科学的程序，科学与理性是策划思想的基础；第四，策划同时也是饱含艺术性的创造过程，感性与思辨的灵性是策划的灵魂。

另外，策划还具有综合性。这要求策划人需要有广博的知识，宽广的视野和统领全局的眼光和能力，同时注意方案的创造性、时效性和可行性。

谈到策划的概念，可能会想到与此相近的一些概念，比如创意、决策、计划、谋划、规划、咨询等。现对它们的预谋性、创造性、科学性、艺术性、可行性等方面进行比较，供学习者参考，见表1-1。

表1-1 相近概念比较

	策划	创意	规划	计划	决策	谋划	咨询
预谋性	强	一般	强	一般	不一定	强	一般
创造性	一定有	一定有	不一定有	不一定有	不一定有	一定有	不一定有
科学性	强	不一定	强	较强	强	较强	强
艺术性	强	强	弱	弱	一般	较强	一般
可行性	强	不一定	较强	较强	强	较强	一般
时效性	强	强	一般	较强	强	强	较强
涉及的知识面	广泛	较广泛	专业性	专业性	专业性	专业性	广泛
相近的英文词	scheme/planning	idea	planning	planning	decision	strategy	consulting

二、旅游策划的概念

曾经一段时间，旅游开发很多时候只是凭借规划者的思路和政府主要领导、投资者、经营者的"感觉"，并将这些主观的"感觉"撰写成文或画到图纸上，而市场需要什么，市场的组织形式和行为方式、旅游项目开发的可行性等重大问题，却往往被忽略。在旅游市场竞争尚不激烈的时候，凭政府和投资者的主观认识来投资旅游项目，在中国旅游业的起步阶段，也许能收到较好的效果。而随着旅游业的进一步发展，旅游经营竞争加剧后，众多旅游投资项目失败的教训使得各级政府和投资者、经营者才日渐认识到旅游策划的重要性，由此，政府开始强调科学决策。加之，旅游投资主体由以前的国有资本投资者转化为民营资本投资者，政府和投资者投资的风险意识都大大加强。因而，旅游策划才得到了前所未有的重视，以至于出现了这样有趣的现象：有的地方已开始规划了，但政府和投资者却将旅游规划先停了下来，重新对市场和项目进行策划论证，待策划完成后，再回过头来规划。如此来看，旅游策划的春天已经来临。旅游策划终于可以登上"大雅之堂"了。

什么是旅游策划呢？沈祖祥、张帆(2000)认为，旅游策划是指旅游策划者为实现旅游组织的目标，通过对旅游市场和旅游环境等的调查、分析和论证，创造性地设计和策划旅游方案，谋划对策，然后付诸实施以求获得最优经济效益和社会效益的运筹过程。简言之，旅游策划是对某一旅游组织或旅游产品进行谋划和构想的一个运筹过程。

蒋三庚(2002)认为，旅游策划是策划人员为达到一定目的，经过调查、分析与研究，运用其智力，借助于一定的科学方法、手段和技术，对旅游组织、旅游产品或旅游活动的整体战略和策略运筹规划的过程。

杨振之(2002)认为，旅游策划是通过创意去整合、连接各种资源和相关因素，再通过对各细分目标市场需求的调查研究，为市场推出所需要的产品组合，并对其付诸实施的可行性进行系统论证的过程。旅游策划是一个科学的、完整的、理性的体系。它讲究的是程序，追求的目标是解决旅游业的实际问题(杨振之，2005)。

陈放(2003)认为，旅游策划是以旅游资源为基础、通过创造性思维整合旅游资源，实现旅游资源与市场拟合的同时实现旅游业发展目标的过程，具有经济性、社会性、创新性和时效性等特点。

欧阳斌(2005)认为，旅游策划是为了满足旅游业发展自身需要和游客需要而设定的一种目标，并为实现这种目标所进行的思考和采取的行动。

旅游策划是策划的一种，它具有策划概念的基本特征，旅游策划的概念是建立在旅游和策划两个概念之上的。但旅游策划常常更具特殊性，在很多时候，旅游策划的特殊性常常要超越策划的普遍性。也就是说，如果对旅游业的特殊性没有深入研究，用策划的普遍原理和方法来解决旅游业的特殊问题，是难以获得令人满意的答案的。杨振之(2005)认为，旅游策划的特殊性表现为以下几个方面。

第一，对旅游资源的认识、评价和把握，是旅游策划的基础。旅游资源的调查和评价是一个科学系统，专业性很强，涉及面广，几乎涉及自然、人文学科的方方面面。即使简单地将各个学科的专家邀请到到一起，也难以将旅游资源的评价做好。因为这里面需要有一两个通才式的对旅游业很熟悉的领军人物来对旅游资源进行整合性评价。

第二，对旅游产品体系的策划，是旅游策划的难点。旅游资源再好，却不一定能转化为旅游产品。旅游资源的价值再大，将它开发为旅游产品后，却不一定能得到市场的追捧。旅游资源的科学价值并不一定等同于旅游产品的市场价值。因此，若陶醉于旅游资源的科学价值而不能自拔，也难以将旅游策划做好。旅游产品的策划需要熟悉旅游市场，通过对市场需求的确认，来决定将哪些有市场价值的旅游资源转化为旅游产品，以及该旅游产品的表现形式如何。旅游产品的表现形式也是一个十分重要的方面，其表达形式必须能够使游客亲近，能使游客便于购买，能使游客感受到旅游资源的独特魅力，能使游客体验到一种与众不同的特殊经历。

第三，对旅游市场的研究，是旅游策划成功的关键。旅游市场不同于其他类型的市场，其可变性太大，难于把握。由于游客购买的是特殊经历，许多旅游产品具有无形的特征，同时对旅游经历的感受又受时时变幻的游客心理因素的影响，市场特征虽有规律可循，但却难以捉摸。或者说，对旅游市场的认识比对其他行业市场的认识要难得多。

旅游策划以上三个方面的特殊性，使旅游策划这个特殊行业与其他行业的策划区别开来。这也是旅游策划的生命力之所在。

【案例1-1】

中国西部客家第一镇洛带的崛起
——旅游策划助洛带走向世界

洛带镇坐落在成都这一中国西部特大城市的东部，西距成都18公里，南距龙泉驿区府所在地龙泉镇11公里，全镇人口2.3万，以前是一个很不起眼的小镇，在对洛带古镇的旅游业发展进行策划规划前，就连成都人也不知道何为"客家文化"，对那里聚居的客家人说的客家话误称为"土广东"，对客家文化的风俗更是一无所知。而古镇的一条主要老街也是破旧不堪，风雨飘摇。

1999年，四川大学旅游学院杨振之教授在编制洛带镇旅游发展总体规划时发现，洛带镇人口中90%以上的居民为客家人，这里至今仍讲客家话，沿袭着客家人的古老习俗。以洛带古镇为中心，周围十几个乡镇还聚居着约50万客家人，他们以是否会说客家话、祖先神位写法和家族来源作为文化认同的标志。这里的客家人多数是清初广东梅州、闽西、赣南一带客家原乡地移民的后裔，由于主要聚居在川西的成都东山区域，所以学术界统称为"东山客家"。那些保留完好的客家文化，完全可以作为独特的旅游资源发掘并表现出来。洛带古镇有成渝高速公路和成洛公路通达，位于特大城市近郊，可进入性好，地处成都平原和龙泉山脉的接合地带，是花果山省级风景区的重要组成部分，经济发展状况较好，基础设施条件好，适宜发展旅游业。基于此，经过详细的市场调研、文化考察和详细论证，客家火龙节、客家水龙节、古镇观光和休闲系列产品……一项项化平淡为神奇的策划项目应运而生……

经过一系列的策划规划和运作规划，使名不见经传的洛带古镇受到了各级政府、媒体的密切关注。2002年洛带古镇被评为四川省十大历史文化名镇。2003年，洛带古镇被确定为成都市五大历史文化名镇。同时，古镇旅游知名度的逐渐提升，带动了洛带古镇和龙泉驿区的招商引资及地方经济发展。2001年，洛带古镇进入世界客家人的视野，策划规划师将洛带镇定位为"中国西部客家第一镇"、"世界的洛带，永远的客家"、"客家人永久保留地"，渐为世界客家人所知晓，使洛带古镇树立起了在世界客家人心目中的美好形象。2005年10月12日，世界客属第20届恳亲大会在成都市、洛带古镇召开，来自美国、加拿大、法国、日本等20多个国家及港澳台地区、国内17个省市区的155个代表团共计3000多名客家人，代表着全球8000多万客家人和200多个客属社团参加了此次全球客家人在成都的盛会，国内外60多家媒体近200名记者竞相参与报道。中央政府和国家有关部门、四川省及成都市相关领导出席会议。这次大会是世界客属恳亲大会历史上规模最大、规格最高、参与人数最多的一次盛会。

洛带古镇终于走向了世界，成为世界客家人大家族的一员。古镇旅游经济得到了迅速发展,社会经济效益及辐射效应也全面体现。2002年,年接待游客人次数达45万,实现旅游收入1670万元;2003年,年接待游客人次数达61万,实现旅游收入2400万元;2004年,洛带镇年接待游客人次数达74万,实现旅游收入2945万元。

世界客属第20届恳亲大会举行期间,海外客家人投资洛带古镇所隶属的龙泉驿区的合同金额达到60亿元人民币,投资成华区客家人聚居区的合同金额达2亿美元,几个区合计,投资成都市的合同金额达100亿元人民币左右。洛带古镇土地价格由1999年策划规划时的每亩3万元人民币,在世界客属第20届恳亲大会时,上涨到每亩50万元人民币,土地价格在6年内涨了近17倍。仅以广东会馆为例,每逢周末和节假日,人流如潮,投资商出售的"客家伤心凉粉"每天销售就超过3000份。

洛带古镇客家文化的策划、发现和推广,不仅仅是带动了一个洛带古镇经济的发展,而将带动整个四川省、成都市经济产业的发展,使其成为四川省、成都市与全世界客家人社会、经济、文化界联系的一座桥梁。旅游策划让洛带走向世界,洛带古镇成为世界客家人的古镇,成为世界的古镇。

课堂讨论

(1) 旅游策划的巨大魔力何在?
(2) 旅游策划如何影响旅游地、景区的发展?

三、旅游策划与旅游规划的关系

策划和规划是一对近义词,《辞源》对规划的解释为:计划、谋划,和对策划、计划[①]的解释很相近。另外,《辞海》和《现代汉语大词典》对策划与规划的解释[②]也基本一致。从二者的含义比较来看,可以认为,规划是更全面、更长远的计划过程。

就旅游策划和旅游规划而言,旅游策划无论从战略层面还是战术层面来看,都是先于旅游规划的,旅游规划是比策划更大的工程,它是对社会、经济、环境效益的最优化预测后形成的方案。旅游规划比旅游策划更讲求综合效益和协调发展,但是,旅游策划是旅游规划的核心,旅游策划是旅游规划的灵魂,而旅游规划的可行性却是由旅游策划来保证的(杨振之,2002,2005)。

策划更注重谋略,更注重创新,更注重因势利导,更注重可行性;而规划是更全面的计划,更长远的计划,而且更注重战略、注重宏观、注重工程、注重技术。旅游规划是在专家、政府、企业和社会公众的广泛参与下,通过对旅游资源和社会政治、经济等因素的调查研究和评价,为未来旅游业发展寻求社会效益、经济效益、环境效益的最优

---

① 《辞源》对计划的解释为"计虑、谋划"。
② 《辞海》对规划的解释:谋划、计划;全面而长远的发展计划。《现代汉语大词典》对规划的解释:比较全面的长远的发展计划;计划安排。

化过程(杨振之，2002)。有人把旅游策划形容为一种"软科学"，这种说法形象地描述了旅游策划的特点。

第三节 旅游项目策划的范畴与方法

一、旅游项目策划的知识范畴与研究内容

正如本书开始提到的那样旅游是一个复杂的概念，至今为止，对旅游的研究汇集了各个学科的观点。有些学者坚持要建立"旅游学"，坚持成立这样一个学科(discipline)，以 Jovicic(1988)、Comic(1989)、Rogozinski(1985)、Leiper Neil(2000)、申葆嘉(1999)、谢彦君(1999，2004)、王德刚(1999)等为代表，对这个问题进行了不少的论述，他们的出发点大多都是为了提高旅游研究的地位，利于旅游研究的发展。但是，部分研究者更倾向于认为旅游研究是一个领域(field)，John Tribe(1997，2000)，Jafari(2001)，冈恩(2005)对此皆有阐述，旅游是否是一门学科不是这里讨论的重点，关键是要看旅游研究能做些什么，又做了些什么。

Jafari(2001)描绘了旅游研究涉及的主要学科和与之对应的课程开设[①]，如图1-1所示。

旅游项目策划虽是旅游研究中的子领域，但是，旅游项目策划的过程不可避免地基本上涵盖了上述所有领域，这更显示出了旅游项目策划的综合性。旅游项目策划重智慧、重谋略、重科学性与艺术性的结合、重时效性与可操作性，还要有效把握资源和市场、政策法规和工程技术(这一内容将在第二章作详细阐述)。从这个角度来看，人为地把旅游项目策划研究分为多种学科的知识范畴似乎有些"武断"，因为有时候，各学科的界限是如此模糊，但重要的是在于知识的融合并将其巧妙地应用于实践。

旅游项目策划是旅游开发前期论证工作，是对旅游开发项目的重要性、必要性、可行性进行全面系统的论证，它通过对政策法规、社会经济环境、旅游资源评价、旅游市场、旅游产品体系、工程技术可行性、财务等一系列内容作透彻分析和评价，以确立旅游项目开发的可行性，对项目开发的可行性进行深入、全面、系统的论证。旅游项目策划可分为醒目的预可行性研究(编制《项目建议书》)和可行性研究(编制《可行性研究报告》)两个基本阶段。

---

① 其中"设计遵从自然"原文为"design with nature"。另外，Jafari的描绘也有不尽完善之处，比如缺少景观设计、旅游历史研究等内容，部分内容在第8版(可以参考[美]查尔斯·R.戈尔德耐(Charles R. Goeldner)等著；贾秀海译，大连：大连理工大学出版社，2003：第23页)中得到了完善，但考虑到翻译准确性的问题，此处仍然选用第7版的图。

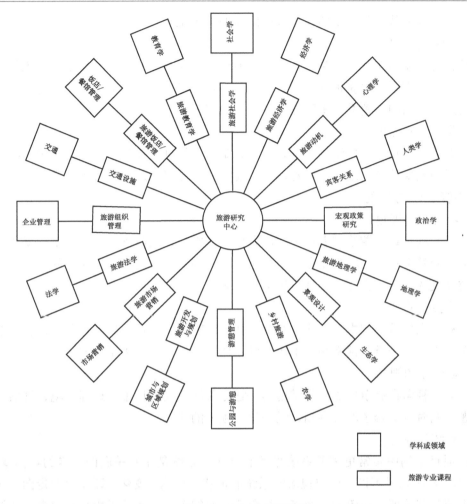

图 1-1 Jafari 旅游研究

二、旅游项目策划的研究方法

旅游项目策划应该采用多视角的研究方法。不但要学会各种方法的"移植"与"借用",更需要的是它们之间的"渗透"与"融合"。就像前文把旅游项目策划分割在各个学科之中一样,很难讲哪一个领域或者某一种视角的方法最关键、最实用,这种划分也许会使研究往更"熟悉"的方向走,往"熟悉"的地方摸着石头过河。当然,有时也常常更需要"冒险",所以渗透和融合常常更重要。

1. 旅游项目策划的若干视角

1) 产品开发的视角

国内旅游策划的思想,从以前的资源导向视角,逐步转向为产品导向视角,有学者甚至认为产品开发是规划中的核心内容。这样一来,旅游策划就是围绕旅游产品而进行的,围绕旅游产品的设计、营销和消费。由于旅游产品具有瞬时性、不可贮藏性、无形性等特殊性，也为从产品开发的视角进行研究增加了难度。

  2) 资源整合的视角

  资源整合的视角实际上也是一种运筹学的过程，从这种视角看，旅游项目策划能力的高低，就在于整合各种资源(广义的"资源")能力的高低，资源整合的视角为研究者开阔思路，以运动的视角看待事物提供了较好的策略。

  3) 管理学的视角

  从管理学的视角看，旅游项目策划过程就是一个管理的过程，是一个决策、组织、领导、控制和创新的技术过程。以管理学的视角和方法研究旅游项目策划常常是以企业管理(微观管理)为导向的。

  4) 经济学的视角

  经济学的视角让旅游策划者更关注旅游供给、需求以及收支平衡、汇率、就业、支出、乘数效应等主题。这种视角在分析旅游宏观经济、旅游需求等方面有效，但是较少顾及旅游开发的社会、文化、心理、环境等要素。

  5) 社会学的视角

  这种视角在旅游策划中常常注重社会、文化、阶层、习惯、风俗等主题，但是这往往不是单一视角的分析，常常融合了历史学、地理学、文化人类学的方法。

  6) 地理学的视角

  地理学的视角在旅游规划中常常用到，它更关注空间、选址、地理环境、气候、人口等主题，同时也融合了城市规划、经济学等领域的知识。

  7) 系统论视角

  旅游项目策划中常常更需要系统思考的方法。系统是相互关联的元素的集(贝塔朗菲，1987)，系统思考可以全面审视旅游系统的现状、环境、变化、联系以及走向，还包括旅游系统与其他要素如政治、经济、社会等方面的关系。系统思想在旅游规划及旅游项目策划中广泛应用。彼得·圣吉(1998)、丹尼斯·舍伍德(2004)、弗勒德(2004)等对系统论的应用进行了研究，徐红罡、保继刚(2003)将系统动力学的方法应用到了旅游规划之中。

  旅游项目策划可以有若干视角，各种视角可能不一定完全为并列关系，但却代表了一种看待问题、分析问题、解决问题的方法途径。

2. 旅游项目策划的主要研究方法

  研究方法折射了一种观念(方法论)，以及在这种观念下的研究过程与程序。做研究就像游泳，有时候不需要什么方法也会浮在水面上，也能游得动，甚至有时候会游得很好很快，或者有意想不到的发现。但是，有了方法，就会让你游得更好、更快、更省力。这里介绍几种基本的研究方法。

  1) 实验法

  实验法特别适合于范围有限、界定明确的概念与假设，实验法也特别适用于假设检验。这在旅游项目策划过程中似乎是一种不存在的"理想状态"，但在没有更多的数据和经验作为参考的时候,实验法也会派上用场。比如策划概念性旅游产品的市场测试。虽然产品没有开发出来,但了解市场各方对此的看法和需求是非常必要的,实验结果可以发挥重要的导向作用。

2) 实地调查法

实地调查法可以是实地踏勘,也可以用问卷调查、深度访谈,或者长期居住观察(常在半年以上,旅游项目策划中较少使用)等。直接参与的观察与思考,可以给研究者提供系统的数据并帮助其形成较全面的观点。实地调查法是旅游项目策划过程中最常用的研究方法。

3) 非介入性观察法

非介入性观察法(Unobstrusive Measures)即无干扰研究,又叫无反应研究(Non-reactive Measures),这让研究者作为一种"旁观者"进行要素考察、资料分析和历史比较研究。非介入性研究者就像侦探一样,寻找线索,发现问题。

4) 统计分析法

近年来,统计分析法在国内旅游研究领域日渐得到深入应用,但是水平仍然较低。多元分析方法的应用仍然较少。近三年来,因子分析等分析方法在国内旅游研究中得到应用,但结构方程分析等西方研究者常用的定量分析方法在国内旅游界尚未得到广泛应用。

三、项目策划者的学识修养

1. 哲学思辨的基础

爱智的哲学是思想之源,旅游项目策划者学习哲学往往被误认为是没有作用的,而思辨常常决定策划师的理念、视野、心胸,以及对待各种复杂问题的态度。哲学思辨的基础在研究或实践中表现为策划师的观察能力、想象能力、概括能力、提炼能力和逻辑推理能力。学好哲学,特别是用好哲学思辨,是项目策划师的重要一课。

2. 多学科有机融合

在旅游项目策划实践中,常常会有这样的现象:学地理学、城市规划出身者,具有宏观战略把握的能力,但又缺少了些文学、文化的内涵;学历史、文学出身者,具有深厚的文化功底,但又缺少经济、管理技能;学经济、管理出身者,但又少了些对景观、园林的把握等。虽然上述现象不一定普遍,有时候也不能一概而论,但反映了一种危机:旅游项目策划者缺少多学科的知识、能力和融会贯通。旅游项目策划就是在多学科交叉融合过程中迸发出新观念、新理论、新方法和新技术的,旅游项目策划的生命力与魅力正在于此。

课堂思考

(1) 试谈谈你对旅游项目策划师职业的看法。
(2) 你若为旅游策划师，你对该职业生涯有何规划？

第四节 国内研究基本现状

一、概念的混乱

研究界对于策划的界定尚少有人探讨，相互认同的策划概念至今没有达成，影响了对这一领域的研究，也为此次编写教材文献检索制造了难度。一方面，由于国内外对于策划的称呼尚未达成一致，国外对于规划、策划都常用 planning 一词，另外还有 design, scheme, conceptual planning, strategy, consulting, plot, hatch 等译法，而这些规划、设计、概念性规划等称法都包含有策划的内容。另一方面，可能由于策划本身难以界定，在旅游规划的研究中常常包含有对旅游策划的研究，策划中又有设计创意、设计等内容，也就是说，几个范畴相互交叉，这种概念和称呼的混乱，造成研究之间缺乏认同，研究的主题也变得混乱。

二、理论滞后于实践

旅游项目策划的实践，已经广泛应用于旅游开发和经营之中了，但是，真正意义上的学术研究还比较少[①]。在著书方面，专门研究旅游策划的著作更是鲜见，专门研究旅游项目策划的著作至今尚未检索到。

沈祖祥、张帆(2000)的《旅游策划学》是迄今较早专门研究旅游策划的著作，它分析了旅游策划的原理和特点，探讨了旅游策划学的理论体系和构架，并揭示了旅游发展战略策划、旅游形象策划、旅游广告策划、旅游公关策划、旅游服务策划、旅游节庆策划的基本技巧。《旅游策划学》对于旅游策划教学具有推动作用，但其中案例较少，不利于初学者从实战案例中掌握策划的基本方法。

陈放(2003)的《中国旅游策划》从实战的角度阐述旅游策划的技术，它充分重视了

---

① 笔者在中国知网以"关键词='旅游' and 关键词='策划'"为条件作专业搜索，查得文献仅 215 篇，且部分文章还为叙述性的文章；以"关键词='旅游策划'"为条件作专业搜索，文献仅 25 篇。(检索时间为 2006 年 7 月)。

市场导向的产品策划，但总结的原理和法则稍泛。蒋三庚(2002)的《旅游策划》的理论提炼也存在这个现象。

保继刚(2004)、沈祖祥(2004)分别编著了《旅游区规划与策划案例》、《世界著名旅游策划实战案例》，为研究者提供了丰富的案例，但是对于部分案例却常常仅仅限于罗列和描述，缺少理论的提炼，另外案例评析有仅是策划文本缩写的嫌疑。如此来看，如何较好地对旅游策划案例进行评价，提炼案例的典型特点，重点与难点，以及由此提炼出一些有价值的理论和法则确非易事。

杨振之等(2005)的《旅游原创策划》，理论结合案例，提出了旅游策划与后旅游策划、形象遮蔽与形象叠加、旅游地形象定位的支撑要素、旅游行为主体的经济行为研究等新观点、新理论，部分理论也已经接受了实践的验证，为以后该领域的进一步研究奠定了基础，该书旨在倡导旅游策划的"原创性"，强调从实践中总结出原创理论，但并不着眼于建立旅游策划的理论体系。

总的来说，国内的旅游策划研究水平仍然较低，策划研究远远落后于策划的实践，所以，对这一领域的深入研究还有很大的空间。

三、研究与实践脱节

旅游项目策划本身应用性极强、实战性极强，对策划者的综合素质要求很高。国内旅游策划研究常常出现研究与实践脱节的现象。由于旅游项目策划具有跨学科性，需要研究者了解众多学科的基本知识和方法，由于旅游项目策划不但要有"谋"，还需要有"勇"，也就是说兼顾预谋性、创造性、科学性、艺术性、可行性、时效性，由于旅游项目策划具有实战性，需要研究者不但能研究，能策划，还能实施运作策划方案，不能兼顾以上几个方面，是很难把旅游项目策划研究做好的。如何在实践中提炼出有价值的理论或法则，如何利用这些理论和法则反过来指导下一步的实践，是旅游项目策划需要研究的课题，所以，旅游项目策划研究还有很长的路要走。

复习自测题

1. 旅游的定义是什么？
2. 旅游项目的概念是什么？旅游项目与旅游产品是什么关系？
3. 旅游策划如何影响旅游地、景区的发展？

第二章 旅游项目策划的基本原理

【本章导读】

旅游项目策划的科学性和可行性，有赖于对策划所依赖的相关要素的把握。其中最为重要的要素有市场、资源、政策法令、工程技术、策划程序等。与这些要素相关的理论和认识共同构成了旅游项目策划的理论基础。

这些要素在项目策划中所起的作用是具有差异的，它们从不同方面保证了旅游项目策划的科学性和可行性，是策划的基础性要素。概括来说，可以用下面的话语来描述它们的功用：市场需求是导向，资源评价是基础，项目策划是灵魂，政策法令是保障，工程技术是支撑。相应地，这也就成为本章各节的标题。

【关键词】

市场需求(market demand)
项目策划(project planning)
政策法令(policies and laws)
工程技术(project technique)
资源评价(evaluation of tourism resources)

第一节 市场需求是导向

最受市场欢迎的产品是最好的产品,旅游业也不例外。旅游项目策划要以市场需求作为导向,换言之,就是要以旅游消费者为中心、以市场需求为出发点来进行旅游项目的策划和设计。这就要求我们对客源市场以及不同旅游者的兴趣、偏好、支付能力、价值取向等一系列影响市场需求的因素进行深入细致的分析,据此策划出能受到游客喜爱的旅游项目和旅游产品,同时,设计出科学的市场营销模式,使旅游项目能够真正为旅游经营管理者所用,为旅游经营管理者带来效益。

一、旅游市场调查

旅游项目策划是否成功,关键取决于能否满足旅游者的各种需要。这就要求对旅游客源市场的需求做出预测,而客源市场调查可以了解旅游者或潜在旅游者对旅游产品、旅游活动项目的需求类型特点,从而预测旅游消费需求的变化,为旅游项目策划提供第一手材料和可靠信息。

1. 市场细分

以往,每个游客都被视为无差异的个体,大多数策划、规划和管理战略都将所有游客当作一个统一的同质体来看待。然而,现在人们已经认识到,将游客分为若干性质相似的团体对充分认识旅游市场和进行旅游项目策划是十分必要的(Gunn & Var, 2002)。

Kotler(1988)将市场细分定义为:将整个市场分为几个同质的子集,每个子集都有其各自的市场目标。他认为,市场细分必须要满足三个要求:第一,每个细分市场要具备足够多的人数,这样才值得关注;第二,每个细分市场要有足够多的共同特征,这样才能够和其他市场区别开来;第三,每个细分市场必须是可行且值得关注的。

对于市场细分,许多学者给出了不同的划分方法。这要根据实际情况来进行合适的划分。实践证明,由于旅游目的地类型的不同、旅游产品的差异以及地理区域的不同等等因素影响,市场细分往往是不同的。但这并不意味着市场细分是无章可循的。Burke 和 Resnick(2000)提出了一个市场细分模型,在实际使用中只要对其进行不多的地方性调整,便可以对旅游项目策划以及旅游地规划等带来很大的帮助。

Burke 和 Resnick 的市场细分模型将旅游市场划分为四个细分市场:人口细分市场、地理细分市场、心理细分市场和行为细分市场。

人口细分市场根据年龄、收入、职业、家庭规模/生命周期、教育水平等人口特征对市场进行划分。旅游策划者必须了解这些不同的因素对旅游及其服务和设施开发的影响。

地理细分市场是根据所处地理区位相同的旅游者会形成大致相似的旅行偏好来进

行划分的。它对旅游线路的选择、一定距离内的旅游项目开发以及不同气候条件下特定目的地的开发等问题具有重要意义。

心理细分市场主要是依据游客的价值观、生活态度、生活方式、兴趣、活动爱好、旅游动机及个性等特征对市场进行分类。它能够帮助策划者有针对性地开发和建设各种项目(见案例2-1)。

行为细分市场将旅游市场分为几个具有相似消费习惯的群体。这些消费习惯包括有旅游习惯和偏好、旅游目的以及寻求的效用等。这样的细分市场对旅游开发商、旅游策划和规划者进行针对性开发和营销具有很大的价值。

【案例2-1】

加拿大安大略省公园游客的感觉寻求[①]特征

(Graeme Galloway,2002)

Galloway(2002)认为在分析旅游动机时除了按照传统的社会人口统计学方法对市场进行分析外,心理特征也是一个非常重要的依据,并且对游客市场的心理学分析还有助于减少仅仅依靠社会人口统计学方法所带来的误差。

为此,Galloway对加拿大安大略省44个省级公园的9495名游客进行了感觉寻求方面的调查,并试图探询他对公园营销及管理方面的意义。他发现游客可以划分为高感觉寻求者和低感觉寻求者,他们在对待公园的态度和行为上存在着较大的差异。对高感觉寻求者来说,其差异主要有以下几方面。

(1) 更为频繁地造访公园。
(2) 认为游览公园是非常刺激和激动人心的。
(3) 更加关注他们有可能会用到的有关公园的信息来源。
(4) 在访问公园期间更有可能会参与到广泛的旅游活动中去。
(5) 更为重视公园的设施和服务,而且对它们的满意度也较高。

在此基础上,Galloway对公园的管理和市场营销,尤其是危机管理,提出了许多思考和建议。

除了这样一些市场细分方法以外,还有很多根据策划或规划项目来确定的其他一些方法。如Smith(1992)提出了朝圣者和游客的差异;Xie(2003)认为海南民俗村的游客有"真正的文化旅游者"和"碰巧的文化旅游者"。对策划或规划来说,其中一种非常重要的市场细分方法就是根据旅游活动来进行划分,它是对旅游目的地进行旅游潜力评估的基础。

2. 旅游市场调查与分析

旅游市场的内容根据策划要求不同,大致可以划分为三种:市场过去接待情况及其

---

① 感觉寻求(sensation seeking)可以定义为了寻求多变、新奇和复杂的感觉而进行身体和社会冒险的意愿(Zuckerman,1979)。

特征的调查；市场当前接待情况及其特征的调查和对旅游市场产生影响的相关因素调查。

过去和现在的旅游接待情况是衡量旅游总体发展水平的一个决定性指标。通过历史和当前旅游接待情况的资料和数据可以粗略判断出该旅游目的地所处的生命周期阶段，而按月统计的旅游接待人数可以了解旅游接待的季节性变化，这对于已有一定开发时间的旅游目的地来说尤为重要。更为关键的是，历史和现状的旅游者数量和类型是确定市场细分的依据。世界旅游组织和其他一些国际机构在确定目标市场时，一般采取一定措施，例如增开航班，改进旅游景区设施，组建特殊兴趣旅游线路，加强市场促销等，来考察实际吸引到的旅游者数量和类型。这种方法对新开发的旅游区尤其适用，而相关措施也往往成为吸引和管理旅游者的基础(Inskeep, 2004)。

对市场特征的调查是探求旅游行为规律，并据此确定细分市场的重要依据，也是下一步策划的重要依据。通常来说，这些特征包括游客市场的人口统计学特征，如年龄、性别、收入、客源地来源、教育水平等，以及旅游者在目的地的消费特征，如滞留时间、平均日消费、旅游消费在吃住行游购娱等各方面的分配、出游一次总的消费额、满意度等(吴必虎，2001)。

仅仅了解了市场接待情况和市场特征是不够的，还需要对它们之间的相互联系进行分析。因为市场调查和分析的目的是确定旅游需求，而旅游者的旅游需求受多种因素影响，这些因素包括旅游动机、支付能力、闲暇时间及身体状况等。只有通过对市场接待情况和市场特征之间的联系进行细致分析，并辅以具有很强目的性的专题调查，才能够确定有效的旅游需求，从而为旅游策划提供有效的市场依据。

二、旅游需求预测

旅游策划过程中，对旅游市场进行调查分析的目的一则是为了了解市场过去及现在的接待情况，对市场特征进行准确把握；同时，更是为了对未来可能的旅游需求进行预测，从而确定相应的策划主题、项目内容和经济效益。因此，可以这样认为，旅游需求预测的准确与否直接影响到旅游策划是否能够成功。然而，影响旅游需求的要素很多，而且这些要素很多充满了不确定性，例如个人品位的变动、国际汇率的变化以及目的地的多样化等，使得旅游需求预测在很大程度上变得十分困难和不可靠。但是，由于旅游规划和策划十分依赖于旅游需求预测，它在旅游市场评估和旅游供给开发中依然占有十分重要的地位。

旅游需求预测的方法很多，Uysal 和 Crompton(1985)将它们归类为定性方法和定量方法两大类。尽管以科学研究方法和统计为基础的定量方法在旅游需求中得到了越来越广泛的应用，但很多时候仍然需要依靠以经验判断为基础的定性预测方法(Gunn 和 Var, 2002)。Uysal 和 Crompton 将定性方法归纳为三种。第一种是传统方法，通过浏览研究报告和使用原始市场资源调查来了解历史变化，同时对未来趋势做出判断。第二种是德尔菲法(Delphi Method)，是根据专家观点来进行反复提问的一种方法，每位专家均采用匿名提问，它非常依赖于专家的专业知识和领导者的影响力。这种方法非常实用，尤其是在和其他预测方法同时使用的时候。第三种方法是辅助判断模型法(Judgment-aided Model),该方法通过一组人面对面就几种未来的场景进行交流和辩论,最终达成一致意见。而每个场景都建立在不同的假设上,如政策因素、旅游经济发展、促销及交通因素等。

  旅游需求的定量预测一直是旅游学术界研究的焦点之一。到目前为止,其中所包含的方法和模型为数众多。许多学者都对这些方法和模型进行了总结,提出了各自的分类系统。Van Doom 和 Van Vught(1978)归纳了各家的预测方法,分为四种基本类型,即探研预测、推演预测、标准预测和综合预测(见表 2-1)。另外,Witt (1992,1995,2000)、赵西萍等(1996)、Lim(1997)、Song 也都对旅游需求的定量预测方法进行了系统的总结。Uysal 和 Crompton(1985)提出了三种定量预测方法,可以为我们提供一个认识和了解旅游需求定量预测方法的窗口。第一种是时间序列研究,要求进行逐年或逐季度乃至逐月的统计测量。这种方法假设所有的变量类型不随时间发生变化。为了体现关键变量的变化,引入了功能转换模型,但该模型需要复杂的数学和统计技巧。第二种是引力和旅行产生模型(Gravity and Trip Generation Model),其预测基础是假设游客数量会受到与客源地相关联因素的影响,最主要是人口和距离。但很多学者批判这种模型,认为它没有反映出价格因素在其中的影响,也没有体现出现代交通使得距离因素的重要程度变得不确定。第三种是多元回归模型,它采用影响旅游需求的多种变量,如收入、人口、旅游费用、国际环境等来对需求进行预测。

表 2-1 Van Doom 和 Van Vught 归纳的旅游预测方法与模型

预测类型	对类型的解释	适用的方法和模型
探研预测	趋势外推 寻求符合逻辑的变换方案	趋势组合:时间序列分析 回归分析 引力模型 历史类推法 场景预设 现象学分析
推演预测	事件发生概率的估计 决策过程中的内在期望	头脑风暴 德尔菲法
标准预测	对希望达到的未来状态及导致该状态发生途径的外在描述	标准场景预设 贝叶斯统计 模式化方法
综合预测	研究选项的暗示意义 建立已有各孤立预测的相关模式	投入—产出模型 交叉影响分析 图形化方法

第二节 资源评价是基础

旅游策划的核心是旅游产品或旅游项目，而旅游资源则是旅游产品或旅游项目的物质基础。一个旅游目的地的资源是旅游供给方最为重要的组成部分，它们构成了旅游系统中的活力单元。Gunn 和 Var(2002)认为市场和吸引物分别为游客出游提供了"推力"和"拉力"，因此，可以近似地把旅游吸引物当作旅游资源来看待。他们指出，如果没有吸引物，则旅游服务设施除了对当地贸易有所作用外便没什么价值了。他们进一步分析了旅游吸引物的两个作用，一是它们能够吸引、诱惑或刺激人们产生旅游兴趣。当人们听说一些吸引物后，就会决定去最吸引他们的旅游目的地。其次，旅游吸引物能够提供游客满意度，即人们从旅游体验中获得回报。

对旅游项目策划者来说，除了考虑市场的导向作用外，如何科学合理地利用旅游资源至为关键。而要科学地利用资源，首要问题是对资源要有正确的评价。可以说，科学合理的资源评价是旅游项目策划的基础。目前对旅游资源评价已有很多研究，而且国家标准也已经出台，但是在理论上却缺乏一个权威的评价方法，这与目前缺乏公认的旅游资源概念及分类系统有着直接的联系。

一、旅游资源和旅游吸引物的概念及分类

旅游资源是我国旅游界中经常用到的概念，然而，这个概念在欧美国家却很少提及，在大量的欧美旅游学术文献中，最常用到的和旅游资源概念接近的词是"旅游吸引物"(Tourism Attraction)。不管这两个词本身有何差异，它们在概念或是定义上的众说纷纭却是极其相似的。下面列举一些旅游资源的主要概念。

郭来喜(1982)认为，"凡能为旅游者提供游览观赏、知识乐趣、度假疗养、娱乐休息、探险猎奇、考察研究以及友好往来和消磨闲暇时间的客体和劳务，均可称之为旅游资源，是发展旅游业的物质基础"。在这里，"劳务"也被视作为旅游资源的一部分。

阎守邕(1986)建立的中国旅游资源信息系统中，将人文产品、旅游设施和交通设施列入了资源分类表。作者认为，"优良的设施和热情的服务，也常被旅游者看作是一种吸引物。因此，一定程度上来说，旅游设施和劳务也是一种旅游资源。"

邢道隆等(1987)提出旅游资源是，"从现代工业看，凡能激发旅游者动机，为旅游者所利用，并由此产生经济价值的因素和条件。"

陈传康、刘振礼(1990)认为，旅游资源是"在现实条件下，能够吸引人们产生旅游动机并进行旅游活动的各种因素的总和，它是旅游业产生和发展的基础"。

辛建荣等(1996)认为，旅游资源是指"凡能对旅游者产生美感和吸引力，具有一定旅游功能和价值的、自然与人文因素的事与物的综合"。

李天元等(1991)认为,"凡是能够造就对旅游者具有吸引力环境的自然因素、社会因素或其他任何因素,都可构成旅游资源"。

傅文伟(1994)提出,"凡是具有旅游吸引力的自然、社会景象和因素,统称为旅游资源。也就是说,旅游资源是指客观存在的包括已经开发利用和尚未开发利用的,能够吸引人们开展旅游活动的一切自然存在、人类活动以及它们在不同时期形成的各种产物之总称"。

谢彦君(1995)提出,"作为旅游吸引物系统基本要素的,除了这种一般所指(指风景或其他类似的景观和附属设施及其组合)外,应该加上同样具有吸引功能或示范功能的旅游者以及各种能传达旅游地相关信息的标志物。"

杨振之(1997)认为,旅游资源的结构表现为旅游的三大要素:主体、客体和介体的相互吸引。因此,所谓旅游资源,"除了自然资源和人文资源外,对于旅游者来说,就是旅游目的地及有关旅游的一切服务和设施;对于旅游地来说,就是客观存在着的客源市场。旅游资源是关于旅游的主体、客体、介体相互间吸引性的总和。"杨振之(2002年)又认为,"旅游资源所包含的内容十分宽泛,它应包括以下几大类:①自然旅游资源;②人文旅游资源;③服务旅游资源;④旅游设施和基础设施资源;⑤其他新兴的资源类型。

因此,旅游资源这一概念在逻辑上分为内涵和外延两部分,传统的定义,即自然旅游资源和人文旅游资源是它的内涵、内核。而随着旅游业向深度发展,旅游资源的外延将越来越宽泛,类型将越来越多,实践已经证明了这一道理,如果仍然将它限制在一个传统的狭小的范围,就会发现,我们的观念跟不上旅游业的发展。……今后还将有很多意想不到的资源成为旅游资源的一个部分。"

吴必虎(2001)提到,"旅游资源是一开放系统,如果说有标准或有定义核心,那么这个核心就是旅游产品,只要是具有开发为旅游产品潜力的事物,无论是有形的还是无形的,都可以被视为旅游资源。"

2003年5月开始推行的《旅游资源分类、调查和评价》国家标准(GB/T 18972—2003)对旅游资源的定义为"自然界和人类社会凡能对旅游者产生吸引力,可以为旅游业开发利用,并可产生经济效益、社会效益和环境效益的各种事物和因素。"

综合这些定义,可以看到,它们的共同点正如孙文昌(1997)所说,"那就是强调了旅游资源具有吸引旅游者这一属性,我们称之为旅游资源的理论核心"。它们之间的差异主要表现在旅游资源应该包括有哪些内容上。有些定义认为旅游资源主要局限于旅游目的地所具有的自然和人文旅游资源,有些定义则认为旅游资源的定义应当宽泛一些,可以涵盖劳务和设施等,还有的定义则走得更远,挣脱旅游目的地的地域束缚,从旅游系统的层面上来探讨旅游资源的内容。实际上,它们之间的分歧本质上是对于旅游资源应该是旅游吸引资源还是旅游产业资源的认识差异(宋子千、黄远水,2000)。从规划或是策划角度,探讨的旅游资源更多地还是集中在具有旅游吸引力的有形或无形的自然和人文旅游资源,劳务、设施等,在很大程度上是尽量整合各类资源使之转化为产品,使资源的自然或人文禀赋转化为旅游产业的工具。这种概念上的争论并没有对策划或规划实践中如何界定旅游资源产生大的影响,因为概念包括的内容越多,在实践操作中的模糊性和难度就越大，干扰也越大，而有经验的策划和规划人员是很懂得挑选所需要的内容的。对于策划师与规划师来说，最见功夫的是如何将各种旅游资源及旅游业各要素进行巧妙的整合和配置。

由于对旅游资源概念认识的差异，旅游资源分类也因此而有所差异。认为旅游资源单纯是由自然和人文因素构成的，相应地就把旅游资源划分为自然旅游资源和人文旅游资源两大类或是添加人文、自然兼而有之的综合类(艾万钰，1987；周进步、庞规荃，1998)，或者以自然、人文要素中占主导的因素来进行分类(孙文昌、郭伟，1997)。这也是最为普遍的分类方法。而其他学者结合自身对旅游资源的认识，分类也表现出相应的差异。如杨振之(2002)在此基础上添加了服务旅游资源、服务设施和基础设施资源和其他新兴的旅游资源等三类；《旅游资源分类、调查和评价》(GB/T 18972—2003)除了一般的自然和人文类外，还添加了旅游商品类，同时，在其若干亚类中也有很多有异于传统的认识。

除了按照资源属性对旅游资源进行划分之外，还有很多学者从其他一些角度对旅游资源进行了划分。如辛建荣、杜远生等(1996)根据资源的平面展布和主体配置关系角度将资源分为聚汇型、辐散型、单线型、环线型、方矩型、叠置型、凌空型等数种；叶伤夫(1988)提出了听觉旅游资源的概念；傅文伟(1994)按资源开发利用的变化特征将旅游资源划分为原生性和萌生性旅游资源两大类；郭康(1990)提出了旅游资源的动态分类概念，即稳定类旅游资源和可变类旅游资源等。

尽管旅游资源的分类方法千差万别，但是从旅游策划或规划的角度上看，实行分类后的数据应当容易管理、有意义而且易于操作。因此，在实践过程中，应当尽量避免不同分类方法的交叉使用。

与旅游资源概念类似，欧美学者对旅游吸引物也缺乏一个权威定义。Gunn 等(2002)认为吸引物就是"为了游客的兴趣、活动和享乐，通过设计、管理而开发的地方。"英国旅游协会(English Tourism Council，ETC)对旅游吸引物的定义就要长得多："一种永久固定的游览目的地，它的一个基本目标是允许公众因娱乐、兴趣或教育的需求而进入。它不是一个主要提供体育、戏剧或电影的零售市场或地点。作为吸引物，必须在每年预先确定的时间向公众开放，而不需事先预定，同时它应该能吸引本地居民、旅游者或一日游游客。另外，吸引物必须是独立的，要求进行独立管理，并直接从游客那里获取收入。"许多学者认为ETC 的定义已经不再符合现状，例如苏格兰的一些观光吸引物只是可能而不是必须收取门票；英国许多景区的游客门票预定系统；等等(Leask, 2003)。

尽管对旅游吸引物的定义存在很多差异，但其本质正如 Swarbrooke(2000)所说，"旅游吸引物是旅游业的核心，是人们想去一个地方旅游的动机。" Richards(2001)也指出，旅游吸引物"确实为很多旅游活动提供了一个中心，并且是参与旅游业竞争的各目的地的重要因素。"

对旅游吸引物进行分类的方法也很多，Gunn 和 Var(2002)将这些分类方法归为三种。

(1) 根据所有权属进行分类。吸引物一般归政府部门、非营利组织和商业企业三种部门所有，每一所有权属分类下都包含有若干类吸引物，如政府部门属下就可能有国家公园、州立公园、野生动物保护区、国家纪念地、运动场等。

(2) 按资源基础进行分类，主要有以自然资源为基础的分类和以文化资源为基础的分类两大类。

(3) 根据旅游时间长短对旅游吸引物进行分类，可以分为旅游线路中的过境吸引物和长时间逗留的目的地吸引物两大类。

二、旅游资源评价的方法

所谓旅游资源评价，是从资源开发利用的角度，对构成旅游资源的各要素，如观赏游憩价值、文化价值、规模丰度、适宜开发方向及开发潜力等方面对旅游资源进行综合评估，从而为开发利用提供科学依据。

旅游资源的评价要考虑它在国际、国内和区内的相对重要程度，同时还要考虑潜在的客源市场、当地居民对资源的利用情况、可进入性、保护和开发的相对成本费用、资源的环境承载力及开发可能造成的环境及社会文化影响等要素。需要指出的是，这些要素往往并不是同等重要的，在策划或规划时要根据需要选择合适的评价要素或评价指标，并对所选择的指标要赋予不同的重要性。这往往不是仅仅依靠单独的几个模式化评价模型或标准就能完成任务的。

作为评价的结果，至少要能够回答哪些资源是主要资源，最具有开发潜力，以及哪类资源是区域类的主要资源。后者往往是进行市场分析的重要前提。通常来说，一个旅游目的地的资源基础是由多种类型和各种不同重要程度的资源共同组成的。

对旅游资源进行评价的方法很多，有定性的，也有半定量或定量的，下面对其加以简要介绍。

1. 传统的定性评价方法

传统定性评价通常是在对旅游资源进行了详细考察后，凭借经验和学识，对资源进行主观色彩浓厚的结论性描述。有学者从资源本身的一些特点来对旅游资源进行评价，例如资源是否具备"古、特、奇、美、名、用"等特点，有些学者则归纳了一些定性评价的标准，如美学价值、文化价值、科学价值、历史价值、环境质量、旅游容量、组合状况、区位条件、适应范围和开发条件等(刘振礼、王兵，2001)。

这种方法的优点在于能从宏观上把握旅游资源的特色，缺点是主观性强，不能量化，科学性相对较差，评价准确与否与评价者的经验和素养高度相关。因而这种评价方法对初学者来讲，尽管方法简便，但实际操作却十分困难。

2. 定量评价方法

定量评价方法相比定性评价方法而言，主要考虑对构成旅游目的地资源中的各类影响因子尽可能通过数学或其他方式进行量化，从而得出一个科学的结论。严格来说，目前所存在的各类定量评价方法都不是完全定量的，它们在评价指标甄选以及各指标所占重要性确定方面都有一定的定性分析成分。因此，这些定量评价方法实际上是定性与定量方法的结合。评价者如果没有扎实的业务素养和丰富的工作经验作为基础,即便是采用了定量评价方法,也不见得能够获得科学的评价结果。

一般而言,通过大量调查走访后,运用定量评价方法还需要经过如下几个步骤。

(1) 评价指标的甄选。

在旅游资源定量评价的实践中,很难构建符合所有资源情况的评价指标体系,因此,许多学者都根据具体的操作实践来制定评价的指标体系。卢云亭(1991)、郭康(1995)和宋剑霞(1994)根据他们在北京、河北、陕西的实际调查和归纳分析,提出了"八度"评价指标体系,即规模度、古悠度、珍稀度、奇特度、保存度、审美度、组合度、知名度。郝晓兰、李兰维(1994)在对呼和浩特地区旅游资源的评价过程中,将旅游资源开发潜力的评价指标体系首先划分为旅游资源价值和旅游区位条件两个评价综合指标层,在每个综合指标层下又设若干个评价因素指标层。其中旅游资源价值综合指标层包括四个评价因素指标层,旅游区位条件指标层包括三个评价因素指标层。每个评价因素指标层又可以由若干个评价因子构成,这些评价因子是最基本的指标单元,例如观赏价值这一评价因素就由美感度、奇特度和规模度三个评价因子构成。这样,整个评价指标体系就由评价综合指标层、评价因素指标层和评价因子指标层三层构成。

需要提出的是,2003年出台的《旅游资源分类、调查和评价》(GB/T 18972—2003)以国家标准的形式确定了旅游资源的评价指标体系,将其分为资源要素价值、资源影响力及可以计算附加值的环境保护与环境安全三大评价项目,每一评价项目又设若干个固定的评价因子。这样做看上去显得统一而权威,实际上它对许多旅游资源,尤其是价值类型相对比较单一的资源来说就显得很不公平。实际上,在很多时候硬性地对资源评价来规定一套评价指标是徒劳的,因为旅游资源的类型、价值和开发利用途径是如此丰富,很难用某个单一的万能指标体系去适应这种多样和丰富,这也是现行的国家标准为许多学者所批评(黄远水,2006;刘益、黄向、刘家明等,2006;朱竑,2005;王建军,2005;王良健,2006;杨振之,2006)的一个重要原因。

(2) 确定不同指标的重要程度。

在整个评价指标体系中,并非所有指标都同等重要。这些要求根据策划或规划的实际情况来确定各个指标的重要程度。通常,各指标的地位通过对它所赋予的权重来进行表达。而在资源评价中经常谈论的层次分析法、模糊数学法等就是根据权重计算方法的差异来进行划分的。

确定权重有很多方法,包括有德尔菲法、层次分析法、模糊数学法、灰色模型法、五点记分法等很多种。其实,无论哪种方法,都或多或少掺杂有主观因素。其客观与科学与否,与评价者和专家团队的学识和经验关系很大。

(3) 确定评价分级。

评价分级的作用是比较同一种资源的相对地位。傅文伟(1994)对资源的评价指标用计分方法分为5级;张国强(1998)将风景资源分为5个等级,即特级景源、一级景源、二级景源、三级景源和四级景源,分别相当于国际级、国家级、省级、市县级、本地级;《旅游资源分类、调查和评价》(GB/T 18972—2003)也将旅游资源单体评价划分为5级,并规定五级旅游资源称为"特品级旅游资源",五级、四级、三级旅游资源被通称为"优良级旅游资源",而二级、一级旅游资源被通称为"普通级旅游资源"。

(4) 确定各单项指标的分值,然后按照一定程序对旅游资源进行评分,并确定资源所处的等级。

按照确定的评价指标体系对旅游资源进行单项评分。然后根据资源各单项指标得分以及该项指标的权重,根据加权求和算出资源的总得分,最后按照起初拟定的评价分级对资源进行评价总结,从而确定该资源所处的等级。其中加权求和公式可以表达为:

$$A = \sum_{i=1}^{n} S_i \cdot W_i$$

式中：A 为旅游资源综合得分；S_i 为 i 评价指标的得分；W_i 为该项指标权重。

【案例 2-2】

呼和浩特地区旅游资源的评价指标体系及其权重

郝晓兰、李兰维(1994)对呼和浩特地区的旅游资源进行了评价,他们建立的评价指标体系及其权重见表 2-2。整个评价指标体系由评价综合层、评价因素层和评价因子层三个等级不同的层次构成。其中评价综合层分为旅游资源价值和旅游区位条件两个方面；评价因素层包含 7 个因素；评价因子层包括 12 个因子。其中各指标的权重通过层次分析求得。

表 2-2 呼和浩特地区旅游资源开发潜力评价指标体系及相应权重(郝晓兰等,1994)

评价综合层(C 层)		评价因素层(F 层)		评价因子层(S 层)	
综合指标	权重	评价因素	权重	评价因素	权重
旅游资源价值(C1)	0.75	观赏价值(F1)	0.40	美感度(S1)	0.20
				奇特度(S2)	0.10
				规模度(S3)	0.10
		科学价值(F2)	0.07	科学考察(S4)	0.02
				科普教育(S5)	0.05
		文化价值(F3)	0.18	民族文化特色(S6)	0.09
				宗教文化(S7)	0.04
				历史文化(S8)	0.05
		环境质量(F4)	0.10	环境容量(S9)	0.04
				绿地覆盖(S10)	0.03
				环境清洁度(S11)	0.02
				环境季节性(S12)	0.01
旅游区位条件(C2)	0.25	与旅游中心城市间距离(F5)	0.07		
		通达性(F6)	0.13		
		旅游点地域组合(F7)	0.05		

【案例 2-3】

旅游景点/吸引物的矩阵评价法(Inskeep, 2004)

矩阵评价法是旅游策划、规划分析中一种常用的方法,目的是用系统、客观的评价方法来帮助决策。不过这种方法只有在具备足够的量化和定性条件信息后才能使用,而且分析结果要在规划或策划组的经验和判断框架内进行评议。表 2-3 便是一个矩阵分析表的例子,它可用于分析资源或景点在一定区域范围内的相对重要性和开发的可行性。根据策划区域与项目的差异,矩阵中的评价标准可以增加。

表 2-3 旅游景点/吸引物矩阵评价表(据 Inskeep, 2004, 有改动)

景区/吸引物	评价要素						总值	备注
	可进入性	开发的经济可行性	开发的环境影响	开发的社会文化影响	区域内重要程度	国际重要程度		
自然景区								
国家公园 A								
国家公园 B								
温泉 A								
野生动物园								
文化吸引物								
考古遗址								
寺庙 A								
寺庙 B								
文化节庆								
手工艺								
特殊吸引物								
主题乐园								
会议中心 A								
会议中心 B								

注:① 景区/吸引物清单只是举例,具体的清单及评价要素要根据具体情况加以确定。
② 评价值可以从 1 至 5,也可以从 1 至 10,分值越高代表积极意义越高。较重要的因素可赋予较高的权重值。

旅游资源评价之所以是旅游规划和策划的基础性工作,那是因为旅游资源评价可以保证对资源价值评估的科学性。特别是对于旅游策划,具有很重要的意义。它可以避免策划者天马行空、不切实际的构想一些项目,听起来振奋人心,实际上难以实施。另外,对旅游资源的评价也不是按照上面的内容套用上去分析就说明有科学依据了,实际上,它还需要专家多年的积累和野外工作经验,以及多年的学术研究成果来支撑旅游资源评价的工作。

第三节 项目策划是灵魂

项目策划就是运用创造性思维，对旅游资源及各种旅游要素的优势和特点进行创造性的优化组合，从而为开发出具有吸引力的旅游产品提供思想和创意基础。

一、旅游项目策划是开发旅游产品的基础

项目策划是旅游资源转化为旅游产品不可或缺的环节。它是连接旅游资源和旅游产品间的重要纽带。很多时候，高质量的旅游资源并不见得一定就会成为具有吸引力或能够产生较好旅游效益的产品，而看似一般的旅游资源也不见得就一定不会成为知名的旅游产品。这之间往往需要高质量的旅游策划。而这对策划者来说，也是对其实力和创意的巨大考验。

【案例 2-4】

资源条件优越，旅游功能薄弱的高原"原子城"[①]

原子城位于青海省海北藏族自治州州府西海镇，坐落于广袤的金银滩草原上。它原称国营 221 厂，建于 1958 年，是中国第一个核武器研制基地，我国第一颗原子弹、第一颗氢弹均诞生于此，故称为"原子城"。1995 年 5 月 15 日退役，目前已被列为国家重点文物保护单位。它距西宁 100 公里，内有张爱萍将军题写的两弹研制纪念碑、将军楼、第一颗原子弹启运上车的"上星站"、基地第一批人进驻的"三顶帐篷"、爆轰试验场、亚洲第一填埋坑、生产车间、城市公园及展览馆等景点。原子城所保留的众多实物纪念地，向人们展示了我国人民在非常困难时期，艰苦创业的历程，它是一巨大的精神财富，亦是对全国人民进行爱国主义教育的宝贵资源。同时，它与美丽的青海湖比邻，是国家级重点风景名胜区青海湖的重要景区，金银滩草原又是"西部歌王"王洛宾写作脍炙人口的《在那遥远的地方》所在地。应该说，这一地区聚集了众多高品质的旅游资源，具备成为著名旅游品牌的资源基础。

然而，退役十年以来，原子城一直缺乏系统和高水平的旅游策划及规划。现有旅游资源在旅游区内缺乏整合，旅游项目缺乏总体设计，没有能将各旅游景点科学地串联在一起，对各景点的文化内涵挖掘不足。原子城相关景点开发尚处于初级状态，仅有少数景点开放，看点少，没有特色吸引点，难以产生品牌和对游客产生比较大的吸引力，相

---

① 据北京来也旅游规划设计有限公司、成都来也城市策划规划设计有限责任公司 2006 年编制的《青海湖金银滩——原子城红色旅游景区修建详细规划》。

当多的文物建筑改作他用甚至无人搭理。可以说,整个城镇的旅游功能十分薄弱。当前,原子城最为出名的不是原子城,也不是王洛宾和他创作的草原民歌,而是金银滩草原的牧家乐休闲餐饮。因此,当前原子城游客稀少,几乎没有什么经济效益,也缺乏其应有的品牌。

可以看出,即便是优良的旅游资源,如果缺乏良好的项目策划,也很难形成优质的旅游产品。相反,资源基础很差,甚至是资源缺乏的地区,因为高水平的旅游策划而拥有优质旅游产品的例子也很多,如深圳因"锦绣中华"、"世界之窗"等策划项目的成功而成为著名的旅游城市就是明证。

旅游资源转化为旅游产品需要项目策划,而作为良好的项目策划,需要做到以下几点。

第一,要善于发现、挖掘吸引物资源或其他旅游产业资源的独特性及优势。

"旅游规划的过程就是不断发现新资源,挖掘有价值、有特色的旅游资源的过程,旅游规划的最高价值就是'化腐朽为神奇'。在别人认为是腐朽的东西,你却发现了神奇之处,你的规划才有神来之笔。"(杨振之,2002)这里尽管说的是旅游规划,但对项目策划同样适用。要做到有新发现,要能够挖掘出有价值、有特色的旅游资源,基本的素质是要十分了解、熟识旅游资源,对旅游资源能够进行科学的、恰当的评价,更重要的是,要能判断哪些资源开发为旅游产品在市场吸引力和市场需求方面更具优势。这对策划者的素质要求很高,往往需要一个由各方专家组成的团队才能胜任。例如,前面所提及的洛带古镇,作为古镇,它无法与周庄、同里等相比,规划之前,古镇基本没有特色,街上的三大会馆也有点破烂不堪。但客家文化的发掘使这个古镇一切破损的建筑有了客家文化背景(如语言、民俗、民居等)的依托,这就大大增加了它的可开发性。通过对客家文化的深入发掘,通过策划"火龙节"、"水龙节"、"客家菜"、"客家婚俗"等项目,使客家文化变成了旅游产品。随之而来的是三大会馆修葺一新,街道铺上了青石板,古镇面貌初步得到恢复。

除了旅游资源优势外,良好的旅游项目策划也可以使其他产业要素资源优势转化为产品的优势,例如市场、区位、政策、法律等。这方面的例子也非常多,如拉斯维加斯和澳门的赌博旅游业,深圳和北京的"世界之窗"和"世界公园",东京、香港等地的迪斯尼乐园都是比较突出的例子。

第二,项目策划要善于整合各类旅游产业资源要素。

整合各类旅游产业资源要素,使其形成一个综合性的旅游产品,是旅游开发走向全面商品化的产物。旅游不单纯是吸引物,而是由吃、住、行、游、购、娱等要素所构成的产业。旅游项目策划的效益如何,同各类产业资源的整合情况直接相关。因此,作为旅游项目的策划者来说,不能仅仅从旅游吸引物资源考虑,而应该从如何能够有效整合产业要素的角度加以综合设计。

【案例 2-5】

青海塔尔寺周围地带的旅游策划[①]

塔尔寺是藏传佛教格鲁派(黄教)六大寺之一,是藏传佛教的中心寺庙之一,也是国家首批重点文物保护单位。作为黄教创始人宗喀巴大师的诞生地,该寺在藏区拥有巨大的影响力。同时,该寺的壁画、堆绣和酥油花也被称之为"三绝",具有很强的旅游吸引力。总体上来看,该寺是青海省最为重要的景区之一。

但是,这样一个著名景区,却对其所在地湟中县旅游产业贡献甚微。主要问题在于:①湟中县城距离省会西宁市仅25公里,由高速公路直达仅需20分钟左右,车票价格低廉;②目前县城最主要的旅游景点就是塔尔寺,而其游览时间仅需2~4小时,使得县城只是一个观光产品的供给地,旅游综合效益有限。③空间游览线路组织有问题,游客自西宁方向直达塔尔寺,在塔尔寺游览后便可直接乘车离开,可以基本不与县城发生关系。尽管塔尔寺边有两条商品街,但游离于现在的游览线路之外,而且商品单一,质量不高,规模不大,也不是游客必游之地,对拓展游览线路所起的作用相对有限。④游客消费空间缺乏。除商品街外,县城内几乎没有供游客消费的地方。而商品街本身建筑风貌很差,街区环境杂乱,商店内部空间狭小,缺乏购物和消费空间。

综合以上因素,在对塔尔寺周围地带进行旅游项目策划时,进行了这样一些策划:①将县城定位为非完全的旅游产业供给中心,旅游发展以观光旅游为品牌,重点打造旅游餐饮及购物。②合理组织塔尔寺的游览线路,拓展游客在鲁沙尔镇的游览空间,从而增加游客在鲁沙尔镇的滞留时间和可能的消费机会;③打造游客在鲁沙尔镇的消费空间,增加游客在餐饮、购物等方面的消费。④加强县内及周边各景区的联系和产业分工,整合资源。

第三,旅游策划要把握住旅游产业资源要素与旅游产品要素间的逻辑联系。

旅游产品的策划必须以旅游产业资源为基础。旅游产品的策划是旅游产业资源的各种要素在逻辑上的必然延伸。也即是说,策划好了的旅游产品和旅游产业资源之间有着内在的必然联系。这样的旅游产品才有生命力。旅游产品实际上是对旅游产业资源特质的展示和表现,使旅游产业资源的内涵能够通过产品的展示和表现为游客所经历、感受、体验,转化为游客能观赏、参与、触摸的产品。其中,对大多数景区策划来说,旅游吸引物资源往往显得尤其重要。以走钢丝为例,在很多景区它只是一种营销方式,或是一种显示"惊险"的噱头。然而在四川江油市的窦团山,在呈品字形的壁立千仞的山峰上有窦真殿、东岳殿、鲁班殿三座道观。唐末明清以来,山中道士进香,都以钢绳为通道从一个道观到达另一个道观,也就是说钢绳成为连接三座道观惟一的通道。因此,在窦团山走钢丝就将险峻的自然景观和文化连为一体,恰如其分地展现出旅游资源自身的特

[①] 成都来也旅游策划管理有限责任公司、成都来也城市策划规划设计有限责任公司编制《青海省塔尔寺旅游区修建性详细规划》,2005年。

质，具有丰富的内涵(杨振之，2002；2006)。

二、旅游项目策划——介于科学与艺术之间

旅游项目策划首先要遵循旅游的基本规律，要对市场、资源及旅游系统的其他要素进行科学细致的分析，要按照一定的程序或程式来进行，其中很多都需要建立在已有的旅游学、经济学、管理学、地理学、历史学、社会学等各个学科的科学理论之上。总之，旅游项目策划需要严密的理性体系，重证据、重推理、重逻辑。从这个角度上来说，旅游项目策划需要科学性来予以支撑。

但是，旅游项目策划的直接目的是让旅游者对他们的旅游经历感到满意，而旅游者的旅游经历是建立在主观感受之上的。站在旅游者的角度，旅游经历就像是听音乐、看电影一样，要能够从中获得美的感受和愉悦，这就要求策划者像一个艺术家一样，通过他的作品把美好的艺术带给游客，让游客来进行鉴赏和体验。因此，旅游项目策划又是一个重感性、重感受、重直观、重印象的艺术创作过程。

总的说来，旅游策划是一个科学的、完整的、理性的体系，它讲究程序，追求目标是解决旅游业的实际问题。所以，科学、理性的旅游策划是旅游策划赖以存在的基础。但这可能使旅游策划显得过于理性而缺乏生命力。其原因在于，旅游行为是理性与感性共生的，而且在有的时候，旅游行为的感性特征还要强于理性特征。因为，游客的感知在很大程度上是感性的，游客对旅游经历的体验也是感性的，游客心理活动变化无常，游客的"触景生情"，都是情绪化很浓的感性行为。有鉴于此，若过分地强调旅游策划的理性和科学性，旅游策划的可行性可能会大受影响(杨振之，2005)。

所以，旅游项目策划是介于科学与艺术之间的创作过程。它既注重理性，又要求感性；既注重程式，又讲究创造，是一项要求非常高的复杂劳动。

1. 旅游项目策划中的科学性

旅游项目策划的科学性从宏观上来看，主要体现在以下三个方面。
1) 基础理论体系的科学性

如前所述，旅游项目策划是建立在多种学科体系基础之上的，这些学科本身的科学性保证了旅游项目策划的科学性。以市场为例，如果不能够按照市场学的基本方法和规律来对项目所面对的潜在市场群体的旅游偏好和购买行为进行科学细致的分析，便不能保证最终策划的产品具有市场价值。同样，如果没有地理学、历史学或是建筑学的基本科学知识，就可能无法正确认知旅游资源的价值。如果缺乏环境科学、社会学等方面基本规律的认识，也就无法对产品的环境和社会效应进行恰当的评估。因此，可以说，基础理论的科学性是旅游项目策划的必要前提。

2) 项目策划要以科技作支撑

旅游项目策划是十分严肃的事业。它需要科学技术来支撑，需要策划者了解熟悉工程技术，即便策划属于前一阶段的工作，为了保证策划的可行性，也必须要求策划者对

地质勘察、建筑工程等十分熟悉，否则，策划的项目难以实施。这在后面将作专门的讲述。

3) 项目策划程序的科学性

旅游项目策划需要按照科学的程序来进行，它可以保证项目策划的合理性。有许多学者对旅游策划和规划的程序进行了总结，提出了很多有价值的模型。例如 Gunn 和 Var(2002)将区域旅游规划[①]的程序总结为制定目标、调查研究、综合-结论、概念规划和规划建议五个步骤。世界旅游组织(WTO)(Melntyre，1993)提出的一个一般性旅游规划过程包括研究准备、确定目标、进行调查、分析与综合、政策与规划形成五个阶段。

【案例 2-6】

策划规划自然景区的一般程序

Inskeep(2004)总结策划规划自然景区的一般程序如下。

- 在公园和保护区政策框架下确定发展和保护目标。
- 环境/生态分析，包括一切必要的特殊调查，如野生动、植物和生态系统的调查，要找出需要保护的特殊环境区，如野生动物栖息地。
- 根据对同类游客使用情况的估计确定游客承载力。
- 预测各种情况下的游客需求，包括一日游、徒步游和宿营等，如果必要的话调控承载力，更大限度地满足游客的使用需求。
- 确定必要的游客设施类型和所要求的设施空间。
- 制定规划，包括草拟几个备选规划方案，根据规划目标和环境影响对几个方案进行评价，最后确定规划并说明发展阶段。
- 筹备游客组织机构，并在适当区域规划客流走向。
- 最终环境影响分析。
- 实施规划。
- 对环境和游客的持续管理。

【案例 2-7】

用于户外旅游和游憩规划的 PASOLP 模型

1977 年 Lawson 和 Baud-Bovy 公布了他们总结出的户外旅游和游憩规划方法，叫做户外休闲规划产品分析序列(Product's Analysis Sequence for Outdoor Leisure Planning, PASOLP)。该模型如图 2-1 所示。规划过程中的关键因素包括：市场流、资源分析、监控管理以及规划修编。

---

① 这里使用了"规划"一词，该词的英文为 plan。实际上，plan 也可以用作策划，本质上，规划与策划有许多相通之处，在程序上二者很多时候是相同或近似的。

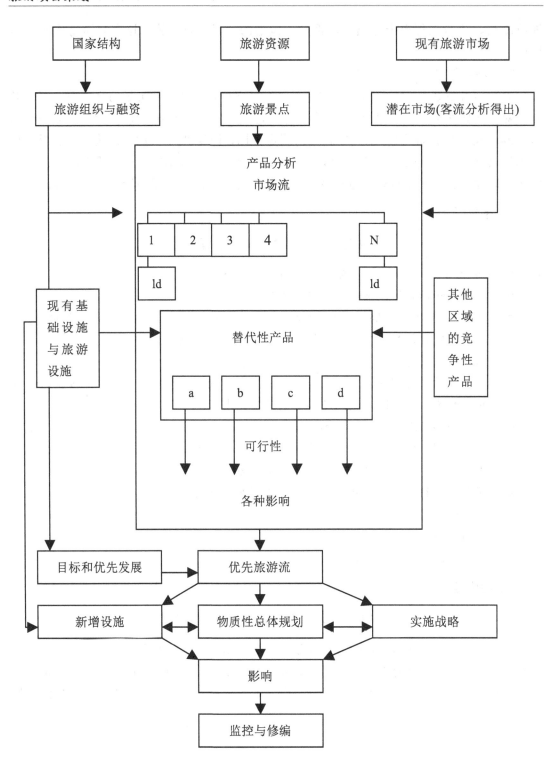

图 2-1 PASOLP 模型(Lawson 和 Baud-Bovy，1977)

2. 旅游项目策划中的艺术性

旅游项目策划中的艺术性是项目策划创造性的体现，也是项目策划中的灵魂。如果说科学性好比作画时应该具备的美术知识，例如色彩、透视等，那么，艺术性就好比如何利用这些知识去创作出一幅精妙的美术作品。因此可以说，旅游策划源于科学，但高于科学。旅游策划的艺术性就是如何在科学分析的基础上，充分发挥策划者的想象力和创意，通过情感上的共鸣来打动旅游者，从而使旅游者获得美好的旅游经历。例如在对四川壤塘县壤塘乡藏传佛教觉囊派三座寺庙进行的项目策划规划中，专门提出为游客堆砌一座嘛呢石堆。游客来此旅游和进行宗教朝拜时，可以将雕刻了经文的嘛呢石放在嘛呢石堆上，祈祷幸福平安，同时也可以进行现场雕刻，用汉藏双语写上游客的名字或平安话语带回去做纪念。① 这样的项目很难通过科学分析来进行策划，更多的是规划者在了解藏文化和游客心理的基础上创造出来的。又如四川中岩风景名胜区，是苏东坡第一任夫人王弗的故乡，苏东坡和王弗曾多次游历该山，言之凿凿，确为信史，据此可进行旅游产品的艺术加工。如某池可取名为"唤鱼池"，意为东坡先生与王弗曾在此拍手唤鱼，还可刻东坡手书"唤鱼池"三字；某处可设为苏东坡的读书楼，东坡游览山景歇息时，经常在此读书。这些内容史无记载，却是对信史的合理延伸。这样的旅游产品策划是艺术性的，但却有科学依据，并使产品更生动、更有趣，更合乎人性。

第四节 政策法规是保障

一、熟悉政策，把握项目策划的方向

从世界范围内看，尽管旅游对目的地的综合影响已广泛被研究和认识，但各国和各地区旅游的主导政策仍然是刺激旅游经济的发展。旅游业已经成为许多国家和地区的支柱产业。尤其是在发展中国家，旅游业往往被视作经济发展的突破口。为了实现这一目的，很多国家和地方都扩大了在旅游基础设施、服务设施、旅游吸引物、交通、旅游信息和促销方面的投入(Gunn 和 Var，2002)。对旅游项目策划来说，当今的时代可以算得上是黄金时代。

我国自从改革开放以来，旅游政策也发生了很大变化。从改革开放初期，旅游政策的主要目的是发展入境游，希望通过旅游开发赚取外汇，获取经济发展所需要的资金。这时旅游已经脱离单纯的政治意义而开始具有经济内涵。现在，它已经成为社会主义市

---

① 成都来也旅游策划管理有限责任公司、成都来也城市策划规划设计有限责任公司编制《四川省壤塘县藏传佛教寺院修建性详细规划》，2006年。

场经济的重要组成部分，由入境旅游为主转变为入境、国内、出境旅游三驾马车并驾齐驱的局面。截至1999年6月，全国有24个省(市、区)作出了《关于加快旅游业发展的决定》，约占全国省份的80%，构成了较为系统的地方政府支持旅游业发展的政策体系(刘赵平，1999)。

在理论界，现在已经认为旅游政策的制定应该由政府部门、非营利组织和商业部门来共同承担，而不仅仅是政府的特权(Gunn和Var，2002)。但就我国目前的现状来看，政府在旅游政策的制定中仍然占据有绝对的权力。Zhang、Chong和Ap(1999)认为，我国的政府部门在旅游业的发展过程中扮演有以下角色。

- 运营者(Operator)：拥有和提供旅游发展所需的基础设施，控制着旅游业活动的运作。
- 规则制定者(Regulator)：制定和完善调控旅游业所需的规则。
- 投资刺激者(Investment Stimulator)：通过财政支持来刺激旅游业的投资。
- 促销者(Promoter)：提供资金在国际市场上进行旅游业促销。
- 协调者(Coordinator)：协调不同政府部门间与旅游相关的活动。
- 教育者(Educator)：确立旅游教育体系，提供旅游教育和培训项目。

由此可以看出，政府是旅游政策的制定者。我国大多数地区的旅游产业政策都是积极的，都在谋求旅游经济的快速发展，并因此出台了许多促进旅游发展的相关政策，这是在项目策划中要加以充分运用的。同时，由于对旅游负面效应的认识不断加深，也出台了一些规范旅游项目的政策，这些在旅游项目策划中都要加以充分认识。

在当前我国的各种旅游政策中，对旅游项目策划影响最大的是旅游产业政策，即政府对某些特殊产业实行扶植或限制的政策，产业政策可分为国家产业政策和地方产业政策，地方产业政策的制定虽然以国家产业政策为依据，但地方政府往往会根据本地区的资源优势而确定不同的产业政策。产业政策一旦确定扶植某一产业(通常表述为"重点发展产业"或"支柱产业")，属于该产业范围内的项目将得到立项审批优先以及税收、贷款和其他相关条件的优惠，从而为该地区旅游策划奠定了项目基础(肖铁，2001)。

肖铁(2001)认为，政府的产业政策对企业项目构思有以下影响。

(1) 政府在确定产业政策之前，经过了大量的社会经济调研，产业政策决定扶植的产业往往是经济发展的"瓶颈"产业。既然是"瓶颈"，就是急需发展的产业，急需发展的理由就是有很大的需求尚未满足。企业一旦介入这种行业，产品的销售量将长期稳定增长。

(2) 产业政策的扶植对企业进入该行业提供了很大的实惠，税收、贷款和报批的优惠将极大地降低企业进入该产业的成本。

(3) 由于产业政策的支持，企业可以在很短的时间内进入该产业，企业可缩短项目论证时间、报批时间以及征地和动迁时间等，可使新产品提前上市。

由于旅游业是一项综合性的产业，旅游项目策划必然会涉及其他产业或部门。而这些产业或部门的政策有可能会对旅游策划产生种种有利或不利的影响。有鉴于此，旅游项目的策划者应该熟悉旅游及其他产业的相关政策，这样才能把握住旅游策划的方向。

【案例 2-8】

巴西的生态旅游政策与锡尔维斯的旅游业(Fennell，2003)

巴西的亚马逊原始雨林是世界上最具生态旅游潜力的地区之一。自20世纪70年代以来，牧场主、采矿者和农民因对木材的需求和生存需要破坏了约十分之一的森林面积。生态旅游因此而被看做是一种合理的土地利用方式。实际上，有证据显示以自然为基础的旅游在20世纪60年代就已经开始，但增长缓慢(Jordan，2001)。为此，巴西旅游局在1994年便印发了生态旅游政策文件，1996年巴西政府又制定了生态旅游道德准则。

但Romero(2000)指出，除非能够让当地人获得实惠，否则任何保护项目只能落空，因为当地人需要养家糊口。他还指出，小规模的可持续项目也许是当地人掌握自己经济命脉的最好方法，生态旅游项目就是其中的一个组成部分。

锡尔维斯社区的生态旅游项目便是一个这样的例子。当地居民原本以捕鱼为生，但随着人口增加和渔业资源减少，现在则不得不考虑依靠生态旅游。他们成立了环境和文化保护协会来保护鱼类数量。这个协会有权规定某个湖区禁止捕鱼，设立自然养鱼区以及开发生态旅游项目资助保护区巡逻队、栖息地恢复和社区教育项目。作为生态旅游，当地开发了一些简单的生态住宿设施，提供舒适的住宿服务和当地食物，由经过培训的导游带领旅游者在附近的水域乘独木舟漂游或到森林里去远足。

二、掌握法律规范是项目策划实施的保障

项目是多种多样的，项目不同，所涉及的利益主体、管理部门乃至政策法规都会有所不同。以景区为例，我国的景区体系分别归旅游、林业、建设、文物、环保、宗教、水利等多个政府部门进行管理，这就决定了旅游项目策划除了受到相关法律规范的制约外，还必须受到其他有关法规的限制。这些法律规范都是强制性的，旅游策划的项目必须要在规定的范围内才会被允许实施。因此，掌握法律规范是项目策划实施的保障。

当前我国专门约束旅游策划规划的法规主要有2000年国家旅游局颁布的《旅游发展规划管理办法》和2005年国家旅游局颁布的《旅游规划设计单位资质等级认定管理办法》。但这只是对旅游策划和规划的单位资质和规划程序作出了一些规定，而且属于行政规章，法律效力较低。另外与规划和策划内容及技术相关的主要是两部国家标准，即国家旅游局颁布的《旅游规划通则》(GB/T 18971—2003)和《旅游资源分类、调查和评价》(GB/T 18972—2003)。

从中可以看出，旅游策划和规划目前立法很少，根本无法对策划内容所涉及的旅游企业及其关系作出明确界定。在这方面可以通过其他的一些法规作出弥补。例如《旅游景区质量等级评定管理办法》，等等。但是这方面的法规仍然偏少。

由于旅游策划往往设定了具体地域和资源，而这些地域和资源往往归于其他相关部门进行管理，或是国家明确规定了地域内资源的使用方式和规模，而这往往直接影响到旅游策划的内容和适用性，比如，旅游房地产项目就要研究有关房地产开发方面的法律

法规及我国的土地法律法规、土地政策。如果对相关的法律规范不熟悉，策划出来的项目不能实施，规划也无法通过评审。因此，这些法规对旅游策划来说是至关重要的。项目策划者在进行策划时，首先要对策划对象及地域有哪些限制了然于胸，才能够保障策划工作顺利进行。下面以景区管理为例，来看看与之相关的一些主要限制性法规(杨富斌、韩阳，2006)。

目前我国有关旅游景区管理的立法可分为两个主要部分：一是直接在法律中加以规定的，即法律条款中有直接涉及旅游景区管理的法律法规，其中又可以分为两种类型：有关旅游景区管理的专门性立法和包含有关旅游景区管理以及相关内容的其他非专门性立法。二是不直接针对旅游景区管理的规范，但由于管理活动而引发适用的其他法律法规。

就旅游景区的管理直接在法律法规中加以列明的立法形态而言，我国目前尚未颁布《旅游法》，只有1986年颁布的《风景名胜区管理暂行条例》。但我国宪法及国务院、国家旅游局、其他旅游主管部门以及各地人民政府颁发的旅游法规中，有不少与旅游景区管理有关的规定和条款。这些法律法规和文件主要可分为3个层次。

(1) 全国人民代表大会、国务院颁布的法律、法规和文件，主要包括《中华人民共和国宪法》、《中华人民共和国文物保护法》、《风景名胜区管理暂行条例》、《中华人民共和国土地管理法》、《中华人民共和国水污染防治法》、《中华人民共和国城市规划法》、《中华人民共和国环境保护法》、《中华人民共和国自然保护区条例》、《国务院批转国家建委等部门〈关于保护我国历史文化名城的请示〉的通知》、《公共场所卫生管理条例》、《关于加强风景名胜区保护管理工作的通知》等。此外，《野生动物保护条例》、《野生植物保护条例》、《国务院关于严格保护珍贵稀有野生动物的通令》等法律法规文件中也有与旅游景区管理工作有关的内容和条款。

(2) 国家旅游部门及相关主管部门颁布的法规和文件。包括《关于加强历史文化名城规划工作的几点意见》、《使用文物古迹拍摄电影、电视的有关规定》、《旅游安全管理暂行办法》、《旅游基本建设管理暂行办法》、《旅游安全管理暂行办法实施细则》、《关于加强旅游区环境保护工作的通知》等。此外，国家旅游局颁布的《关于新开发旅游景点几项注意事项的通知》、国家旅游局、建设部共同颁布的《关于解决我国旅游点厕所问题实施意见的通知》等，也属于这一层面的法规文件。

(3) 省、自治区、直辖市立法机关及人民政府结合本行政区域内旅游事业发展的实际和旅游景点景区管理的状况，制定了一系列旅游法规和文件，部分闻名中外的国家级风景名胜区管理委员会等管理机构也根据国家法规的精神制定了一些管理规定。这一层次的法规文件数量多，针对性强。其中，比较具有代表性的有《四川省风景名胜区管理条例》、《海南省旅游管理条例》、《黄山风景名胜区管理条例》、《关于加强黄山风景名胜区保护和管理的布告》、《大理风景名胜区管理条例》、《洱海管理条例》、《陕西省旅游业管理暂行规定》、《新疆维吾尔自治区旅游管理条例》、《乌鲁木齐市旅游景区管理条例》，等等。截至2003年9月，我国多数省级人大颁布了旅游管理条例。

这些法律法规构成了旅游策划所必须遵循的法规体系。它们是旅游策划得以顺利实施的重要保证,对旅游策划具有直接制约力。如《中华人民共和国文物保护法》规定:"各级人民政府制定城乡建设规划时,事先要由城乡规划部门会同文化行政管理部门商定对本行政区域内各级文物保护单位的保护措施,纳入规划"。文物保护单位的保护范围不得进行其他建设工程,在特殊需要时需经报批。根据保护的需要,在保护单位周围划出的建设控制地带内修建新建筑和构筑物时,不得破坏保护单位的环境风貌。核定为文物保护单位的对象物在进行修缮、保养及经过批准的迁移时,必须遵守不改变文物原状的原则。核定为保护单位的属于国家所有的纪念建筑物或者古建筑,在设立博物馆、保管所或者辟为参观游览场所时,都必须严格遵守不改变文物原状的原则。

【案例2-9】

内蒙古大青沟国家级自然保护区非法建设遭国家环保总局通报

《中华人民共和国自然保护区条例》明确规定,在自然保护区禁止开设与自然保护区保护方向不一致的参观和旅游项目。其中,在核心区和缓冲区内,不得建设任何生产设施;实验区内,不得建设污染环境、破坏资源或景观的生产设施;建设其他项目,污染物排放不得超过国家和地方规定的标准。在外围保护地带内建设的项目,不得损害自然保护区的环境质量。禁止在自然保护区内进行砍伐、放牧、狩猎、捕捞、采药、开垦、烧荒、开矿、采石、挖沙等活动。

内蒙古大青沟国家级自然保护区地处西辽河流域南部的科尔沁沙地中,沟内保存着珍贵的阔叶树种混交林,沟上为沙丘草原和疏林地,与周围浩瀚无垠的沙坨景观形成了极为鲜明的对照。区内植物区系组成比较复杂,高等植物有767种,其中很多是国家重点保护植物。保护区特殊地理位置和茂密的森林植被使其成为内蒙古著名的生态旅游景区。但为了评AAAA级旅游景区,保护区非法建设空中索道和旱地滑道等旅游设施。项目单位在与保护区管理局签订经营合同书后开始建设。旱地滑道项目滑轨铺设完成,其他附属工程已施工过半,未经环评审批,属于未批先建项目。项目建设对保护区造成生态破坏,旱地滑道基础建设开挖700米长的沟,多处山体植被遭到破坏。由于是沙土结构,地表植被破坏后难以恢复,生态破坏比较严重,也影响了保护区的自然景观。

2005年,国家环保总局将其作为7个破坏自然保护区的典型违法案件之一进行通报。事后,有关部门对旅游项目进行了停止建设、补办相关手续等处理。

第五节 工程技术是支撑

一、熟悉规划设计的技术规范

旅游开发规划的技术规范体系应从相关学科的各种规划技术、工程技术和管理技术中汲取。冯维波(2001)认为,主要包括两个方面:一是旅游的社会经济发展规划技术体系,包括旅游资源的调查、分析、评价、组合、优化等技术;市场调查、分析、定位技术;文化包装与形象设计技术;营销策划与经营管理技术等。二是旅游物质形态空间规划技术体系,包括旅游项目创意设计技术;设施容量确定、空间布局、体量组合技术;游线组织安排技术;景观设计技术等。特别要注意二者之间的连贯性和协同性。除以上所说之外,工程技术的可实施性更是项目策划的支撑要素。

  旅游策划的项目不同,所使用的技术规范也不同。例如,区域旅游发展规划和景区详细规划所使用的技术规范就有很多差异。《旅游规划通则》中对两种规划的内容作出了明确区分:旅游发展规划要求全面分析规划区旅游业发展历史与现状、优势与制约因素,及与相关规划的衔接;要求分析规划区的客源市场需求总量、地域结构、消费结构及其他结构,并对其在规划期内作出预测;要求提出规划区的旅游主题形象、发展战略和旅游业发展目标及其依据,明确旅游产品开发的方向、特色与主要内容;要求提出旅游发展重点项目及对空间、时序作出安排,以及要素结构、空间布局和供给要素的原则和办法;要求提出合理的保护开发利用措施和规划实施保障措施;要求对规划实施的总体投资进行分析,主要包括旅游设施建设、配套基础设施建设、旅游市场开发、人力资源开发等方面的投入与产出分析。而景区详细规划的主要内容则包括有:详细划定所规划范围内各类不同性质用地的界线,规定各类用地内适建、不适建或者有条件地允许建设的建筑类型;划分地块,规定建筑高度、建筑密度、容积率、绿地率等控制指标,并根据各类用地性质增加其他必要的控制指标;规定交通出入口方位、停车泊位、建筑后退红线、建筑间距等要求;提出对各地块的建筑体量、尺度、色彩、风格等要求;确定各级道路的红线位置、控制点坐标和标高等。

  从上述两类规划内容的差异可以明显看出,两者所需要的技术规范是具有差异的。发展规划对技术规范的要求多着重于资源和市场调查分析、环境影响评价、经济预测和财务核算等方面的内容,从而为区域旅游业的发展提供战略指导;而景区详规所要依据的技术规范就要具体和微观得多,多集中于建设、交通等部门所出台的技术性标准和规范上。实际上,由于旅游规划及策划所涉及的内容是如此广泛,造成了旅游规划策划所要依据的技术规范和标准数量多、领域广。这也就要求旅游规划和策划者在进行项目策划时,一定要熟悉规划项目内容所涉及的技术规范。当然,这个工作通常不是一个人能够完成的,要求旅游规划和策划建立一个由不同领域专家和咨询专家组成的技术团队。

【案例 2-10】

与旅游度假区规划设计直接相关的技术规范

  旅游度假区规划设计所依据的技术规范十分庞杂,涉及许多技术领域和管理部门。表 2-4 对与其直接相关的技术规范进行了简要总结。表中只是罗列了部分规范,并没有囊括所有的相关技术规范。同时,一些相关法律法规往往也可以作为技术标准存在。

表 2-4 与旅游度假区规划设计直接相关的部分技术规范

技术规范	发布部门	技术规范	发布部门
城市用地分类与规划建设用地标准	建设部	城市用地竖向规划规范	建设部
公园设计规范	建设部	村镇规划标准	建设部
城市居住区规划设计规范	建设部	城市规划术语标准	建设部
城市道路交通规划设计规范	建设部	风景名胜区规划规范	建设部
城市道路绿化规划与设计规范	建设部	森林公园总体设计规范	林业部
历史文化名城保护规划编制要求	建设部、文物局	公路建设项目环境影响评价规范	交通部
		公路环境保护设计规范	交通部
自然保护区工程总体设计标准	林业部	风景园林图示图例标准	建设部
城市环境卫生设施规划规范	建设部	城市给水工程规划规范	建设部
城市工程管线综合规划规范	建设部	城市道路设计规范	建设部
城市环境卫生设施设计标准	旅游局	旅游咨询中心设施与服务规范	旅游局
内河旅游船星级的划分与评定	旅游局	旅游娱乐场所设施与服务规范	旅游局
游乐园(场)安全与服务质量	旅游局	旅游厕所质量等级的划分与评定	旅游局
旅游公寓(别墅)星级的划分与评定	旅游局	旅游购物场所设施与服务规范	旅游局

二、工程技术的科学性是项目策划的支撑

大多数旅游策划最终要通过工程项目来实现。这些工程项目既包括有一般性的旅游基础设施和服务设施，如宾馆、游人中心、停车场和交通道路等，也包括作为旅游吸引物出现的一些工程建设，如观光电梯、索道、博物馆建筑、仿古街区等。无论是哪种策划，其最终落实所需要的工程建设都必须以工程技术的科学性作为支撑。只有这样，策划才能落到实处，才能被顺利执行。否则，再好的策划也只是空中楼阁，无法成为现实。就像许多科学幻想作品都以月球旅行为主题，作为幻想，它表达了人们对月球的无限向往，但目前登月旅行还无法变成旅游策划者的创意，因为至少在当前，它在技术上是不可行的。但这并不是说，旅游策划的内容包括了工程设计，旅游策划的技术深度还达不到这一步，这是为了强调：如果旅游策划者懂得工程技术，在策划时就会考虑到方案的可实施性和可操作性。

所谓工程技术的科学性，也可以称作为工程技术的可行性。它是以当前的各种技术规范、科学理论和实践为基础构成的。这就要求策划者必须要熟悉技术规范，同时要具备相当的专业知识和文献运用水平，否则，都可能使策划失败。例如，四川华蓥山天池曾经策划了一个旅游活动项目——水下火车。这个创意本无不可，但是忽略了华蓥山地区是以喀斯特作为地质背景的。喀斯特特有的水文地质特征使得该项目实施的难度极大，为了弥补地质条件本身缺陷所需的防渗漏措施需要有巨额的资金投入。像这样忽略工程

技术可行性的项目策划是注定要失败的。

需要指出的是，工程技术是不断发展的。尤其在当代，科学技术的发展速度使许多不可能成为可能，使很多幻想成为现实。旅游策划注重独特性和超前性，最新的科学技术应用可能成就良好的旅游策划创意。例如，青藏铁路高科技豪华车厢的引进、南非富翁的天价太空之旅等都是这方面的例子。作为旅游策划者，了解现代科技的最新前沿将使自己的策划创意也处在最前沿的位置。

复习自测题

(1) 除了本章的描述，您认为旅游项目策划的理论基础还应该进行哪些补充和完善？

(2) 您可以对本章的理论基础体系和其他教材或著作中的理论体系加以比较，然后选择您的偏好，并思考您作出选择的理由。

(3) 考虑一下本章中五种基础要素之间的关系，对它们在旅游项目策划中的作用进行描述。

(4) 请您从市场需求、资源评价、项目策划、政策法令和工程技术五个方面分别对一个成功的策划项目和一个失败的策划项目进行分析，探讨成功或失败的原因，并思考是否还有其他影响因素。

第三章 旅游项目开发的条件及环境分析

【本章导读】

旅游项目开发的条件和发展环境被划分为三个部分：项目外部环境，即影响旅游业和旅游项目策划的外部宏观环境因素；旅游区位，即一定区域范围内与旅游项目所在地域相关并通过空间得以表现的各种要素；地块分析，即旅游项目所在地域的各种环境要素。本章分别论述这三个部分对旅游项目的影响，并探讨了相关的分析方法。

【关键词】

外部环境(external environment)
区位分析(location analysis)
地块分析(plot analysis)

旅游项目以其所依托的具体地域作为空间背景。对旅游项目的策划，既要考虑旅游产业外部环境对旅游项目策划及实施的影响，同时要考虑地域所处区位对旅游项目发展所产生的利弊，还要对项目所处地域本身的内部空间结构进行分析。应该说，上述三个方面构成了旅游项目发展条件和发展环境的主要内容，对这些因素的分析是旅游项目策划是否科学、是否具有可操作性的先决条件。这些分析是否到位，直接影响着旅游项目策划水平的高低。

第一节　旅游项目的外部环境调查与分析

如何确定旅游项目外部环境调查与分析的要素，目前已有很多方法。其中具有代表性且经常用到的如 SWOT 分析法、PEST 要素分析法等。

一、SWOT 分析法

SWOT 分析法，是由美国管理学家斯坦利提出的，用于客观地分析和研究一个企业或产品发展中面临现实情况的方法。应用这种分析方法，通过对企业或产品发展的内部条件和外部环境的分析，可以从中找出对企业或产品发展有利并值得发扬的因素，以及不利并应该规避的问题，明确以后的发展方向，有针对性地探寻解决问题的办法和措施。

旅游项目策划的 SWOT 分析（如图 3-1 所示），主要是指分析开发项目或理念的优势、劣势、机会和威胁。通常是按照 SWOT 分析的四个部分，分别对旅游产品开发的优势(Strength)、劣势(Weakness)、机遇(Opportunity)和威胁(Threat)进行分析。其中，优势和劣势分析，是指对旅游项目本身内在能力的分析，这些内在能力包括资源条件、要素投入、市场份额、经营管理等方面的内容，以明确和把握旅游项目开发的比较优势和存在不足；机遇和威胁分析则是对旅游项目外部环境的分析，包括市场供求、竞争对手、环境变化、发展趋势等方面的内容，以找出旅游项目开发的机遇和潜在市场，同时明确旅游项目开发面临的竞争和挑战。

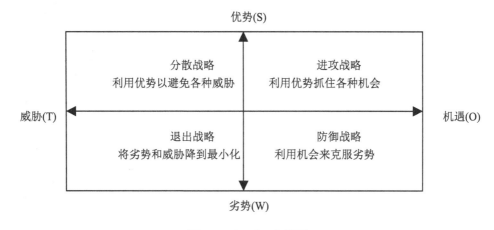

图 3-1　SWOT 分析图

SWOT 分析法可以包括以下主要步骤(罗明义，2004)。

(1) 收集和分析相关资料。按照 SWOT 分析的要求，收集和排列旅游项目的相关要素，编制 SWOT 分析表对旅游项目开发的内在条件和外部环境进行分析。其中旅游项目开发的内在能力要素一般包括特色、成本、竞争、管理、市场占有率等，外部环境要素重点是对总体旅游市场状况、旅游发展趋势、政府政策导向、或可进入条件等方面的分析。

(2) 确定变量因素的影响程度。主要是在 SWOT 分析的基础上，找出影响旅游项目开发的主要变量因素，并根据每一个变量因素对旅游项目开发影响的大小，确定每一个变量因素的权重，然后对每个变量的实际状况进行量级评分，从而计算出各变量因素对旅游项目开发的影响程度和水平。

(3) 确定旅游产品开发战略。按照 SWOT 分析方法，以旅游项目开发的内在条件 SW 为纵轴，旅游项目开发的外在环境 OT 为横轴，划分出四象限坐标图(如图 3-1 所示)。

(4) 制定旅游项目策划及开发战略计划。分别计算 SW 和 OT 的代数差，并根据结果在四象限图上标示出拟策划或开发的旅游项目所处的位置，然后根据 SWOT 分析图所提供的参考战略模式，制定具体的项目策划。

旅游项目的 SWOT 分析对把握旅游项目开发的内外环境和条件，增进旅游项目开发的成功性和竞争力具有重大意义。但是，如何全面和准确地把握旅游项目内部和外部环境中的主要要素，却要依靠策划者和规划者的经验和知识积累。一旦对分析所使用的要素收集和排列出现偏差，就有可能对旅游策划造成重大失误。

二、PEST 要素分析法

PEST 要素分析法是在分析发展所面临的宏观外部环境时经常使用的一种方法。它将宏观外部环境因素概括为四类：政治因素(Political)、经济因素(Economic)、社会因素(Social)、技术因素(Technological)，对于这四类因素的分析，即所谓的 PEST 分析。PEST 分析能够找出影响项目策划及实施的关键外部因素，这种方法主要有三个步骤。

(1) 分别从政治—法律、经济、社会、技术四个方面，确定项目策划及实施时需要重点考虑的因素。

(2) 调查并获取所需信息，并对这些因素进行分析。

(3) 对这些因素进行评价，确定项目策划的可行性。

【案例 3-1】

苏州旅游业发展问题的 PEST 分析

任少华等(2004)认为苏州旅游业至今仍未形成"大旅游"的格局，表现为旅游产业缺乏整体发展的观念，缺乏共创苏州整体旅游形象意识；同时苏州目前仍以传统的观光旅游产品为主，度假型、商务型、文化型旅游产品正处于开发之中，还没有形成规模效益；另外旅游行业之间缺乏互动性，经营管理没有形成网络化；以及旅游的文化含量偏低,景点仅有躯壳而没有主题和丰富的内涵。针对这些状况,作者对其中所包含的原因进行了 PEST 分析。

在政治上,尚未形成直接有效的管理体制,行业多头管理问题较为突出,旅游行业管理体制不健全,管理权限不明确,没有发挥应有的作用。行业管理尚未进入规范化轨道,市场也呈现出无序状态。

在经济上,产业扶持力度不够,轻工业经济和外向型经济成为政府和社会关注的热点,而旅游经济则相对被忽视。此外,苏州旅游企业规模小、竞争力也比较差。

在社会层面,旅游产业的地位和作用仍未形成共识,苏州虽已明确旅游是第三产业的支柱产业,并提出发展大旅游的战略构想,但旅游业作为三产突出重点的地位并没有落实。

在技术层面,缺乏科学规划和合理布局,旅游资源开发还存在着严重的随意性、盲目性以及旅游规划布局不合理、景点建设各自为政等现象。旅游市场宣传促销缺乏力度,手段单调。大部分旅游企业管理以经验管理为主,以科学管理为指导的管理模式未能得到普遍的应用。

与 SWOT 分析中对外部环境概括为机遇和威胁相比,PEST 分析法对旅游项目的外部宏观环境进行了相对比较细致的环境要素区分,但是其中的四类要素总体上来说仍然是粗线条的。如何对这四大类要素进行进一步细分,仍然有赖于策划者的主观认识和经验积累。另外,PEST 分析主要是侧重于政治、经济、社会和技术层面,自然及生态等方面的要素则并未加以考虑。

三、旅游项目发展的外部环境要素

总体来说,在旅游项目策划时,需要调查和分析影响旅游业发展的外部环境要素,其中调查方法主要包括两种:一种是现场踏勘;一种是文献收集。通过调查所获取的数据和资料是对外部要素进行分析的基础。

总体来说,影响旅游业发展的外部环境要素可以包括以下内容。

1. 地理位置

要明确旅游项目所处的地理位置及其与周边地区的关系。它在策划中与主要客源市场的距离有关,是市场分析的一个重点。从旅游线路安排上,地理位置也决定着项目所在地域能否被编入多个目的地旅游线路中去,以及是否有机会发展为与周边地区形成互补的旅游产品体系。

2. 自然环境

自然环境主要调查内容包括地质、地形、气候、水文、动植物、生态系统和自然资源地区等。对自然环境的分析可以包括三个方面:一是对可以成为旅游吸引物或是对项目有利的自然条件的识别与甄选;二是通过对自然环境调查资料和数据的分析,要能够识别出对旅游项目造成不利影响的自然环境要素，尤其是可能造成自然灾害的要素，例如台风、洪水、泥石流、滑坡等，从而在项目策划中寻求趋利避害的解决措施；三是要寻找出自然环境的脆弱因素和脆弱地带，在旅游项目策划中要通过合理途径来减轻旅游活动及旅游建设对自然环境造成的负面影响。

3. 历史与文化

了解项目所在地域的历史和文化对旅游项目策划来说是非常重要的。一方面如考古和历史遗址、历史事件的发生地、当地的风俗民情等本身就可能是非常重要的旅游吸引物；同时它们还对当地社区居民的生活方式、习俗、艺术、手工艺和价值观等有着深刻的影响，它们一方面影响着旅游业，但也受到旅游所带来的种种正面或负面的影响。

4. 人口

人口调查的主要内容包括人口数量、地域分布、流动趋势、年龄、性别、就业和受教育程度等。通过对这些内容分析可以了解劳动力供给情况，从而为旅游人力资源规划提供重要依据。

5. 经济模式

要了解相关的经济背景，包括主要经济成分，国民生产总值，收入水平和分配方式，进出口类型和贸易额，及其他影响旅游业经济分析的经济因素，还要了解旅游业与其他经济部门间的关系。要注意一些特殊经济活动，例如传统农耕、捕鱼以及大面积的花卉、果树种植等，它们都可能成为旅游者感兴趣的景点。同时，对经济背景的了解也是确定旅游投入和预测旅游收益的重要依据。

6. 土地利用现状、土地利用规划和土地使用权

要对土地利用模式，如农业用地、工业用地、交通用地、商业用地和保护区、居民区等分布进行详细的调查。了解土地利用现状及规划是为了更合理地选择旅游项目的用地。另外，土地所有权和使用权是决定某个地域土地是否能用于旅游开发的决定因素。

7. 环境质量

环境质量水平对旅游者和当地居民都非常重要，特别是已经开辟为旅游区或具有旅游开发潜力的地域，因此要对旅游项目策划地区的总体环境质量进行调查和评估。调查中的环境质量要素主要包括空气质量、地表和地下水质量、地质环境质量、噪音水平、主要污染源、环境疾病、公共场所的清洁、拥挤程度、风景景观等。

8. 开发政策和规划

要了解现有的开发政策和规划，尤其要关注基本经济、自然、社会发展政策和战略，对这些政策认真研究，研究与制定旅游政策相关的总体政策。同时，一些现行的城市规划、自然开发规划和项目计划可以为旅游策划所研究、借鉴和遵循。新的或修编的道路

和机场的规划，以及一些新建、改建城区或工业区的规划会影响到旅游策划决策。

9. 政府和旅游组织

政府及其组织结构的总体设置是决定政府在旅游开发中作用的一个重要考虑要素。要了解与旅游直接相关的政府机构，如交通和通信、环境保护和文化发展、建设以及规划部门等，不仅要了解这些机构本身，还要了解这些机构之间的协作关系。要调查评价负责旅游政策和规划实现的现有旅游部门、旅游协会、顾问机构或委员会的构架、职能和员工配备情况。要说明当前旅游部门的组织结构及与其他政策部门之间的关系。另外还要了解私营部门中的旅游相关组织(如饭店、旅行社和餐馆协会)的职能、组织结构、员工配备、效率及其与政府相关部门的关系。

10. 投资及基础服务设施

要研究包括旅游项目在内的现行项目投资政策，从而为旅游项目建设过程中的资金筹措提供依据。要了解与投资政策决策相关的可用于旅游项目投资的当地和外部资本情况，包括旅游设施和旅游相关基础设施。这些是计算旅游项目开发所需资金投入数额的基本根据。

11. 法律法规

要了解现行的旅游相关法律法规，包括一些具体旅游法规，如饭店标准和分类体系、关于旅行社和导游服务的法规，以及关于土地使用规划、建筑结构、饮用水标准等涉及旅游业的专项法规、标准。所有这些法律法规都会直接影响到旅游策划是否能成功实施和旅游业的有效管理(见附录中的法律法规和国家、行业标准)。

12. 旅游教育和培训

要了解现有的旅游教育和培训计划及其相应的机构。这是旅游项目策划中人力资源规划开发研究的一部分。这些教育培训计划包括景区、饭店、餐饮、旅行社、旅游管理部门的规划、营销和基本技能的培训。

【案例3-2】

马耳他旅游规划中对现有土地使用状况的调查(Inskeep，2004)

马耳他群岛旅游开发规划(Horwath 和 Horwath, 1989)制定于1989年，是 UNDP/WTO 的援助项目。马耳他由三个岛屿构成，它们在规划时都已开发为旅游目的地，1989年共接待外国旅游者785000人次。其吸引力是温暖的地中海式气候，良好的海滩和很有吸引力的历史遗迹。为了提高经济收入，马耳他政府有意拓展旅游业，并通过认真的规划和控制提高产品质量、增加品种，实现旅游市场部分转型，保持和提高整体的环境质量和岛屿的开发利用率。为了达到这一目的，规划时对马耳他的土地利用状况进行了详细调查，绘制成图并标出了规划时需要考虑的主要土地利用类型。

开发区边界：在 1989 年大部分都已开发成为城市，因此要根据其位置决定新的旅游开发区的布局。

工业区：已经用于工业开发，因此不再适宜旅游开发。

机场：机场位置是旅游开发的一个重要考虑因素，旅游开发区不宜距离机场太近，否则会受飞机起降和噪音的影响，但旅游区与机场之间应有良好的交通条件便于旅游者出入。

公园用地：现有公园用地虽然属于旅游景点，但不宜开发过多的旅游设施，因为这些公园的另一个重要功能是作为当地公众休憩之地。

第二节 旅游区位分析

一、区位和区位理论

区位论作为一种学说，诞生于1826年德国农业经济和农业地理学家杜能的著作《农业和国民经济中的孤立国》。在德语里，"区位"(Standoft)是个复合词，前半部分"Stand"，是"站立"、"位于"之意，后半部分"oft"表示"地点"、"场所"、"位置"等意思。组合在一起，即"站立之地"、"位于……(地点)"。因此，它在日语里译为"立地"。1886年，"区位"一词在英语中被翻译为"Location"，该词意义为"场所"、"位置"、"定位"等。1937年杜能的著作译成中文，并开始运用"区位"一词(陆大道，1988)。

区位论是关于人类活动的空间分布及其空间中的相互关系的学说。自杜能的农业区位论产生至20世纪30年代德国地理学家克里斯塔勒的"中心地理论"提出之前一百年时间里，基本局限于农业、工业等产业部门区位论的实践和理论研究，即农业企业、工业企业配置场所的研究。20世纪30年代以后，特别是第二次世界大战以后，随着经济的发展，人类活动的性质、范围，人们的需求以及社会经济结构都发生了很大的变化。最明显的是表现在各种形式的服务业在国民经济和社会中的地位大为提高，国民收入和个人收入的大幅度增加和劳动时间的缩短，促进了旅游、休闲活动的发展。据此，区位论研究的领域也大为扩展。

下面就列举部分在学术界产生重大影响的一些区位理论。

1. 杜能及其农业区位理论

杜能在其1826年出版的《农业和国民经济中的孤立国》一书中提出了著名的农业区位论。其中心思想可以表述为：农业土地利用类型和农业土地经营集约化程度，不仅取决于土地的天然特性，而且更重要的是依赖于其经济状况，其中特别取决于它到农产品消费地(市场，具体的指城市)的距离。杜能从运输费用、级差地租、产品价格等角度论证了"孤立国"及内部结构差异的存在和形成原因。他认为农产品市场(城市)周围土地的利用类型以及集约化程度(利用方式)变化与距离关系密切。围绕消费中心地形成一系列的同心圆,称作"杜能圈"。它共分成六个圈,从中心向外依次的土地利用方式为:种植园艺作物和饲养奶牛,林业,非常集约的农作物种植(二年轮作),非集约生产的牧草种植和放牧,粗放的三年轮作,放牧与粗放的种植业。该理论指出并论证了农业生产空间差异地域分异的形成和模式,对地区的农业发展、地域结构给予了确定的原则。

2. 韦伯和工业区位理论

1909 年阿尔弗莱德·韦伯的《论工业的区位》发表,标志着工业区位论的问世。韦伯理论的核心是通过运输、劳动力和集聚因素相互作用的分析与计算,找出工业产品生产成本最低的点作为工业企业布点的理想区位。他首先分析了运输费用对工业区位选择的影响,认为要使工业生产取得最低成本,首先要寻求吨公里总和的最低点。因为运费与吨公里的多少是成正比的。运费差异的产生除了运距这个显而易见的因素外,另一个就是原材料的特性。为了分析原材料特性对区位的影响,他将原材料分成局部性原材料、遍在性原材料以及纯重原材料、失重原材料,用三角形、多边形论证不同种类原料情况下最适宜的企业区位。然后,考虑到劳动力、集聚两个因素引起区位图形的变化。韦伯以费用等值线圈结构圈作区位分析的工具,具有相当的价值。

3. 克里斯塔勒和"中心地理论"

德国地理学家克里斯塔勒于 1932 年出版了《德国南部的中心地》,在书中他从中心居民点、城市的供应、行政管理、交通等主要职能出发,论证了城市居民点及其地域体系,深刻地揭示了城市、中心居民点发展的区域基础及等级-规模的空间关系。将区域(或国家)内城市等级与规模关系形象地概括为正六边形模型。

为了揭示城镇的等级、职能以及在空间中的关系,克里斯塔勒运用了"中心地"、"中心性"和"中心货物与服务"等概念,探讨了中心地对周围地区承担中心服务职能,中心地在理论上必须最接近所属地区的地点。即在正常情况下应当位于正六边形服务区域的中央。克里斯塔勒分析了城市等级形成的行政管理、商品和服务的供应和交通三个因素,提出了这三个因素对城市等级、体系的形成共同地起作用。他当时认为,在开放、便于通行的地区市场经济的原则可能是主要的;在山间盆地或其他类型与外界比较隔绝的地区,行政管理的作用更为重要;年轻的国家和新开发的地区,交通线对移民来说起着"先锋性"作用,交通原则即占主导地位。他推导出三种因素分别作用下各自的中心地等级数量系列以及中心地相对于由它服务、供应、管辖的区域排列关系及其中的数量关系。例如在行政管理原则下,一个中心平均要管理 6 个亚中心及区域;在市场供应原则下,一个中心供应两个亚中心及区域;在交通原则下,一个中心供应 3 个亚中心及区域。

4. 廖什和市场区位理论

廖什在1940年发表《经济的空间分布》一书，提出了市场区及市场网的理论模型。其特点是把生产区位和市场范围结合起来。他提出，生产和消费都在市场区中进行，生产者的目标是谋求最大利润，而最低成本、最小吨公里的区位却不一定能保证最大利润。因此，正确地选择区位，是谋求最大市场和市场区。廖什用企业配置的总体区位方程来求解各生产者的最佳配置点，通过产品的价格、运费等推导出需求曲线和销售量，而销售量可以换算出市场区的面积。当空间中只有一家生产或在开始阶段几家同时生广某种产品时，会形成圆形的市场区。但圆形的市场区是不能持久的。因为圆与圆之间总会有空角未被占领。竞争者不断出现，占据空角，并将圆挤在一起，最后形成蜂房结构，也就是正六边形的市场区。廖什还以公式推导了不同规模的市场区面积。他认为，市场区和市场网的排列并不是任意的，而是取决于经济原则。根据这个原则，必然有一个大城市，环绕这个大城市是它的一系列市场区和竞争点，这种市场网系统形成的经济空间分布的等级序列，廖什称之为"经济景观"。

二、旅游项目的区位分析

王瑛、王铮(2000)认为，传统的区位理论在旅游区位分析中存在有很大的困难，主要表现在如下几方面。

一是旅游业的资源是分散的，而且是不可移动的，除了少数主题公园、游乐园可以在任何位置重建外，自然景观、人文景观和历史遗址，是不可能在其他地方重现的。旅游活动只可能在具有旅游资源的地方进行。相反，在韦伯区位论中，工业资源和工业产品是可以自由运输的，而且运输费用的变化直接影响到工业区位。因此，韦伯工业区位论不能恰当分析旅游业区位。

二是旅游业资源不同于工业或农业的原材料，它是不同质的，各种景观的吸引力会因旅游者的不同而产生变化，人们的旅游活动与价值观念和经济发展水平密切相关。不同地区的经济发展、文化背景不同，居民对旅游的需求不同，对旅游点喜好也不同。在旅游业中，旅游资源普遍的异质性、个人偏好难以进行排序。所以，旅游区位不能使用传统的区位论。

三是在传统区位论中用于解释区位现象的理论模型是廖什公式。该公式中不同的产品具有不同的生产成本和运费。在追求最大利润的条件下，不同的产业分别处于使自己获得最大经济利润的位置上，从而产生不同的产业带。但是，旅游产品，如旅游景点不能分割为单位产品，而是可以供多人同时享用的，单位产品的市场销售价格及生产成本失去了意义。同时旅游景点等是不可移动的，产品运输费用也无意义，与空间失去联系。另一方面，旅游业同其他第三产业部门一样，属于服务性行业，旅游业提供给消费者更多的是精神上的满足。在旅游产品价格构成中，直接用于参观、游览和娱乐的支出在整个旅游产品中所占的比重一般不高，食宿费、交通费往往占很大比重，它们与作为旅游产品的景点没有联系。因此旅游区位不能用立足于企业利润的廖什公式来讨论。

尽管传统的区位理论在应用于旅游项目的区位分析中存在种种困难,但它仍然是我们在旅游项目策划过程中需要借鉴的重要依据。传统区位论正如廖什在《经济的空间分布》一书的序言所说:"事物存在的时间是一定的,但我们却可能主动地选择它所在的地点,……凡是有生命的事物都需要选择正确的区位。当然,一个经营得好的企业,建设一座城市,以及能够得到发展的集聚区,也都需要选择正确的区位。不仅如此,事物一旦处于正确的地点,也就会产生法则。"因此,它在生产确定的情况下,通过一定法则去寻找合适的区位。而旅游项目策划恰恰相反,它的区位往往是固定的,但对旅游项目针对的市场范围、项目的定位和建设规模以及生产什么样的旅游产品等问题仍然需要策划师根据区位所包含的条件去进行策划。因此需要特别指出的是,其中所需要的法则也往往是共通的。也就是说,传统的区位法则有助于策划师在区位固定的情况下去探寻项目应该包含的内容。

据此,在对旅游项目进行区位分析时,应该从以下几个方面来考虑区位要素对旅游项目的影响。

1) 旅游项目的资源影响力

旅游项目的资源影响力主要考虑资源条件本身在区域范围内的影响力,以及区域范围内不同旅游项目的空间作用。资源本身的影响力可以通过旅游资源评价来予以衡量,而不同旅游项目的空间作用主要表现为两种方式,即竞争性与互补性。

2) 游客集散地

游客集散地往往是中心城市或区域中心城市。它是对旅游项目进行区位分析的基础,因为它提供了旅游项目赖以生存和发展的客源保证。要了解游客集散地的游客规模和偏好,以及游客集散地与旅游项目所在地域的空间位置关系。

3) 交通

交通直接影响到旅游目的地的通达性以及游客到达目的地所花费的时间。二者都直接影响到旅游项目及旅游目的地的吸引力。王瑛、王铮(2000)对云南所做的调查表明,凡是旅游业发达、游客量大的旅游点,它的边际路途花费时间与目的地游览时间之比大于等于1,如果边际路途花费时间与目的地游览时间之比小于1,则尽管有良好的旅游资源,但旅游业仍然得不到发展。

4) 旅游花费

要了解旅游项目的区位条件对游客旅游花费所造成的影响。它直接影响着旅游项目所能吸引的游客人数及其消费水平。

5) 可以改变的区位要素

区位要素往往不是固定不变的。如果根据上述内容分析发现了区位劣势,可以考察哪些因素是可以进行改变的。改变方式有多种多样,依据区位要素的不同而不同。例如通过空间竞争分析发现旅游项目可能与现有的项目存在较大的竞争,那么可以通过重构特色资源来加以改变;通过交通要素分析发现路途时间过长而影响到游客的旅游收益,那么可以考虑改善交通道路或增加更为便捷的交通方式。

区位分析是旅游项目策划基础工作中至关重要的一环,它是旅游项目发展条件分析中的重要内容,直接影响着旅游策划的内容和方向。总的来说,旅游项目的区位分析尚缺乏固定的模式和标准,经验在其中仍然占有重要地位,但传统的各种区位理论中所包含的区位法则和思想应该成为旅游项目区位分析的一个基本出发点。

【案例 3-3】

贵州旅游业区位分析与重构

王瑛、王铮(2000)的研究认为,旅游是旅游者的一种消费,旅游景点就是旅游业的商品,旅游者选择某一点去游览与否决定于他感受的效用。对于一个旅游点,旅游者在选择是否前往旅游时,在这个地方能游览的时间和前往该地所需的时间,将是最大的决定因素。因此,王瑛、王铮将旅游效用函数定义为:

$$f = \Delta T_y / \Delta T_x$$

式中,ΔT_x 为从住地到某一旅游地来回路途所需的时间,ΔT_y 为在这一旅游地可以游览的时间。

因而判断一个旅游点是否有旅游价值,主要是该旅游点的边际效用是否满足 $f \geqslant 1$,即 $\Delta T_y \geqslant \Delta T_x$。如果在某旅游地的游览时间大于到该地来回所需时间,则旅游者的心理会得到满足,会前往该地旅游,该地具有旅游价值。根据这个原则,王瑛、王铮在针对云南的研究中将旅游景点分为四个带:名胜古迹带、奇异风景带、自然风光与民族风情带、滞区。其中名胜古迹带在往返旅游集散地约 2~3 小时行程以内的地带才可能成为旅游热点;奇异风景带往返旅游集散地行程大约 4~8 小时内才有旅游价值;自然风光与民族风情带主要依靠它的总体效应,而不是个别景点的奇异,因此它们可以在距离上离中心城市较远,行程时间较长,因此只有资源能支持 2 天以上的游览时间,才会成为热点旅游区。滞区位于奇异风景带到自然风光与民族风情带之间,游客稀少。

后来,王铮等(2003)在对贵州的研究中,将"滞区"改为"特色资源带"。在特色资源带中,那些发达的旅游景区通常具有某种资源领先性和独特性,通过自己独特的韵味和风格形成全国或者全省其他旅游区无法取代的优势。但是特色资源在一般情况下不易出现,由于区域的可重构性,需要进行构造。

在研究中,作者对贵州旅游业发展的产业区位和交通区位进行了分析。

在产业区位的分析中,作者以省会贵阳为中心节点,作为区位分析的基础。研究调查了贵州各景点的 ΔT_y 和 ΔT_x,并以贵阳为中心,将各旅游区标示在图上。据此分析了不同景区所处的旅游带(在调查分析中作者认为贵州不存在自然风光和民族风情带)。

在交通区位的分析中,作者对以北京、上海、广州为客源地的游客到贵州旅游的效用函数进行了分析。得出结论认为:如果游客来贵州只游览贵阳,则游览时间约 1 天(12 小时)左右,几乎从外省来的游客到贵州游览的旅游效用函数都小于 1,在这样的情况下,贵州旅游要得到发展几乎是不可能的。贵州旅游要得到发展一定要在贵州旅游的时间延长到 60 个小时以上,贵州旅游才能够迅速发展起来。通过对贵州省旅游区的累计效用函数计算,结果发现,在目前交通状况下,只有把全贵州省的资源都调动起来,贵州省才能成为独立的旅游目的地。另一方面对贵州省的交通连通程度度量发现，贵州省交通连通度严重偏低，铁路、高速公路及国道几乎都未构成闭环，这就使得到贵州省旅游的游客不得不沿原路返回旅游集散中心，降低游行比，增加疲劳感。

通过以上分析，作者提出贵州旅游业区位的改进意见如下。

(1) 重新组合资源，形成具有领先性和独占性的特色资源。特别是强调贵州省具有与广西、云南不同的第三种类型喀斯特地貌。

(2) 缩短交通时间，将奇异风光带的位置向外推移。这需要改造公路，将目前行程为9小时的路线缩短为6小时。

(3) 在部分距省会较远、资源条件较好的地区修建机场，建设新的旅游集散中心。目前可行的是依托梵净山，利用湘西资源，以铜仁为中心，建设一个旅游圈。

第三节　旅游地块分析

任何旅游项目的策划，最后都要落实在具体地块上。地块既是旅游项目策划中各种控制指标的基本载体，也是进行旅游项目开发建设的基本单元。如果说旅游项目区位分析更多地是把地块作为一个"均质"的整体，着重考虑整个地块各种区位要素在空间上的分布格局并分析它对旅游项目影响的话，那么地块分析更加注重地块内部空间格局及其对具体开发建设的影响。因此，地块分析考虑的问题比较具体，要求具有很强的实践性和可操作性。

具体来说，地块分析可以包括三个层次。

一、宏观层次

地块分析的宏观层次即对区域环境的分析评价。这一层次主要包括以下内容。

(1) 地脉。对地块天然环境的总体分析评价，包括地块的地形、水系、植被、环境质量等要素。

(2) 文脉。对地块范围内历史文化的综合分析和评价，找寻最能够反映出地块人文特色的历史文化要素。

(3) 空间分析。对地块内部现有功能的空间分布进行识别和评价。

(4) 土地利用格局。旅游项目建设往往受到现有土地利用格局的限制，很多时候还需要改变现有土地利用的性质，因此，对现有土地利用类型的空间分布进行了解并加以评价就显得十分重要。

(5) 基础设施和服务设施。对地块内现有的建筑、道路交通、供电、供水、通讯等设施进行整体分析和评价。

应该说，对旅游项目地块宏观层次上的分析提供了地块利用的基本方向，它直接反映了地块的利用现状,该分析为项目地块的利用提供基础条件,是项目规划建设可行性的基本保障。地脉和文脉分析是难点,也是宏观分析中主观色彩最为浓厚的部分。案例3-4 就是将风水运用到地脉和文脉分析的例子。

【案例 3-4】

陕西洋县华阳古镇的风水格局

成都来也旅游策划管理有限责任公司、成都来也城市策划规划设计有限责任公司利用风水分析方法对陕西省洋县华阳古镇的地脉和文脉进行了分析,认为风水是人们对居住环境的理想选择和追求,是中国传统文化"天人合一"、"天人感应"的自然审美和理想境界在现实中的实践运用,风水对自然环境的利用是多种多样的,但不外乎是山与水二大要素的组合。理想的风水环境模式(如图 3-2 所示)应该是背靠祖山,左有青龙,右有白虎,两山相辅,前景开阔,远处有案山相对;有水流自山涧来,呈曲折环绕之势,白虎、青龙之外还有护山相拥,案山之外还有朝山相对,朝向坐北朝南,从而形成一种负阴抱阳、山水环绕、植被茂盛、左右围护的相对封闭的地理空间。这种地理格局既能挡寒风,又能接纳阳光和凉风,四周山丘可以提供木材燃料,流水又能保持交通和生活农业用水,形成适宜的小气候。华阳古镇位于秦岭山脉的层层围护之中,形成龙脉和砂山,四周植被茂密,小镇内三条流水环绕,形成环抱之势,具有良好的风水格局。

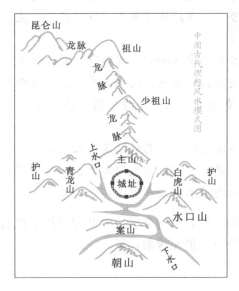

图 3-2　中国古代理想风水模式图

著名的古城如丽江古城、阆中古城(见杨振之等著《旅游原创策划》)都具有良好的风水格局,特别是阆中古城被誉为是中国风水格局的典范。华阳古镇与丽江古城和阆中古城一样,也具有良好的风水格局。

二、中观层次

地块的中观层次分析主要包括：建筑物和建筑物组合、地块各种功能空间和交通组合。这一层次上的分析主要对项目地块的旅游功能在空间上的分布进行分析，为策划中地块合理旅游功能空间布局、保证各种旅游要素在空间上的顺畅流动提供依据。因此，作为旅游项目来说，对其所在地块的中观分析就是考察建筑、空间及交通等要素是否有助于旅游项目各种旅游功能的实现。

下面是地块中观层次分析的一个案例。

【案例3-5】

上海世博会地块的城市环境分析评价(部分)

2010年上海世博会的选址位于黄浦江两岸、卢浦大桥与南浦大桥之间的滨水区，约5.4 km^{2}的规划控制区内。世博会的会场规划区域以及规划红线周边区域就是世博地块。该地块集中了一批污染严重，亟待搬迁和改造的老厂和企业，周边聚集了大量的居住小区。陶臻(2006)对该地块的城市环境进行了分析评价，就中观层次上，该地块表现为：

(1) 在建筑物的组合上，该地块主要是以低层建筑为主，散落一些高层建筑，建筑物设计和风格以现代为主。

(2) 建筑物结集程度和高度从南浦大桥到卢浦大桥逐步降低。地标为两座大桥。

(3) 该区域的公共空间较为缺乏，比如没有影院、综合性商场和娱乐中心。休憩用地和公园较为缺乏，只有长青公园、蔓趣公园、临沂公园、南浦广场等小型社区性质公园。

(4) 道路较宽，大多数有绿化或其他隔离，人车分流，但行人道宽度和质量有待提高，人行环境较差，特别是浦三路、昌里路等商业略繁荣道路人行道原本较窄，又有店铺的占用，行人只能在人行道和机动车道上穿行。

中观分析重在地块的环境、空间分析，以及与周边用地的关系，旅游项目如何在有限的空间内合理组织各旅游功能和旅游项目。

三、微观层次

微观层次即人与环境的关系。它是最注重细节的一个层次，考虑游人在地块内游览时所面临的具体细节问题。例如景区内的垃圾设施、旅游步道的用料、沿街建筑的立面风格和层次、旅游店铺内的购物空间、游客广场的休息设施等。总体来说，微观层次包括的范围极为宽泛，也极为烦琐，但它为游客所直接接触和使用。俗话说，"细节决定成败"，对微观层次分析的到位与否，往往直接影响到项目开发建设的细节质量，从而决定着旅游项目策划的成功与否。

【案例 3-6】

常熟亮山工程中的地块特色发挥与风景价值提升

常熟市亮山工程由范泉兴(2005)等设计，设计中地块特色得到了充分发挥。

城市古城墙将虞山东端围入常熟城中，形成"城依山筑、山入城中、山城一体"的格局。独特的山城景色折服了无数文人墨客，并留下许多美丽的诗句流传至今。20 世纪 80 年代的大兴土木、围山建楼使山城景观全被遮挡，昔日的山城相依如今踪迹难寻。2000 年常熟市政府开始了恢复虞山入城景观工程。

常熟亮山工程项目范围东起北门大街，南至言子墓，西连辛峰亭，北接虞山公园入口。总占地面积为 12 万 m^2。本项目地处虞山与常熟古城联系的主要节点，也是常熟历史文化的主要集中地。具有南方夫子美誉的言子墓紧邻南侧，代表常熟古城形象的虞山城门位于地块之西，名声显赫的辛峰亭以及具有众多古迹的虞山公园也与之仅有一步之遥。这里是常熟历史与文明的荟萃之地，是自然景观和历史名胜相辉映的亮点，如何做好亮山工程，是设计的重点和难点。

在具体规划中，设计者的规划理念包括如下几点。

1) 承应山脉的竖向设计

基于对景观渊源的分析，在用什么造景和怎样造景的问题上，设计构思则着眼在"山"字上。常熟古城的空间人文景观给人印象最深之处就在于有山有水，山水相映。为了达到"有高有凹，有曲有伸，有峻而悬，有平而坦，自成天然之趣，不烦人事之工"的效果，恢复山体的自然形态，竖向设计把握两个方面：一是分析地块之外虞山的形态，二是认清外围山脉对地块内地形的影响。为此，规划中对地块外现有虞山的形态和被毁的地貌进行反复考察，通过踏勘外围山势的走向，掌握山势脉络形态来推断被破坏山势的原形；在言子墓山脉北坡山脚处拆除占山而建的楼宇后，按山脉伸展及其变化而形成的山坡延伸方向来恢复地貌，使得该区地形变化丰富而完整。除此之外，在邻近城市干道北门大街一侧的绿地内堆土山，使山林地形脉络相连，这样亮山工程的地貌与虞山脉络取得了浑然一体的效果。

2) 因山得水的景观理水

景区水系的设置充分体现了自然地貌的自然形成。言子墓北坡山面和虞山公园山体形成的汇水面能聚集大量雨水，因此在景区内设水池既是造景的需要，又能起到缓解泄洪的作用。为了使水的布局更加生动，分别在原有虞山公园的山谷中和言子墓山坡的北侧设人工泉源，用叠石造景的手法，构筑小溪流水随山就势顺流而下，汇集于大水池中。小溪既是景观溪流，又是汇水排水的渠道。同时水的设置增加了景深感，水形成雾气产生的光影给景观的四季变化和朝夕更替增加许多灵气。

3) 营造山林的植物群落

绿化主要着眼于造山和观山两个方面。一方面随地形把虞山的山势引到城市，使得山脉借助树林的延伸得以伸展；另一方面从城市看山体有良好的观山视线，起伏有致，郁郁葱葱。在植物选择和种植前，对现场的植物品种进行大量的考察踏勘，并制定了几条植物种植原则：首先是充分保留场地内原有的植物资源；其次是尽可能选用当地乡土树种；然后再用乡土树种营造符合原生植物群落的景观林。在植物群落的总体布局形态上，结合地形的起伏，按植物体量的大小分别将大树植于坡顶，中树置于坡中，小树栽于坡脚，使得原有起伏的地形更富山形的变化和增加绿化层次，充分展示山林绿化景观特征。

    4) 展示山体的景观组织

虞山景观的视线组织重点在和山坡相接的城市主干道北门大街的沿线上。为便于观赏，共组织 3 条观视景线。随视点变化，观赏角度也不断改变。

复习自测题

(1) 旅游项目的外部环境要素包括哪些内容？

(2) 通过查找文献，请再列举 1～2 个外部环境分析的方法。

(3) 通过文献收集，请撰写一篇关于区位理论运用于旅游策划的研究综述，并思考目前的研究有哪些不足以及今后可能的发展方向。

(4) 对旅游城镇的地块分析应着重考虑哪些因素？

第四章 旅游项目策划的市场调查

【本章导读】

在旅游市场的调查研究中,必须认真研究游客的行为,认清游客行为的时空特征,游客在目的地空间移动过程对目的地商业业态空间布局起着决定性的作用,游客的时空行为与商业业态的关系是市场调查的重点。竞争者的分析研究是另一个重点,本章提出"系统量化研究法"来研究竞争者,力图使对竞争者的研究更科学、更准确。

【关键词】

游客行为(tourist behavior)
竞争者(competitor)
商业业态(commercial configunation)

第一节　游客行为研究

游客对旅游产品和服务的偏好是不断变化的,为了应对这一不断改变的状态,并且为某一市场提供一个合理的营销组合,营销人员必须对游客行为有一个比较全面的了解。

游客行为描述游客如何作出购买决策,如何使用和处置购买的产品和服务。游客行为研究还包括分析对购买决策和产品使用产生影响的那些因素。

一、游客基本情况研究

游客基本情况调查分析可以分为以下几个类别:地理、人口特征、旅游动机、心理、行为。

这五类中的每一类都包括几个可供选择的特征,在这五类之间可以任意组合,可选的细分因素超过 100 种。所以,从如此众多的可能性中选出合适的一种的确是市场细分过程的一个重要问题。

(一)地理细分法

这是在旅游服务业中运用最广泛的市场细分方法。地理细分法意味着将市场划分成具有相同地理位置的顾客群,他们的地理范围可能很大(如几个国家或几个洲),也可能很小(如一个社区)。一些旅游目的地营销组织,如澳大利亚旅游委员会和英国旅游局,都使用客源国作为基本的市场细分基础,我国也不例外。

(二)人口特征细分法

人口特征细分法意味着基于人口的统计学特征划分市场。这些资料主要来源于人口普查信息,包括年龄、性别、家庭总收入和平均收入、家庭大小和构成、职业、受教育水平、宗教信仰、族裔、住房类型以及其他因素。

同时运用人口特征和地理两种细分方法的情况是非常普遍的,从而产生了一种称为人口地理细分法(一种使用地理特征和人口特征的两阶段细分法)的技术。

(三)旅游动机细分法

在选择一种基本市场细分基础时主要考虑它代表了对顾客行为影响最大的因素。将旅游目的地市场划分为商务旅游市场、娱乐和个人旅游市场两个主要部分,这是一种已被普遍接受的细分行为。一般认为商务旅游者和娱乐旅游者的需求大不相同,例如,商务旅游者更喜欢住宿设施接近他们的工作场所;而在度假时,同样的一些人却希望选择接近景点的住宿设施。娱乐旅游者花费自己的金钱,而商务旅游者由单位付费,所以娱乐旅游者对价格更为敏感。因此，旅游目的地市场细分经常使用以旅游动机为基本的市场细分基础的两阶段细分法或多阶段细分法。

(四)行为细分法

行为细分法通过顾客使用场景、效益、使用者身份、使用频率、忠诚度情况、购买力阶段和对服务产品的态度等因素来划分顾客群。换句话说，它使用了顾客对某类特殊产品或服务(如餐馆、酒店、航空公司、旅行社)或特定商标(如"嘉年华"、"迪斯尼")的过去、现在或潜在行为的一些因素。

(五)心理细分法

心理细分法最近才得到普及。心理特征产生于顾客的心理状况以及以心理学为基础的不同生活方式标准。其中生活方式以人们如何花费时间(行动，Activities)，什么是他们认为重要的事情(兴趣，Interests)，他们对自己和周围事物的评价如何(观点，Opinions)——即他们的AIO(行动，兴趣和观点)为特征，这些就是在生活方式细分法中要使用的所有要素。

(六)VALS细分系统

VALS是目前一个比较流行的市场细分系统，属于心理细分法的一种，其作用是作为旅游市场研究的工具，它指的是"价值、态度与生活方式"。这个概念是由SRI International研究出来的，在宾夕法尼亚州商业部的一份报告中，它首次被作为一个旅游市场研究工具。

VALS类型学是价值和生活方式计划(Value and Lifestyle Program)的基础，它把人们的生活方式分为九种，我们根据其自我形象、期望、价值和信仰以及他们习惯使用的产品，又把它们划分为四大类别。

这四大类别和九种生活方式分别是：
- 需求驱动群体(Need-Driven Groups)。
- 生存者生活方式(Survivor Lifestyle)。
- 维持者生活方式(Sustainer Lifestyle)。
- 外向型群体(Outer-Directed Groups)。
- 归属者生活方式(Belonger Lifestyle)。
- 竞争者生活方式(Emulator Lifestyle)。
- 成就者生活方式(Achiever Lifestyle)。
- 内向型群体(Inner-Directed Groups)。
- 自我为中心的生活方式(I-am-me Lifestyle)。
- 经验主义生活方式(Experiential Lifestyle)。
- 交际广泛的生活方式(Societally Conscious Lifestyle)。
- 外向型与内向型相结合的生活方式(Combined Outer-and Inner-Directed Group)。

- 混合型生活方式(Integrated Lifestyle)。

VALS 是旅游市场营销中一种很有用的工具。生活方式变量反映了人口统计学以外的东西，它非常真实，且很有意义。VALS 的关键部分是归属者、成就者和交际广泛型群体，它提供了关于市场细分、广告和媒体选择等方面的信息，这些信息都很有价值。

市场营销中一个可以指望的东西就是变化。因此 SRI International 提出了一个新的 VALS2，如图 4-1 所示。

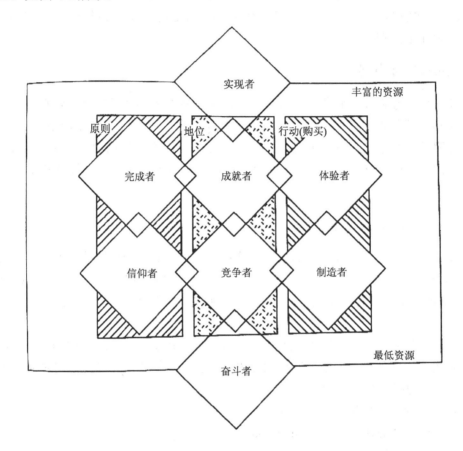

图 4-1 VALS2 细分系统

(本系统按 SRI 国际价值观念与生活方式计划制定，是一个对消费者进行细分和对消费者行为进行预测的消费心态系统)

- 实现者(Actualizers)：拥有高收入，高自尊，足智多谋，消费选择直接指向"生活中的美好事物"。
- 完成者(Fulfilleds)：都是些成熟、负责任和受过良好教育的专业人员，是那些容易接受新思想、收入高、讲究实际、以价值为中心的消费者。
- 成就者(Achievers)：这一群体是一些成功者，他们以工作为中心，从工作和家庭中获得满足，支持老牌产品。
- 体验者(Experiencers)：细分市场中最年轻的一个群体，平均年龄在 25 岁左右，他们寻求花样和兴奋，欲望强烈，把大把大把的钞票花在服装、餐饮、音乐和年轻人喜欢的其他东西上。
- 信仰者(Believers)：他们生活的中心是家庭、教堂、社区和国家，这类消费者比较保守，容易预测，他们支持本国产品以及老品牌。
- 竞争者(Strivers)：价值观念同成就者相同，但是缺乏智谋，他们竭力仿效成就者，这对他们来说是一种十分重要的生活方式。
- 制造者(Makers)：这类人比较现实，注重自给自足，集中于自己所熟悉的事物。
- 奋斗者(Strugglers)：这一群体收入最低，生活受到限制，他们在力所能及的情况下往往忠实于品牌。

二、游客消费的时空行为研究

对于游客行为研究，国内学者并无形成统一认识，各人都根据其研究角度侧重于行为的不同层面。这是因为，一方面行为研究工作在国内较难开展，研究成果难以应用到实际工作中；另一方面行为研究本身就是复杂的，两者结合决定了旅游行为研究的复杂性。

《旅游经济分析》中对游客行为的定义为："所谓游客行为是指游客在认识购买、消费和评估旅游产品全过程中所反映出来的心理过程、心理特征和行为表现"。并指出游客行为是贯穿于游客旅游活动整个过程的全部行为表现，它包括游客收集有关旅游产品信息而产生购买动机(动机行为)，并经过对信息筛选比较做出购买决策(决策行为)，进行旅游活动(空间移动行为)及事后评价的全过程。游客行为不仅反映了游客购买和消费旅游产品的全部心理和行为过程，还反映了游客购买和消费旅游产品的全部心理和行为特征。总体而言，可将游客行为划分为三个主要行为过程：游客动机行为、游客决策行为和游客空间移动行为。

按旅游进程和游客活动特点不同，将旅游行为分为旅游前行为、旅游中行为和旅游后行为，并制定出旅游行为的概念框架，如图4-2所示。

从行为科学的角度看，空间行为是指特定空间的人类行为。佳克尔认为空间行为是"与利用场所有关的人类的知觉、选择、行为。"他提出了由5个环节构成的空间行为模式：①对象环境(Object Environment)；②知觉(Perception)；③认知(Cognition)；④地理优选(Geographical Preferences)；⑤空间活动(Spatial Activity)。他认为对象环境就是现实世界发出的各种信号，根据信号的强度，环境刺激感觉器官，逐渐形成人类对外界可能物象的"知觉"。然后以已有的长期记忆并根据过去的经验选择物象，这就是"认知"过程。以认知的环境为基础，根据欲求进行"地理的优选"，可选一组行为方案，也可选几组。以方案为根据，确定"空间活动"，由此产生空间行为。可以看出，空间行为是一系列刺激-反应活动，它包括从刺激到最终产生行为反应的每个环节。

(一)游客空间行为

从佳克尔的观点推理,作为人类的特殊消费群体,游客空间行为应包括游客从收集有关旅游产品信息,产生旅游动机,到作出旅游决策,购买、消费、评估旅游产品的整个行为和心理过程。在范围上其等同于游客行为,即也包括游客动机行为、决策行为和空间移动行为三个相互连贯的行为过程。在此称之为广义的游客空间行为。

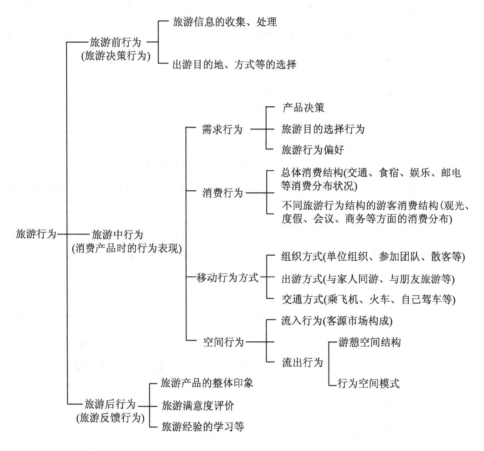

图 4-2 旅游行为的概念框架

本文所论及的游客空间行为指的是狭义的游客空间行为,即游客在地域空间上进行旅行和游览的过程,它特指游客对旅游目的地的购买和消费过程,是游客完成旅游决策行为之后所进入的最终环节。为与上述游客行为和广义的游客空间行为相区别,本文的研究对象——游客空间行为需作如下说明。

第一,本文的游客空间行为只指游客动机行为、决策行为、空间移动行为三个行为过程中游客空间移动行为,由此在外延和内涵上可与游客行为和广义的游客空间行为相区别。

第二,本文的游客空间行为是广义的游客空间行为中的最后环节,其中游客动机行为和决策行为构成了游客空间行为的前提和基础，对游客空间行为起着决定作用。

第三，本文的游客空间行为仅指游客在旅游目的地内的空间移动过程，是一种微观层面的空间行为。不包括在旅行过程中对旅游商品、食宿产品等附属产品的消费行为，在旅游目的地以外的空间移动过程亦不在本文研究范围内。

(二)影响游客空间行为的因素

游客空间行为是人类一种复杂的行为过程，属于特殊的消费行为范畴。游客在地域空间上移动的形式，不仅受一系列内在因素(个性、经验、偏好等)的影响，还受许多外部条件(收入、闲暇、距离、资源品质等)的制约，是内、外部因素交互作用均衡的结果。综合看来，游客空间行为的影响因素主要有以下几方面：需求因素、供给因素、地理因素、社会经济因素等，此处结合本章内容重点叙述前两项因素。

1. 需求因素

需求因素是指由需求方(游客)个体决定的主观因素，主要包括动机、旅游偏好、感知环境等三个内在要素。虽然个性特征(年龄、职业、受教育程度)也直接影响游客空间行为，但都综合反映在游客偏好中。这三个因素中，游客动机的不同，会使游客对目的地的感知倾向不同，从而导致不同感知环境的形成。三者之间彼此联系，层层递进，对游客空间行为产生由浅到深的内在影响。

2. 供给因素

供给因素是指旅游市场供给方(经营者)对游客空间行为产生影响的因素，主要包括旅游产品质量和旅游地空间分布。这两个因素是由供给方决定的外在影响因素。

1) 旅游产品质量

旅游产品质量的高低用旅游产品吸引力大小衡量。罗森博格目标吸引力模式即可用来计算旅游产品的吸引强度。该模式从游客角度客观地综合反映出旅游产品的吸引力，说明不同旅游产品在游客心目中具有的品质和质量。

2) 旅游地空间分布

游客空间行为是游客在区域范围的空间移动行为。不同旅游地在区域内分布的情形直接影响游客的空间移动形态，即旅游线路的组织。旅游地分布连线成片或单体布局，对游客空间移动的差异是很大的，连线成片的旅游地便于游客采取环状旅游、基点式旅游、串链珠式旅游等，满足游客最大效益原则，也更好地发挥旅游地的规模效应，而单体布局的旅游地，除非资源价值较大，否则在区位和效益上都会处于劣势，如图 4-3 所示。

(三)游客空间行为特点

1. 个体的空间行为

游客空间行为是人们在地域上进行旅行和游玩的空间流动表现。个体的空间行为在大多数情况下并非由客观地理空间环境决定，而是由个人感应空间所支配。感应空间通过两种途径构筑，一是来自直接接触的环境，一是来自各种间接信息。前一条途径对指导日常行为(如购物、娱乐等)有重要作用；后者则对行为、动机的产生、行为的选择及空间搜寻有影响。

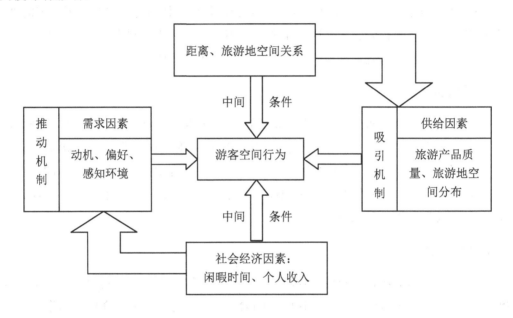

图 4-3 游客空间行为影响因素的作用机制

1) 大尺度旅游空间行为

受旅游时间比和最大信息收集量原则的影响，游客在大尺度的空间行为表现为以下特征。

(1) 力图到级别较高的旅游点旅游。表现在两个方面：其一，倾向于选择高级别旅游点的地方作为旅游目的地。其二，到达目的地后，往往只游玩目的地附近级别较高的旅游点，而对低级别景点的兴趣较低。

(2) 尽可能游玩更多的高级别旅游点。大尺度空间的旅游属于长程旅游，游客往往只游览级别较高的旅游点，之后，如果资金和时间容许，他们一般不停留在原地游览该地级别较低的旅游点，而是迁移到其他地方，游览该地级别较高的旅游点。

(3) 力图采用闭环式路线旅游。当旅游目的地不止一个时，游客总试图用闭环状路线把它们连接起来，避免走回头路。

2) 中小尺度的旅游空间行为

除了与大尺度旅游空间行为一样外，中小尺度旅游空间行为还有一大尺度空间行为没有的特征，即旅游路线影响旅游效果。在大尺度空间旅游时，给游客的印象是长途跋涉，它只能削弱游客的旅游兴致，但在中小尺度旅游时，游客常常有一定的兴趣观看旅游路线附近的景色，因此，旅游效果受旅游路线的影响。

2. 团体的空间行为

目前，大部分的研究都是从个体角度进行调查分析，研究者把游客看成决策主体和行为主体，力图通过个体研究的归纳总结分析出群体的旅游空间行为规律。而对于主要由旅行社进行设计，游客极少参与而被动选择的组团旅游(包价旅游)问题，则极少有人设计。由于企业追求利润最大化和游客追求利益最大化之间存在矛盾，旅游企业和旅游者个体之间在感知环境上存在错位，所以组团旅游在线路的安排、景点的组合等方面与个体旅游有着不同之处，旅游空间行为也就有了差别。具体表现为以下两个方面。

1) 宏观上的相似性

组团旅游线路按出行距离可简单划分为长线旅游和短线旅游，在空间模式上与个体旅游一样，长线旅游多采用闭合环状线路和节点状线路，短线旅游则几乎都是节点状旅游线路。在线路景点组合上，长线旅游尽可能安排更多较高级别的旅游点，以满足游客的最大需要；短线旅游则尽可能覆盖更广范围内的景点，这与不同空间尺度下个体游客对旅游点级别的偏好是一致的。

2) 微观上的差异性

在大尺度空间下，个体游客都力图到级别较高的旅游点旅游，而旅行社为了降低成本，往往在线路中加入少量较低级别的旅游点，实行搭配销售。另外，由于旅行社组团旅游的交通时间较之个体旅游要少得多，在各种交通工具衔接时间容许的情况下，旅行社也会组织游客游玩高级别附近的低级别景点，而不急于离开。因此，组团旅游在景点组合上表现出旅游地级别多样化、数量增加化等有异于个体旅游的特点。

暂住地安排上两者也不尽相同。个体游客经长途跋涉选定暂住地后，除非暂住地条件特别差，一般不会耗费时间和精力去寻找更好的住地，这种心理的游客愿意采用节点环状路线旅游。旅行社作为大量信息的拥有者，一般会根据成本最低原则选择适宜的住宿点，而不受地理因素的限制。例如旅行社组织游客在 A 点周围若干景点游玩，并不一定把 A 点作为住宿地，而会根据住宿成本＋交通成本＋时间成本之和最小的标准选择住宿地。这样就形成了区别于个体旅游的多点不规则住宿模式。

(四) 游客空间行为模式

游客的旅游行为从理论上为旅游空间布局及旅游线路设计提供了理念基础。一般来讲，游客在进行旅游活动时，不同个体在使用旅游地的空间行为选择上具有很大的差异性。旅游线路实际上是旅行系统在线性轨迹上的投射，旅游线路设计离不开游客空间行为的分析。游客旅行的空间模型主要有以下几种。

1. Lue 多目的地旅行模式

如图 4-4 所示是 Lue et al(1993)依据实地跟踪调查总结出的几种旅游行为空间模式。

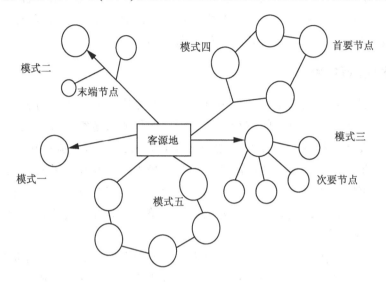

图 4-4　旅游行为选择的几种常见空间模式

模式一：单一目的地旅游——游客的大部分旅游活动集中在一个目的地。

模式二：线型旅游——游客选择使用一条线路上的多个旅游目的地，但存在主次之分，主要选择使用的目的地只有一个。

模式三：基营式旅游——游客在访问主要目的地的同时也选择访问其他几个目的地，但往往以主体目的地作为大本营。

模式四：环型旅游——游客在既定的目标区域内环游好几个目的地，相当于游览线路空间。

模式五：链式旅游——游客以客源地为中心进行链式游览。

上述模式是旅游开发规划者，旅游线路经营者和旅游管理者都应该注重的问题。在现实情况中，游客行为空间模式受到旅游资源分布和游客旅行兴趣偏好的双重作用。Stewart-Vogt(1997)在 Lue et al(1993)提出的上述旅行模式的基础上，以到访美国密苏里州 Branson 旅游区游客的问卷式日记数据为基础，构造了 5 种类型的旅行线路模式：区域旅游模式、旅行链模式、单目的地模式、中途模式、基营式模式。

2. Compbell 模型

当一个中心城市出发的游客目的地不止一个时，游客形成的路线轨迹多为一徊路路径，Compbell(1967)根据目的地类型不同，勾勒出徊路中游憩与度假旅行的模型，如图 4-5 所示。他提出的目的地类型分为大城市周边地区放射状扩散的游憩设施、区域性非线型附加群组以及沿公路分布的零星度假服务基地三种，进而提出出游旅行的路径模式，包括度假路径、游憩性度假路径以及游憩路径 3 种具有一定等级差异的空间结构。

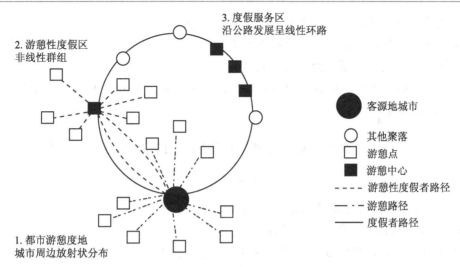

图 4-5　游憩与度假旅行的 Compbell 模型

3. Lundgren 旅行模式

一个客源地与目的地之间的交通线路及其游客旅行模式会随着旅游业的规模扩大而发生改变。Lundgren(1972)将该模式(如图 4-6 所示)分为以下几种模式。

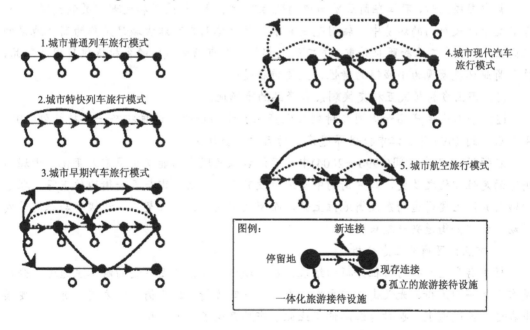

图 4-6　城市出游旅行模式的变化

(1) 普通列车旅行模式，列车在沿途的每个站点停靠，再通过终点与接待设施连接。

(2) 特快列车旅行模式，列车在某些站点并不停靠，而直达终点或仅停靠在中途大站。

(3) 早期汽车旅行模式，由于公路比铁路建造成本低、灵活性大，因此在空间上具

(4) 现代汽车旅行模式，在原有公路的基础上，建立了高速公路系统，城际和景际之间的快速公路交通扩展了旅行的可达性。

(5) 航空旅行模式，可以横跨大尺度空间，旅行时间更短，且较少在中途停靠。

【案例 4-1】

游客空间行为对旅游开发影响的实证研究

(以丽江古城为例)

(一) 游客空间行为对商业业态的影响

1. 丽江古城商业发展的历史沿革

新中国成立前，丽江古城(大研古镇)的商业环境浓厚，一直作为周边地区的商品交易场所，尤其是四方街，商业活动目标群体主要是当地居民以及丽江周边的居民。相对周边城镇村落，丽江经济比较发达，居民购买力较强。另外，丽江在历史上就是进藏的交通重镇，因此逐步发展成为滇藏贸易的集市，而且丽江长期以来就是区域的政治文化中心，这些因素共同作用使丽江自古以来就有着商业的传统，表现在古镇里四方街的交易市场及从四方街放射出去的新华街、五一街、七一街和黄山路的底层沿街铺面。

新中国成立后，丽江在商业贸易中的地位有所下降，与昆明和大理下关的交通不畅，基本处于比较封闭的环境中，辐射范围有限。就整体而言丽江古城只是作为丽江地区的工商业中心，手工业和商业并重。手工业大都是向本市场区域内的乡村提供日用消费品，整个商业环境表现为小城镇的特性，主要特征是：

(1) 周围乡村居民互相交换剩余农产品的市场地。

(2) 手工业生产品和周围乡村剩余农产品交换的场所。这种状态一直持续到 1996 年前后，到 1999 年丽江申报世界遗产成功后才完全改变。

在短短的 8 年时间(1996—2004)中，丽江古城的城市功能发生了重大变化，古城内街道的定位亦随之改变，四方街的中心地位没有动摇，新华街与五一街地位下降，联系古城与新城主要通道的东大街地位上升，而新义街的居民抓住契机，积极参与旅游开发活动，使整条街道兴旺起来。

2. 重点街区商业业态分析

根据游客空间行为特征分析的结果，在古城内有 4 条相互连通的游客主通道，分别是东大街—四方街、光义街—四方街、七一街—四方街、新华街—四方街，游客主要集中在这 4 条通道上，也对通道两侧商业业态布局产生了巨大影响。

如前所述，东大街是游客出入古城的最主要通道，街面宽度达到 18 米，客流强度大，游客的流动非常频繁。从东大街的商业业态分布可以看出明显的特点：整个大街上商铺以出售工艺品、特产、服装三种类型为主，其他类型的商铺数量很少。这一商业业态分布与东大街游客进出古城主通道的特点是相符合的。东大街上的游客大都在快速运动中，能够在商铺作较长时间停留的游客较少，加之铺面租金较高，所以商铺销售的商品都是价格较高的旅游纪念品。商家追求的是销售量较小，利润较高。这和大多数景区在发展到一定阶段后过分商业化的情况十分类似，东大街商业业态分布如图4-7所示。

新义街是游客进入古城的第二条主要通道。由于新义街基本保留了古城街道的空间格局，道路蜿蜒曲折，除了作为交通通道外，也是古城观光的一条线路。沿新义街两侧的商铺业态布局与东大街相比，类型较为多样，比例较为均衡，给游客带来的购物感受更加有地方特色，新义街商业业态分布如图4-8所示。

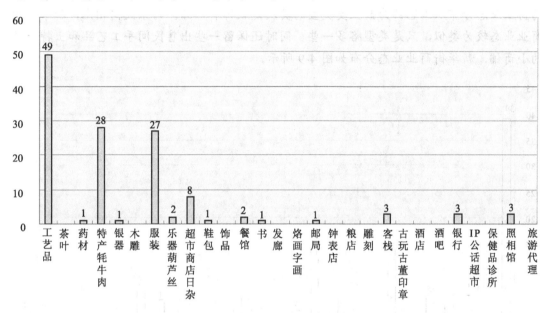

图4-7 东大街商业业态分布

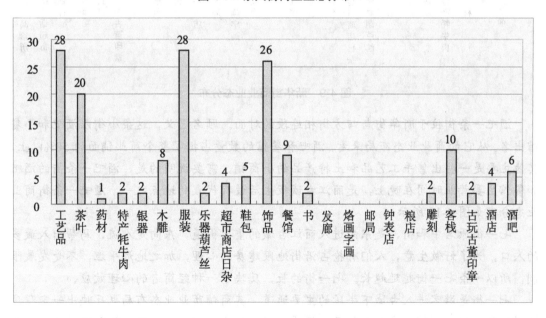

图4-8 新义街商业业态分布

新华街是丽江古城的老街道之一，原名"乌伯"，民国时期称萃文街，这条街道原是古城北向的主要入口之一，因而沿街建筑密集。因新华街是由城外进入城内的一条古道，既有商业性质也有居住性质。而且在商业和居住的分布上有这样一个特点：靠近城外一段(双石段)居住多于商业，靠近四方街一段(翠文段)商业多于居住。

新华街也是进入古城的主要通道之一，基本和东大街平行，只是街面宽度较窄(2～4米)，保持了原有的空间格局。由于通行能力不如东大街，客流强度较东大街小。新华街的商业业态分布以工艺品为最主要类型，其次是服饰和饰品。与东大街相比，新华街的商业业态较为类似，只是类型略多一些，同时还保留一些出售民间手工艺品和土特产品的小商铺。新华街商业业态分布如图4-9所示。

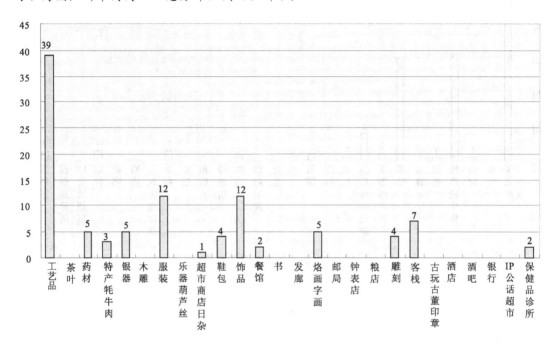

图4-9 新华街商业业态分布

酒吧一条街位于新华街与四方街相连段的对面。顾名思义，这条小街以酒吧和小餐馆出名。从它的商业业态布局来看，酒吧和餐馆的数量占据了整个商业铺面的50%以上，其他主要是一些出售手工艺品和土特产品的小商铺。需要说明的是，酒吧一条街的酒吧和餐馆主要营业时间在晚上，是丽江古城夜生活最有代表的地点之一，酒吧一条街商业业态分布如图4-10所示。

七一街原名中和街，是东向进入丽江古城的重要街道，东向是人流、马帮出入最多的入口，为了好做生意，人们有抢占沿街地段建房的心理，加之地形平坦，不受发展限制，所以一条七一街越延越长。七一街的长，反映了一种经商者的心理效应。

七一街是游客进入古城下半段的主要通道，其商铺商业业态布局也反映出一定程度的过度商业化。商铺还是以工艺品、银器、服装为主，但是商铺的类型和数量分布相对均衡，七一街商业业态分布如图4-11所示。

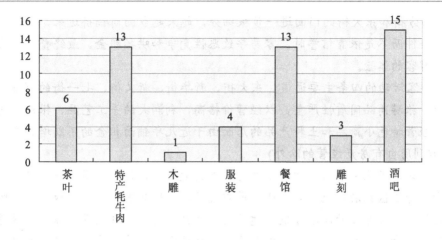

图 4-10 酒吧一条街商业业态分布

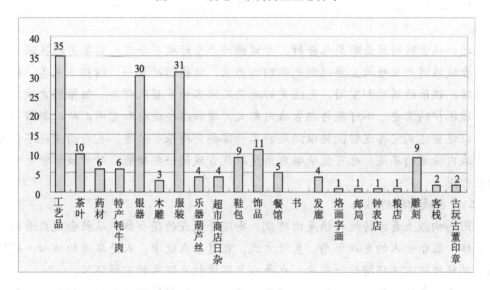

图 4-11 七一街商业业态分布

3. 游客空间行为特点对商业布局的影响

由于游客在空间分布上的特点，使得古城的商业布局也受到相应的影响，古城过度商业化的趋势已经较为明显。丽江新城重要区域位于古城北面，为便于游客快进快出古城，主要选取靠近新城的水车广场一带作为主要入口区，同时拓宽东大街，使其成为出入古城的主要通道，由于这种有意识的引导，游客主要活动区域局限在古城北部三条主要通道内，这一带的商业业态分布密集，呈现出过度商业化倾向。

(1) 商铺总体数量在持续快速增加，增加的部分多是面向游客的门面。近几年古城内不可能增加任何新的建筑，那么意味着原来用于居住的门面将转向商业，而且是同一住户将住房分割成几部分分别出租，适应了小商铺的需要，同时可获取最大的租金收益。

(2) 门面功能发生很大变化，与居民相关的门面数量持续下降，而与游客相关的门面则不断扩大蔓延，从而对古城原有民居的功能进行大幅度的置换。

(3) 四方街和东大街的门面进一步被细分，越来越多的商铺挤进来，一旦商铺过于依赖区位条件而不是依靠信誉时，容易导致恶性竞争和哄抬租金，最终整个商业氛围恶化，影响游客的体验。

(4) 游客活动的四条主要通道：东大街、新华街、新义街、七一街的商业业态布局逐渐趋同，旅游商品同质性严重，以经营价格高、利润大的手工艺品、银器、药店的商铺为主；经营特色小商品和土特产品的店面由于近几年铺面租金的不断增加有可能发生经营转向(利用自有房产经营的除外)。

与此同时，近几年来丽江古城旅游房地产大大升值，住宅及商业铺面价格呈几十倍增长，古城外围区旅游房地产开发已经严重失控，当地居民在自己的地基及自留地上私建众多大体量、楼层高的民居建筑，建筑空间凌乱，道路体系混乱，绿化环境恶劣，严重影响了丽江古城的整体形象。如何解决中心城区和旅游房地产与边缘地区旅游地产的关系，规范控制古城边缘区的建设规模和市场运作模式，也成为一个严峻的、急需解决的问题。

总之，从古城的商业布局来分析，古城旅游产业结构不合理，需要另辟区域完善其功能。古城旅游产业结构主要以观光和购物为主，功能相对单一，结构不完善，缺少休闲、住宿、娱乐的场所和空间，无法更好地满足游客的多层次需要。但根据古城实际格局和古城保护的需要，不可能再在古城内部大片增加这些设施和空间，所以新辟一定的空间，以适当方式完善这些设施以满足游客的需要变得很有必要。良好的设施不但可以取代古城内设施的不足，也可能从供应角度取代古城的一些功能，对古城保护也有一定的积极作用。

(二)对古城景观的影响

从形态构成上看，传统村镇是由建筑、街道等组成的集合体，从社会现象看则是人的集合体，显示出人的生活形态、生活方式。在这个系统中，人是环境的核心，建筑和街道是总环境中人造环境的一部分，也是人与环境相互联系的中间环节。

实际上人与环境的关系存在着一种互动性。优美的村镇环境为村民的生产、生活、休闲提供了有效的保证，也使这里的人民耳濡目染，增加知识和才气；而村民生活水平的提高、经济上的繁荣和兴旺，又使村镇环境得以不断保护和完善，使其更具地方文化的特色。

人们对村镇的总体印象是由系列的单一印象叠加起来的，而单一印象又经人们多次感受所形成。人们对村镇的印象和识别，很多是通过获取和接受村镇的景观形象而达到的。凯文·林奇提出道路、边沿、区域、节点和标志为构成城市印象的五要素。尽管城市和村镇形式各异，面貌不同，但构成群体空间的主要因素是相同的。从游客空间行为角度分析，游客空间行为最直接影响道路这一要素，从另一方面来说，要调控游客的空间行为，改变旅游区域的道路系统是最为直接的手段，下面就丽江古城游客空间行为特点对古城街巷景观的影响作相应分析。

1. 丽江古城传统街巷景观的特点

街巷是村镇形态的骨骼和支撑，既是村镇形态构成中重要的组成要素，也是人们浏览了解村镇的主要路线。在南方村镇中，由于街巷的高宽比很大，人们很难体会到几何学的投影关系，而是感到一种拓扑变换关系，街巷里的透视关系被连续的场效应所取代，总体上村镇街巷的平面结构系统地表现为一种拓扑学的关系。在丽江地区，村镇形态既受理性规划的指导(多表现为风水观念)，又表现出适应自然条件的一面，规划好的街道布局或村内设施可以在实际建设中加以调整和修正，街巷结构表现为一种半自然状态或半理性状态。

美国评论家 B.鲁道夫斯基(Bernad Rudofsky)在《人的街道》一文中曾指出：街道必定伴随着那里的建筑而存在。街道是母体，是城市的房间，是丰沃的土壤，也是培育的温床。其生存能力就像人依靠人一样，依靠于周围的建筑。完整的街道是协调的空间……主要是周围的连续性和韵律。街道正是由于沿街有建筑物才成为街道。

街道的构成要素应该包括两侧的垂直立面，底地面、天空和建筑小品等。这里两侧的建筑物限定了街巷空间的大小和比例，形成了空间轮廓线；建筑物与地面交接确定了地面的平面形状和大小；建筑立面成为街道空间中最具表现力的面；建筑小品成为街道中的点缀。

购成街道空间的四要素之间存在着某种互动关系。建筑物的立面及立面层次影响着街道的体量，建筑物的体量限定了街道的内部轮廓线，建筑物的底层平面限定了街道空间的平面形状，建筑小品影响着人们的空间感受。

在丽江古城，街巷是主角，民居个体更多表现为服从街巷走向，填补剩余空间的作用。按功能性质的不同，古城街道可分为商业性、居住性、综合性三类。商业性街道临街为铺面，铺面之后系内宅，即通常所称的"前店后宅"式。这类街道具有可接纳人的特征，一般显得繁华、热闹，有动态之美。居住性街道临街除入口门楼外尽设高墙与街道隔离，呈"庭院深深深几许"形式，具有突出的"防范"特征，一般显得宁静、安详，有静态之姿。综合性街道兼有商业性街道和居住性街道两者的特性。

2. 游客行为对传统街巷景观的影响

东大街是一典型案例。在 1996 年地震后重建丽江古城时，由于东大街靠近新城，便于游客进入，便有意识地改造东大街，使之成为进入古城的主通道和主要的商业街。在改造时为了满足上述两大功能，人为地将东大街路面拓宽至 18 米，形成了古城入口处的商业大道。

除此之外，东大街的设计明显参照了城市商业街的形式，采用一板块的道路模式，主道又宽又直，通过绿化带与两旁辅道隔开，而商业铺面直接与辅道相连。

从功能上来说，东大街的改造满足了游客旅游需求——快速进出主要景点，但从景观的角度分析，东大街街巷的景观与古城传统的街巷景观有较大的差异。

1) 街道的基本尺度

丽江古城主要街道的宽度(路面宽加路边到沿街建筑柱边或墙边尺寸的总和)一般为 3.5~5 米之间，基本满足步行要求，必要时小型车辆亦可通过。沿街建筑高度，当为一层时，约为 2.5~2.8 米；当为两层时约为 5 米；街面宽度与街面建筑高度之比空间尺度适宜，人行其间，颇感亲切宜人。而东大街这一比例已经达到 1:3~1:6，整个空间完全没有围合，失去了古城街道的尺度感。

2) 沿街建筑的立面形式

丽江古城商业性街道的沿街建筑，以二层的居多，一层和三层的也有，但为数不多。二层的沿街建筑，多有眉檐或吊厦，作明显的横向两端划分。

街道两侧的建筑幢与幢紧紧相连，贯通全街。每幢多为三开间，由木柱划分，每间面宽不超过3.6米，木柱间或墙、或窗、或柜台、或铺板，均使用木料，质感柔和亲切。由于沿街店面作小尺度的竖向划分，显出一种"间—间—间"的明快节奏，对行人来说，使时间被空间延缓，人们感觉的街道长度，比街道实际长度要长，街道的通路感被削弱了。

居住性街道两侧，则是住宅门楼和坚挺的土石墙面，节奏相对缓慢，路径属性得到加强。当有流水和绿化介入街道时，街道两侧的街容被极大地软化，倍现温柔与妩媚。

东大街两侧建筑主要是商业性建筑，以一层为主，有不少店面开间尺度较古城老商业街商铺大，而且由于店面间的空间组合关系十分单一，呈一条直线排列，总体来看，东大街的空间显得十分通透和开敞，类似于城市商业街的空间格局。

3) 广场空间

从空间角度来看，街道和广场是一个连续的统一体，但又各具不同的特性。无论尺度如何，街道是"一条线"，广场是"一个面"；街道是"行进"，广场是"停顿"，街道是"动态的"，广场是"静态的"。或许可以说，这些就是人们区别街道和广场的主观标准。

从景观角度来看，街道和广场是丽江古城的黄金带，然而，历经数百年的沧桑巨变，丰富、消退、变异、重构等，总是在不断地发生。

由于游客的空间行为特点，现在古城内的广场空间也发生了明显变化，原有的生活性广场在游客密集的区域已经消失殆尽，或是变为商业性广场，或是变为纯粹的游客过往的通道。在游客较为稀少的古城下半部分，却还保留了一些原有的生活性广场，如三眼井、三水塘等。这些小型广场的格局保留了古城原有浓郁的生活气息，几乎每处广场都有几株大榕树作为广场的景观焦点，加上在广场上活动的居民，构成了古城生活的真实写照。

（案例来源：成都来也旅游策划管理有限责任公司、成都来也城市策划规划设计有限责任公司编制《丽江古城东郊环境整治及旅游开发总体策划》，2004。）

第二节　竞争者调查分析

旅游开发由于开放周期长、投入资金巨大，旅游项目的投资往往充满了风险，因此，项目正式开发前进行规范、科学的市场调查及市场可行性分析，对于开发商及投资者来说，无疑是四两拨千斤，有效规避风险的必要手段。

传统的产业组织理论认为，供给和需求是市场结构中最为重要的两翼，旅游项目市场可行性研究无疑也是对旅游项目市场供应、需求结构的分析，最为不同的是，由于旅游开发的性质，土地资源本身对于旅游项目产品乃至项目开发成败起着非常重要的作用，因此，往往也把开发区域及其周边环境调研作为一项在项目市场可行性论证中的重要内容加以论述。

一般而言，旅游项目开发市场研究主要从需求、竞争结构、地块条件、行业和政策限制及企业自身条件等方面展开，如图4-12所示。

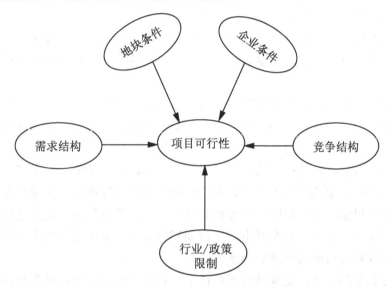

图4-12　旅游开发市场研究构成图示

关于竞争状况的研究，是旅游项目投资、旅游项目市场可行性中的一个重要内容。不但如此，通过竞争与需求的对比研究，在论证项目可行性的同时，还能据此给出项目的产品定位方案。

因此，准确的投资可行性论证及正确的产品设计，要求在旅游项目开发的前期即密切关注并研究"竞争"。

另一方面，由于旅游开发的区域性、消费群体的相对固定性及消费的不易重复性，在一定时段内，在特定区域内参与旅游项目争夺的产品往往屈指可数，竞争往往就发生于这样几个有数的、有形的产品及其商家内。其中，定位清晰、适度创新、性价比较高，广告宣传等全面到位的旅游项目，往往就成为该区域内该时段旅游开发中的胜出者，在相对固定的消费力条件下，同一区域内其他产品将很难避免销售的困难。

一、竞争者研究内容

对自己所处区域内其他竞争性产品动态的了解,往往是旅游项目营销人员最为关注的焦点,第一线的营销人员及投资决策者往往会有如下的担心和疑问。

——在能够产生直接威胁的区域内,还有哪些旅游项目在开发?它们的经营状况又是怎样的?

——区域内有什么样的旅游项目?它的主要卖点何在?采用何种销售方式?可借鉴的优点是什么?不足之处又在哪里?

——区域内现有旅游项目供应是否存在相对的空白点或需求未被满足?怎样有效回避竞争压力?针对竞争对手产品定位、广告宣传方面的特点,我们该采取什么样的应对措施?

——在自身旅游项目的有效辐射范围内,是否还可能出现其他旅游项目?与其他可用于开发的旅游项目相比,自身旅游项目在周边环境及配套方面,存在何种优(劣)势?该如何应对市场后进者的挑战?

上述竞争的直接性,使得在旅游项目后期销售中,关于竞争对手在产品特点、销售概念、销售方式等方面的动态关注和研究,也成为项目开发中必要的应对举措。

上述问题的提出一再地表明,作为旅游开发这一特殊的行业,无论是在开发前期的市场可行性探索中,还是在方案确定后的后期销售阶段,关于竞争状态的研究,都成为影响项目开发成功与否极为重要的因素。

因此,对竞争的关注,尤其是可对自己形成直接冲击的区域内竞争结构的探索和思考,越来越成为旅游项目投资者及营销人员关注的焦点。

相应的,上述企业关注的变化趋势,也对市场调查工作提出了新的要求和期望——市场调查如何帮助企业认清他们所关心的"竞争"?市场调查又该如何揭示"竞争状况"?

二、旅游项目竞争状况研究概述

(一)旅游项目竞争状况研究发展历史及其方法

关于旅游项目竞争状况的研究,大约经历了两个阶段。

1. 定性为主、定量为辅的非系统研究阶段

本阶段关于旅游项目竞争状况的研究,主要由两方面内容构成。

其一,某时段内关于特定区域内旅游项目供、销总量的"整体"研究。

"整体"研究的主要特点是,采取定量研究的手段,但定量研究尚停留于对旅游项目个数、区位分布、总体供/销数量及其与旅游项目形态进行简单交叉的层次。

它可以大致判断某类、某区域内旅游项目的总体竞争态势,但却不能深入展示该旅

游项目的内部竞争结构，如细分市场的具体供、销情况。

因此，该方法不能为待开发产品定位，如细分市场构成(不同细分市场占总供应量的比例)、细分市场销售立基特征(如产品结构中观光、休闲、度假等供应比例)等，不能给出明确的产品组合参考。

面对这样较为外围的研究结果，在产品设计阶段开发商往往难以据此作出最终判断，因此，整体研究法的有效性不高。

其二，零散的、个体旅游项目"点"上的定性评价。

在获得上述定量数据之后，本阶段研究的一个重要内容就是对竞争区域内各旅游项目的优、缺点进行单个分析，包括个体供销情况、建筑特色、周边环境、配套及旅游项目销售方式、销售概念等，强调以定性描述为主。

在本阶段的竞争研究中，往往对所作的定性评价花费大量笔墨，因此，单个旅游项目特点相对明确，但不足之处在于缺乏系统性，并且由于定量研究深度不够，因此，缺乏对总体竞争特点的把握，容易让人迷失于个案分析中。

因此，本阶段旅游项目竞争状况研究的主要特点是，过于强调对个体旅游项目的定性分析，对整体竞争态势分析力度不够，关于更深入的内部竞争结构缺乏足够深度的数据支持，开发商难以作出最终决策。

2. 系统化、量化研究阶段

通过在旅游项目竞争状况研究中的长期摸索，针对第一阶段研究方法中的不足，我们提出了一套系统的、定性与定量研究相结合并以定量研究为主的旅游项目竞争状况研究方法，称之为"系统量化研究法"。

(二)旅游项目竞争状况的系统量化研究法构成

本研究方法具有三方面特点：①定性、定量结合。不但有定量数据分析，同时，也有对于销售方式、旅游项目特点及旅游项目竞争层次的定性研究。②定量分析。深入到细分市场、产品组合、价格等内部结构层次，可为后期产品定位提供明确依据。③对于竞争区域、重点竞争对手等作出明确区划。

在本方法中，根据影响旅游项目竞争力的因素，综合设定旅游项目有效竞争区域，不但对区域内整体竞争结构有详细论述，还根据旅游项目实际情况界定其主要竞争对手所在，并对该对手的主要特点作出专项分析，以帮助旅游项目开发商"知己知彼"。

三、旅游项目竞争状况的系统量化研究法流程

系统量化研究法除较以往的研究方法更为深入外，还有两个特别突破，其一，要求对旅游项目有效竞争区域作出明确界定；其二，明确区域内旅游项目面临的主要竞争对手，并作出专门分析。

因此，使用系统量化研究法对旅游项目竞争状况进行研究，需要按以下流程操作。

第一，明确产品有效竞争区域及主要竞争对手。由于旅游开发的不动产性质，特定旅游项目产品的辐射能力、影响区域往往有限，因此，在分析特定旅游项目所承受的竞争压力前，需要对其有效竞争区域进行界定。

第二，对界定区域内的旅游项目竞争状况展开系统研究。包括对于区域内整体竞争结构的定量研究、内部竞争结构定量研究及定性研究。

第三，在完成对区域整体的分析后，进一步对区域内重点竞争对手进行专项研究。

第四，综合整体竞争状况及重点竞争对手的分析，从竞争角度给出竞争策略及产品设计意见。

上述系统量化法旅游项目竞争状况研究的主要流程如图4-13示。

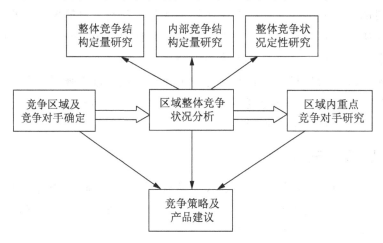

图4-13　系统量化法研究流程

四、系统量化研究法操作要点

系统量化研究法在实际研究中有下述四个操作要点。

(一)关于竞争区域及竞争对手的界定

由于同一个旅游项目，受限于环境、交通、位置及旅游项目本身体量等因素，它所能影响的消费群往往有较强的地域限制。一般性质的旅游项目，尤其是观光类旅游项目，首先就注定了只能占有整体市场中有限的一部分，项目本身的有效辐射区域有限。因此，需要综合旅游项目自身条件对其有效竞争区域作出界定。

据此，可以根据旅游项目竞争的强度不同，确定出旅游项目的三类竞争对手。

其一，旅游项目有效辐射区域内的其他直接竞争性旅游项目。

其二，与旅游项目有效竞争区域存在重合的一般性竞争旅游项目。

由于其他旅游项目也存在对应的有效辐射区域，一旦其他旅游项目的有效辐射区域与该旅游项目有效辐射区域存在交叉，那么，势必在此旅游项目上发生对潜在游客的争夺，因此，虽然其他旅游项目不一定位于该旅游项目的有效辐射区域之内，但仍然应将其视为竞争者，也是项目可能的竞争对手。

其三，位于旅游项目核心辐射区范围内并能对项目构成强烈威胁的重点竞争旅游项目。

根据与本项目竞争强度的不同，还需要再在有效竞争区域内划分出重点竞争区域，此部分区域正是项目需要重点考虑的部分，同时重点竞争对手也主要产生于此。

需要说明的是，由于影响旅游项目竞争力的因素众多，从外围的位置区位、环境、交通、规划、人文，到旅游项目本身的特色、价格、产品类型、环境特色等，无一不对其综合竞争力产生细微而深远的影响，因此，对旅游项目有效辐射区及重点竞争对手的界定只能是上述多方面因素定性的综合判断。

(二)关于三种性质竞争的界定

前述三种竞争对手，其共性特征都是已开发旅游项目，是"现实竞争者"。而按照传统的产业组织理论，根据竞争者的发展状态，还可将旅游项目可能面对的竞争分为现实竞争压力和即将进入市场者产生的压力两大类。在旅游项目竞争研究中：

其一，现实竞争压力主要来源于前述三类竞争对手。

其二，市场后进者竞争压力主要来源于目前已在规划，并处于本项目的有效辐射区域内或能够成为未来"一般性竞争旅游项目"者。

该类旅游项目的主要特点是，正在规划或已报批立项并获得通过，在可预计的将来，即将投放市场，并可能与本项目形成竞争。

(三)潜在竞争压力

该类竞争者主要指有意向的旅游开发者或已预备立项，极有可能在将来与本项目形成竞争者。

由于尚处于项目前期，该类竞争者通常未有正式产品形式，主要以招商项目形式体现，因此，关于该招商项目市场价值的评价，就成为分析该类竞争者的重点。

从市场角度考察旅游项目地块的综合竞争力，不是对招商项目进行经济价值评估，更多的是从游客的视野，从满足游客旅游需求的角度来分析其优、劣势并评价其综合竞争力。

从上述角度来说，可进入性及道路状况、景观、建筑、人文环境等方面的吸引力、旅游配套设施以及旅游招商项目本身的综合条件，是游客购买时最为关注的因素。因此，对于潜在竞争者对项目产生可能竞争压力的研究，将主要从上述角度展开，并最终找到该地块竞争的优、劣势及对项目本身构成的压力所在。

另外，还需一提的是，随着开发周期的不同，上述三种产品存在相互转化关系，即潜在竞争者可能转为市场后进者，而市场后进者在一定时期后可能转化为现实竞争者，而目前的现实竞争者在一定时间后，也可能宣告退出竞争。

(四) 关于"内部竞争结构定量研究"

内部竞争结构定量研究是前述"区域整体竞争状况分析"中的一个子项，是系统量化研究法较以往"整体研究法"的重大改进之处，重在对现实竞争压力进行分析，也是本方法操作难度最大之处。

以往整体研究法重在对区域内竞争者的建筑形态、区位分布等外围属性作出基本的供、销分析，其操作方法是将基本的供、销、存量与建筑形态、区位等进行交叉。

但在旅游项目产品日益创新和复杂的今天，旅游项目产品已在整体档次、文化特色、情景设计等方面发生巨大变化，旅游项目产品早已不再是"大一统"。笼统而不加细分的总体供、销、存量分析，往往忽视了产品在类型、价格、组合情况等基本属性及其对应市场供、销状况间的极大不同，所得"整体"供、销状况的分析结果，也因此而不具备重要的指导价值，不能为企业决策所用。

因此，产品本身的丰富性决定了，欲真实、准确地反应特定区域、特定时段内旅游项目竞争状况，就必须深入到该区域内旅游项目供、销、存在不同价格、类型、组合情况、文化特色、景观/位置等属性方面的内部供、销结构情况。

只有将基本的供、销、存与面积等产品属性作出交叉分析，才能真正明确区域内旅游项目的竞争态势，才能准确展示内部竞争结构情况，为项目的产品设计提出准确依据。

第三节 商业业态调查

一、商业业态及分类

(一) 商业业态概念

从事零售活动的基本单位和具体场所是商店，而商店依据销售形式不同又区分出不同的经营形态，即零售业态。近年来，受国际商业发展趋势的影响，零售商店的业态形式发生了很大的变革，并且出现多样化和细分化趋势，尽管当前世界各国对零售业态的定义由于侧重点不同而有所区别，但通常认为，业态是零售店向确定的顾客群提供确定的商品和服务的具体形态，业态是零售活动的具体形式。通俗地理解，业态就是指零售店卖给谁、卖什么和如何卖的具体经营形式。

1998年，我国政府统计系统中的贸易统计年报开始增设零售业态统计，作为试行表。考虑到目前各种业态的发展程度，以及国家国内贸易局关于零售业态分类规范管理的指导意见，按照科学性与可操作性相结合的原则，业态可以被定义为：零售业态是指零售企业为满足不同的消费需求而形成的不同经营形态。这一概念包括了两方面的含义：其一，确定的目标市场；其二，具体的经营策略，包括：选址、规模、商品策略、价格策略、商店设施、服务方式等。

(二)商业业态分类

1. 国际上零售业态的一般分类

对于零售业态的分类,目前国际上主要依据零售店的选址、规模、目标顾客、商品结构、店堂设施、经营方式、营业时间、服务功能、价格策略等确定。美国把零售店区分为:百货店、超级市场、折扣店、一般商品店、服装专卖店、仓库俱乐部、药店、方便店、杂货店等九类;日本对零售业态的分类与美国基本相同,但增加了自动售货机、邮购以及无店铺销售形式。当然,同一个大类的业态,还可以进一步细分为更具体的业态形式,比如超级市场可以再细分为食品超市和综合超市,这要依据不同的研究内容而定。事实上,由于国际资本的介入,当一种新型的零售业态被引进时,客观上也引进了国际规范和标准,因此许多国家对零售业态的分类是基本一致的,有利于进行多国间的比较和沟通。

2. 我国零售业态的统计分类

尽管国际上对零售业态的分类已比较完善,但在我国进行业态统计时还必须考虑我国的具体情况。按照我国零售业态发展的客观进程,在国际通行的业态分类总体框架下进行必要的合并,把零售业态分为四大类进行统计,即:百货商店、超级市场、专业(专卖)店和其他。

百货商店是指在一个建筑物内,集中了若干专业的商品部并向顾客提供多种类、多品种商品及服务的综合性零售形态。其基本特征是:①商品结构以经营服装、纺织品、家庭用品、食品和娱乐品为主,种类齐全;②以柜台销售为主,明码标价;③注重店堂装修及橱窗展示。

超级市场是指采取自选销售方式,以销售大众化生活用品为主,满足顾客一次性购买多种商品及服务的综合性零售形态。其基本特征为:①商品结构以经营食品、副食品、日用生活品、服装衣料、文具、家用电器等购买频率较高的商品为主;②采取自选销售方式,明码标价;③结算设在出口处统一进行。

这表明超级市场首先是自助服务的零售商店,毛利低、销量高,以经营生活必需品为主,种类繁多。统计时将各种类型的超级市场、仓储式商场和会员式超市列入该类。

专业(专卖)店是指专门经营某类商品或某种品牌的系列商品,满足消费者对某类(种)商品多样性需求的零售形态。其基本特征为:①商品结构专业性较强,各种不同的规格、品种及品牌汇集,选择余地大;②销售人员有较强的专业知识,能为消费者提供充分服务;③采取定价销售和开架面售方式。

将专业店和专卖店归为一类统计仅仅是为了统计操作上的方便,其实专业店与专卖店有本质的区别,前者专门经营某种或某类商品,如时装店、鞋店、食品店、药店、书店、电器店、珠宝店等;后者则专门经营某种品牌的系列商品,如海尔电器专卖店、李宁牌体育用品专卖店、格力空调专卖店、苹果牌休闲装专卖店等。

其他业态是指上述未包括的其他业态形式(如便利店、折扣商店、杂货店、邮购商店等)。

(三)商圈

1. 商圈的概念及分析目的

商圈是以设定的商业建筑为圆心，以周围一定距离为半径所划定的范围。这是原则性的标准，在实际从事商圈设定时还必须考虑经营业种、商品特性、交通网分布等因素。

进行商圈分析的目的有：一是明确该商业区或商店的商圈范围；二是了解商圈的人口分布状况及生活结构；三是在此基础上进行经济效益的预测。如计划开超市，根据周边居民的人口规模、收入水平和竞争对手情况等指标，就可以基本计算出该店可能达到的营业额。

2. 商圈的构成及顾客来源

商圈由核心商圈、次级商圈和边缘商圈(又称辐射商圈)组成。核心商圈的辐射半径在1公里左右。包括这一商店顾客总数的55%～70%。该商圈的顾客在人口中占的密度最高，消费的客单价也最高，而且与其他商店的商圈很少发生重叠。

次级商圈内包含了商店顾客总数的15%～25%。其辐射的半径在3～4公里，对一般的日用消费品来讲，很少能辐射到该商圈的人口，关键是取决于经营状态。

边缘商圈辐射的半径在7公里范围。一般情况下只有大型百货商场、专业店才具备这样的辐射能力。如图4-14所示。

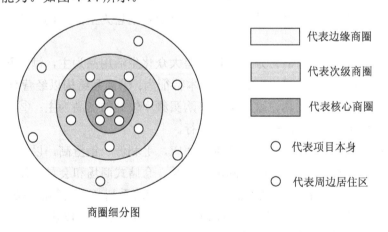

商圈细分图

图4-14 商圈细分图

真正的商圈不是绝对的同心圆模式，其规模和形状是由各种各样的因素决定的。包括经营业态、商店规模、竞争者的位置、交通条件等许多因素。在商圈概念上有一个著名的海滩原理：即在一条海滩上做冷饮生意的两家商贩，一开始其各自的商圈范围是均衡的，由于竞争因素导致他们集中在一起，共同吸引顾客，如图4-15所示。

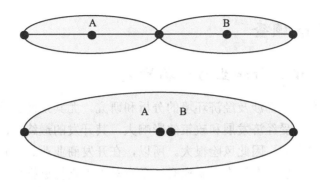

图 4-15 海滩原理

3. 商圈的设定

商圈的设定是一项非常复杂的工作，在决定经营什么业态的基础上，不仅要对周边竞争者状况进行调查和分析，基本确定其商圈范围，而且要分析业态需求的顾客群，因为每一顾客群都有特定的消费特征。因为，一方面只有经营的商品符合其需求才能吸引潜在顾客购物，商圈的规模和辐射范围才能扩大。另一方面，撇开顾客自身的不同，商圈规模的大小与商品购买频率成反比。如顾客购买生鲜等日用消费品频率高，但是接受的购物距离短；而对服装、家具、电器等耐用消费品接受的购物距离长，但是其购买频率又非常低。所以，必须结合业态的规划来确定基本的商圈范围。

根据业态规划，在商圈的构成基础上，对商圈进行设定，特别要针对拟吸引顾客群的生活结构对未来的经营销售额进行匡算，结合商店的实际情况，预计要达到的盈亏平衡点或目标销售额。

4. 确定商圈的方法

商圈分析的方法有许多种，如零售吸引力法则(又称里利法则)、商业饱和理论、康维斯"新零售引力法则"和哈夫的"概率模型"等。

零售吸引力法则从确定商圈人口和距离两个变量进行分析，商圈规模的大小由人口的多少和距离商店的远近决定，商店的吸引力由最临近商圈的人口和里程距离共同发挥作用。

商业饱和理论通过计算零售商业市场饱和系数，测定特定商圈内某类商品销售的饱和系数程度，通过其计算该区域内同行业是过多还是不足。

康维斯"新零售引力法则"与里利法则的不同在于，前者表示在一个城市中间地带两个商业区或商店的竞争关系，后者表示在相互间有明确竞争关系的两个城市间其商业经营的比率关系。

二、商业业态调查

(一)经济环境分析和生活结构研究

开发任何一个项目都涉及经济环境的分析和研究,尤其是商业业态项目,由于其开发周期长、投资大,受经济发展和政策的影响大,其开发的最终目的是通过出租经营或者销售来实现开发利润,因此风险很大。所以,在开发商业业态项目时,对经济环境进行研究就显得十分重要。在调查和研究时应重点对以下指标进行调查和分析:①总人口及地区人口结构、职业构成、家庭户数构成、收入水平、消费水平等;②GDP发展状况及产业结构情况。③全社会消费品零售总额;④全市商业增加值;⑤城乡居民的人均可支配收入;⑥城乡居民储蓄存款余额。

通过对统计局和城调队定期公布的数据进行连续 3~5 年的分析,基本可以反映出一个城市经济发展的总水平。有些资料可以通过统计年鉴和政府工作报告获得。

(二)区域城市结构调查与城市发展规划调查

所在区域城市结构对商业业态的开发有重要意义,在传统商业区不论是同业态聚集经营,还是不同业态的错位互补都可能存在市场商机;在城市中该区域的位置若在行政、经济、文化等人口活动密集的地方,则城市的机能易于发挥出来,由于人流集中自然能形成商业的经营氛围。其中还包括以下指标:①公共设施状况;②交通体系状况;③道路状况、通行量;④城市性质与功能特点;⑤各项城市的机能;⑥城市规划。

通过对区域内实际生活空间,包括中心地带及周围区域城市结构机能的调查,了解该区域内设施、交通、地势条件、活动空间等环境现状以及将来的发展规划。例如,交通网的开发计划,交通网密布的地方往往是人口容易集中或流量特别大的地方,所以在调查时对于交通路线及来往车辆、班次、载客量等均作为调查的要素;城市发展规划对商业将来的发展非常关键,诸如大型社区发展计划以及商业区建设计划将直接对项目规划以及未来经营产生重要影响。

以上调查必须通过专业的市场调查公司实地调查了解,由于反映问题的角度不同,一般的调查人员很难完成以上工作,调查必须有目的性,如果不知道目的是为什么,这样得到的调查数据和资料的参考价值将大打折扣。

(三)商业发展规划和政策研究

每一个城市都有城市发展规划,商业布局及其规划也是城市机能完善的标志,十多年以来,我国的第三产业特别是零售服务业的发展有目共睹,尤其是上世纪末百货商场大量倒闭、超市业态迅猛发展和外资零售商业的"入侵",既加快了零售业的整体发展,也出现大型商业设施重复建设、资源浪费和过度竞争等现象,对国内零售商业的发展提出了新的挑战,一些大中城市行业管理部门开始加强商业网点整体规划和布局工作。

【案例4-2】

北京市商业网点规划

北京市商业委员会关于商业网点的规划不仅考虑目前商业布局特点，而且结合城市发展对限制地区的限制项目都有明确的规定：特别鼓励在四环路周边发展大型专业市场、批发市场和新型零售业为主的商业圈；新发展的居住区，10～15万人要规划建设一个地区级商业中心；地区级商业中心1公里以外的居民区，原则上居住人口1～3万应有一个综合性的社区商业中心。这些都是结合城市发展实际情况提出的具体建设性要求。

(四)区域零售业结构的市场调查与分析

如果说前面所要调查的内容主要是宏观经济形势、政策等方面的研究，那么区域零售业结构则是区域零售业的实际情况调查，即通常意义上的商业普查。它不仅反映区域内零售业经济活动的指标和商业特征，而且其综合反映的各项指标和内容为项目的市场定位、业态设计、经济效益预测提供定性的参考分析：①地区间的销售动向；②业种间的销售动向；③商业地区间的竞争状况；④大型主力店的动向。

以上内容的取得必须通过商业普查，对区域内经营商户从经营内容、商铺面积、租金、员工数量、营业额、经营状况、存在问题、发展和经营动向等进行调查，通过反映的一般性问题，分析得出普遍性的结论。

(五)典型性调查与研究

对大型商业区进行市场定位和商业功能建议，在初步的市场定位和业态规划基础上，除通过哈夫模型和损益计划等经济效益分析方法进行预测和评估以外，对城市所在地同类型业态收益状况进行调查和了解也非常关键。对大型商业区的规划，可以选择本区域百货商场、超市、专业市场、餐饮、娱乐等主要从规模、提供的产品或服务、客流量、交通来源等几个方面来分析现状及结构特点，以便作竞争分析，对以上典型业态要分析每种设计业态的收益状况。

(六)未来商业地产的供应量分析

在前期调查中，首先应考虑区域的规划情况，了解其规划的规模、开发的时间等。商业地产的供应量是一个非常重要的因素，它直接决定未来的商业做多大，做什么。

【案例4-3】

居住区人口规模与商业业态

在《城市居住区规划设计规范》中，明确规定了居住区人口规模和商业配套的面积，对公共服务设施的控制指标，即每千人商业服务建筑面积为700～910平方米；社区服务每千人指标为59～464平方米；金融邮电每千人指标为60～80平方米，以上合计819～1454平方米。根据具体项目的不同，规划部门对商业面积的开发要求以及建筑形式的要求不同；对于开发商来讲，在具体开发中，应根据实际情况，选择好开发时间。开发太早，会由于居住人口规模没有达到基本需求，导致消费需求不足，租赁经营不理想；开发太晚，则不能很好满足居民的生活需求，且会损失商业机会。如有的小区，由于一开始没有发现商业价值，商业开发比较晚，所以当大量的人口入住后形成巨大的市场需求，入住的居民也发现商业价值，许多买了一层住宅的居民，将房屋纷纷租赁给装修、美容美发的商户。

所以，必须在具体运营项目的时候，对周边商业规划以及居住区商业配套、开发的时间进行调查和分析；对已经开发的居住区商业配套情况、业态构成进行综合分析。现在商业业态的开发已经完全市场化运作，开发的目的不仅要实现市场价值最大化，而且要实现社会效应最大化。

(七)消费者消费行为的调查与研究

消费者的消费行为研究又称生活结构研究。对其调查和研究的目的主要是收集该地区内消费者生活形态的资料，即针对消费者生活的特性，从人口结构、家庭户数构成、收入水平、消费水平、购买行为以及选择的交通出行方式等方面对消费者消费行为进行定量和定性研究。

1. 人口结构

人口结构主要依据年龄、性别、教育程度、职业分布等进行分类整理，以便深入分析。除对目前的人口结构调查外，对过去人口集聚、膨胀的速度以及将来人口结构的变迁进行预测。如在区域内规划建设高校，人口增加速度和人口结构变化将非常快，将直接影响整个区域的消费行为，而且对业态的设计产生重大影响。

2. 家庭户数构成

家庭户数构成是人口结构的基本资料之一，可依据家庭户数变动的情形及家庭人数、成员状况、人员变化趋势进行了解，进而可以由人员构成比率，洞悉城市化发展与生活形态变化。如这几年北京市通州区许多项目吸纳了大量的城市搬迁户和 CBD 的小白领，在短短时间内扩大了人口规模，而且家庭结构和户数完全不一样。城市的搬迁户以 3~5 人老中少三代同堂的家庭为主，而 CBD 的小白领以 2 人家庭模式居多。

3. 收入水平

根据收入水平确定消费可能性、消费能力以及目前消费处于什么样的状况。例如个人年收入 2 万元的消费者和年收入 5 万元的消费者相比，他们在选择购买服装的场所时是完全不同的。前者的选择以市场为主，而后者的选择地点主要是专卖店和百货商场。

4. 消费水平

消费水平是地区内消费活动的直接指标，对零售业来说是最重要的衡量指标。据此可以了解每一个家庭的消费情形,并针对消费内容依据商品类别划分,这样可以计算出商圈内的消费购买力概况。

5. 购买行为

分析购买行为主要的目的有二:一是可以了解消费者经常在哪里消费以及消费的主要商品和服务;二是知悉选择商品和服务的标准,以便对该地区的消费意识作深入探讨。

6. 交通和出行方式

随着汽车越来越多地进入家庭,人们交通方式发生变化,由此导致了消费者购物习惯以及选择消费内容的变化。在消费者的消费空间和尺度上,对不同业态、业种的需求,在路上花费的时间都有心理尺度,如对家庭日用消费品的需求主要就近完成,在路上的时间要求在15分钟以内;而购买服装、家具电器等商品选择去大商场和购物中心,花费的时间可以比较长,而交通出行方式改变了消费的时间和空间,以前步行或骑自行车需要半小时,由于汽车进入家庭也许只需要10分钟。所以,对区域内消费者选择何种交通工具的研究非常重要。

(八)立地条件研究

立地力是指拟规划商业周围的环境和自身因素对商业经营的影响。所谓"一步三市",立地差之毫厘,会导致业绩失之千里。

一个商店的立地力,首先和其周边环境密切相关,主要包括门前道路的类别、顾客来店的方便度、邻居的类别等。

1. 道路类别

道路类别是立地力的第一要素,它直接影响消费行为。道路依用途可分为交通枢纽、连接通道、交通干道、商业干道。对商业选址来说,商业干道是最好的道路类别,其次就是靠近商业区的交通干道。

2. 顾客是否容易达到商业区

除了道路类别以外,还要考虑道路是否有障碍物,比如交通栏隔等。

3. 周边环境和目前的商业设施

同业经营虽然会使新店面临强大的竞争,但也能形成集合效应,带来单一消费人流;业态的错位经营或者互补性也很关键,周边的其他市场就具备业态的交叉性,有利于共同聚集人气。

4. 商业建筑的能见度情况

商业建筑能否容易找到,即商业的能见度也是一个非常关键的要素,尤其是大型商业建筑。因为商业的根本目的是吸引顾客来消费,如果商业建筑不容易被找到或能见度差，就会影响到以后的经营。

如图 4-16 所示，(a)为商业建筑沿平直街道布置，一面临街，能见度较低；(b)为商业建筑在街道拐弯处设置，能见度外圈大于内圈；图(c)为商业建筑在"T"形道路交汇的路边处，能见度也相对较高；(d)为商业建筑在十字路口处，能见度极高(应注意对城市交通的影响)；(e)为商业建筑在商业街口两端，有较高的能见度；(f)为商业建筑在公共广场的迎面处，能见度颇高。

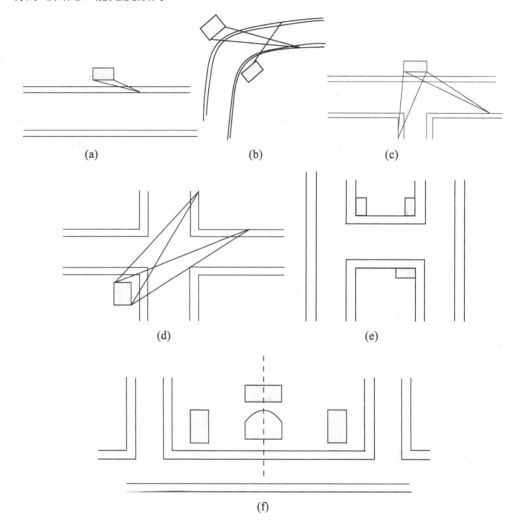

图 4-16 6 种商业建筑分布图

三、旅游商业业态调查

(一)交通条件

交通条件是影响店铺选择开设地点的一个重要因素，它决定了企业经营的顺利开展和顾客购买行为的顺利实现。

从企业经营角度来看，对交通条件的评估主要有以下两个方面。

(1) 在开设地点或附近是否有足够的停车场所可以利用。外国绝大多数购物中心设计的停车场所与售货场所的一般比率为 4∶1。如果不是购物中心地点，对停车场所的要求可以降低，店铺可以根据自己的要求作出决策。

(2) 商品运至商店是否容易。这就要考虑可供商店利用的运输动脉能否适应货运量的要求，并便于装卸，否则货运费用明显上升，会直接影响到商店的经济效益。另外，商店提供售后服务时，需要送货上门，如果交通不便，直接影响商店的竞争力。

为方便顾客购买，促进购买行为的顺利实现，对交通条件要做如下具体分析。

设在边沿区商业中心的商店，要分析与车站、码头的距离和方向。一般，距离越近，客流较多，购买越方便。开设地点还要考虑客流来去方向，如选在面向车站、码头的位置，以下车、船的客流为主，选在邻近市场公共车站位置的，则以上车的客流为主。

设在市内公共汽车站附近的商店，要分析车站的性质，客流量，是中途站还是终点站，是主要车站还是一般车站。一般来说，主要停车站客流量大，商店可以吸引的潜在顾客较多。

要分析交通管理状况引起的有利与不利条件。如单行街道、禁止车辆通行街道，及与人行横道距离较远都会造成客流量在一定程度上减少。

(二) 分析客流规律

客流量大小是一个店铺成功与否的关键因素。客流包括现有客流和潜在客流，商店选择开设地点总是力图处在客流最多，最集中的地点，以使多数人就近购买商品，但客流规模大，并不一定带来商店的兴隆，应作具体分析。

1. 分析客流类型

一般商店客流分为三种类型。

(1) 自身客流。这是指那些专门为购买某种商品而来店购买的顾客形成的客流，这是商店客流的基础，是商店销售收入的主要来源。因此，新设商店选址时，应着眼评估本身客流的大小规模及发展趋势。

(2) 分享客流。这是指一家商店从邻近商店形成的客流中获得客流，这种客流往往产生于经营相互补充类商品的商店之间，或大商店与小商店之间。如经营某类商品补充商品的商店，在顾客购买了主商品之后，就会附带到邻近补充商品商店购买相应的补充商品，以实现完整消费；又如邻近大型商店的小商店，会吸引一部分专程到大商店购物的顾客，顺便到毗邻的小商店来。不少小商店依大店而设，就是利用这种分享客流。

(3) 派生客流。这是指那些顺路进店购物顾客所形成的客流，这些顾客并非专门来店购物。在一些旅游点、交通枢纽、公共场所附近设立商店主要利用的就是派生客流。

2. 分析客流目的、流速和滞留时间

不同地区的客流规模虽有可能相同，但其目的、流速、滞留时间会有所不同，要做具体分析，再作出最佳选择。如在一些公共场所、车辆通行干道，客流规模很大，也会顺便或临时购买一些商品，但客流的主要目的不是为了购物，同时客流速度快，滞留时间短。

3. 分析街道两侧的客流规模

同样一条街道，两侧的客流规模在很多的情况下，由于交通条件、光照条件、公共场所设施的影响，存在很大差异。另外，人们骑车、步行或驾驶汽车均靠右行，往往习惯光顾行驶方向一侧的商店。鉴于此，开设地点应尽可能选择在客流较多的街道一侧。

4. 分析街道特点

选择商店的开设地点还要分析街道特点与客流规模之间的关系。交叉路口客流集中，可见度高，是最佳的开设地点；有些街道由于两端的交通条件不同或基础文化娱乐设施不同或通向的地区不同，客流主要集中在街道的一端，表现为一端客流最多，纵深处逐渐减少的特征，这时候店址宜选在客流集中的一端；还有些街道，中间地段客流规模大于两端，相应的，店址选择在街道中间就能更多地得到客流。

(三) 分析竞争对手

商店的竞争情况对店铺经营的成败产生巨大影响，在商店选择开设地点时，必须要分析竞争对手。一般来说，开设地点附近如果竞争对手众多，且商品结构、服务水准等相类似，则新店很难获得巨大成功，但若新店经营独具特色，竞争力强，也能吸引大量客流，促进销售，提升店誉。

当然，店铺的选址地点还是应尽量选择在商店相对集中且有发展潜力的地方，对经营选购性商品的商店尤其如此。

另外，当店址周围的商店类型，协调并存，形成相关商店群，往往对经营产生积极影响，如经营相互补充类商品的商店相邻而设，在方便顾客的基础上，扩大了自己的销售。集中在一起的商店群相互间既存在竞争，又有着合作，应善于权衡把握这种关系。

(四) 分析开设位置的物质特征

一个地理位置的物质特征决定商店建筑的类型。物质特征包括开设位置周围建筑环境、停车场、能见度、顾客进出的方便性以及地形的特点等因素。

1. 建筑环境

新建商店要与周围的建筑环境相融合，不同的环境要求不同的建筑风格，从而影响开设成本等一系列问题。比如，在豪华建筑群中，仓库或裸墙商店难以存在。

2. 停车场

停车场的数量、面积及方便性也是位置物质特征的一个重要方面，大多数购物中心提供充分的免费停车场。而在商业中心地区，停车场是一个主要问题。因为商业中心地区商家云集，地面空间狭小，难于开辟空地建成停车场，有的商店腾出一小块地作为停车场，但由于地价昂贵，便要收取停车场地费。不过地下停车场及立体式停车场的建立有可能缓解这一矛盾。

3. 能见度和顾客进出的方便性

一片空白而平坦的地方有好的能见度和易接近性，但是这样的地点对于开发和发展却是不利的。零售商必须在此开发道路、商店、停车场，甚至提供运输交通工具，其投资规模和成本很大。如果在一个有效的地点，且已有建筑物，零售商必须考虑现有的建筑物能否被改造和利用或者需要全部或部分地拆毁。

另外，若一个潜在的开设地点位于购物中心末端而只有狭小部分临街，或者位于街道一侧只有狭小的一部分，其能见度远远低于位于购物中心入口处或主要街道。虽然有时候可以通过设立一个大的、清晰可见的标志指引顾客但还是会丢失一些顾客。

4. 地形特点

通常十字路口的易接近性高。那里拥有较大的客流量。许多零售商也愿意支付较高的租金以获得这样的位置。路口拐角处同时也提供较大的橱窗陈列机会，并可多设出入口，增强了能见度与易接近性。但是，有立交桥或将要建立公路立交桥的路口不是好的地点，交通管理的障碍影响着顾客的可接近性。

(五) 分析城市规划

在选择商店开设地点时，要考虑城市建设规划，既包括短期规划，又包括长期规划，有的地点从当前分析是最佳位置，但是随着城市的改造和发展，将会出现新的变化而不适合开店。反之，有些地点从当前来看，不是理想的地点，但从规划前景看，会成为有发展前景的新商业中心区。因此，零售经营者必须从长远考虑，在了解地区内的交通、街道、市政、绿化、公共设施、住宅及其他建设或其他建设项目规划的前提下，做出最佳地点的选择。

(六) 评估未来商店的效益

评估未来商店的效益，主要包括平均每天经过的人数、来店光顾的人数比例、光顾的顾客中购物者的比例、每笔交易的平均购买量等。

(七) 做出选址决策

做出选址决策，要综合考虑上述各方面的评价，做出科学、理智的决策。

复习自测题

(1) 在旅游市场研究中,如何研究游客的行为规律?游客行为是如何根据市场变化的?

(2) 影响游客行为的因素很多,比如对游客心理的研究就是其中很重要的一个方面,你还有什么好的方法来研究游客的行为?

(3) 如何进行旅游商业业态的调查?商业业态调查对旅游项目的策划规划将产生什么影响?

(4) 如何研究竞争者?如何对竞争者的产品、市场、营销进行定性定量研究?

第五章　旅游项目的定位报告

【本章导读】

　　旅游项目的定位，就是确定旅游项目在产品形象、客源市场、产品特色等方面所处的地位。其中，最为重要的包括形象定位、市场定位、产品特色定位、竞争定位等若干方面。在这些定位过程中，市场导向和资源基础始终是合理定位所要依据的出发点，而其他一些因素，例如政策法规、技术支撑等则从侧面影响着项目定位的可行性。

　　本章对旅游项目定位的各个方面进行了描述，并对定位的影响因素和操作方法进行了分析。对案例的探讨也将有助于对定位的理解和对定位操作手段的把握。

【关键词】

　　旅游产品特色定位(character positioning of tourism products)
　　形象定位(image positioning)
　　市场定位(market positioning)
　　竞争定位(competition positioning)

旅游项目的不同类型定位其侧重点不同。形象定位以向旅游者传递项目中独特和美好的信息体验，力图使被定位的对象攀升到已存在于旅游者心目中的形象阶梯为直接目的。市场定位的主要目的则是确定项目的目标市场群。旅游产品特色定位也可以称之为旅游主题定位，它是策划者和规划者在综合考虑旅游系统各项要素的基础上，计划向市场推出的产品主题和特色。竞争定位则是在竞争环境下对旅游产品竞争要素的安排和设置。这些不同的定位从不同方面完整描述了策划的旅游项目相比较其他旅游项目所具有的特色和差异性，它是旅游项目内容策划的依据，统领着旅游项目内容设置和策划的方向。

第一节　项目的形象定位与市场定位

旅游项目的市场定位就是确定旅游项目的目标市场群，对客源市场进行细分，开发出适应旅游市场需求的旅游产品，以便有针对性地进行营销。旅游项目的市场定位直接影响到旅游产品特色定位，而旅游产品特色定位又是旅游目的地形象定位的基础。

旅游项目的市场定位目标十分明确，它的目标就是针对游客的需求，弄清游客的需求是市场定位的前提，市场的调查与分析又是搞清楚游客需求的基础。因此，旅游项目的市场定位是否准确是旅游项目开发成功与否的关键。

一、形象定位

里特和特劳特提出，定位理论的核心思想是"去操纵已存心中的东西，重新联结已有的联系"(李蕾蕾，1999)。这句话道出了项目形象定位和策划的本质。那就是要对旅游项目在旅游者心目中的认识进行细致分析，了解旅游者对项目的感受。然后，根据旅游者的内心认识，对项目形象进行保留强化或者是改良重造。其实，旅游者心目中往往存在有某类旅游产品的形象阶梯，如一提起山水风光，游客心目中浮现出来的往往是桂林、九寨沟、长江三峡等几个有限的旅游目的地，游客对这些目的地的排序就构成了相应的形象阶梯。而旅游产品或旅游项目形象定位的直接目的就是向旅游者传递旅游项目中独特和美好的信息体验，力图使被定位的对象攀升到已存在于旅游者心目中的形象阶梯，从而被旅游者认知并产生吸引力。

1. 形象定位的影响因素

旅游者形象认知的影响因素是多维度的，涉及地理学、心理学、市场学、广告学、大众传播学和社会学等诸多领域。而这些影响因素的综合表现往往通过旅游者市场对产品的购买和消费行为表现出来。因此，作为形象定位的基础工作，就是对市场主体——旅游者的分析。需要指出的是，在我国很多旅游形象定位的设计中，往往将市场或旅游者当作是一个均质的集合体，认为所有市场成员对同一项目都大致具有相同的感受和偏好，因此最后设计出的形象比较单一。而事实上，市场营销学的理论和实践都已经告诉我们，市场是需要细分的，任何一种产品和形象都无法吸引所有旅游者。这就要求策划者识别主要的客源市场，主要客源市场是两个或更多的话，那么就应该针对不同的市场设计不同的形象。世界旅游组织在为四川省所做的旅游发展总体规划中，基于西方人的视角，对川西的自然生态十分看重，将四川定位为自然生态旅游目的地。但是这样的认识却引起了很多四川本地专家的反对，认为这样的定位忽略了四川厚重的文化积淀。从这个争论中，就可以看出，双方都代表了一定的市场集合，而他们的认识是有差异的。对欧美国家游客来说，蜀文化过于精深，难以把握，短期内难以形成实质的吸引力，要了解中国文化的更好旅游目的地是北京、西安等地，而川西壮美的自然风光对欧美游客的吸引力要大于难懂的蜀文化，将四川定位为自然生态旅游目的地应该是比较准确的。但从国内游客的角度出发，峨眉山、乐山大佛、都江堰、青城山、三星堆、金沙遗址等地都是耳熟能详的知名旅游目的地，其人文文化拥有很强的号召力。因此，如果四川的主要客源市场包含了上述两种市场群体的话，那么分别进行形象定位是适宜的。其实，市场群体还远不止这两个，我们不能忽略市场本身的不均匀性。可以预测，以后用一句话来对旅游目的地进行形象定位的做法由于太粗糙不具科学性将越来越不受到重视。

【案例 5-1】

20 世纪 90 年代的香港形象

香港每年要花费巨资进行市场方面的调查，讲究根据市场的变化宣传香港不同的形象。20 世纪 90 年代，香港在台湾宣传香港大都会的魅力，在日本强调香港豪华消费享受价格比日本便宜，在澳洲和新西兰介绍香港是一个多彩的亚洲旅游胜地，在北美和欧洲突出香港的神秘东方色彩和现代化国际化面貌(陈传康、吴承照，1995)。

除了市场之外，旅游地的地脉和文脉分析也是形象定位的主要依据。这些分析的重要作用就是通过规划区域的地理环境和历史文化挖掘出旅游项目或旅游产品的独特性，从而和其他竞争者区分开来。有关详细内容将在本章第三节中予以详细介绍。

2. 形象定位的方法

李蕾蕾(1995)指出，定位的重点不在于产品或企业本身，不是去发明或发现什么了不起的事物，而是通过定位促使商品进入潜在消费者心目中。关于具体的形象定位方法，李蕾蕾(1995，1999)、钱炜(1997)等提出了以下几种策略。

(1) 领先定位。适用于独一无二或无法替代的旅游资源，如埃及的金字塔、中国的长城等，它们都具有世界范围内独一无二的地位。

(2) 比附定位。并不去占据原有形象阶梯的最高阶，而情愿屈居其次，如"塞上江南"(银川)、"东方阿尔卑斯"(四姑娘山)、"东方威尼斯"(苏州)、"东方夏威夷"(三亚)等。

(3) 逆向定位。强调并宣传定位对象是消费者心中第一位形象的对立面和相反面，同时开辟一个新的易于接受的心理形象阶梯。如野生动物园宣称是传统圈养动物园的对立面，而很快获得旅游者的认可。

(4) 空隙定位。比附定位及逆向定位都与原有形象阶梯存在关联，而空隙定位全然开辟一个新的形象阶梯，从新角度出发进行立意，创造鲜明的形象。与有形商品定位比较，旅游点的形象更适于采用空隙定位。

(5) 重新定位。严格意义上来说，重新定位不能算是一种定位方法，而只是原旅游景点应当采取的再定位策略。尤其是处于生命周期衰退期中的景点，通常采取重新定位方法可以促使新形象替换旧形象，从而占据一个有利的心灵位置。

3. 形象定位与口号

形象定位往往最终以主题口号方式来进行表达。根据地方性研究和市场受众的调查结果，归纳出旅游项目、旅游产品或旅游地的形象定位构思，并由此总结出言简意赅的主题口号。主题口号应该具备以下几种特征的一种或几种。

能够充分反映旅游项目、旅游产品或是旅游地的特征，尤其是其独特性的表达。例如香港回归祖国大陆后，提出了一个"We are Hongkong"(我们是香港)的口号。这个口号表面上与旅游无关，但从深层次上表达出了香港已不是作为殖民地的香港，虽然回归祖国，但又和内地不同，集中表达出了香港的独特性。

能够体现出旅游特征，而非政治宣传或招商口号。这方面的典型例子如泰国的旅游形象口号是"Thailand—Tourism Heaven of Far East"(泰国：远东旅游天堂)，旅游特性表露无遗。

能够具有广告效果。广告效应是形象口号的重要功能，虽然形象口号不完全是广告，但它却需要用简短的话语或词组来打动旅游者，这往往要借鉴广告艺术。因此，很多主题形象口号类似于广告词一般，很多地方在做形象宣传广告时，往往也直接借用形象主题口号。例如银川在中央电视台的形象广告就是"塞上江南"；成都在城市宣传的时候也经常使用张艺谋制作的成都形象宣传片的终结语——"成都，一座来了就不想离开的城市"。

能够反映出旅游需求的热点和趋势。形象定位是指向游客的，因此口号通常也要以旅游需求为出发点，要对游客有吸引力。例如，四川三江生态旅游区在2003年"非典"后确定形象口号为"生态三江，享受健康"，其目的就是借大众因"非典"而引发的对健康的重视来招徕游客。

二、市场规模定位

市场规模定位就是对未来一段时间内项目所可能吸引到的市场总量作出相应的预测。换句话说，市场规模定位就是对未来的可能消费人群进行评估。它是指向未来的，因而也就充满了很多不确定因素。

市场规模定位的基础是对客源市场变化趋势及其影响因素进行准确的分析。具体的分析方法在第二章中已做过介绍。在这里需要指出的是，由于很多地方的旅游长期处于自发和无组织状态，政府对游客统计也缺乏应有的重视，旅游统计时序较短且数量齐全程度不高。从而对很多定量预测方法的使用有所限制。实际上，在相当多的规划或策划中，市场规模的预测是经验判断的产物。规划或策划人员往往借助于以往的趋势或是GDP等市场相关因素变化趋势来对可能的市场增长率作出预测，从而确定未来的市场规模。这对于老的旅游区或旅游项目来说尚有章可循，而新的旅游地或项目则在很大程度上依赖于规划和策划人员自身的素质和经验了。

【案例 5-2】

长沙"世界之窗"的客源规模估算(许春晓，2002)

长沙"世界之窗"于 1997 年 10 月 16 日正式开园。起初二个多月内创造了接待旅游者 65 万余人次的记录；1998 年旅游者总人次达到 120 万人次，并开始形成明显的省外旅游客源市场。1999 年国庆期间入园游客 10 万人次，日游客量突破 5 万人次；2000 年"五一"黄金周再创游客高峰纪录。并且从 2000 年开始，基本维持在旅游者总数 65 万人次的水平上，在一定程度上表明景区已经进入成熟期。

许春晓等在对客源规模进行估算前，收集了大量的客源市场调查数据和景区的统计数据。对估算中几个关键参数的确定方法如下。

(1) 客源基数和收入总量完全根据统计数据来确定。

(2) 客源第一增长率确定：根据在全省和邻近省份的客源市场调查信息，长沙"世界之窗"拥有巨大的潜在客源市场，在为其设计旅游产品开发的基础上，完全可以形成轰动效应，实现对于过去"黄金时期"的恢复性增长，第一增长率可以达到 55%~65%。同时，从旅游者在园内消费的水平和调查获得的一次性消费可以接受的消费水平看，考虑到新开发的旅游产品的消费需求，估计旅游者的支出性开支可以增长 20%，长沙"世界之窗"从每位旅游消费者中获得的旅游收入平均可以增长 18%左右。

(3) 客源持续增长率估计：在获得"轰动效应"之后，这种恢复性的后劲不会太足，增长率会立即下降，从第二年开始，增长率估计只能保持在 9%~10%，第三年为 3%~5%，第四年为 1%~2%，并且到第四年必须有一个全新的大型旅游项目产生，否则增长率会为负。消费水平的估计也与旅游产品开发有关，当新的旅游产品未大规模面市之时，旅游者的消费增长率同时下降，并且很快为负。在调查过程中，外地旅游者期望在长沙"世界之窗"过夜，这种愿望一旦满足，可能会增加收入，但是在现有的经营模式下，这种增长幅度不大。

根据客源市场数据分析、客源规模增长水平估计，以 2001 年的 65.43 万人次为计算基数，计算出旅游者的年度分布情况如下。

高增长方案：2002 年为 107.96 万人次，2003 年为 118.76 万人次，2004 年为 124.7 万人次，2005 年为 127.2 万人次。

低增长方案：2002 年为 101.42 万人次，2003 年为 110.55 万人次，2004 年为 113.87 万人次，2005 年为 115.01 万人次。

对市场规模的定位除了考虑客源市场及其相关要素的变化趋势外，还有其他一些因素要加以考虑。这些因素包括旅游吸引物本身的吸引力评估、环境及设施的吸引力等。它们都从不同方面对可能的市场规模产生重要影响。因此，旅游市场规模的定位实际上也是一项综合工程，考虑的要件越多、越全面，定位也就越合理。

三、目标市场定位

目标客源市场的定位，指旅游产品的供方将产品指向什么样的目标市场，并针对目标市场确定相应的营销策略(杨振之，2002)。目标市场的定位要以市场细分作为基础。

一般而言，目标客源市场的定位，有以下四种类型。

1) 无差别市场定位

指在旅游产品的策划和营销中，不对市场进行细分，将市场作为一个整体，采取无差别市场策略进行营销。这一方法只强调共性，在当今游客个性化需求不断增加和市场竞争越发激烈的背景下，此方法的局限性越来越大，在实践中运用极少。

2) 广泛性市场定位

供方已对市场进行了细分，但其策略是指向所有的目标市场，并针对每一个细分市场进行相应的营销组合，其市场营销缺乏针对性。由于每个细分市场都成为目标市场，其结果与无差别市场没有多大区别。

3) 选择性市场定位

将客源市场划分为若干细分市场，供方只选择其中一部分细分市场作为自己的营销目标。选择性市场就是有差别的市场，它会针对细分市场的不同需求采取相应的营销策略，销售"适销对路"的产品。这样，旅游产品的个性将更加鲜明。

4) 单一性市场定位

供方将目标市场确定为一个特定的市场。其优点是指向明确、市场集中；缺点则是旅游产品单一，虽有特色但不能形成组合优势，市场风险大。但实践中，若针对单一市场采取了行之有效的营销策略，仍是可行的。

总体来说，无差别市场定位和广泛性市场定位已经越来越不符合当今旅游的发展趋势，它们的适用范围在不断缩小。而选择性市场定位和单一性市场定位因指向明确、可以发展出有针对性的营销策略而在实践中受到重视。尤其是选择性目标市场定位，已成为目前旅游策划和规划使用最为普遍的一种市场定位方法。

选择合适的细分市场通常要考虑以下几个因素：①各细分市场的大小、增长率、变化趋势和竞争态势；②各细分市场的进入门槛和收益状况；③各细分市场间的相互联系和竞争；④旅游吸引物的特色、规模和等级；⑤目标吸引物及其他吸引物之间的空间联系和空间竞争等。

综合考虑以上因素，才能够选择出产品和项目应该指向的具体细分市场。

【案例 5-3】

四川阆中古城旅游市场细分及产品匹配(杨振之，2005)

四川阆中古城是中国历史文化名城，中国传统风水文化城市的典范，以古城、民居院落、三国文化、宗教文化等为代表的悠久历史和以锦屏山、盘龙山、金沙湖、嘉陵江等为代表的美丽风光交相辉映。总体上，阆中以观光为主要产品，同时，应当加强对旅游项目的投入，针对不同年龄、不同层次的游客增加不同的旅游内容，从而延长滞留时间，增加旅游收入。其具体的市场细分和产品匹配情况见表5-1。

表5-1 阆中古城旅游细分市场与产品匹配关系(据杨振之，2005)

细分市场	产品匹配
观光市场	阆家欢、锦绣阆中、阆苑仙境 古城自然观光景点：锦屏山、盘龙山、金沙湖 古城文化观光景点：张飞庙、巴巴寺、贡院、学署、道台衙门、武庙、大佛寺、天宫院、滕王阁、巴渝舞和皮影戏等表演
休闲度假市场	亲亲阆家、康乐阆中、民居院落、五星级园林酒店、滨江啤酒长廊、阆中文化广场、巴渝舞和皮影戏等表演
专门兴趣市场	探险、摄影、远足、科考、修学、商务、文学、古建筑、民居、风水星象
驴友	酷爱古城旅游的年轻人、背包族
会议市场	精英荟萃、阆中红、五星级园林酒店、滨江啤酒长廊、阆中文化广场、桃源山庄

【案例5-4】

首届青海湖沙岛国际沙雕艺术节总体方案
——"形象定位"

(成都来也旅游策划管理有限责任公司)

一、形象定位

(1) 人类大行动——保护中华对角羚。
(2) 沙之舞——安多藏族艺术奇观。

二、形象定位分析

(1) 本届沙雕节以"人类大行动——保护中华对角羚"为主题，是国际上第一个以宣传保护濒危动物为形象定位的沙雕节。

中华对角羚(又名"普氏原羚")是我国特产动物，曾广泛分布于青海、内蒙古、新疆、甘肃、宁夏等地，一般栖息在海拔3400米以下比较平坦的半荒漠草原地带。由于近年来自然环境变化，种群数量减少，生存环境恶化和人为猎杀，中华对角羚这一珍贵的物种危在旦夕，目前全世界仅存约300只。调查发现，中华对角羚现只在青海湖边出没，它们分布在沙岛周边几十公里的湖东、鸟岛和元者3个区域内，范围十分狭小。专家指出，中华对角羚已经成为比大熊猫还珍贵的濒危物种。

在动物保护史上，一种哺乳动物的灭亡是重大事件。一个物种折射了一个特殊的基因库经过千百万年的自然选择和生存竞争的过程。这个物种所携带的基因反映了它适应自然变化的能力，其中可能蕴藏着对人类未来生活有所裨益的基因。如果在我们了解中华对角羚生存、遗传和进化特征之前，它便在这个星球上绝迹了，那么这座宝贵的基因库就永远地消失了，这不仅对中国，而且对整个世界都是一个莫大的遗憾。

综观国内外的沙雕节，虽然有极少数与生态旅游相结合，但目前还没有以生态保护或者保护某一濒危动物为形象定位的。以中华对角羚为对象的生态保护主题极具国际性。这次沙雕节重点树立起保护中华对角羚的形象，旨在宣传保护中华对角羚及其栖息地，引发国际国内生态保护组织及相关人士的广泛关注与参与，为改善中华对角羚的生存现状提供切实有力的资源和条件。

(2) 在国内外打造"沙之舞——安多藏族艺术奇观"的形象。

青海湖环湖地区，聚居着安多藏族。安多藏族在漫长的历史进程中形成了独特的文化传统、民俗风情、民族语言和生活方式。位于景区东部的白佛寺为格鲁安派在青海湖东最为重要的寺庙；藏族民间说唱艺术《格萨尔》在国内外都有一定的影响；壁画、唐卡及酥油花等藏传佛教艺术品对外界也有很大的吸引力；藏族服饰更是具备独特的魅力……以沙雕的形式来反映安多藏族的民俗风情是一种非常新颖、独特的艺术表达方式。"沙之舞"即用沙岛的沙来展现一幅幅安多藏族艺术的图画，向国内外游客传输"安多藏族艺术奇观"的形象。

国内外的沙雕节多是城市和现代化的主题，大多忽视了原汁原味的民族特色，各种民族风情展示与民俗活动仅仅居于次要地位以表演的形式出现，很少反应到沙雕艺术创作中，很少让游客亲身参与其中进行深度体验。民族特色是民族地区旅游发展的核心竞争力，沙岛安多藏区特有的藏族文化与沙雕相结合并以此为基础开发相关参与性项目，这使得沙雕节更具地方特色，更能突出当地形象。

三、形象定位宣传口号

(1) 保护"高原舞者"——中华对角羚。
(2) 仙境沙岛——蓝天、碧海、金沙、绿草。
(3) 圣洁沙岛，大地奇观。

第二节 旅游产品特色定位

一、产品特色定位与形象定位的关系

旅游产品特色定位是策划者和规划者在综合考虑旅游系统各项要素的基础上，计划向市场推出的主题产品和特色产品。在国内早期的旅游规划中，往往以产品定位代替形象定位，甚至不做形象定位。例如，四川省最早进行的区域性旅游发展总体规划——2000年完成的《四川凉山彝族自治州旅游发展总体规划》中将凉山的形象定位为：

中国西部民族文化、航天高科技观光与生态度假旅游目的地。

2001年进行的《四川阿坝藏族羌族自治州旅游发展总体规划》确定了阿坝的主题定位，即：

- 世界自然生态与文化遗产地观光、度假、会议最佳旅游目的地。
- 大熊猫故乡自然生态旅游目的地。
- 嘉绒藏族、羌族历史文化与民俗风情旅游目的地。
- 红军长征历史遗迹最佳旅游目的地。

可以看出，凉山规划中的形象定位实际上是产品特色的描述。而在阿坝的规划文本中，并没有对形象定位进行描述，估计也是将产品定位作为形象定位来看待。

将产品特色定位与本章第一节所谈到的形象定位相比较，就可以看出，旅游产品特色定位和形象定位之间还是有差别的。它们恰似一枚硬币的两面，产品特色定位关注策划项目的具体内容，而形象定位关注策划项目在游客心目中的形象；产品特色定位讲究实际，而形象定位要求具有艺术感染力；产品特色定位指导开发者或项目提供方的开发内容和开发方式，形象定位讲求如何通过打动人心来打动市场。可以说，二者相辅相成，分别从旅游活动和市场营销两个方面对策划进行了界定。

同时，旅游地形象定位又需要建立在产品特色定位的基础上。如果缺乏特色产品，形象就成了空中楼阁，无所依托。因此，可以这样认为，产品特色是形象定位的基石，而形象定位是产品特色的艺术表现。为了避免形象定位的空泛，杨振之(2002)提出了一种"反推"的方法(如图 5-1 所示)，即反过来看形象定位有无实际的旅游产品在作为支撑，这对旅游策划和规划的学习者来说具有很好的借鉴价值。有的旅游地形象看似空泛，但实际上却有着大量的特色产品作为支撑。如巴黎形象为"花都"，它的艺术、服饰、浪漫的都市文化赋予了这一形象丰富的表现内容；德国迁都后的柏林定位为"新欧洲之都"，表明了在欧洲和世界政治新格局下将重振过去哲学、艺术、经济、金融之都的决心。

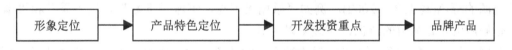

图 5-1　形象定位向产品特色定位的"反推"

二、如何定位旅游产品的特色

旅游产品是旅游系统中各种要素的综合体现。自 Gunn(1972)提出旅游功能系统模型，认为供给和需求形成了旅游的两大力量。这里的需求是指旅游市场中各项因素，而供给则包括了吸引物(资源)、交通、促销、信息和服务等诸多要素。目前对旅游系统的描述类型很多，但本质上与 Gunn 在 1972 年提出的模式相差不大，更多是术语和单个要素的归属问题。作为旅游产品来说，既要符合市场需求，又要综合体现供给系统的诸多要素。从这个意义上来讲，旅游产品特色定位系统可以按如图 5-2 所示进行表达。

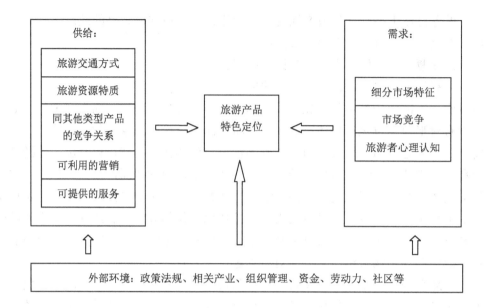

图 5-2　旅游产品特色定位系统示意图

如图 5-2 所示，它从供给、需求和外部环境三个方面描述了旅游产品特色定位所需要考虑的因素，下面分别对此进行探讨。

1. 供给

旅游产品是由供给方提供的。在供给的各项要素中，旅游产品特色定位的重要方法就是如何凸显旅游资源自身的特色，特别是对于那些具有垄断性或者是有竞争优势的旅游资源的特色(杨振之，2002)。例如"峨嵋天下秀，青城天下幽"，这"秀"和"幽"就是峨眉山和青城山的特色，应该得以彰显。

同其他产品的竞争关系可能对旅游产品的特色定位产生重大影响，有时甚至于会让旅游地抛弃旅游资源自身原有的主要特色。当然，在分析旅游资源特色的时候本身就应该将这种关系考虑在内。例如在孟子故乡邹城，"三孟"本应成为其最大的资源特色，但 23 公里外的曲阜"三孔"使得"三孟"的优势减弱不少，即邹城处在曲阜的"形象遮蔽区"内(杨振之，2002)，使得其旅游产品定位不得不另想他法(王衍用，1997)。

交通方式对旅游产品特色定位也有重大影响，主要表现在不同类型的产品对可进入性需求的差异上。度假型产品对可进入性以及交通的便捷性、舒适度要求较高，而探险、徒步等产品的要求就不一定那么严格(杨振之，2002)。

可利用的营销和服务往往也会对旅游产品的特色产生重要影响。例如，川西高原、茶马古道等地的马帮旅游产品就借助于当地特有的服务。这些营销和服务有时也可以被看做是资源特色的有机组成部分。

2. 需求

旅游产品是指向需求方的，而且通常是指向某些特定的细分市场。要对具体的细分市场进行有针对性的分析，具有市场吸引力的产品是形成旅游产品特色的目标，也是关键。例如成都来也旅游策划管理有限责任公司、成都来也城市策划规划设计有限责任公司在对陕西张良庙——紫柏山风景区的旅游产品策划和规划中，对陕西省内市场对休闲、娱乐项目的喜爱程度进行了详细调查，发现在景区登山探险、开越野车、漂流、烧烤和骑马射箭的喜爱程度较高，从而为针对陕西省内市场休闲娱乐类产品开发提供了依据。

除了对细分市场特征进行调查分析外，市场竞争也是确定产品特色定位的重要方面。不同类型和不同等级产品应对竞争的能力是有所差异的。通常来讲，度假休闲类产品因其单位游客消费次数多，应对的竞争压力相对较小，这也是许多大型城市周围度假山庄、农家乐等数量较多的原因。而同一类型的观光产品则因游客对观光类产品的重游率较低，竞争压力很大，市场竞争因素在旅游产品特色选择上所占的比重也更高。

旅游者的心理认知是旅游者对旅游产品特色所形成的印象。旅游者对旅游产品的印象和评价，本质上是市场的认同。它不仅对旅游产品的形象定位有着基础性的意义，而且对旅游产品规划和市场定位也有重要的参考价值。

3. 外部环境

外部环境的诸多要素既可以通过影响供给和需求影响旅游产品，也可以直接作用于旅游产品特色。它们对旅游产品某类特色的形成既可以是积极影响，也可以是限制性约束。

以九寨沟为例，目前九寨沟景区出于自然保护的需求，采取沟内游、沟外住的政策，并且对原有的一些项目如民居接待、骑马等项目进行了禁止。这对九寨沟自然风光特色的可持续来说是有利的，而且也是必要的，但对民族文化类产品特色的张扬，则带来了很多限制性影响。

综上所述，可以看出旅游产品特色的形成，建立在对旅游系统要素的综合考虑上。在具体实践中，对各要素重要性的认识和要素特色的提取能力，在很大程度上也就决定了旅游产品特色的发挥。

三、旅游特色产品库

对某一个旅游地来说，它所拥有的资源特色和所要针对的细分市场往往不是单一的，这就决定了其旅游产品的多样性。这些立足于不同资源特质、面向不同客源群体的特色旅游产品就构成了旅游特色产品库。而对旅游特色产品库，一般通过旅游产品结构和旅游产品组合两个维度上去进行认识。

1. 旅游产品结构

旅游产品结构是指旅游产品在其形体结构上是否形成了品牌产品、重要产品和配套产品的布局。品牌产品是旅游地的导向性产品，对市场具有引导作用，是竞争力强的旅游产品，它能够展现和强化旅游地形象。重要产品是整个产品布局体系的支撑，是旅游地的主力产品。配套产品不具备强大的市场吸引力,也很难吸引大中尺度的游客,但它可以丰富产品结构,满足小尺度客源市场和低消费市场群体的需要(杨振之,2002)。

如果旅游地没有形成这一产品结构布局,则其旅游产品就缺乏号召力。在这种情况下,就应根据市场需要对旅游产品结构进行调整,以培育或推出合适的产品体系。

旅游产品的锥形形体框架结构具有重要意义(如图 5-3 所示)。它不但引进了品牌战略,而且使产品形成梯级体系,能够满足不同细分市场游客的需要。

旅游地在其结构框架内,每一层级的产品要形成体系。首先应实施多品牌和品牌延伸决策。同时经营两种或两种以上互相竞争的品牌,目的是为了在市场上形成多品牌齐头并进的合力,对市场形成强大的攻势。一方面它有利于扩大市场占有率,另一方面可增强对旅游市场的吸引度。因为旅游市场对旅游品牌天然地缺乏长期的忠诚度,一贯忠诚于某一品牌而不去考虑其他品牌的消费者是很少的,大多数消费者都是品牌转换者(罗锐韧,1997)。所以,四川省先期向市场推出了九寨沟、卧龙——大熊猫和三星堆三大品牌。当然,在一段时间后,要根据市场需求适当调整。其次,旅游地要利用其成功品牌的声誉,推出改良产品或新产品,使品牌产品获得更大的效益。这是对品牌产品的延伸。如九寨沟的自然风光观光已成为著名名牌,现在有关部门正在考虑依托这个品牌挖掘当地的藏族文化旅游产品,作为九寨沟品牌的延伸。

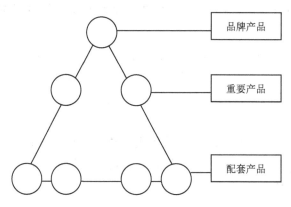

图 5-3　旅游产品结构

重要产品尽管不如品牌产品有吸引力和号召力,但它仍是品牌产品的支撑。如果没有重要产品作支撑,则品牌产品就成了"孤军奋战",市场占有率也很难上去,因为旅游地难以形成旅游产品的集群。如"十五"期间四川省除了三大品牌产品外,实际上还确立了六大重要产品,即峨眉山、乐山、都江堰、青城山、三苏祠、李白故里。在这六大重要产品中,有的产品对市场的占有率明显高于品牌产品。

配套产品更应该多样化,其针对的目标市场群体应分得更细。配套产品往往要能满足不同目标客源市场的需要。

2. 旅游产品组合

旅游产品组合通常包括宽度、长度、深度及关联性等几个维度。所谓宽度,是指一个旅游地有多少旅游产品大类；长度是指一个旅游地产品组合中所包含的产品项目总数；深度是指旅游产品大类中每种产品有多少花色品种规格；而旅游产品组合的关联性，指一个旅游地各个产品大类在最终使用、生产条件、分销渠道等方面的密切相关度(杨振之，2002)。

从理论与实践两方面来看，旅游产品组合的宽度、广度、深度和关联性在营销战略上具有重要意义。其一，旅游地增加产品组合的宽度，扩大经营范围，可以充分发挥旅游地的特长，提高经营效益；其二，旅游地增加产品组合的长度和深度，即增加产品项目，增加产品花色式样规格，可以满足不同细分市场的需要差异，吸引更多游客；其三，旅游地增加产品组合的关联性，可以提高旅游地在地区、行业的声誉。

【案例 5-5】

四川省南部县旅游产品组合特征(见表 5-2)

表 5-2　四川省南部县旅游产品组合特征

	产品组合广度			
产品组合深度	休闲度假旅游	宗教文化旅游	生态观光旅游	会议商务旅游
	皮划艇、摩托艇、花样滑水、沙滩排球、沙滩足球、升钟花样滑水节、水上游乐世界、游泳马拉松、露营、登山健行、农家乐、渔家乐	禹迹山大佛朝拜、禹迹山石窟探险、醴封观、三陈故里、观音山石刻、傩戏大赛、皮影戏、民俗艺术活动、禹迹山庙会	八尔滩西瓜节、观鸟、观鱼、水利枢纽工程和水电站、田园风光、川北民居、八尔滩自然生态、升钟湖	商务会议、商贸会展、行业会议、单位集会

【案例 5-6】

首届青海湖沙岛国际沙雕艺术节总体方案
——"产品特色定位"

1. **产品特色定位**
(1) 取材："人类大行动——保护中华对角羚"。
(2) 展现："安多藏文化"。

沙雕节期间举行一系列主体活动和配套活动，产品充分体现"中华对角羚保护和藏文化"特色。

2. 特色产品体系

1) 首届青海湖沙岛国际沙雕艺术展

本届沙雕节邀请国际国内著名的专业沙雕队及艺术家，使其围绕"人类大行动——保护中华对角羚"的主题展开沙雕作品创作。沙雕作品分别以组雕和单体沙雕的形式展出，题材切实结合当地特色，突出这是国际上首次以"中华对角羚保护和藏文化"为题材的沙雕艺术展。

节庆期间雕刻"中华对角羚"300只、佛塔塔林99座，另以沙雕的形式展示安多藏文化艺术。沙雕作品的创作紧紧围绕本届沙雕节的主题，结合当地特色资源，突出节庆形象。中华对角羚沙雕组合的展出，能引起国内外生态保护界和旅游界的广泛关注，以塑造中华对角羚的世界形象。当地藏传佛教文化在沙雕中的应用，广泛吸引了世界范围内的佛教研究爱好者及民族文化爱好者，凸现了节庆形象。

2) 中华对角羚保护论坛

沙雕节期间邀请国际生态组织、中国生态保护组织、高校、科研单位的专家及国内生物保护和旅游界的相关人士参加本次论坛，针对中华对角羚的濒危现状，以报告会和研讨会等形式研究切实有效的保护措施。论坛期间，旅游局、环保局、林业局的官员和专家讨论设立中华对角羚保护基地的可行性，并且发表《中华对角羚保护宣言》，设立常设机构，为中华对角羚的长远保护提供有力的平台。

此次论坛切实关注中华对角羚的严峻现状，力求研讨出有力措施使中华对角羚走出濒危的困境；论坛期间成立的中华对角羚保护组织常设机构，将长久地立足于中华对角羚的保护。这次论坛也是沙雕节期间重点打造的活动之一，它使中华对角羚的形象走向世界，成为青海乃至中国地区的生态形象大使。论坛充分体现了沙雕节的主题和节庆产品特色。

3) "青海圣湖"祭海及祭俄博仪式

开幕式暨开雕仪式以当地民族的祭海及祭俄博活动形式展开。沙雕节的隆重开幕将营造浓厚的节日氛围，打造高原沙雕节品牌。

通过在沙岛修筑祭海台，并举行极富安多藏族特色的祭海仪式，来宣布沙雕节的开幕，既能进一步弘扬藏传佛教精神，给公众留下神秘而深刻的印象，也能唤醒人们对沙岛的憧憬之情，凸现当地的人文旅游资源优势(五世达赖喇嘛罗桑嘉措于1652年进京受册，返回时在青海湖沿岸举行宗教活动，并在这些举行了活动的地方封下马、牛、羊三头俄博，吸引了无数信徒到这些地方煨桑朝拜。所以包括沙岛在内的整个环青海湖区域都可以举行祭海活动，而并不仅仅局限于目前的五世达赖泉和青海湖湿地)，且俄博与沙岛景区交相辉映，更具震撼力。

神山圣湖祭祀活动，是环青海湖各民族的传统活动。青海湖祭海节于每年6月中旬举行，将这一神圣的传统节日，纳入沙雕节中，既遵循了当地的传统习惯，又能增强节庆的文化厚重感和民俗神秘感，突出沙雕节的产品特色。

4) 其他相关活动

游客直接参与的沙雕设计大赛、极富安多藏族特色的沙地篝火狂欢会、夜宿帐篷体验、沙雕节纪念品和土特产展销会及安多民俗运动会等活动,都构成了此次沙雕节的特色产品体系。

3. 产品特色结构

沙雕艺术节产品特色结构如图5-4所示。

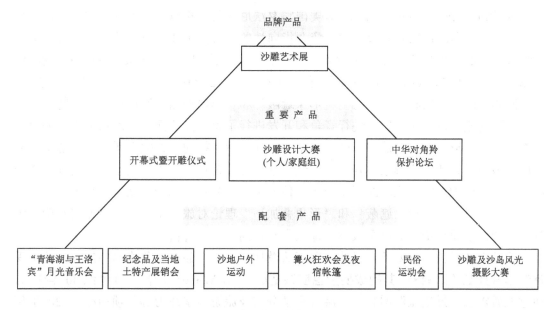

图 5-4 产品特色结构图

(1) 品牌产品:本届沙雕艺术节主要是以沙雕展的形式,向外界展示活动的主题和当地丰富的民俗文化旅游资源,打造产品特色。

(2) 重要产品:本次沙雕节的重要组成部分。体现沙雕节主题,提高大众参与度,提升节庆档次,营造节日氛围;成为体现产品特色的支撑产品。

(3) 配套产品:丰富沙雕节活动形式,提高各层次公众的参与度,提升其文化内涵,辅助突出沙雕节主题,同时产生一定的经济效益。

第三节 竞争定位

对于竞争定位,目前已经有了许多研究。研究主要针对的对象从开始的旅游目的地已经发展到旅游产品、旅游企业等。所谓竞争定位,就是确定旅游项目策划规划对象与其他同类相比处于什么地位。其实,不管研究对象是什么,其竞争在很大程度上都是旅游产品之间的竞争。因为旅游产品是旅游系统中各种竞争要素的综合反映。在旅游策划中,实施这一步骤的目的就是确保策划所建议的旅游产品具有竞争优势,而这是旅游产品能够生存并产生效益的前提条件。

一、竞争定位理论

关于竞争定位理论，中外很多学者进行了探讨。其中相当多的研究指向旅游地的资源禀赋。例如 Deasy 和 Griess(1966)对美国宾夕法尼亚两个相似并相互竞争的景点研究指出，旅游地与客源市场间的吸引力是资源指向性的。有鉴于此，随后的大量研究很多也都沿着这样的一个视角进行发展(张凌云，1989；保继刚，1991、1994a、1994b；许春晓，1993、1995、1997、2001；杨振之、陈谨，2003)。其中比较具有代表性的是许春晓的"旅游资源非优区"理论和杨振之的"'形象遮蔽'和'形象叠加'"理论。前者对等级品质不太高的旅游资源应该如何进行竞争和开发进行了有意义的探讨。而杨振之认为"形象遮蔽"和"形象叠加"是同一区域内景区之间必然存在的一种关系属性，被遮蔽的旅游地应该通过重新定位形象、强化差异性形象或在经营管理上作出调整，从而摆脱"形象遮蔽"对旅游地发展造成的不良影响，使景区之间从相互遮蔽的竞争关系走向相互叠加的合作关系。"'形象遮蔽'和'形象叠加'"理论对旅游策划规划中如何正确认识资源及如何摆脱因资源劣势导致不利地位具有很高的参考价值。

旅游系统是由多种要素构成的，因而旅游地和旅游产品在竞争格局中的地位除了受资源本身禀赋的影响外，其构成要素也应该是综合的。Wober 等曾在 20 世纪 80 年代末，通过旅游需求、过夜旅游增长率、游客季节分布及旅游地承载力等五项指标对 20 世纪 80 年代欧洲 39 个首都城市进行比较研究，勾画出 1975 年以来各城市的综合竞争力空间分布图。从 Wober 等人的工作中，Amazance(1997)进一步发现旅游地之间相似性大的城市具有较强的替代性，差异性大的城市则具有互补性。

窦文章等(2000)提出决定区域旅游竞争优势的五个基本因素是：要素条件、需求条件、旅游环境、区域行为、介入机会。其中，要素条件指区域赋存的旅游资源类型结构、数量、质量，是旅游资源开发和旅游产品生产的条件，它反映了旅游产品的生产价值和生产成本，是形成旅游产品的基础；需求条件主要指由旅游者需求偏好、出游能力、旅游规模结构等综合性、多层次因素组成的客源市场条件；旅游环境既包括为旅游服务的一些外围环境，如一个区域的自然、人文、社会、经济等条件和发展水平，也包括支持旅游业发展的相关行业如娱乐、餐饮等；区域行为指对一个旅游区域旅游系统进行管理、监控等，旅游系统的多层次性决定了区域行为的复杂性；介入机会是指围绕旅游活动而发生的一种空间联系现象，包括空间交通线路组织、市场营销宣传、网络信息等，介入机会是外生变量，它通过影响其他四个因素对区域旅游竞争力起作用。上述五个因素相互作用、共同整合，形成一个完整的功能结构。

Ritchie 与 Crouch(2000a，2000b)提出了与窦文章等类似的区域竞争性模型(如图 5-5 所示)，但对各要素之间的关系进行了更为细致的探讨。他们采用了一个形象的"DNA"比喻，认为在遗传方面，区域的本底，即"DNA"是固有的，包括人文资源、自然资源、知识资源、资本资源、基础设施、旅游业的上层建筑、经济规模等。这些是在规划前就存在的，而规划也正是基于这些现状对未来的旅游前景进行描绘，对这些固有因素作出改变和处理。如果一个区域的"DNA"具有很大的发展潜力,那么它也就更具有竞争力。

图 5-5 中的层式结构最下面两个层次依次为:支持因素与资源,包括了基础设施、可达性、服务设施、酒店和企业等;核心资源与吸引物,包括重要的地形和气候因素、文化和历史、市场联系活动组合、特殊节事、娱乐和上层建筑等。

再向上的两个层次是管理与政策。只有资源基础并不意味着旅游开发就能自行发展。旅游目的地管理包括了资源管理、市场营销、融资、组织、人力资源开发、信息与调查、服务质量与游客管理等。通常这些都是有形的因素,易于确定和描述。还有一些无形要素也很重要,例如"政策、规划与开发"中包括的传统习惯、民族特性、判断等因素。它们反映了一个区域所追求的旅游发展,以及可能成为什么。

层式结构的最上层是关键因素的优化与提升,用于确定竞争力和可持续性。这些因素包括区位、独立性、安全性、形象、品牌、价值等因素,最后确定和了解一个区域的竞争力与可持续性。

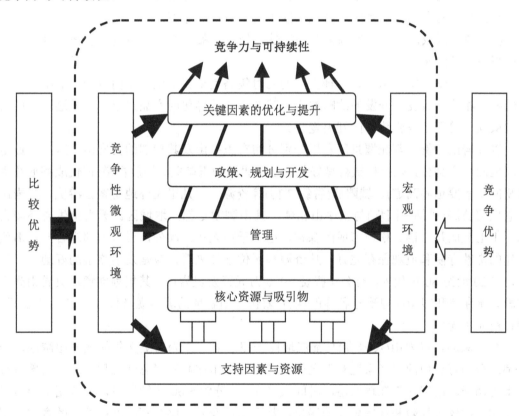

图 5-5 Ritche 和 Crouch 的竞争性与可持续性模型

Ritchie 和 Crouch 认为他们提出的模型在研究区域竞争力方面有一定的影响力和价值,但对其中某些因素并未进行深入研究,因此希望激励其他研究者继续深入,为旅游规划提供依据。

除了上述资源指向和系统分析两种基本的竞争定位理论外,目前还有一些新理论不断被利用到竞争定位和分析中。例如 Michael Porter 所提出的产业竞争的五种基本力量分析等，都使竞争定位理论不断得以深化。

二、竞争策略定位

所谓竞争策略定位，就是通过竞争定位确定自身的比较优势，然后寻求发挥这种优势策略的过程。

杨振之(2002，2003)对形象被遮蔽的旅游地如何摆脱不利境地进行了系统描述，认为旅游地形象遮蔽有三种情形，每一情形所采用的策略也不同。

(1) 形象雷同。两者或更多的旅游地都可以用同一形象(因为旅游资源特色相似)，抢先树立起形象者就会对其他旅游地形成形象遮蔽。

(2) 同一区域内，尽管旅游资源各有特色，并不具有相似性，但品牌效应大，旅游资源级别高，特色明显的景区对其他景区也会形成形象遮蔽。

(3) 同一区域内，旅游资源具有相似性，级别、品质高的旅游资源所在景区对其他景区形成形象遮蔽。

在这三种情形中，第一、二种主要的应对策略是重新定位，从而改变产品组合和产品结构，相应的改变了开发的战略重点。其核心是差异化的产品定位，尽量避免在同一类型或同一等级上与强势景区开展竞争。

以灵岩山为例，都江堰景区左岸分别分布有玉垒山及其相邻的灵岩山。玉垒山原是都江堰的一个部分，除森林植被良好外，还有唐朝的玉垒关、松茂古道(古代成都通往阿坝州的军事要道和商道)、城隍庙(省级文物)等资源，但几乎无外地游客去游览。灵岩山隔老成阿公路(成都—阿坝)与玉垒山相邻，其山脚就是都江堰城区。灵岩山生态环境良好，山上是成片香楠、松树形成的森林，达上千亩之多；此外，灵岩山佛道合一，清代所建的佛教寺院和道观保存完好。从资源和区位条件来看，应是发展旅游的好地方。于是，在 20 世纪 80 年代末，有公司投资 5000 万元开发灵岩山，其规划创意在灵岩山光大佛教、建寺院和塑 108 尊形态各异的观音像(仿全国各地的著名观音像)。但投资下去后，到目前血本无归。

究其原因，灵岩山(灵岩寺)与都江堰仅一路之隔，作为历史文化的观光旅游地，处于都江堰和青城山的"形象遮蔽"之内。《都江堰市旅游发展总体规划》课题组曾进行过市场调查，游客在都江堰旅游的时间大多在 30 分钟～60 分钟左右，多数团队游客只上安澜索桥体验惊险和观看岷江的湍急，甚至来不及游历整个都江堰；部分散客和小团队游览 1 小时左右，就赶紧上路直奔九寨沟。在时间、费用上没有考虑灵岩山，就是上青城山的时间也很紧，一般上下山两小时左右。

显然，开发灵岩山必须给灵岩山重新定位形象，使它在形象上不受都江堰的遮蔽和替代，使它吸引的市场群与都江堰也不一样。在规划中，将玉垒山一分为二，松茂古道、玉垒关等高品质资源划入了都江堰游道环线之内，玉垒山公园主体和灵岩山划入"公共产品休闲区"，于是灵岩山的形象和产品被定位在休闲度假上。由于其良好的生态环境、文化氛围与现代都市文明保持着若即若离的关系,只需 10 分钟,下山就可体验现代文明,上山就可感受原始野味。将灵岩山山前地带划定为休闲度假产品供应区,使山、水、生态、文化、现代文明得到有机的融合。于是,灵岩山的产品定位和形象定位就全是新的,有了一个新的发展方向,在市场方面可以共享都江堰游客,同时更多地以成都市及其周边城市的休闲度假游客作为目标市场。

第三种情形下,除了考虑重新定位外,还可以在市场运作及自身管理上作出相应调整,塑造鲜明形象。其核心是管理或营销的差异化。

以碧峰峡景区为例,它是四川蒙山风景名胜区的一个部分。该景区除生态、空气较好外,整个资源级别不高,以资源的观点来看,开发条件远不能与"扬子江中水,蒙顶山上茶"闻名的蒙顶山相比,但景区在产品整合和市场营销上的大胆尝试却屡获成功,不断推出游客喜爱的产品,如今已成为知名的 AAAA 级景区。

Bell 和 Vazquez-IIIa 对处于衰退中的西班牙阿尔内迪略市温泉酒店业的竞争策略进行了分析,指出市场衰退时,可以用介入手段来改变衰退状况,公司应当制定一些战术性决策以保证其正常运转,寻找竞争性策略,实施灵活的应对措施,实现老新市场的交替。过于迅速的市场转换策略会导致原有目标市场过早缩小,而新的目标市场又还没有达到持续赢利的规模。对目标市场进行差异化定位时,要特别注意考虑可操作性。

这两个看法的共同特点是,当景区在原来指向的市场中同竞争对手比较不具有或正在失去吸引力时,那么合适的竞争策略原则是离开或者逐步退出原有市场,寻求新的生机。所以,尽管竞争的具体情况有很多不同,根据自身优势寻找适合自己的细分市场应该是竞争策略定位的主导原则。

【案例 5-7】

甘肃省拉卜楞旅游区定性定位策略

成都来也旅游策划管理有限责任公司

一、背景与现状

夏河县作为甘南藏族自治州旅游业发展起步较早的一个县,具有高原特色和民族特征鲜明的旅游资源,类型较多、品味很高、功能齐和原始质朴是其主要特点。这里既有风景如画的草原风光,清澈深幽的高原湖泊,又有绚丽多彩的民俗文化和特色浓厚的人文景观,尤其是作为藏传佛教格鲁派六大寺院之一的拉卜楞寺,规模宏大,宗教气氛浓郁,来此朝观的信徒和参观的游客终年络绎不绝,在邻近地区(安多藏区)甚至整个藏区都享有极高的声望。

1. 主要旅游资源介绍
1) 拉卜楞寺

拉卜楞镇位于夏河县城的西北部,地理位置为东经 102°31′,北纬 35°12′,海拔标高 2931 米。该镇坐落于大夏河河谷两侧阶地上。城镇总面积 5.8 平方公里。我国著名的藏传佛教六大寺院之一的拉卜楞寺就位于城镇西北。独特的历史悠久的藏传佛教文化积淀，使县城拉卜楞镇声名远播。拉卜楞寺创建于清康熙四十八年(1709年)，第一世嘉木样大师应青海和硕特前首旗蒙古族黄河南亲王察汗丹津之请，返故里建寺弘法。寺内有大量的古迹文物和佛教艺术珍品以及数万卷佛教经典，囊括佛学、历史、因明学、藏医医典等方面的内容。拉卜楞寺在黄教六大寺院中建寺最晚，寺院占地面积在藏传佛教寺院中位居前列。由于其六大学院教学体系、研究体系完备，在中国整个藏区特别是青藏高原东缘藏区影响巨大。加之寺院典藏丰富，镇寺之宝文物价值很高，建筑风貌独特，被信徒奉为圣地，也是中外游客向往旅游的神奇圣地。

2) 桑科草原及周边资源

桑科乡处于甘加、桑科、科才山原区，平均海拔3050米，河流侵蚀切割轻微，切割深度400~500米，地形起伏变化缓慢，沿河展布，低山环抱，在山体之间形成许多大片滩地。滩地以"大不勒赫卡"山为界，西南为达久塘，东北为桑科滩，两滩平缓宽敞，牧草丰美。桑科河自乡域西南向东北流过，为大夏河之正源，发源于桑科滩南欧布卡山北麓，流至桑科沟口后，与发源于青海省同仁县境的大纳河相汇，形成大夏河。桑科草原辽阔无垠，风景优美，是历世嘉木样入寺坐床的必经之地，如今又是县城居民和外地游客"浪山"旅游的热点，现已建有多处旅游点，接待八方游人。东北山顶的桑科古城依山而筑，俯瞰桑科水库，周长2220米的颓垣与山下台地上的另一古城遥相呼应，亦为人们观光的景点之一。桑科水库如镶嵌在草原上的一面明镜，有许多珍贵的候鸟在此栖息。

3) 八角古城、白石崖及周边资源

白石崖洞附近，即是著名的甘加八角城。现已列为省级重点文物保护单位，有待进一步的发掘研究。除八角城外，境内还有斯柔古城等数座古城遗址。

被藏史称为"捏贡直噶尔神山"的白石崖，是甘加境内鲜明的地理标志，汉白石县即以其得名。白石崖中部断裂处，是通往达里加山的江拉沟口，沟口左侧形如宝瓶的崖底，便是有"安多无柱佛殿"之称的白石崖洞，它被藏区群众视为宗教圣地，顶礼膜拜者络绎不绝。

甘加草原距县城28公里，草场面积107.74万亩，与桑科草原一样，亦属低山之间的草原，草滩宽广，溪流纵横，水草丰美，既是天然的牧场，也是重要的旅游资源。夏季草原绿草如茵，辽阔宽广。

甘加是拉卜楞寺的创建者，第一世嘉木样年秀·俄昂宗哲的诞生地，境内有白石崖寺、甘坪寺等著名的藏传佛教寺院，有光日仓女活佛的囊欠，还有县内惟一的苯教寺院——作海寺。

2. 开发条件概略

1) 交通区位条件

夏河县地理位置优越，古有"东通三陇，南接四川，西连康藏，北近青蒙"之称，历史上曾是甘、青、川三省安多藏区政治、经济、文化及宗教活动的中心和"茶马互市"的鼎盛之地，也是青藏高原通向内地的门户之一。它地处青藏高原东北边缘，位于甘肃省南部，东与州府所在地合作市接壤，西与青海同仁县、泽库县和河南蒙古自治县为邻，南与碌曲县相连，北以达加里山、太子山诸峰与临夏、和政及青海循化等县分界。

公路方面，夏河距省会兰州265公里，距合作、临夏分别有73公里和94公里，每天均有多班公共汽车往返于各地，方便快捷。境内公路交通四通八达，贯通所有乡镇和绝大多数行政村或自然村，总长度达466公里。其中，国道213线兰郎段(兰州—郎木寺)是最重要的干线公路，纵穿南北；新建成的王格尔塘—达久塘公路全长103公里，等级较高，是夏河有史以来投资最大的项目；此外，还有夏河—甘加—青海同仁的四级公路和桑科—扎沙、桑科—阿木去乎等乡际公路。

铁路方面，兰州是西北地区最大的铁路交通枢纽，陇海、兰新、包兰、兰青4大铁路干线在此相接。其他铁路还有宝鸡—成都、甘塘—武威，以及通往省内各地厂矿的支线，铁路通车里程达2682公里，为省区运输大动脉。

航空方面，甘肃省共有4处民航机场，分别是敦煌机场、嘉峪关机场、庆阳机场和兰州中川机场，除省会城市兰州的中川机场外，其余机场均分布于丝绸之路。尤其值得一提的是，夏河县桑科乡已经立项准备修建旅游机场，将会大大提高拉卜楞旅游区的可进入性。

2) 旅游区位

从甘肃省旅游资源分布图来看，省内重要的旅游资源大部分分布在丝绸之路上，而甘南地区资源分布相对密集，虽然资源级别整体上不及河西地区，但距离省会兰州较近，产品类型更为丰富，是省内游客的主要出游方向。

夏河的地理位置离兰州、临夏、合作等地不远，这些区域人口规模较大，经济条件相对较好，出游率较高，不仅是省内游客的主要来源，也是重要的游人集散地，且临夏以回族风情为主，在资源上明显形成互补优势。由于与人口稠密的关中平原、四川盆地、黄河中下游平原及东部经济发达地区距离适中，旅游资源因地域特色而产生的吸引力也不至于因距离衰减规律而消失。

夏河县处于兰州—夏河—合作—九寨沟和青海湖-塔尔寺—循化—夏河—九寨沟游线的中心位置，占据了南来北往的旅游交通要道。上述旅游区或景点中，夏河以藏传佛教文化和藏族风情为主，敦煌以历史文化古迹著称，青海湖及鸟岛以自然湖泊风光吸引游客，九寨沟则因水体旅游资源而著名，四者在资源内容、结构、特色等方面具有较强的互补优势，竞争程度较低。因此，整体区位优势十分明显，游客可进入性高，随着今后拉卜楞镇至旅游区内各主要景点道路交通情况的进一步改善，必将吸引更多的游客。

3. 市场条件概略

1) 国内市场

随着20世纪末我国旅游业发展浪潮的兴起，外出旅游逐渐成为人们一种新的生活方式，越来越多的人想要感受西部的神秘气氛，而甘肃比之青海、内蒙古、新疆、西藏则存在着明显的交通距离优势，因而受到国内游客的普遍青睐。

夏河县1985—1999年累计接待国内游客487790人次，年均增长6%，创利税额达766.38万元，年均增长16.1%，至2002年，已实现全年接待国内游客19.74万人次。其中,省外游客主要来自邻近几省和东南沿海地区,省内游客则相对集中于兰州、临夏、天水等经济条件较为发达的地区。

总体说来,夏河县国内旅游市场还有很大的开发潜力,即使以兰州这个主要客源市场而言,其国内旅游的发展与西部其他大型城市相比也还有很大的上升空间。

2) 国际市场

因地处兰州—合作—九寨沟和青海湖—西宁—夏河—九寨沟的黄金旅游线上,加上自身所具备的资源优势,夏河在海外游客中拥有较高的知名度。据统计,1985—1999年间,接待海外游客年均增长4.8%,创利税年均增长10%,至2002年,当年入境旅游者总人数已达4.1万人次,见表5-3。

表5-3 甘南州入境旅游者接待情况表

年 份	1997	1998	1999	2000	2001	2002
入境旅游者人数(人次)	9162	11591	11573	42300	50000	50600

注:夏河县属甘南藏族自治州,为该州海外游客主要到达目的地。

从客源构成来看,欧洲的荷兰、法国、德国,亚洲的日本和美洲的美国占据了大部分市场份额,尤其是荷兰,其国内有专门的旅行社经营此线路的业务,因此游客络绎不绝,见表5-4。

表5-4 夏河县旅游客源市场现状分析一览表

项目与类别			国内客源市场现状		海外客源市场现状		
			省内市场	省外市场	洲内市场	洲外市场	港澳台及侨胞
市场分析	地理因素	主要旅游客源地	兰州、合作、临夏、天水、定西	青、蒙、宁、川、陕、新、粤	日、新、马、韩、泰	荷、法、德、英、意、瑞、西、美	港澳台地区及海外侨胞
		出游季节性	全年型,节假日,夏季	以夏季和节假日为主	夏季型	主要在夏季,部分淡季	夏季型
		空间分布	近程大于远程,省内大于省外,沿海大于内地		法、荷、德、美、日、意、马、英、澳、新、加、西、瑞、韩(1999年)		
	游客特征	宗教信仰	朝拜者多信奉佛教,观光者多认为藏传佛教具有神秘性		各种教派的信徒均有		
		文化程度	学生,知识分子及其他各类专业人员最多		普遍较高,具有一定的专业知识		
		年龄	中青年人明显多于中老年人		各个年龄层均有,以中青年为主		

续表

项目与类别			国内客源市场现状		海外客源市场现状		
			省内市场	省外市场	洲内市场	洲外市场	港澳台及侨胞
市场分析	心理因素	认知途径		省外游客多通过旅行社途径了解	绝大部分通过海内外宣传媒体了解夏河		
		旅游动机		休闲观光，朝圣，度假，考察，商务	观光，度假，探险，娱乐		
		消费习惯		吃、住、行三大要素占的比例最高，其次是购物	对硬件设施的要求不是太高，更注重民族风情体验		
		消费水平		多数每天的人均花费在 100~200 元之间	自助游客每天的人均花费多在 100~200 元之间，团队游客稍高		
		旅游方式		绝大部分为散客	自助游客与团队游客比例大致相当		
		重游率		较高，尤其是藏传佛教寺庙观光者	较低，一般为一次性观光旅游		
		逗留时间		多为 1~2 天	2~3 天最多		

注：此顺序是按游人规模由高到低排列的。

4．旅游区现状诊断

与定性定位相关的结论如下。

1) 优势分析

(1) 夏河县区位优势较明显，从周边进入的可进入性较强。

(2) 拉卜楞旅游区自身的宗教、生态旅游特色突出，资源吸引力大，尤其是拉卜楞寺，在藏区寺院中具有较高地位。

(3) 资源类型多样，搭配合理，互补性强，适应游客的多样化需求。

(4) 宗教旅游重游率高，客源稳定。

(5) 旅游区周边有丰富的可进行产品及线路组合与包装的优势资源。

2) 劣势分析

(1) 该地区经济发展水平尚处于相对落后阶段，整体消费能力不高。

(2) 国内一级客源市场距离较远，游客旅程耗时长，路费支出比重大。

(3) 国内旅游市场在一定程度上还处于自发增长阶段，中远程客源市场团队游客所占比例较小。

(4) 旅游淡旺季明显，旅游者逗留时间短。

(5) 旅游配套服务设施和其他各项基础设施建设稍显滞后，高峰期接待能力不足。

(6) 开发现状不理想，旅游区内区域发展不平衡。

(7) 因涉及宗教问题，旅游管理部门与宗教管理机构的配合不够默契，难以充分行使职能。

3) 机会分析

(1) 当地政府的支持及其对旅游业投入日益加大。

(2) 城市居民的消费意识和消费结构都已发生巨大改变，具有一定的消费潜力。

(3) 中、近程市场的主要城市出游力旺盛，且呈上升趋势。

(4) 夏河已纳入了"丝绸之路"旅游热线，且处于敦煌—兰州—九寨沟的最佳旅游线上。

(5) 夏河在整个甘南州旅游地位突出，海外、国内游客分别占甘南州旅游者总数的74.2%和46.16%(1999年)。

(6) 旅游区内的交通条件有望在近期内得到较大程度改善。

4) 威胁分析

(1) 除拉卜楞寺外，其他旅游产品不具有市场垄断性。

(2) 须面对周边地区及省内其他同类旅游产品旅游区的激烈竞争。

(3) 国内外消费者个性化旅游需求增长，旅游消费呈现日益多样化特征。

(4) 旅游者对人性化服务的要求增强，对目的地接待的硬件、软件条件提出了更高的要求。

二、策划的难点

1. 拉卜楞寺与区域形象关系问题

拉卜楞寺作为一种宗教色彩强烈的旅游资源，具有较强的特色，但如果仅仅考虑宗教价值，它作为旅游资源的地位和开发潜力就变得狭窄，如何处理好拉卜楞寺与区域形象的关系问题，关系和决定着产品开发的方向、内容和形式。如何把握这两者之间的关系问题变得尤为关键。

2. 民族文化旅游产品开发的内容问题

民族文化开发往往是一个难题。如何体现民族特色，以保证旅游业发展？民族文化如何融合在产品之中，保证产品的特色性和可参与性？另外，民族文化保护，也由于种种原因往往不能落到实处，到最后反而既影响了旅游业盈利，又影响了民族文化的原真性和多样性，所以在定性定位和产品开发方向确定的时候就要非常慎重，因为产品的内容与形式都关系着文化保护的可操作性问题。

3. 拉卜楞寺城镇地位确定问题

如何处理核心旅游资源和拉卜楞镇功能的关系，整合各种设施和资源是本策划的另一个难点。由于拉卜楞旅游区品位最高的旅游资源——拉卜楞寺位于拉卜楞镇的范围，同时拉卜楞镇也是整个旅游区的交通枢纽，这就树立了拉卜楞镇在整个旅游区内的产业中心地位，周边的接待点和旅游区(点)都受到拉卜楞镇的辐射。这样一种空间布局决定了主要接待设施应位于拉卜楞镇，周边旅游区(点)主要发展草原牧民接待。

三、解决方案

1. 定性

根据拉卜楞旅游区的旅游资源特征、主要功能和旅游区级别，将拉卜楞旅游区定性为："宗教草原观光体验旅游区"。

从资源特色来看，拉卜楞旅游区拥有丰富的人文旅游资源和自然资源。人文资源包括以拉卜楞寺为核心的宗教文化资源、以甘加八角古城为代表的文物古迹资源、以浓郁的藏族风情和民俗活动为代表的民俗风情资源。自然资源则包括桑科草原、达久塘、甘加草原为核心的草原风光旅游资源、白石崖绝壁、白石崖溶洞为代表的地文景观资源和以达尔宗湖、达里加翠湖为代表的水域风光资源。而其中，以拉卜楞寺为核心的宗教文化资源、藏族风情和民俗活动为代表的民俗风情资源和以桑科草原、甘加草原、达久塘为核心的草原风光资源最为突出，价值最高，对游客的吸引力也最大。

从旅游的主要功能来说，主要以开展宗教文化观光游、草原生态休闲游和藏族风情体验游为主，辅之以古城观光游览、神山秘境探险和科考活动。

2. 定位

1) 形象定位

"拉卜楞——安多圣城"

(1) 旅游区的地脉、文脉分析。

拉卜楞旅游区不仅拥有国家级旅游资源——拉卜楞寺，还有省级旅游资源——桑科草原度假村、佐海黑教寺、甘加八角城，更有数量众多的县级旅游资源，旅游后备资源充足，发展潜力巨大。作为拉卜楞旅游区的中心夏河县曾经是甘、青、川三省安多藏区的经济、文化、宗教活动中心，如今也是雪域高原发展的"缩影"和藏区东北部的"窗口"。其中，神秘的藏传佛教、奇异的藏族民俗风情更是世人关注的热点。而拉卜楞寺作为藏传佛教黄教六大寺庙之一，拥有崇高的宗教地位，无论其寺庙建筑、宗教文化到僧侣修行制度都对游客有极强的吸引力。同时拉卜楞寺也是整个安多藏区佛事活动的中心，各个节事活动规模大、完整性好，具有极强的欣赏游览价值。同时夏河在历史长河和甘南特殊的地理环境下，形成了独具特色的藏族风情特色，体现在其服侍、饮食、民族节日、婚嫁仪式等方面。在自然风光方面，拉卜楞旅游区具有极强的高原特色，天空湛蓝、湖水碧绿；草原一望无际，夏季绿草如茵，秀美无比；气候宜人，夏季温凉湿润。

(2) 宣传口号。

"拉卜楞——安多圣城"。

"甘南秘境、藏学圣地"。

"水草丰美大夏河、藏传圣地拉卜楞"。

"甘南拉卜楞——兰州庭院"。

2) 产品定位

(1) 宗教文化游：包括参观拉卜楞寺、红教寺、觉姆寺、德尔隆寺、佐海黑教寺、白石崖寺等寺庙，体验庄严、肃穆的宗教氛围，欣赏宗教建筑、雕塑、绘画等宗教文化艺术。

(2) 草原生态体验游：主要范围为桑科、甘加、达久塘等地，开展骑马、草原篝火、民族歌舞、草原野营等形式多样，具有地域特色的草原生态旅游。

(3) 藏族风情体验游：开展能展示安多藏族生活习俗、音乐舞蹈、游艺竞技、节日欢庆、婚丧礼仪等具有浓郁民族特色风情的活动，如藏族服饰展示，藏族歌舞表演，传统体育竞技项目等。

(4) 古城观光游：主要指以甘加八角古城为核心的古城观光探幽访古活动。

(5) 秘境探奇游：包括人迹罕至的达里加山、神秘莫测的白石崖溶洞、蜿蜒曲折的麻当峡谷、具有圣湖之称的达尔宗湖和达里加翠湖等。

(6) 科普教育游：结合白石崖溶洞独特的地质构造成因以及达尔宗湖作为堰塞湖、达里加作为距兰州较近的古冰川湖的独特地质特征，开展科普教育，在探秘神洞的同时，讲解科普知识。

3) 市场定位

(1) 客源市场区域。

一级市场：兰州及省内市场。

二级市场：以荷兰、法国、德国为主的国际市场和以沿海为主的国内市场。

三级市场：周边省会城市和海外市场。

(2) 细分市场。细分市场主要针对中青年市场、学生市场。

(3) 市场消费档次。以中档经济型消费者为主，以高档豪华型消费者为辅。

3. 各区域功能结构定位

拉卜楞旅游区资源开发的总体空间布局可以概括为："一个中心、两条辐射轴、三大片区、四个支撑点"。

一个中心指的就是拉卜楞镇，无论从旅游区的空间形态上还是功能作用上，拉卜楞镇都成为整个拉卜楞旅游区的中心点，是游客开展旅游活动的主要场所。作为整个旅游区主要的游客集散地，拉卜楞镇为游客提供旅游接待、旅游游览、旅游购物和旅游娱乐等服务，是整个拉卜楞旅游区的核心区域。

两条辐射轴主要是指拉卜楞镇－甘加、拉卜楞镇－桑科－达久塘两条轴线，这两条轴线的设计不仅符合拉卜楞旅游区自身的资源分布，同时符合游客的活动规律和游览线路，而作为中心的拉卜楞镇，其功能也因轴线的延伸而作用到其他旅游片区。

三大片区主要就是指拉卜楞镇为中心的拉卜楞宗教与民族风情旅游片区；以桑科、达久塘为中心的草原生态游览片区；以甘加为中心的草原古城神洞游览片区。

四个支撑点就是分布在这三个片区内的桑科乡、达久塘自然村、甘加乡、白石崖自然村。其各自的旅游功能有所不同，互为补充，相互倚重。作为拉卜楞旅游区的四个支撑，它们丰富了拉卜楞旅游区的旅游功能，能够在更大程度上满足不同目标市场的旅游需求。

案例点评：

"拉卜楞旅游区定性定位策略"是民族地区发展旅游业，对区域民族文化旅游资源进行整合策划的典型案例。拉卜楞旅游区抢先利用"安多"这一文化符号，率先开发以安多藏文化为基础的民族文化旅游产品，是本案例的一个亮点。这是旅游策划师整合地域特色与地域文化和市场要素，帮助旅游经营赢得市场的策略和方法。在对旅游区核心区与周边城镇功能的关系方面的定性,本来最多是一个规划技术的问题,但是,资源的空间分布和市场的条件影响了地块的定性,这个问题尽管不是本案例论述的重点,本案例所展示的实例,也为以后进一步研究打下了基础。另外,扩展已有的宗教市场,开发宗教旅游的延伸产品,也是本策划的努力方向。

案例思考:

(1) 民族地区旅游资源的竞争力和吸引力在哪里?如何结合民族地区的资源和目标市场进行定位,并帮助实施相应的产品开发?

(2) 如何处理区域文化、市场需求与景区定性定位关系问题?

复习自测题

(1) 定位在旅游项目策划中具有怎样的意义?它对旅游项目策划是否是必须的?

(2) 您对目前旅游项目定位所包含的内容是怎样评价的?现有的定位体系是否全面和完善?希望您能够进行有益的补充。

(3) 在对竞争定位的描述中,除了本章所介绍的理论和模型,您可以通过对文献的搜索再添加一些对旅游项目的竞争定位分析具有启发意义的理论或模型。

(4) 请您用本书所描述的方法对某一旅游项目进行定位分析,探讨一下这些方法的长处和不足,以及不同方法在实践中的适用局限。

第六章　旅游项目规划设计

【本章导读】

在进行旅游项目策划时，应熟悉项目的规划，对总体规划、控制性详细规划、修建性详细规划的技术深度和主要内容要有所了解，要研究项目的建筑设计理念、建筑文化和建筑环境等，要研究项目的景观设计的主要要素和特征，对道路交通工程、给排水工程、竖向设计也要比较熟悉。项目策划的内容虽然并不包括工程设计，但若熟悉了解工程设计的基本原理和技术要求，就会使你的策划理念有可操作性，而不仅仅是一些天马行空的想法。

【关键词】

总体规划(master planning)
控制性详细规划(regulative comprehensive planning)
修建性详细规划(constructing comprehensive planning)
建筑设计(architecture design)
景观设计(landscape design)
竖向工程设计(vertical engineering design)
道路交通设计(traffic design)
给排水设计(water supply-drainage design)

旅游项目策划重点是对项目开发的可行性进行论证，虽然旅游项目策划在成果的表达形式上不同于规划，在法律效力上与规划有别，如果不编制可行性研究报告，许多策划就是商业性策划。但为了保证策划的科学性，策划者必须研究规划，其成果形式可能是概念性的。此外，项目策划对建筑设计、景观设计也要研究，还要懂得工程设计、竖向设计等内容，才使得策划具有可操作性，尽管在策划阶段可以不提供工程等方面的图纸，但必须考虑策划的项目在工程上的可行性。本章第二节内容主要参考彭一刚先生著的《建筑空间组合论》，第三节至第五节主要参考吴为廉先生主编的《景观与景园建筑工程规划设计》，在此表示感谢。

第一节　项目规划设计

一、总体规划

(一)规划时限

旅游项目总体规划的期限一般为 20 年，同时可根据需要对旅游项目的远景发展作出轮廓性的规划安排。对于旅游项目近期的发展布局和主要建设项目，亦应作出近期规划，期限一般为 3 至 5 年。

(二)规划任务

旅游项目总体规划的任务，是分析旅游项目的客源市场，确定旅游项目的主题形象，划定旅游项目的用地范围及空间布局，安排旅游项目的基础设施建设内容，提出开发措施。

(三)规划内容

(1) 对旅游项目客源市场的需求总量、地域结构、消费结构等进行全面分析与预测。
(2) 界定旅游项目范围，进行现状调查和分析，对旅游资源进行科学评价。
(3) 确定旅游项目的性质和主题形象。
(4) 确定规划旅游项目的功能分区和土地利用，提出规划期内的旅游容量。
(5) 规划旅游项目对外交通系统布局和主要交通设施的规模、位置；规划旅游项目内部其他道路系统的走向、断面和交叉形式。
(6) 规划旅游项目景观系统和绿地系统的总体布局。
(7) 规划旅游项目其他基础设施、服务设施和附属设施的总体布局。
(8) 规划旅游项目防灾系统和安全系统的总体布局。
(9) 研究并确定旅游项目资源的保护范围和保护措施。

(10) 规划旅游项目的环境卫生系统布局，提出防止和治理污染的措施。
(11) 提出旅游项目近期建设规划，进行重点项目策划。
(12) 提出总体规划的实施步骤、措施和方法，以及规划、建设、运营中的管理意见。
(13) 对旅游项目开发建设进行总体投资分析。

(四) 旅游项目总体规划的成果要求

(1) 规划文本。
(2) 图件，包括旅游项目区位图、综合现状图、旅游市场分析图、旅游资源评价图、总体规划图、道路交通规划图、功能分区图等其他专业规划图、近期建设规划图等。
(3) 附件，包括规划说明和其他基础资料等。
(4) 图纸比例，可根据功能需要与可能确定。

二、控制性详细规划

旅游项目编制控制性详细规划的原则应以用地控制和管理为重点，以实施总体规划的意图为目的，强化规划设计和规划管理的衔接。编制工作要在具有完备的基础资料条件下进行。开展充分的调查研究。规划的编制既要考虑形体环境，又要考虑经济、社会等因素，选择科学的决策方法和决策内容，运用控制的手段，确定旅游项目未来的建设目标。

(一) 编制程序

组织负责编制该规划项目的工作小组，确定项目负责人，根据项目需要，配备相关各专业技术人员。
(1) 收集和分析现状基础资料，进行现场踏勘和核对现状图。
(2) 编制规划方案和初步确定控制指标，在方案编制初期，应进行多方案比较，征求有关专业技术人员、建设单位和规划管理部门的意见，修改方案直至方案确定。
(3) 绘制成果图和编制有关规划技术文件。
(4) 按技术要求交付成果。

(二) 编制内容

(1) 详细确定规划用地范围内各类用地的界线和适用范围，提出建筑高度、建筑密度、容积率等控制指标；规定各类用地内适建、不适建、有条件可建的建筑类型；规定交通出入口方位、建筑后退红线距离等。
(2) 确定规划范围内的路网系统及其与外围道路的联系，确定绿地系统。
(3) 确定各单项工程管线的走向、管径、控制点坐标和标高以及工程设施的用地界线。
(4) 制定相应的规划实施细则(土地使用与建筑管理规定)。

(三) 基础资料

(1) 已批准的城市总体规划或分区规划的规划技术文件及其他必要文件，规划区的区域位置、性质、地位、作用及相互影响等。

(2) 准确反映近期现状的地形图(比例尺 1:1000～1:2000)。

(3) 现状人口详细资料，包括人口密度、人口分布、人口构成等。

(4) 土地现状利用资料，规划管理部门有关规划区用地的拨地红线图，规划范围以及周围的用地情况(比例尺 1:1000 或 1:2000)。

(5) 建筑现状资料，包括各类建筑的分布、建筑面积、建筑质量、层数、性质、密度以及所在城市和地区历史文化传统、建筑特色等资料。

(6) 工程设施及管线现状资料。

(7) 现有公共建筑、包括行政、经济、文化、体育、卫生、生活福利设施等建筑的分布情况、用地面积、建筑面积、建筑层数和质量等。

(8) 土地经济分析资料，包括地价等级、土地级差效益、有偿使用状况、开发方式等。

(9) 有关气象、水文、地质和地震资料；历史文化资料；区域环境资料等。

(四) 控制指标的内容

(1) 控制指标分为规定性指标和指导性指标两类，规定性指标是在进行修建性详细规划或规划管理时必须执行的指标；指导性指标是供管理者和设计者参考的指标。

(2) 基本控制指标(规定性指标)，①用地性质；②用地面积；③建筑密度；④建筑高度(建筑控制高度)；⑤容积率；⑥绿地率；⑦建筑后退；⑧出入口位置；⑨公共服务设施配套要求；⑩配建停车车位。

(3) 其他控制指标(或称指导性指标)，①建筑形式(包括体量控制) ；②建筑色彩(指导性控制)；③公共绿地面积(地面上绿地，其中绿化面积含水面)；④人口容量(主要用于风景区规划)；⑤最大建筑面宽(建筑物临街一面的最大宽度控制)；⑥最小建筑面宽(建筑物临街一面的最小宽度控制)；⑦保护要求(对古建筑或古遗址的保护)；⑧环境景观要求(如城市风貌控制)；⑨环境要求(对影响城市环境质量的有害因素的控制要求)。

(五) 基本控制指标的确定

1. 用地性质

用地性质是对地块使用功能和属性的控制。表示方式按照国标《城市用地分类与规划建设用地标准》(GBJ 137—90)中的城市用地分类类别代号。

(1) 符合城市总体规划或分区规划所确定的用地性质。

(2) 按分类标准应划分到小类，项目不确定或特殊情况可划分到中类。

(3) 在不违反城市总体规划或分区规划原则的基础上，允许用地性质具有一定的弹性，通过"用地与建筑相容性表"和"用地性质可更动范围的规定"来反映。

(4) 用地性质更动不得影响城市总体规划或分区规划所确定的城市结构。

(5) 任何用地性质的更动均须经当地规划主管部门批准。规划只提出技术上的可行性。

(6) 综合用地(指用地划分到中类的情况)的用地分类类别代号可参照如下方法确定。①商业与居住混合：C2/R2。②办公与居住混合：C1/R2。③工业与居住混合：M1/R3。其代号排列顺序的一般原则是：哪类用地性质为主哪类用地就排在"/"之前，即本次规划的上一层次所确定的用地性质排在前，以便与总体规划或分区规划的用地分类相衔接。

2. 用地面积

用地面积是对地块平面大小的控制(扣除城市道路占用面积后的实际可开发用地面积)。单位：公顷(hm^2)。

(1) 地块的大小应根据规划项目的具体情况，一般划分不大于支路或以组团为单位。

(2) 地块内可以包括路面宽 5 米以下的道路，一般居住用地的地块不大于 5 公顷(无须给出容量指标的地块除外)。

(3) 地块的划分应便于用地的管理和划拨土地的方便，地块划分的界线应具有明显的可界定性。

(4) 旧区改建规划地块划分要尽量以现状道路为界，并标明路名和地名。新区开发的地块划分应根据近期建设用地的现状地形图和实际用地情况，尽量以现状的沟渠土路等地上参照物为界。如找不出参照物，最好给出参考坐标或距最近参照物的平面尺寸。

(5) 在用地性质分类的中类范围内，不同性质的用地(综合用地除外)不能划在一个地块内。

(6) 地块面积的计算方法须统一，一般以道路红线为界的地块，其面积应计算至道路红线。

(7) 山地规划地块面积应计算至台地边界，如果台地有护坡，其地块面积应包括护坡的正投影面积。护坡不论大小，均不应作为地块单独划出，特殊情况时可根据当地的开发政策在计算面积时适当扣除。

3. 建筑密度

建筑密度是指地块内所有建筑基底占地面积与地块用地面积之比，它是控制地块容量和环境质量的重要指标。单位：%。

(1) 保证土地的合理使用和良好的环境质量。

(2) 与地块区位、地块性质、建筑高度、建筑间距、容积率等因素综合考虑。

(3) 在居住区规划中，建筑密度的制定须保证住宅和中小学、医院、休(疗)养建筑、幼儿园、托儿所的日照间距。山地城市要考虑不同坡向对建筑密度的影响。

4. 建筑高度(建筑控制高度)

建筑高度是指地块内建筑(地面上)最大高度限制，简称建筑限高。单位：米(m)。

(1) 保证土地的合理使用。

(2) 保证城市的总体景观效果。

(3) 与地块区位、地块性质、建筑间距、容积率、绿地率等综合考虑，保证其可操作性。

(4) 满足消防和净空要求。

(5) 对旅游城镇中心区的重要地段，沿路建筑高度须与建筑后退距离综合考虑。

(6) 山地区域要考虑不同坡向对建筑高度的影响。

5. 容积率

容积率是指地块总建筑面积与地块用地面积之比，是表述地块开发强度的一项重要指标。

(1) 保证土地的合理使用和良好的环境质量。

(2) 与地块区位、地块性质、建筑高度、建筑间距和建筑密度等因素综合考虑，保证其可操作性。

(3) 必要时可给出容积率指标应给出上下限幅度，便于在实际操作中调节。

(4) 在旧区改建中应考虑容积率和拆建比的关系。

6. 绿地率

绿地率指地块在地面上各类绿地的总和与地块用地总面积之比，是衡量环境质量的重要指标(绿地应包括公共绿地、宅旁绿地、公共服务设施所属绿地和道路绿地)。单位:%。

(1) 根据地块的不同使用功能确定绿地率。

(2) 已编制国标的以国标为准确定绿地率。

7. 建筑后退

建筑后退是指建筑控制线与道路红线或道路边界的距离，或与地块边界的距离。即：①沿路建筑退道路红线或道路边界。②相临地块建筑退地块边界。单位：米(m)。

(1) 根据地块位置和不同使用功能确定建筑后退的距离。

(2) 对于建筑控制线与道路红线之间的地段，应提出对其用途的控制要求。

(3) 相邻地块建筑控制线与地块边界距离的确定，应参照国标《建筑设计防火规范GBJ 16—87》。

8. 出入口位置

指街坊内或地块内机动车道与外围道路相交的出入口位置控制。即：①街坊禁止开设出入口路段和允许开设出入口的数量。②允许开设出入口位置和数量，一般用图例表示。

(1) 符合道路规划的要求，居住区规划应符合《城市居住区规划设计规范

GB 50180—93》。

(2) 一般地段可选用出入口位置控制的其中一项进行控制，山地城市须选用"允许开口位置和数量"进行控制。

9. 公共服务设施配套要求

主要指与居住人口规模相对应配建的、为居民服务和使用的各类设施，一般用于居住区。此项指标的确定以《城市居住区规划设计规范 GB 50180—93》为准，一般用列表方式表示。

10. 配建停车车位

对地块配建停车车位的控制。一般给出地块配建停车场的停车车位数(辆)，停车车位数应包括机动车和自行车两项。

(六)成果形式和深度

控制性详细规划的成果形式分为规划文件和规划图纸两部分。

(1) 规划文件包括文本和附件。

① 文本的内容包括规划实施细则，文本以条例的形式重点反映规划区各类用地控制和管理的原则及技术规定。文本经当地人民政府正式批准后，是具有法律效力的规划管理文件。文本还包括对制定管理条例的背景与依据的解释，供规划管理人员内部掌握，以便对技术规定作出解释或在特殊情况下对技术规定作出调整。

② 附件包括规划说明书和基础资料汇总。规划说明书应根据该控制性详细规划的具体内容，重点阐述现状条件分析、总体控制与地块控制的方法和特点，规划构思和主要技术经济指标(主要技术经济指标包括用地平衡表、规划容量等，用地平衡表的格式根据规划项目的内容参考有关规范或技术规定)。

③ 基础资料汇总可单独编制，也可纳入说明书现状条件分析一并编制。

(2) 规划图纸包括如下内容。

① 规划区位置图(比例不限)。反映规划区用地范围、周围道路走向，规划用地与毗邻用地的关系，规划区与周边区域的距离和关系。

② 规划区用地现状图(比例尺 1:1000～1:2000)。标明自然地貌、道路、绿化和各类现状用地的范围、性质以及现状建筑的性质、层数、质量等。

③ 规划用地功能分区图即土地使用规划图(比例尺 1:1000～1:2000)。标明规划用地分类、用地性质、各类用地规模、路网布局，该图应在现状图上绘制。

④ 道路交通规划图(比例尺 1:1000～1:2000)。标明规划区内道路系统与外部道路系统的联系，确定区内各级道路的红线宽度(即 GB 50220—95 中所指道路宽度)、道路线型，标明区内主要道路横断面、路口转弯半径、主要控制点的坐标和标高、路口交叉处处理示意以及主要停车场的位置。

⑤ 各项工程管线规划图(比例尺 1:1000～1:2000)。根据规划容量，确定各工程管

线的平面位置、管径、控制点坐标和标高以及工程设施的用地界线。对于旧区改建规划，保留利用的管网与新规划的管网要区别表示。

⑥ 控制性规划图则。图则分为总图图则和分图图则(或称各地块控制性详细规划图)。

总图图则(比例尺1:2000～1:5000)。为规划区用地详细划分之后的地块汇总，反映规划区内道路的用地红线位置，各分地块的划分界线，各分地块编号，用地性质，保留的用地和规划的用地地块要分别表示(必要时可以分项表示)。

分图图则(比例尺1:1000～1:2000)。为规划区用地详细划分后的分地块控制图，反映地块的面积、用地界线、用地编号、用地性质、规划保留建筑、公共设施位置及标注主要控制指标。对于旧区改建控制性详细规划，分图图则应在现状图上划出，反映现状与规划后的关系。

分图图则一般应分幅绘制，图幅大小、内容深度、表达方式均应统一规格。在特殊情况下，分图图则也可以合并成一张总图图则。

除上述图纸外，可根据项目需要增加所需的图纸和必要的分析图，如对于历史文化名城或具有保护价值的古建筑和传统民居等规划用地，应增加保护区划图，山地项目应增加竖向规划图。所有图纸均应附图注和图例。

地块划分以及各地块的使用性质和各地块控制指标一览表详见分图图则。一般文本的内容和格式可按建规(1995)333号《城市规划编制办法实施细则》第五章第二十九条"控制性详细规划文本的内容要求"编制文本。

三、修建性详细规划

编制修建性详细规划的原则应以近期建设为重点，以实施总体规划意图为目的，以综合规划设计城市空间为手段；编制工作要在具有完备基础资料的条件下进行，开展充分的调查研究，保护文物古迹风景名胜、传统街区和优秀的历史文化遗产等以及民族特色和地方风貌，创造舒适、宜人的城市空间环境，满足防洪、防火、抗震以及治安、交通管理等城市建设方面的要求，满足进行建筑初步设计和施工图设计的要求。

(一)编制程序

(1) 组织负责编制规划项目的工作小组，确定项目负责人，根据项目需要，配备相关专业技术人员。

(2) 收集和分析现状基础资料，进行现场踏勘。

(3) 编制规划方案，在方案编制初期，应进行多方案比较，征求有关专业技术人员和建设单位的意见，修改方案直至方案的确定。

(4) 绘制成果图和编制有关规划技术文件。

(5) 按技术要求交付成果。

(二)编制内容

(1) 建设条件分析及综合经济论证,包括地上建筑或构筑物的拆迁处理、现状交通和市政公用设施负荷情况,周围环境对该地区的建设要求,公共服务设施配套情况等,找出现状存在的问题及规划应注意解决的主要问题及措施。

(2) 建筑、绿地、环境景观的具体布置,以城市空间规划设计为重点,完善土地的开发和利用。协调包括建筑、道路、绿化、工程管线等建筑和各工程设施之间的关系。

(3) 编制各专业的单项规划设计。需要做到总平面施工图深度时,应编制各专业的单项初步设计。

(4) 列出主要技术经济指标,估算工程量、拆迁量和总造价、分析投资效益。

(三)基础资料

(1) 已批准的城市总体规划、分区规划及控制性详细规划的规划技术文件。

(2) 准确反映近期现状的地形图(比例尺 1:1000 或 1:500)。

(3) 现状人口详细资料,居住区规划应包括人口密度、人口分布、人口构成、平均每户人数等。其他内容的规划可增加相关的人口资料。

(4) 土地现状利用资料,规划管理部门有关规划范围用地的拨地红线图以及周围用地情况(比例尺 1:1000 或 1:2000)。

(5) 建筑现状资料,包括各类建筑面积、建筑质量、层数、用途等。该规划范围或地段内地上、地下的重要建筑物和构筑物的平面、立面图以及周围的现状、重要建筑物或构筑物的情况(1:1000 或 1:100)。

(6) 工程设施及管线现状资料。

(7) 有关气象、水文、地质和地震资料,历史文化资料,区域环境资料。

(8) 各类建筑工程造价等资料。

(9) 规划人员应针对规划项目的内容和特点,调查、分析、研究该规划项目所在区域的历史文脉、地方风貌、风土人情、建筑形式和空间环境的特点,制定可行性研究大纲,确定空间环境的质量规划目标。

(四)成果形式和深度

修建性详细规划的成果形式分为规划文件和规划图纸两部分。

规划文件为规划设计说明书。说明书应根据该修建性详细规划的内容,重点阐述现状条件的分析,规划原则和规划构思,规划方案的主要特点和主要技术经济指标(主要技术经济指标包括用地平衡表、规划总人口、总建筑量、各类建筑明细表及投资估算等)。

(1)规划图纸包括以下内容。

① 规划地段位置图(比例不限)。标明规划地段在城市的位置以及和周围地区的关系。

② 规划地段现状图(比例尺 1:500~1:1000)。标明自然地貌、道路、绿化、工程管

线和各类现状建筑用地范围以及建筑的性质、层数、质量等(工程管线现状图可单独绘制)。

③ 规划总平面图(比例尺1:500～1:1000)。标明各项规划建筑布置、内部道路网及其与周围道路的衔接,停车场站、广场及绿化系统,河湖水面的位置和范围,现状保留的建筑与规划建筑应用不同粗细的线条或不同的颜色分别表示,对于地形比较复杂的地段或旧区改建规划,规划图应在现状图上绘制。图上应标明每栋建筑的性质、层数等。

④ 道路交通规划图(比例尺1:500～1:1000)。标明规划区内道路系统及与外部道路系统的联系,标明各级道路的红线位置、道路线型、道路横断面、路口转弯半径、道路中心线交点坐标和标高,表示机动车道与非机动车道以及人行道的分流和衔接、停车场的位置和出入口。

⑤ 竖向规划图(比例尺1:500～1:1000)。标明规划区内不同地面的标高(室外地坪规划标高),主要道路路口标高、坡度和坡向及地面自然排水的方向,标出步行道、台阶、挡土墙、排水明沟等,规划图应在现状图或地形图上绘制。

⑥ 单项或综合工程管网规划图(比例尺1:500～1:1000)。图上应标明各类市政公用设施管线的平面位置、管径、主要控制点标高,以及有关设施和构筑物位置。对于旧区改建规划,保留利用的管网与新埋设的管网要区别表示,单项管网应按给水、排水、供电、电信、燃气、供热等分别出图,图面深度按各专业的规定执行。

⑦ 表达规划设计意图的模型和鸟瞰图。

(2) 上述所列图纸是编制修建性详细规划必须完成的图纸,必要时可增加如下图纸。

① 规划用地功能分区图(比例尺1:1000～1:2000)。对于规划范围较大且不是单一功能的规划用地应绘制用地功能分区图,标明用地分类、用地性质、各类用地规模,该图应在现状图上绘制。

② 绿地规划图(比例尺1:500～1:1000)。绿地规划图以规划总平面图为依据,反映各级公共绿地的布局,出入口、路网、行道树、园林建筑设施、园林小品的布置、地面铺装以及绿化种植示意。

(3) 修建性详细规划需要直接做到总平面施工图设计的深度时,还应增加如下内容。

① 主要建筑物平面、立面、剖面图,建筑物坐标,各种室外设施施工阶段设计方案图,如灯具、电话亭、果皮箱、栏杆、地砖、台阶、花池等(总平面图)。

② 道路中心线交点的标高、道路的纵坡平曲最小半径、路口交叉处理(道路交通规划图)。

③ 建筑物±0.00标高、地面高程处理、土方平衡估算(竖向规划图)。

④ 管底标高、复土厚度、主要接点、架埋方式、室外各处检查井、管沟盖的布置等。单项管网的设计深度按各专业施工图深度的规定执行(工程管网综合图)。

⑤ 植物配置,树种选择和栽植方式、树距等以及园林建筑设施和园林小品的轮廓尺寸,铺地大样等。(绿地规划图)以上所列图纸的深度均应满足建筑专业关于总体布置和室外工程的有关规定。比例尺可增大至1:200～1:500。

(4) 所有图纸均应附图注和图例。还可根据项目的需要和建设单位的要求增加如下内容。

① 分析图或图表。内容和深度可根据需要自定,比例尺不限。

② 空间设计。在编制修建性详细规划时应考虑到城市设计这一重要环节,其内容如下。

- 建筑空间:近期建设项目与未定建设项目地区及旧区的群体协调设计,街景立面、空间环境、城市轮廓线设计,城市生活环境空间等。
- 道路空间:人、车流的动态与其他静态空间的关系。
- 绿化空间:树种配置与建筑物和构筑物的关系,各种绿化形式之间的互相渗透与联系。
- 照明空间:灯具布置与设计,昼夜区别与光线所组成的空间。
- 文化及地方特色空间的保存与发扬。
- 水体空间:水系、河湖的利用。

③ 概算。包括主要专业工程量,主要专业工程的结构及构造特点,套用概算定额后的主要实物量,套用成本定额后的造价(本项宜由建设单位自行确定)。

第二节 建筑设计

一、建筑内容与形式的关系

什么是建筑发展中本质的联系呢?主要有三方面:①人们对建筑提出功能和使用方面的要求;②人们对建筑提出精神和审美方面的要求;③以必要的物质技术手段来达到前述两方面的要求。

(一)从功能使用要求来看

人们盖房子总是有它具体的目的和使用要求的,这在建筑中叫做功能。自古以来,建筑的式样和类型各不相同,仔细考查起来造成这种情况的原因尽管是多方面的,但是一个不可否认的事实是:功能在其中无疑起着相当重要的作用。

各类建筑由于功能要求千差万别,形式上也必然是千变万化的。

建筑形式主要是指它的内部空间和外部体形,而外部体形又是内部空间的反映,因而归根结底还必须去探索功能和空间之间的内在联系。

组成建筑最基本的单位,或者说最原始的细胞就是单个的房间,它的形式——包括空间的大小、形状、比例关系以及门窗等设置,都必须适合于一定的功能要求。每个房间正是由于功能使用要求不同而保持着各自独特的形式,以使之区别另一个房间。

然而就一幢完整建筑来讲,功能的合理性却不仅仅有赖于单个房间的合理程度,而且还有赖于房间之间的组合。

功能的变化和发展带有自发性,它是一种最为活跃的因素。特别是由于它在建筑中所占的主导地位,因而在功能与空间形式之间对立、统一的矛盾运动中,经常都是处于支配的地位,并成为推动建筑发展的原动力。但是正如事物发展的普遍规律一样,虽然强调了内容对于形式的决定性作用,但也不能低估形式对于内容的反作用。在建筑中,功能作为内容的一个主导方面确实对形式的发展起着推动作用,但也不能否定空间形式的反作用。一种新的空间形式的出现(被创造出来),不仅适应了新的功能要求,而且还会反过来促使功能朝着更新的高度发展。由于人不同于一般的动物而具有思维和精神活动的能力,因而供入住或使用的建筑应考虑它对于人的精神感受上所产生的巨大影响。除功能之外,还要考虑到人们对于建筑所提出的精神方面要求。

(二)从精神要求来看

虽然肯定了一般的建筑都必须同时满足物质功能和精神感受这两方面的要求,但也应当指出这两种要求在建筑中所占的地位并非完全相等。除纪念碑外,对于一般的建筑,甚至包括某些大型公共建筑在内,尽管要求具有很高的艺术感染力,但也不能否认物质功能在决定空间、体量方面所处的主导地位。

建筑性格特征所表现的是建筑物的个性。每一幢建筑由于功能性质不同,地形及环境条件不同,设计者的意图和构思不同,应当具有自己独特的形式和特点。除此以外,建筑形式还不可避免地要反映某个特定历史时期和特定民族、地区的特点。从这个意义上讲,处于同一时代的建筑,不论属于哪一种建筑类型,除了具有不同的性格特征外,又都共同地体现出一种共性特征,这种寓于个性之中的共性特征,由于是时代所赋予的,所以称之为时代风格。同理,处于同一民族或地区的建筑,不论它属于哪一种建筑类型,除具有不同的性格和个性特征外,又都共同地体现出一种共性特征,这种寓于个性之中的共性特征,由于是民族或地区所赋予的,所以称之为民族或地区风格。一幢建筑,从时间上讲它必然要处于某个特定的历史时期;从空间上讲它必然要处于某个特定的民族或地区,因而它必然同时兼有上述两重风格。

(三)从技术手段来看

能否获得某种形式的空间,不单取决于主观愿望,主要是取决于工程结构和技术条件的发展水平,如果不具备这些条件,所需要的那种空间将要变成幻想。从辩证唯物主义的观点看来,在内容与形式的关系中,内容居于决定的地位。具体到建筑活动,正如前面已经分析过的,功能作为建筑的首要目的,它的发展不仅带有自发性,而且又与社会的发展保持着千丝万缕的联系,因而就成为最活跃的因素。正是由于功能的要求和推动,才促进了工作结构的发展,从总的历史发展过程看,功能要求是一种最活跃的因素,正是在这一因素推动下,才要求以新的结构方法来形成新的空间形式以适应它不断提出的新要求。但是也不能把结构看成是完全消极被动的因素。当功能要求由于结构局限而无法形成所需要的某种形式空间时,结构就成为束缚和阻碍建筑发展的因素,然而一旦出现了一种新的结构形式和体系使功能的要求得以满足,这种新的结构形式和体系就会反过来推动建筑向前发展,这就表现为结构对于建筑发展的反作用。

二、功能与空间

人们经常提到的"建筑形式",严格地讲,它是由空间、体形、轮廓、虚实、凹凸、色彩、质地、装饰等种种要素集合而形成的复合概念。这些要素,有的和功能保持着紧密而直接的联系;有的和功能的联系并不直接、紧密;有的几乎与功能没有什么联系。但是有一点必须给予充分肯定:即建筑空间形式必须适合于功能要求。这种关系实际上表现为功能对于空间形式的一种制约性,或者简单地讲:就是功能对空间的规定性。

这种规定性表现在单一空间形式中最明显,例如一个房间或厅堂,它完全可以和容器相类似,容器的功能就在于盛放物品,不同的物品要求不同形式的容器,物品对于容器的空间形式概括起来有三个方面的规定性。一是量的规定性:即具有合适的大小和容量足以容纳物品;二是形的规定性:即具有合适的形状以适应盛放物品的要求;三是质的规定性:所围合的空间具有适当的条件(如温度、湿度等),以防止物品受到损害或变质。

如果把单一的空间——房间或厅堂——也看成是容器,尽管它所"盛放"的东西不是某个或某些具体的物,而是人或人们的活动,那么,它也必须具有以上三方面的规定性。

(一)功能对于单一空间形式、规定性

1. 功能对于空间大小、容量的规定性

功能对于空间的大小和容量要求理应按照体积来考虑,但在实际工作中为了方便起见,一般都以平面面积作为设计依据。设计工作一开始,首先要求确定房间面积。

2. 功能对于空间形状方面的规定性

在确定了空间的大小、容量之后,下一步就是确定空间的形状——是正方体、长方体抑或是圆形、三角形、扇形、乃至其他不规则形状的空间形式?当然,对于大多数房间来讲,多是采用长方体的空间形式,但即使是这样,也会因为长、宽、高三者的比例不同而有很大的出入。究竟应当取哪种比例关系?也只有根据功能使用特点才能作出合理的选择。

虽然上述各类房间都明显地表现出功能对于空间形状具有某种规定性,但是有许多房间由于功能特点对于空间形状并无严格的要求,这表明规定性和灵活性是并行而不悖的。

不过即使对空间形状要求不甚严格的房间,为了求得使用上的尽善尽美,也总会有它最适宜的空间形状,从这种意义上讲,功能与空间形状之间存在着某种内在的联系。

3. 功能对于空间质的规定性

功能对于空间的规定性首先表现在量和形这两个方面，但仅有量和形的适应还不够，还要使空间在质的方面也具备与功能相适应的条件。所谓质的条件，最起码的要求就是能够避风雨、御寒暑；再进一步的要求则是具有必要的采光、通风、日照条件；少数特殊类型的房间还要求防尘、防震、恒温、恒湿等。避风雨、御寒暑几乎是一切房间都必须具备的起码条件，自不待言。少数特殊类型的房间要求防尘、防震、恒温、恒湿等条件，主要是通过一定的机械设备或特殊的构造方法来保证的，与空间形式的关系不甚密切，这里也无须详细讨论。对于一般的房间，所谓空间的质，就是指一定的采光、通风、日照条件。

这个问题直接关系到开窗和朝向。不同的房间，由于功能要求不同，则要求有不同的朝向和不同的开窗处理。

(二) 功能对多空间形式的规定性

然而，仅仅使每一个房间分别适合于各自的功能要求，还不能保证整个建筑的功能合理性。这是因为除了极个别的建筑外，绝大多数建筑都是由几个、几十个、甚至几百个乃至上千个房间组合而成的。人们在使用建筑的时候，不可能把自己活动仅仅限制在一个房间范围之内而不牵连到别的房间。相反，房间与房间之间从功能上讲都不是彼此孤立的，而是互相联系的，为此，还必须处理好房间与房间之间的关系问题。只有按照功能联系把所有房间有机地组合在一起而形成一幢完整的建筑时，才能够说整个建筑的功能是合理的。这个问题也是一个功能与空间形式的关系问题，不过它却超出了单一空间的范围而表现为多空间的组合。

1. 用一条专供交通联系用的狭长空间——走道来连接各使用空间的空间组合形式

这种空间组合形式一般称为走道式。它的主要特点是：各使用空间之间没有直接的连通关系，而是借走道来联系。这种组合形式由于把使用空间和交通联系空间明确地分开，因而既可以保证各使用空间的安静和不受干扰，同时又能通过走道把各使用空间连成一体，从而使它们之间保持着必要的功能联系。另外，由于走道可长可短，因而用它来连接的房间可多可少。从它所具备的这些主要特点来看，适合于单身宿舍、办公楼、学校、医院、疗养院等建筑的功能联系特点。因而这些建筑多采用走道式的空间组合形式。

2. 各使用空间围绕着楼梯来布置的空间组合形式

这种空间组合形式是以一种垂直交通联系空间来连接各使用空间的。这种空间组合形式一般称之为单元式。由于楼梯比走道集中、周界短，因而它所连接的使用空间必然是既少又小。由于这一特点使得单元式空间组合形式具有规模小、平面紧凑和各使用空间互不干扰等优点。不言而喻，这种空间组合形式非常适合于人流活动简单而又必须保证绝对安静的住宅建筑功能要求。此外，还有少数托幼建筑也可采用这种类型的空间组合形式。

3. 以广厅直接连接各使用空间的空间组合形式

通过广厅专供人流集散和交通联系用的空间，也可以把各主要使用空间连接成一体。这种组合形式一般以广厅为中心，各使用空间呈辐射状态与广厅直接连通，从而使广厅成为大量人流集散的中心，通过这个中心既可以把人流分散到各主要使用空间，又可以把各主要使用空间的人流汇集于此，这样，广厅便十分自然地成为整个建筑物的交通联系中枢。一幢建筑视其规模大小和功能要求可以设一个或几个这样的交通中枢，其中可以有主有从，主要的中枢即是中央广厅，通常与主要入口结合在一起，起着总人流的分配作用；次要中枢即是过厅，起着人流再分配的作用。

由于广厅集中地担负着人流分配和交通联系的任务，从而大大地减轻人流对使用空间的干扰。在一般情况下，如果只设一个中央广厅，甚至还可以保证各使用空间不被穿行。另外，人们从广厅可以任意进入任何一个使用空间而不致影响其他使用空间，这就增加了使用和管理上的灵活性。由于广厅式空间组合形式具有以上一些特点，所以它一般适合于人流比较集中、交通联系频繁的公共建筑，如展览馆、火车、站图书馆等。

4. 使用空间互相穿套、直接连通的空间组合形式

这种空间组合形式通常称之为套间式。前面所介绍的三种空间组合形式，尽管各有特点，但都是把使用空间和交通联系空间明确地分开。套间式的空间组合形式则是把各使用空间直接地衔接在一起而形成整体，这样就不存在专供交通联系用的空间了。在套间式的组合中，为适应不同人流活动的特点，又可分为以下三种不同的组合形式。

(1) 串联式的组合形式。各使用空间按一定顺序一个接一个地互相串通，首尾相连，从而连接成为整体(在一般情况下构成一个循环)。这种空间组合形式的各使用空间直接连通，不仅关系紧密并且具有明确的程序和连续性，因而通常合于博物馆、陈列馆建筑的功能要求。

(2) 在一个完整的大空间内自由灵活地分隔空间。这种空间形式打破了传统的"组合"概念，它不是把若干个独立的空间通过某种方式或媒介连接在一起而形成整体，而是把一个大空间分隔成为若干个部分，这些部分虽然有所区分，但又互相穿插贯通，彼此之间没有明确、肯定的界线，从而就失去了各自的独立性。

这种空间形式是西方近现代建筑的产物，它的主要特点是打破了古典建筑空间组合的机械性，而为创造高度灵活、复杂的空间形式开辟了可能性。

(3) 在一个大空间内沿柱网对空间进行分隔。在设有柱子的大空间内，沿柱网把空间分隔成为若干部分，这也是套间式空间组合的一种形式。由于把交通联系空间与使用空间合而为一，使得被分隔的空间直接连通、关系紧密，加之柱网的排列整齐划一，这种形式将有利于交通运输路线的组织，为此，这种空间形式适合于生产性建筑的工艺流程，一般的工业厂房多取这种空间形式。此外，某些商业建筑、如大型百货公司也适合

于采用这种形式的空间。

套间式空间组合形式是资本主义近现代建筑十分推崇的空间形式,但限于功能要求,有相当多的房间如居室、教室、病房等依然不适合于采用这种空间形式,从这里也可看出功能对于空间形式的规定性。

5. 以大空间为中心、四周环绕小空间的空间组合形式

以体量巨大的主体空间为中心,其他附属或辅助空间环绕着它的四周布置。这种空间组合形式的特点是:主体空间十分突出、主从关系异常分明,另外,由于辅助空间都直接地依附于主体空间,因而与主体空间的关系极为紧密。由于这些特点,一般电影院建筑、剧院建筑、体育馆建筑都适合于采用这种空间组合形式。此外,某些菜市场、商场、火车站、航空站等建筑也可以采用这种类型的空间。

以上从功能对于空间形式的规定性角度,阐明不同性质的建筑,由于功能特点不同、人流活动情况不同,必然要求与之相适应的不同空间组合形式,也就是建筑的空间组合形式必须适合于建筑的功能要求。事实上,由于建筑功能的多样性和复杂性,除少数建筑由于功能比较单一而只需要采用一种类型的空间组合形式外,绝大多数建筑都必须综合地采用两种、三种或更多种类型的空间组合形式,只不过以某一种类型为主而已。例如旅馆建筑,它的客房部分无疑适合于采用走道式的空间组合形式,但公共活动部分则适合于采用套间式、广厅式的空间组合形式。

三、建筑设计中的形式美规律

(一)以简单的几何形状求统一

古代一些美学家认为简单、肯定的几何形状可以引起人的美感,他们特别推崇圆、球等几何形状,认为是完整的象征——具有抽象的一致性;圆周上的任意点距圆心等长;圆周长永远是直径的 π 倍……。在论及正方形和立方体时认为是完全整齐一律的形体——所有的边等长;无论哪一个面都有同样大小的面积和同等的角度,特别是由于它是直角形,这角度不能像钝角或锐角那样,可以随便改变其大小。近代建筑巨匠勒·柯布西耶也强调:"原始的体形是美的体形,因为它能使我们清晰地辨认"。所谓原始的体形就是指圆、球、正方形、立方体以及正三角形等。所谓容易辨认,就是指这些几何状本身简单、明确、肯定,各要素之间具有严格的制约关系。

(二)主从与重点

在由若干要素组成的整体中,每一要素在整体中所占的比重和所处的地位,将会影响到整体的统一性。倘使所有要素都竞相突出自己,或者都处于同等重要的地位,不分主次,这些都会削弱整体的完整统一性。

在建筑设计实践中,从平面组合到立面处理;从内部空间到外部体形;从细部装饰

到群体组合，为了达到统一都应当处理好主与从、重点和一般的关系。体现主从关系的形式是多种多样的，一般地讲，在古典建筑形式中，多以均衡对称的形式把体量高大的要素作为主体而置于轴线的中央，把体量较小的从属要素分别置于四周或两侧，从而形成四面对称或左右对称的组合形式。四面对称的组合形式，其特点是均衡、严谨、相互制约的关系极其严格。

(三)均衡与稳定

处于地球引力场内的一切物体，都摆脱不了地球引力——重力的影响，人类的建筑活动从某种意义上讲就是与重力作斗争的产物。古代埃及的金字塔，以人们难以置信的艰苦代价把一块巨石叠放在另一块巨石之上，从而建造起高达 146.5 米的方尖锥形石塔。罗马建筑师的功绩不仅在于创造了宏大的拱和穹隆，而且还在于创造了多层结构，从而建造了像科洛西姆大斗兽场那样的多层建筑。为了进一步摆脱重力的羁绊，中世纪建筑师不仅建造了高耸入云的尖塔，而且还创造了极其轻巧的尖拱拱肋和飞扶壁结构体系，并借助于它建造了无数既宏伟又轻盈的高直式教堂建筑。在东方，我们的祖先则以木构架建造了高达九级的应县佛宫寺木塔……。从这些历史的回顾中不难看出，迄今所保留下来的这些建筑遗迹，从某种意义上讲，可以把它看成是人类战胜重力的记功碑。

存在决定意识，也决定着人们的审美观念。在古代，人们崇拜重力，并从与重力作斗争的实践中逐渐地形成了一整套与重力有联系的审美观念，这就是均衡与稳定。人们从自然现象中意识到一切物体要想保持均衡与稳定，就必须具备一定的条件：例如像山那样下部大、上部小，像树那样下部粗、上部细、并沿四周对应地出杈，像人那样具有左右对称的体形，像鸟那样具有双翼……。除自然的启示外，还通过自己的建筑实践更加证实了上述均衡与稳定的原则，并认为凡是符合于这样的原则，不仅在实际上是安全的，而且在感觉上也是舒服的；反之，如果违背这些原则，不仅在实际上不安全，而且在感觉上也不舒服。于是人们在建造建筑时都力求符合于均衡与稳定的原则。

以静态均衡来讲，有两种基本形式：一种是对称的形式；另一种是非对称的形式。对称的形式天然就是均衡的，加之它本身又体现出一种严格的制约关系，因而具有一种完整统一性。正是基于这一点，人类很早就开始运用这种形式来建造建筑。古今中外有无数的著名建筑都是通过对称的形式而获得明显的完整统一性。

除静态均衡外，有很多现象是依靠运动来求得平衡的，例如旋转着的陀螺、展翅飞翔的鸟、奔驰着的动物、行驶着的自行车等，就是属于这种形式的均衡，一旦运动终止，平衡的条件将随之消失，因而人们把这种形式的均衡称之为动态均衡。如果说建立在砖石结构基础上的西方古典建筑其设计思想更多地从静态均衡角度来考虑问题，那么近现代建筑师还往往用动态均衡的观点来考虑问题。

此外，近现代建筑理论非常强调时间和运动这两方面的因素。这就是说人对于建筑的观赏不是固定于某一个点上，而是在连续运动的过程中来观赏建筑。从这种观点出发，必然认为像古典建筑那样只突出地强调正立面的对称或均衡是不够的，还必须从各个角度来考虑建筑体形的均衡问题，特别是从连续行进的过程中来看建筑体形和外轮廓线的变化，这就是格罗庇乌斯所强调的："生动有韵律的均衡形式"。

(四)对比与微差

对比和微差是相对的，何种程度的差异表现为对比，何种程度的差异表现为微差？这之间没有一条明确的界线，也不能用简单的数学关系来说明。例如一列由小到大连续变化的要素，相邻者之间由于变化甚微，可以保持连续性，则表现为一种微差关系。如果从中抽去若干要素，将会使连续性中断，凡是连续性中断的地方，就会产生引人注目的突变，这种突变则表现为一种对比的关系。突变的程度愈大，对比就愈强烈。

对比和微差只限于同一性质的差异之间，如大与小、直与曲、虚和实以及不同形状、不同色调、不同质地等。在建筑设计领域中，无论是整体还是局部，单体还是群体，内部空间还是外部体形，为了求得统一和变化，都离不开对比与微差手法的运用。

(五)韵律与节奏

韵律美按其形式特点可以分为几种不同的类型。

(1) 连续的韵律。以一种或几种要素连续、重复于地排列而形成，各要素之间保持着恒定的距离和关系，可以无止境地连绵延长。

(2) 渐变韵律。连续的要素如果在某一方面按照一定的秩序而变化，例如逐渐加长或缩短，变宽或变窄，变密或变稀等。由于这种变化取渐变的形式，故称渐变韵律。

(3) 起伏韵律。渐变韵律如果按照一定规律时而增加，时而减小，有如浪波之起伏，或具不规则的节奏感，即为起伏韵律。这种韵律较活泼而富有运动感。

(4) 交错韵律。各组成部分按"一定规律交织、穿插而形成。各要素互相制约，一隐一显，表现出一种有组织的变化。

以上四种形式的韵律虽然各有特点，但都体现出一种共性：具有极其明显的条理性、重复性和连续性。借助于这一点既可以加强整体的统一性，又可以求得丰富多彩的变化。

韵律美在建筑中的体现极为广泛、普遍，不论是中国建筑或西方建筑，也不论是古代建筑或现代建筑，几乎处处都能给人以美的韵律节奏感。过去有人把建筑比作"凝固的音乐"，其道理正在于此。

(六)比例与尺度

任何物体，不论呈何种形状，都必然存在着三个方向——长、宽、高——的度量，比例所研究的就是这三个方向度量之间的关系问题。所谓推敲比例，就是指通过反复比较而寻求出这三者之间最理想的关系。

功能对于比例的影响也是不容忽视的。譬如房间的长、宽、高三者尺寸，基本上都是根据功能决定的，而这种尺寸正决定着空间的比例和形状。在推敲空间比例时，如果违反了功能要求，把该方的房间拉得过长，或把该长的房间压得过方，这不仅会造成不适用，而且也不会引起人的美感。这是因为美不是事物的一种绝对属性，美不能离开目的性，从这个意义上讲，"美"和"善"这两个概念是统一而不可分割的。古代希腊哲学家苏格拉底正是这样来论证美的相对性的。

除材料、结构、功能会影响比例外，不同民族由于文化传统的不同，在长期历史发展的过程中，往往也会以其所创造的独特的比例形式，而赋予建筑以独特的风格。

总之，构成良好比例的因素是极其复杂的，它既有绝对的一面，又有相对的一面，企图找到一个放在任何地方都适合的、绝对美的比例，事实上是办不到的。和比例相联系的另一个范畴是尺度。尺度研究建筑物整体或局部给人感觉上的大小印象和其真实大小之间的关系问题。比例主要表现为各部分数量关系之比，是相对的，可不涉及到具体尺寸。尺度则不然，它要涉及真实大小和尺寸，但是又不能把尺寸的大小和尺度的概念混为一谈。尺度一般不是指要素真实尺寸的大小，而是指要素给人感觉上的大小印象和其真实大小之间的关系。从一般道理上讲，这两者应当是一致的，但实际上，却可能出现不一致的现象。如果两者一致，则意味着建筑形象正确地反映了建筑物的真实大小；如果不一致，则表明建筑形象歪曲了建筑物的真实大小。这时可能出现两种情况：一是大而不见其大，即实际尺寸很大，但给人的印象并不如真实的大；二是小题大做，即本身并不大，却以"装腔作势"的姿态故意装扮成很大的样子。对于这两种情况，通常都称之为失掉了应有的尺度感。

建筑物的整体是由局部组成的，整体的尺度感固然和建筑物真实大小有着直接的联系，但从建筑处理的角度看，局部对于整体尺度的影响也是很大的。局部愈小，通过对比作用，可以反衬出整体愈高大。反之，过大的局部，则会使整体显得矮小。在实践中，某些高大的建筑物，由于设计者没有意识到这一点，不自觉地加大了细部尺寸，其结果反而使整个建筑显得矮小。

四、外部体形的处理

建筑物的外部体形是怎样形成的呢？它不是凭空产生的，也不是由设计者随心所欲决定的，它应当是内部空间的反映。有什么样的内部空间，就必然会形成什么样的外部体形。当然，对于有些类型的建筑，外部体形还要反映出结构形式的特征，但在近现代建筑中，由于结构的厚度愈来愈薄，除少数采用特殊类型结构的建筑外，一般的建筑其外部体形基本上就是内部空间的外部表象。

除此之外，建筑物的体形又是形成外部空间的手段。各种室外空间如院落、街道、广场、庭园等，都是借建筑物的体形而形成的(包括封闭与开敞两种形式的外部空间)。由此可见，建筑物的体形绝不是一种独立自在的因素，作为内部空间的反映，它必然要受制于内部空间；作为形成外部空间的手段，它又不可避免地要受制于外部空间。这就是说：它同时要受到内、外两方面空间的制约，只有当它把这两方面的制约关系统一协调起来，它的出现才是有根有据和合乎逻辑的。这样说来，建筑物的体形虽然本身表现为一种实体，但是从实质上讲却又可以把它看成是隶属于空间的一种范畴。

(一) 主从分明、有机结合

一幢建筑物，不论它的体形怎样复杂，都不外乎是由一些基本几何形体组合而成的。只有在功能和结构合理的基础上，使这些要素能够巧妙地结合成为一个有机的整体，才能具有完整统一的效果。

完整统一和杂乱无章是两个互相对立的概念。体量组合，要达到完整统一，最起码的要求就是要建立起一种秩序感。那么从哪里入手来建立这种秩序感呢？我们知道：体量是空间的反映，而空间主要又是通过平面来表现的，要保证有良好的体量组合，首先必须使平面布局具有良好的条理性和秩序感。

(二) 体量组合中的对比与变化

体量是内部空间的反映，为适应复杂的功能要求，内部空间必然具有各种各样的差异性，而这种差异性又不可避免地要反映在外部体量的组合上。巧妙地利用这种差异性的对比作用，将可以破除单调以求得变化。

体量组合中的对比作用主要表现在三个方面：①方向性的对比；②形状的对比；③直与曲的对比。在以上三个方面中，最基本和最常见的是方向性的对比。所谓方向性的对比，即是指组成建筑体量的各要素，由于长、宽、高之间的比例关系不同，各具一定的方向性，交替地改变各要素的方向，即可借对比而求得变化。一般的建筑，方向性的对比通常表现在三个向量之间的变换。如用笛卡儿坐标关系来表示，这三个向量分别为：平行于 x 轴；平行于 z 轴；平行于 y 轴，前两者具有横向的感觉，后一种则具有竖向的感觉，交替穿插地改变各体量的方向，将可以获得良好的效果。由著名建筑师杜·陶克(W.M.nudok)所设计的荷兰某市政厅建筑，可以说是利用方向性对比而取得良好体量组合的杰出范例。

在体量组合中，还可以通过直线与曲线之间的对比而求得变化。由平面围成的体量，其面与面相交所形成的棱线为直线；由曲面围成的体量，其面与面相交所形成的棱线为曲线。这两种线型分别具有不同的性格特征：直线的特点是明确、肯定，并能给人以刚劲挺拔的感觉；曲线的特点是柔软、活泼而富有运动感。在体量组合中，巧妙地运用直线与曲线的结合，将可以丰富建筑体形的变化。

(三) 稳定与均衡的考虑

建筑体形要想具有安全感，就必须遵循稳定与均衡的原则。

所谓稳定的原则，就是像金字塔那样，具有下部大、上部小的方锥体；或像我国西安大雁塔那样，每升高一层就向内作适当的收缩，最终形成一种下大上小的阶梯形。西方古典建筑和我国解放初期建造的许多公共建筑，其体量组合大体上遵循的就是这种原则。

在体量组合中，均衡也是一个不可忽视的问题。由具有一定重量感的建筑材料砌筑而成的建筑体量，一旦失去了均衡，就可能产生畸重畸轻、轻重失调等不愉快的感觉。

不论是传统的建筑或近现代建筑，其体量组合都应当符合均衡的原则。

传统建筑体量组合的均衡可以分为两大类：一类是对称形式的均衡；另一类是不对称形式的均衡。前者较严谨，能给人以庄严的感觉，后者较灵活，可以给人以轻巧和活泼的感觉。建筑物的体量组合究竟取哪一种形式的均衡，则要综合地看建筑物的功能要求、性格特征以及地形、环境等条件。

(四)外轮廓线的处理

外轮廓线是反映建筑体形的一个重要方面，给人的印象极为深刻。特别是当人们从远处或在晨曦、黄昏、雨天、雾天以及逆光等情况下看建筑物时，由于细部和内部的凹凸转折变得相对模糊时，建筑物的外轮廓线则显得更加突出。为此，在考虑体量组合和立面处理时应当力求具有优美的外轮廓线。

我国传统的建筑，屋顶的形式极富变化。不同形式的屋顶，各具不同的外轮廓线，加之又呈曲线的形式，并在关键部位设兽吻、仙人、走兽，从而极大地丰富了建筑物外轮廓线的变化。

类似于中国建筑的这些手法，在古希腊的建筑中也不乏其例。古希腊的神庙建筑，通常也在山花的正中和端部分别设置座兽和雕饰，这和我国古建筑中的仙人、走兽所起的作用极为相似，应当怎样来解释这种现象呢？如果说是巧合，毋宁说是出于轮廓线变化的需要。现代建筑尽管体形、轮廓比较简单，但在设计中必须通过体量组合以求得轮廓线的变化。例如某些高层建筑，虽然主体结构基本上像一具火柴盒子，但如果能够利用电梯的机房或其他公共设施，而在屋顶上局部地凸起若干部分，这将有助于打破外轮廓线的单调感。

(五)比例与尺度的处理

建筑物的整体以及它的每一个局部，都应当根据功能的效用、材料结构的性能以及美学的法则而赋予合适的大小和尺寸。

在设计过程中首先应该处理好建筑物整体的比例关系。也就是从体量组合入手来推敲各基本体量长、宽、高三者的比例关系以及各体量之间的比例关系。那么这是不是说建筑基本体量的比例关系会受到功能的制约呢？诚然，它确实受到功能的制约，然而却可以利用空间组合的灵活性来调节基本体量的比例关系。

在推敲建筑物基本体量长、宽、高三者的比例关系时，还应当考虑到内部分割的处理。这不仅因为内部分割对于体量来讲表现为局部与整体的关系，而且还因为分割的方法不同将会影响整体比例的效果。例如长、宽、高完全相同的两块体量，一块采用竖向分割的方法，另一块采用横向分割的方法，那么前一块将会使人感到高一些、短一些；后一块将会使人感到低一些、长一些。一个有经验的建筑师，应当善于利用墙面分割处理来调节建筑物整体的比例关系。

在考虑内部分割的比例时，也应当先抓住大的关系。建筑物几大部分的比例关系对整体效果影响很大，如果处理不当，即使整体比例很好，也无济于事。

再进一步就是在大分割内进行再分割，和比例相联系的是尺度的处理。这两者都涉及建筑要素之间的度量关系，所不同的是比例是讨论各要素之间相对的度量关系，而尺度讨论的则是各要素之间绝对的度量关系。例如有一个长方形，如果形状不变，其相对度量关系——比例——就已经被确定了下来。至于绝对度量关系——尺度——则表现为一种不确定的因素，它既可以大，也可以小，根本无从显示其尺度感。但经过建筑处理，便可从中获得某种度量的"信息"。

其他细部处理对整体的尺度影响也是很大的。在设计中切忌把各种要素按比例放大，尤其是一些传统的花饰、纹样，它们在人们心目中早已留下某种确定的大小概念，一旦放得过大就会使人对整体估量得不到正确的尺度感。例如新中国成立后建造的某些大型公共建筑，本是想获得一种夸张的尺度感，但是许多细部又是传统纹样的放大，结果是事与愿违，大而不见其大。

(六) 虚实与凹凸的处理

虚与实、凹与凸在构成建筑体形中，既是互相对立的，又是相辅相成的。虚的部分如窗，由于视线可以透过它而及于建筑物的内部，因而常使人感到轻巧、玲珑、通透。实的部分如墙、垛、柱等，不仅是结构支撑所不可缺少的构件，而且从视觉上讲也是"力"的象征。在建筑的体形和立面处理中，虚和实是缺一不可的。没有实的部分整个建筑就会显得脆弱无力；没有虚的部分则会使人感到呆板、笨重、沉闷。只有把这两者巧妙地组合在一起，并借各自的特点互相对比陪衬，才能使建筑物的外观既轻巧通透又坚实有力。

虚和实虽然缺一不可，但在不同的建筑物中各自所占的比重却不尽相同。决定虚实比重主要有两方面因素决定：其一是结构；其二是功能。古老的砖石结构由于门窗等开口面积受到限制，一般都是以实为主。近代框架结构打破了这种限制，为自由灵活地处理虚实关系创造了十分有利的条件。特别是玻璃在建筑中大量地应用，结构上仅用几根细细的柱子便可把高达几十层的"玻璃盒子"支撑于半空之中，如果论虚，可以说已经到了极限。

在体形和立面处理中，为了求得对比，应避免虚实双方处于势均力敌的状态。为此，必须充分利用功能特点把虚的部分和实的部分都相对地集中在一起，而使某些部分以虚为主，虚中有实；另外一些部分以实为主，实中有虚。这样，不仅就某个局部来讲虚实对比十分强烈，而且就整体来讲也可以构成良好的虚实对比关系。

除相对集中外，虚实两部分还应当有巧妙的穿插。例如使实的部分环抱着虚的部分，而又在虚的部分中局部地插入若干实的部分；或在大面积虚的部分，有意识地配置若干实的部分。这样就可以使虚实两部分互相交织、穿插，构成和谐悦目的图案。

如果把虚实与凹凸等双重关系结合在一起考虑，并巧妙地交织成图案，那么不仅可借虚实的对比而获得效果，而且还可借凹凸的对比来丰富建筑体形的变化，从而增强建筑物的体积感。此外，凡是向外凸起或向内凹入的部分，在阳光的照射下，都必然会产生光和影的变化，如果凹凸处理有当，这种光影变化，可以构成美妙的图案。

(七)墙面和窗的组织

一幢建筑，不论规模大小，立面上必然有许多窗洞。怎样处理这些窗洞呢？如果让它们形状各异、又乱七八糟地分布在墙面上，那么势必会形成一种混乱不堪的局面。反之，如果机械地、呆板地重复一种形式，也会使人感到死板和单调。为避免这些缺点，墙面处理最关键的问题就是要把墙、垛、柱、窗洞、槛墙等各种要素组织在一起，而使之有条理、有秩序、有变化，特别是具有各种形式的韵律感，从而形成一个统一和谐的整体。

墙面处理不能孤立地进行，它必然要受到内部房间划分、层高变化以及梁、柱、板等结构体系的制约。组织墙面时必须充分利用这些内在要素的规律性，而使之既美观又能反映内部空间和结构的特点。任何类型的建筑，为了求得重力分布的均匀和构件的整齐划一，都力求使承重结构——柱网或承重墙——沿纵、横两个方向作等距离或有规律的布置，这将为墙面处理、特别是获得韵律感创造十分有利的条件。

在墙面处理中，最简单的一种方法就是完全均匀地排列窗洞。有相当多的建筑由于开间、层高都有一定的模数，由此而形成的结构网格是整齐一律的。为了正确地反映这种关系，窗洞也只好整齐均匀地排列。这种墙面常流于单调，但如果处理得当，例如把窗和墙面上的其他要素(墙垛、竖向的棱线、槛墙、窗台线等)有机地结合在一起，并交织成各种形式的图案，同样也可以获得良好的效果。有些建筑，虽然开间一律，但为适应不同的功能要求，层高却不尽相同，利用这一特点，可以采用大小窗相结合，并使一个大窗与若干小窗相对应的处理方法。这不仅反映了内部空间和结构的特点，而且又具有优美的韵律感。北京火车站两翼部分的墙面处理就是一个比较典型的例子。在这里大小窗是按 1∶4 的对应关系组织的，既能反映房间的功能特点，又能正确地显示建筑物的尺度。

此外，还可以把窗洞成双成对地排列。例如某些办公楼建筑，可使窗洞偏于开间的一侧，这样，每两个开间的窗洞集中成一组，反映在立面上，窗洞就呈现为两两成对地重复出现，这种形式的开窗处理也具有一种特殊的韵律感。

(八)色彩、质感的处理

在视觉艺术中，直接影响效果的因素从大的方面讲无非有三个方面：形、色、质。在建筑设计中，形成联系的是空间与体量的配置，而色与质仅涉及到表面处理。设计者往往把主要精力集中于形的推敲研究，而只是在形大体确定之后，才匆忙地决定色与质的处理，因而有许多建筑都是由于对这个问题重视不够，致使效果受到不同程度的影响。

对于建筑色彩的处理，似乎可以把强调调和与强调对比看成是两种互相对立的倾向。西方古典建筑，由于采用砖石结构，色彩较朴素淡雅，所强调的是调和；我国古典建筑，由于采用木构架和玻璃屋顶，色彩富丽堂皇，所强调的则是对比。对比可以使人感到兴奋，但过分的对比也会使人感到刺激。人们一般习惯于色彩的调和，但过分的调和则会使人感到单调乏味。

色彩处理和建筑材料的关系十分密切。我国古典建筑以金碧辉煌和色彩瑰丽而见称，当然离不开琉璃和油漆彩画的运用。新中国成立后新建的大型公共建筑，除琉璃外还运用了各种带有色彩的饰面材料，如面砖、大理石、水磨石等新的建筑材料。但总的来讲我国当前的建筑材料工业还是比较落后的，还不能提供质优而色泽多样的建筑及装修材料。这在某种程度上确实影响到建筑的色彩、质感效果。不过我们也不应当以此为借口而放松对色彩的研究。事实证明：即使是一般的建筑材料，如果精心地加以推敲研究，也还是可以取得令人满意的色彩、质感效果的。例如当前大量性建造的住宅和公共建筑，虽然所使用的只不过是普遍的清水砖墙、水刷石、抹灰等有限的几种材料，但如组合得巧妙，一般都可以借色彩和质感的互相交织穿插、忽隐忽现而形成错综复杂并具有韵律美的图案。

色彩和质感都是材料表面的某种属性，在很多情况下很难把它们分开来讨论。但就性质来讲色彩和质感却完全是两回事。色彩的对比和变化主要体现在色相之间、明度之间以及纯度之间的差异性；而质感的对比和变化则主要体现在粗细之间、刚柔之间以及纹理之间的差异性。在建筑处理中，除色彩外，质感的处理也是不容忽视的。

质感处理，一方面可以利用材料本身所固有的特点来谋求效果，另外，也可以用人工的方法来"创造"某种特殊的质感效果。质感效果直接受到建筑材料的影响和限制。

从发展的总趋势看，建筑艺术的表现力主要应当通过空间、体形的巧妙组合，整体与局部之间良好的比例关系，色彩与质感的妥善处理等来获得，而不应企求于烦琐的、矫揉造作的装饰。但也并不完全排除在建筑中可以采用装饰来加强其表现力。不过装饰的运用只限于重点的地方，并且力求和建筑物的功能与结构有巧妙的结合。

就整个建筑来讲，装饰只不过是属于细部处理的范畴。在考虑装饰问题时一定要从全局出发，而使装饰隶属于整体，并成为整体的一个有机组成部分，任何游离于整体的装饰，即使本身很精致，也不会产生积极效果，甚至本身愈精致，对整体统一的破坏性就愈大。为了求得整体的和谐统一，建筑师必须认真安排好在什么部位作装饰处理，并合理地确定装饰的形式(如雕刻、绘画、纹样、线条……)，纹样、花饰的构图，隆起、粗细的程度，色彩、质感的选择等一系列问题。

第三节 景观设计

一、山地景观工程规划

风景园林山地景观工程规划，主要涉及自然山地景观工程规划和人工山地景观工程规划两个方面，其中自然山地景观工程规划主要包括对山地的保护、修复、合理开发、建设和利用等内容。其核心内容是如何通过山地景观工程进行有效的大生态环境保护。而人工山地景观工程规划则是通过挖填土方，丰富地貌，形成一个立体的生态山野林地。

如起伏的山岳，蜿蜒的草坡，诱人的沟壑、小溪、瀑布。并利用地形和林木灌丛组织景观空间，趋利避害。

(一) 山地景观工程

1. 自然山地景观的规划设计原则

自然山地景观工程是在自然山体的基础上进行的景观工程规划设计，涉及山地的保护、修复、合理开发、建设和利用等内容，体现自然中见人工的设计理念。

(1) 分析掌握工程地质动态。在进行规划设计时，要仔细分析工程地质状况，包括土的成分、地下水状况，划定出地质的软弱结构面和地质不良区。

(2) 谨慎动土。因地制宜，避免无序的人工开挖山体，采取适当的工程措施，将对山体土壤的扰动控制到最低程度。

(3) 保护植被。维护山地生物多样性是山地景观工程规划的重要使命。植被不仅可以对山地起到保护作用，还能防止水土流失。因此在自然山地景观规划设计中，要分析植被组成，用必要的工程措施给予植被最大的保护，并以最少破坏现有植被为规划设计原则，达到维持自然群落生态平衡的目的。

(4) 调节水文。处理好水文地质环境，使山体自然形成的排水通道保持通畅。

2. 人工山地景观工程的规划设计原则

人工山地景观工程是指在平缓或陡峭的地形基础上，通过人工挖方填方，并辅以适当的护坡与挡墙工程设施进行地形处理，营造多样的地貌，配合丛林灌木，围合空间，丰富景观层次。

(1) 因地制宜。《园冶》曰："高阜可培，低方宜挖"。仔细分析原有地形特征，充分利用地形特征，进行地形梳理和改造。

(2) 土方平衡。尽量做到土方平衡，计算挖填数量和运距，减少外运内送的土方量。

3. 山地景观工程规划中的几个注意问题

1) 山地景观工程与绿化设计

植物绿化不是可有可无的点缀，在山地景观工程设计中植物是最重要的设计元素。把绿化设计巧妙地与工程设施融为一体，可以增加绿量、软化硬质边界、美化环境，有利于自然与人工的和谐一致。

2) 山地工程与景观设计

工程设施在满足基本的功能要求后，更应注意其外观设计。注意造型、材质，体量与周围环境的关系，使工程设施本身成为美化环境的元素之一。甚至可根据某特定主题，对工程设施的造型进行艺术创造，使工程设施自身具有很强的观赏性，成为景观主景。凝固的瀑布为一特色艺术景观挡土墙，以模拟冬天冰瀑布为主题，设计思路新颖，造型别致。

3) 保存表土层

表土层富含大量的腐殖物，是最具肥力的土壤层。开发建设中要避免表土层被埋掉或被冲走，否则肥沃的土地就会变得贫瘠，因此应该在将被开发的全部土地上提出处置表土的方法和计划。

(二) 台阶与边坡

在山地景观工程中，场地的选择与布置，需根据山地的具体特征，因地制宜。场地往往化整为零，由分别处于不同高程上的若干台阶组成。山地区别于地势平缓的平地或缓坡，往往具有较大的坡度，山体本身容易失稳、坍塌。因此边坡的稳定性成为山地工程中另一个重要问题。必须对边坡进行工程地质研究，分析边坡的稳定性，并采取相应的工程措施进行加固。

1. 台阶

台阶的布置应该在适合该山地环境的生态指导原则下，根据场地的自然地理特征，按功能分区、内外交通组织、建筑密度和建筑物、构筑物的占地尺寸等因素合理确定。

1) 台阶划分的原则

台阶的划分与场地的功能分区、交通运输组织、管线布置等有着紧密的联系。在满足适用功能的前提条件下，将场地的平面与竖向布置统一考虑，结合场地条件合理进行台阶划分，保证场地布局合理性和经济合理性。台阶划分的主要原则有：

(1) 结合场地的功能分区，便于交通组织。

(2) 充分适应自然地形条件。

(3) 有利于减少土方量和基础工程量。

(4) 与场地施工方式相配合。

2) 台阶尺寸

(1) 台阶的宽度。台阶的宽度，主要取决于台阶的需要宽度和台阶的容许宽度。前者是建设项目总面积布置需要的台阶宽度，即根据建设项目使用功能、交通流线组织、台阶上建筑物与构筑物的尺度及布置方式、通道宽度、管线敷设要求、场地施工条件以及总平面布局等所需要的台阶宽度；后者是场地的自然条件容许的台阶宽度，即在经济合理的条件下，每一自然地形坡度实际允许的台阶宽度。若二者吻合，问题可顺利解决，否则必须采取有效措施，使二者能够协调。

(2) 台阶的高度。台阶的高差一般以 3.0~4.0 米为宜，以避免道路坡道过长，交通组织困难并增加挡土墙支挡结构工程量。但台阶的高差也不宜过低，一般不小于 1.0 米。过低的台阶虽能减少一些土方量，但总的意义不大，反而会带来其他一些不利影响。

3) 台阶的连接与过渡

(1) 连接方式。相邻台阶的连接方式，主要有边坡和挡土墙两种。在选择时要注意技术、经济合理和坡体的稳定性。一般来说，台阶的连接可考虑采用自然放坡，以节约投资。当自然放坡有困难或有其他要求时，可考虑对边坡采取防护、加固和支挡措施。

挡土墙因工程较大，投资昂贵，一般仅采用于用地条件受到限制、地质条件较差的地段。必要时台阶的连接可采用放坡和挡土墙相结合的方式。

(2) 连接和过渡的景观处理。

① 以景观挡墙连接过渡。对于地形起伏不大，高差在500米以内的地坪台地，在竖向地形处理上常采用景观挡墙作为高差的过渡。平面上可曲折变化，立面上亦可设置壁龛种植穴，以增情趣。

② 以立体式花台过渡。采用立体式花台，不仅可以自然过渡不同高差的台阶，还能突出绿化，形成空中花园的景观效果。

③ 以休闲草坡过渡。以休闲草坡过渡不同高差台地，不仅具有良好的景观效果，还能提供给人们一个可坐可躺可观的斜界面。

台阶间连接与过渡的景观处理方法很多，以上只是最常见的几种景观处理手法。正所谓"有法无式"，实际设计中应因地制宜，灵活应用。

2. 边坡

山地景观工程中，边坡的应用相当广泛，可分为路堤式边坡(填方放坡形成)，路堑式边坡(挖方放坡形成)两大类型。具体应用时应根据山地具体条件和环境，合理确定边坡的造型和坡度，并采取适当的工程措施以保证其稳定性。

1) 边坡的造型

边坡有以下三种基本造型。

(1) 直线型边坡。适用于垂直高度小于10米的一般均质土边坡，以及小于15米的黄土边坡和岩石边坡。

(2) 折线型边坡。适用于边坡较高，且上下土层稳定性有差别的土质边坡。当上部土质较好，下部土质较差时采取上陡下缓的形式。但这种形式不适应于黄土边坡。反之，当上部土质较差、下部土质较好时，可采用上缓下陡的形式。

(3) 台阶形边坡。若边坡较高或地层不均匀时，可根据降雨量的大小，在土石分界处分段设置平台，作成台阶形边坡。平台宽度一般为1.5～3.0米，在平台上设排水沟。每个平台台阶的分段高度，如果按照雨量大小来分段，可参见表6-1。

表6-1　按降雨量划分台阶的最大高度

年平均降雨量(毫米)	每个台阶的分台高度(米)		备注
	一般黏性土	黄土	
<250	—	12	
250～500	12	10	
500～750	10	8	
750～900	8	—	

2) 边坡的放坡要求

(1) 填方的边坡要求。填方的边坡坡度应根据填方的高度、基地土(岩)层的种类及其重要性等因素综合确定。永久性填方边坡的坡度，应符合表 6-2 的允许值规定；表中所未涵盖的其他情况，可参照有关资料规定或当地实际校验后，进行单独设计。

表 6-2　填方边坡坡度允许值

序号	填料类别	边坡最大高度(米)			边坡坡度			备 注
		全部高度	上部高度	下部高度	全部高度	上部高度	下部高度	
1	黏性土	20	8	12	—	1:1.5	1:1.75	(1) 用大的石块填、且边坡采用干砌，砌边坡坡度应根据具体情况确定。 (2) 在横坡陡于 1:5 地面的山坡填方石，应将原地面挖成台阶，台阶宽度不小于 1 米
2	砾石土、粗砂、中砂	12	—	—	1:1.5	—	—	
3	碎石土、卵石土	20	12	8	—	1:1.5	1:1.75	
4	不易风化的石头	8	—	—	1:1.3	—	—	
5		20	—	—	1:1.5	—	—	

(2) 挖方的边坡要求。挖方边坡的坡度，应根据基土(岩)的物理性质，场地工程地质和水文地质条件、边坡高度拟采用的施工方法，结合当地的实际经验确定。

当山坡稳定、地质条件良好、土(岩)质比较均匀时，挖方地段不致发生坍塌、滑坡移动、不均匀沉降、土质松碎和岩石的其他破碎等现象，永久性挖方边坡的坡度应符合表 6-3 和表 6-4 的规定。

表 6-3　挖方土质边坡坡度允许值

序号	土的类别	密实度或状态	坡度允许值(高宽比)		备 注
			坡高<5 米	坡高 5～10 米	
1	碎石土	密实	1:0.35～1:0.50	1:0.50～1:0.75	(1) 碎石土的填充物为坚硬或硬塑状态的黏性土。 (2) 砂土或填充物为砂土的碎石土，其边坡坡度允许值均按自然休止角确定。 (3) S_r 为饱和度(%)
2		中密	1:0.50～1:0.75	1:0.75～1:1.00	
3		稍密	1:0.75～1:1.00	1:1.00～1:1.25	
4	粉性土	S_r≤0.50	1:1.00～1:1.25	1:0.75～1:1.00	
5	黏性土	坚硬	1:0.75～1:1.00	1:1.00～1:1.25	
6		硬塑	1:1.00～1:1.25	1:1.25～1:1.50	

表 6-4 挖方岩石边坡坡度允许值

序号	岩石类别	风化程度	坡度允许值(高宽比)		备注
			坡高<8米	坡高 8～15米	
1	硬质岩石	微风化	1:0.10～1:0.20	1:0.20～1:0.35	
2		中等风化	1:0.20～1:0.35	1:035～1:0.50	
3		强风化	1:035～1:0.50	1:035～1:0.50	
4	软质岩石	微风化	1:035～1:0.50	1:0.50～1:0.75	
5		中等风化	1:0.50～1:0.75	1:0.75～1:1.00	
6		强风化	1:0.75～1:1.00	1:1.00～1:1.25	

3) 边坡的加固和支挡
(1) 用地条件受到限制，自然放坡无法满足工程要求，不得不采取较陡坡度。
(2) 地质条件较差，土体极易失稳的地段。

以上情况下，为保证边坡的稳定性，防止山体坍塌，必须对其进行加固和支挡。挡土墙可承受侧向压力，是主要的支挡措施之一，通常采用放坡和挡土墙相结合的方式。

(三)园林式挡土墙景观工程

挡土墙是防止土坡坍塌，承受侧向压力的构筑物，它在园林建筑工程中被广泛地用于房屋地基、堤岸、码头、河池岸壁、路堑边坡、桥梁台座、水榭、假山、地道、地下室等工程中。

挡土墙常用砖石、混凝土、钢筋混凝土等材料筑成。设计的关键是确定作用于墙背上侧向土压力的性质、大小、方向和作用点。

挡土墙的长、宽、高是由周边布局、竖向设计、力学原理来决定的。作为园林环境景观一部分的园林式挡土墙更突出园林式的"美化空间、美化环境"，其特点是采用必要的设计手法，打破挡墙线界僵化所造成的闭合感，巧妙地重新安排界面曲线的设计，运用周围各种有利条件挖掘潜在的"阳刚之美"，设计建造出满足功能、协调环境、有强烈空间艺术感受的挡墙。

(四)园林式挡土墙的美化设计手法

1."五化"

"五化"是指：化高为低、化整为零、化大为小、化陡为缓、化直为曲。

1) 化高为低

土质好，高差在1米以内的台地，尽可能不设挡土墙而按斜坡台阶处理，以绿化作为过渡，即使高差较大，放坡有困难的地方，也可在其下部设台阶式挡土墙，或于坡地上加做石砌连拱式发券，既保证了土坡稳定，空隙处也便于绿化，以保持生态平衡；同时也降低了挡土墙高度，节省工程造价。

2) 化整为零

高差较大的台地，挡土墙不宜一次砌筑完成，以免造成过于庞大的整体圬工挡土墙，而宜化整为零，分成多阶的挡土墙修筑，中间跌落处设平台绿化，这样多层次分层设置的小墙与原先设置的大挡土墙相比，不仅接触了视觉上的庞大笨重感，而且挡土墙的断面也大大减小，美观与工程经济得到统一。

3) 化大为小

在一些美观上有特殊要求的地段，土质不佳时，则要化大为小，使挡土墙外观由大变小，上部可一分为二，下部变宽大，更稳定，两者之间的联系部分作为绿化带的种植穴或多级跌落式人工瀑布的水潭。总之，应遵循"小、巧、精"的原则。

4) 化陡为缓

由于人的视角所限，同样高度的挡土墙，对人产生的压抑感大小常常由于挡土墙界面到人眼的距离近远的不同而不同，故挡土墙顶部的绿化空间，在直立式挡土墙不能见时，在倾斜面时则可见，这样，空间变得开敞了，环境也更显得明快了。

5) 化直为曲

曲线比直线更能吸引人的视线，给人以舒美的感觉，在一些特殊场合如纪念碑、露天剧场、音乐池座、球场等，挡土墙可以化直为曲，突出动态，结合功能之需成为灵活流畅的空间曲线，没有能比折板、拱形、弧形挡墙台阶等更有利于承担这个角色，亦便于形成空间视觉中心。

2. 结合园林小品，设计多功能的造景挡土墙

将画廊、宣传栏、广告、假山、花坛、坐椅、地灯、塑石标识等与挡土墙统一设计，可以节省费用和缩小挡土墙面积，使之更能强烈地吸引游人，成为环境景观的一部分，分散人们对墙面的注意力，产生和谐的亲切感。

墙顶设置通透拦板而不用实心拦板，以免加剧造成视觉上的沉重感，化实为虚，上下自成虚实对比。

挡土墙上设置阶梯宜用悬臂插板式，垂直于挡土墙布置，充分发挥其在挡土墙投下的光影效果，增加其动感。

3. 精心设计垂直绿化，丰富挡土墙空间环境

挡土墙要为垂直绿化提供条件——挡土墙分层，于墙上设置立体花坛、种植穴、使绿化能隐蔽挡土墙之劣处，以其绿化姿态拓展空间；渲染色彩、突出季相；分隔联系，命名景象，亲切宜人。

二、带形空间景观规划设计

带形空间是旅游项目景观规划中非常关键的构架式开放空间,也是城市中最活跃亮丽与动感的空间和场所。为游客提供一系列物流、人流、景流,安全舒适的休闲环境。

(一)带形空间概述

自然界的空间景观形态除以块状的、片状的景观形态外,还有以带形空间出现的景观形态,如滨河景观带,湖岸、海岸景观带,山涧沟溪景观带以及商业步行街、公路沿线绿化带、自然生态绿廊、视觉空间通廊等。

带形空间具有景观空间的观赏、生态、环保、旅游等功能和作用。同时,由于其自身的特点,又兼具商业、交通、泄洪、排涝等功能,这些功能性特点决定了其空间景观构成的性状特征。

(二)带形空间景观

带形空间景观是相对狭长的地形,利用相关景观元素组织而成的空间景观。相对狭长是个模糊的概念,一般场地的长与宽之比大于 3 时,可作为带形场地。场地宽度越大,空间的狭长感越弱;反之空间的狭长感越强。

由于具体的空间类型不同,其功能也各不相同。如:景区道路的首要功能是交通,其次是视觉景观形象问题;步行街的主要功能是商业、文化娱乐和节假日休闲;滨河道的主要功能是防洪,其次兼具休闲、游乐的功能;视觉走廊的功能则完全是风景观赏。

(三)带形景观空间的特性

带形景观空间的特性在于其空间上的延展性、时间上的流动性与整体景观的协调统一性和连续性。

(1) 空间上的延展性。指由于形态狭长而产生空间在某一方向上延伸和展开的特性。

(2) 时间上的流动性。指人们在不同位置、地点或时间上有不同的景观感受,也就是步移景异的效果。带形空间为景观的动态变化提供了有利条件。

(3) 整体景观的协调性和连续性。带形空间的景观规划必须把握其空间上的统一协调性,在统一中求变化,在变化上求协调。

(四)绿廊、路景、街道及林荫空间景观规划设计

近年来,各种新的设计理念不断涌现,新的景观空间设计手法不断出现,对绿廊、路景、街道及林荫空间等带形景观空间的多元理念、风格及其形态提出了更高要求。

1. 绿廊的景观规划设计

1) 绿廊的景观构成元素

绿廊是指附有绿色植物的景观廊道。构成绿廊景观空间的基本要素包括廊架、绿色植物、休闲坐椅、廊架外部空间等。廊架是组成绿廊的基本骨架。其材料、形式、地理位置有多种形式。按平面分有曲线形、直线形、组合形、圆弧形；按地形分有斜坡式、台阶式、水平式；按用材分有木廊、竹廊、钢筋混凝土廊、钢结构廊。廊架形式的选择需考虑地形环境和空间需求，以求与环境统一协调。绿色植物是形成绿廊特色的重要元素，植物品种的选择要考虑当地气候、植物对土壤的适应性及景观构成的协调性。绿廊的外部环境是构成绿廊景观空间的背景元素，这些元素包括周边的地形地貌，如建筑、河流、山脉、道路等。

2) 廊架的设计

廊架是支撑绿廊的主要构件，决定绿廊外形性状。廊架因其材料不同而有多种做法。

3) 绿廊植物的配置

植物采用藤本类攀缘植物，如凌霄、油麻藤、葡萄、鸡血藤等。

2. 路景与街道的景观规划设计

城市道路除了承担着重要的交通任务外，还从一个侧面代表着城市的形象，所以其空间的景观功能也是十分重要的。

城市道路根据道路的景观特性可分为生态景观型、建筑景观型、非物质型景观道路。根据其功能可分为交通性道路和生活性道路。

高速公路与立交除了路面，只有道路中的分隔带和两侧的绿化带；一般性道路除了道路、行道树绿化带外，还包括人行道；游步道则仅有道路路面及两侧的绿化带。道路设计体现的特性如下。

(1) 安全性。城市道路一般指城市的交通干道，在我国多为机动车、自行车和行人用道。如果各种交通的通道分隔不合理，就会影响交通的安全性。

(2) 可识别性。

① 道路空间结构的易于识别。城市道路应该具有明确的方位性，简洁的空间形式，有明显的标志性构筑物，以增强城市交通性街道的可识别性。

② 空间形象的整体性。沿街建筑形式的协调统一，绿化形式的统一，其他交通设施的系列化设计，形成统一完整的街道景观形象。

③ 街道空间的个性。街道两侧建筑与环境设施应注重表达地域的历史和文化，形成街道鲜明的个性。

④ 可观赏性。在设计中要求各景观要素不仅要体现外部形态和特征，还要能产生情感的反映，使城市道路具有较好的可观赏景观。

⑤ 舒适性。除了满足道路的使用功能和技术要求外，还要强调使用的舒适性，如人行道的夏季遮阳、方便驾驶员观看的信号灯。

⑥ 方便性。完善的配套设施。如在适当位置设置方便使用的加油站，同时兼顾日杂店和卫生间；港湾式停车场、坡道的设置，既不影响主道交通，又方便使用；自动停车收费系统也可为人们提供更多方便。

⑦ 可管理性。城市道路的日常管理应井然有序，合理的规划、明显的标志、必要的隔离，给人们行为提供了硬件的规范，并注意设施的日常保养和及时的维护。

3. 林荫空间景观规划设计

林荫空间是指以沿路两侧浓茂的树林，主要是乔木，再加上灌木、常绿树和地坡封闭的道路。行人或汽车走入其间如入森林之中，夏季绿荫覆盖，凉爽宜人，且具有明确的方向性，因此引人注目。一般用于城乡交界处或环绕城市或结合河湖布置。沿路植树要有相当宽度，一般在50米以上。郊区多为耕作土壤，树木枝叶繁茂，两侧景物不易看到。若是自然种植，则比较适应地形现状，可结合丘陵、河湖布置，采取成行成排种植，反映出整齐的美感。假若有两种以上树种相互间种，这种交替变化形成韵律，但变化不应过多，否则会失去规律性变成混乱。

4. 步行休闲游步道景观规划设计

步行休闲游步道不同于满足人们通行要求的人行道，而是为满足人们运动、休闲、赏景等特殊功能需求的步行系统。这里包含了人们物质和精神的双重需求。物质的需求包括人们运动健身、散步休闲、登山活动等。精神的需求包括漫步赏景、登高望远、郊游寻香等。

步行休闲游步道形式多样，就不同的地理位置而言，一般可分为竖向游步道和平面游步道。竖向游步道即为山地游步道，平面游步道有绿带游步道、滨河游步道、街巷游步道等。按不同的风格、构图来区分有规则式游步道和自然式游步道等。自然式的游步道比较符合中国人的造园思想，是中国园林的主要形式，强调的是人与自然的亲和关系。而规则式游步道布置必须采用严谨整齐的几何道路布局，更加突出了自然中见人工的效果。

1) 步行休闲游步道的景观组织

步行休闲游步道的景观组织必须具备一般园林道路共有的特点，给予徒步休闲者在景观艺术和身心健康上最大限度的满足。

步行休闲游步道的景观规划设计有以下几种。

(1) 利用地形地貌造景。良好的线形应与原有地形融为一体。一般沿着地形等高线走向布置线形，则能与景观环境相协调，而且对原有景观破坏最小，建设工程也比较经济。当在坡面上沿着等高线进行游步道设置时，要求在前进方向上提高或降低其高程，这时道路的线形方向和等高线之间可选择一个合适的角度。这一角度应根据不同园路性质的坡度要求和等高线之间的距离来确定。由此确定的游步道，人行其间随自然地形高低起伏，有显有隐，有动有静，有节奏，可细赏，空间层次丰富。

(2) 利用自然植物群落与植被进行景观组织。休闲游步道应按四维空间来设计，依据美学法则，利用自然植物群落，建立人工植物群落，采用有障、有透；有疏、有密；多层次的、成片大手笔的在景观中作美的创造。手法包括：建立生态绿廊；开辟绿廊风景窗；发挥与展示植物的多种效应，创造不同类型的人工植物群落；设置必要的整片大段的灌木林。

(3) 利用地面标志物进行景观组织，地面标志物包括当地的标志性建筑物、构筑物、山体、植物、河流水体等。这些标志物有很好的观赏价值和社会认同性，成为人们的视觉中心。在进行休闲游步道景观规划时充分利用这些地面标志物的优势，发挥积极的作用，游步道的线形设置应尽量为游人创造最佳的观赏角度，争取最大的观赏面积和最长的观赏时间。

(4) 建设环网式休闲游步道以利景观组织。休闲游步道尽可能布置成"环网式"，以便组织不重复的游览路线与交通导游，或结合地形作"扇形"布局。尽可能避免树枝状的"尽端式"，来去重复走一条路，单调乏味和阻滞交通。路与山结合，往往是环山而行，盘山而旋，形成"峰回路转"的境界，景因路成，路因景胜。

2) 步行休闲游步道的线形组织

步行休闲游步道的线形组织即游步道的平面设计，包括游步道路网布置和线形设计两部分内容。路网布置应有利于满足使用功能、景观塑造、环境保护、经济合理等多种要求。

因此游步道的路网设置常常设计成网络状，以丰富空间层次。但路与路之间应有一定的间隔，一般按道路等级、宽度来确定，并用植物或其他景观元素来分隔。路网之间的交接点形式多样，应因地制宜，合理选择，但尽量不用锐角交叉。在路网布置中结合交叉点或其他景观突出点，按一定距离设置小型游憩空间，以供人们休憩和空间的转换与变化。

3) 休闲游步道的路面艺术设计

休闲游步道的路面设计一般应考虑两方面问题，即实用性和艺术性。作为实用性也就是园路的功能性要求，包括以引导和强化的艺术手段来组织游人活动，起导向作用；具有足够强度和耐磨损以及安全的坡度以利行走；有足够的路幅宽度，以利人流交汇等。作为艺术性要求，包括用艺术的手段来强化不同的立意与情感；用景观界面的艺术处理手法来构成景观空间、格局和形态；利用强化视觉效果，形成环境个性，从而对游人产生视觉上的心理效应，感受环境，激发审美情趣。

对于步道园路的路面设计，我国古典园林中形成了独有的传统格局和做法，称之为花街铺地，种类繁多，手法各异，因地制宜，因材施用是其最大的特点。近现代由于新材料、新工艺的出现，使园路路面艺术设计更趋多样化。

(五) 小游憩园的景观规划设计

1. 概念与分类

带形空间中往往在节点上布置一个供人们休息、观赏、交流的小型景观空间，即为小游憩园。小游憩园与休闲游步道结合在一起，隔一定的距离进行布置。

按小游憩园与游步道的关系来分，有附着式、内置式、穿行式、转角式等。按性状来分有规则式、自由式和组合式，按功能来分有赏景式、休闲式。

2. 小游憩园的景观设计

小游憩园中常常布置一些服务功能设施与观赏性的景观小品，这些设施小品成为小游憩园的景观环境组合要素。功能性设施主要有休闲游憩场所与设施，包括亭、棚、廊架、座椅等；服务设施有小卖部、茶室、厕所、电话亭等小建筑；生态文化景观配置有植物、景墙、雕塑等造景要素。

小游憩园的景观设计方法如下。

(1) 围绕某一主题：主要取决于小游憩园的设计理念、构思，如主题是表现某一地方的历史典故，设计时可以将典故刻在景墙上或留于铺地上，或营造雕塑场景，其他景观要素围绕这一主题展开。

(2) 结合自然地形：分析研究实际地形与各景观要素的关系，进行合理的景观组成，如场地中有一棵千年古树，景观空间序列可围绕这一古树展开，规划设计成一景观生态休闲绿地，让人感受到强烈的文化气息。如银杏树底下的几方点石座桌，让人沉醉在一种清新朴实的乡土气息中。

(3) 利用植物树种进行景观设计：植物是最好的景观组织元素，树种因不同的品种各有特点，如季相、高矮、形状等，利用植物的不同特性来创造空间，另有一番情调。如围合隐蔽、幽静的空间，供人们休息，种植一片或一棵有标志性的树木，形成视觉中心。

(六) 河道与滨水空间

1. 打造自然生态河道堤岸，进行河流回归自然与生态的系统设计

生态河堤是融现代水利工程学、环境科学、生物科学、生态学、美学等学科于一体的水利工程。作为一种新概念河堤，它以"保护、创造生物良好的生存环境和自然景观"为前提，在考虑具有一定强度、安全性和耐久性的同时，充分考虑生态效果，把河堤由过去的混凝土人工建筑改造成水体和土体、水体和生物相互涵养且适合生物生长的仿自然状态的护坡。

由于土地原因，目前国内大多数城市中心区河道的堤岸整治，大都采用单调的浆砌条石垂直断面或水泥堤岸，只考虑了泄洪、排水功能，基本没有考虑生态功能。从城市生态环境建设出发，在河道治理方面，生态河堤建设要给予充分重视。与人工混凝土河堤相比，生态河堤的优点有：适合生物生存和繁衍；增强水体自净作用；调节水量，滞洪补枯。

2. 堵疏结合，蓄泄并重

实施现地驻留渗透，采用复式断面，防洪治水与营造生态景观共进。

三、景观生态绿地规划与植物造景工程

(一)景观生态绿地规划

(1) 天人合一，协调与重构人与自然的关系，生态功能优化，这是景观生态绿化的根本出发点。①天人合一，协调与重构人与自然的关系。其中资源利用、环境保护、景观生态绿化建设是根本。②人与自然，是主体与客体两个方面的辩证关系，亦即"自然的人化"与"人的自然化"，环境与人类相互制约的辩证关系，推动了人类生态过程的优化。

(2) 以人为本，人工环境中显现自然，增加生态多样性与发挥景观视觉多样性，以景观生态绿色体系建设为中心的绿化、美化与净化，这是景观生态绿化的生态美学原则。

(3) 保持和恢复景观生态过程及其格局的连续性，维护自然斑块之间联系，保护景观生态环境敏感区，修补生物链。合理布局斑块和廊道，成为有机整体，并注意尽可能增加四维绿量，这是景观生态绿地的重要组成部分和根本保障。

(4) 因地制宜，建构复合群落结构景观，建立以环、楔、廊、园为主体的绿化系统目标，在人居环境空间设计中，最大限度地渗透绿地空间，营造人工植物群落，增加绿色植物群落的数量与质量，是维持地球表层人居环境生态平衡的重要保证，这是景观生态绿化的核心。

(5) 塑造城市精神，构建景观生态绿化设计理念的坚实平台，提升城市的绿形态、绿文化、绿文明、绿素质，促进居住环境、生活质量及城市文化的相互促进，城市环境管理与生态工程相结合。

景观生态理景势必高度重视提升和塑造新世纪的城市精神，参与解决城市改革发展带来的"城市病"，城市发展已从传统的"一维"经济发展模式，走向"生态、财富、文明的三维共同繁荣"。

城市精神文明建设的推进，激发了人们对城市的热情，以及对景观生态理景的建设的认同感、归属感、责任感与参与感。

(6) 良性循环的生态机制，循环再生，协调共生，可持续发展，这是景观生态绿化的目标。

(二)硬质景观柔化

1. 硬质景观柔化的概念

回归大自然是人们共同的呼声和追求，园林景观规划设计强调生态理念，追求自然生态，人工模拟生态，创造生态环境已成为当今园林景观设计应遵循的规律。然而这一规律的具体运用还较多地应用于园林大环境的宏观构思与理念上，在园林景观物质要素的微观设计上还不够到位，尤其是在硬质景观的细部生态美追求上往往被忽视，注意要在通过对细部"生态美"的追求中，完成硬质景观的柔化设计。

2. 硬质景观"生态美"的柔化设计

1) 景观"生态美"的柔化设计理念

(1) 运用植物景观材质。边缘界面的柔化,通过植物造景模糊边界,同时赋予文化内涵来柔化;特殊空间的垂直绿化与立体细化设计。

(2) 运用水的柔化与妩媚营造生态美的空间。雾森林氛围营造,通过雾喷(人工造雾在阳光下),既有"虹"的生态美景观,又有空气负氧离子产生有保健效应;拟水联想,缺水地区或无水供应地段,用下沉式旱水池或蝴蝶瓦立砌模拟水的波纹,雨水可以下渗,打造生态景观美。

(3) 运用仿生模拟建材构筑绿色生态建筑:水园"旱做"——植物造水波绿浪,铺地起涟漪。

2) 景观"生态美"的柔化设计举措

在追求生态美的"柔化设计"中,注入细腻的情愫。

(1) 道路、地坪、广场的柔化设计。道路、地坪、广场是供人们散步、活动、休闲的场所,又具有组织交流和分隔空间的功能。设计时在不影响景观功能的前提下,适当改变其结构和面层装饰材料,具有一定的生态柔化效果。如花台、生态坡、路与沟等。

(2) 踏步的柔化设计。踏步是道路、地坪、广场不同高程平台的衔接体和缓冲段,同时也是变换视点造景的要素。陈旧规整的混凝土踏步和硬质装饰性较强的贴面砖踏步已逐渐被淘汰,生态型的踏步正被广泛采用。生态型踏步巧妙结合自然地形和地貌特征,采用原始自然的铺面材料,正被自然灵活地布置,创造出活泼自然幽静的景观效果。常见方法如下。

以整块自然材料并规则地留有嵌草缝道构成的踏步:整体而自然,主要材料有天然花岗岩石块、太湖石、黄石、木块、石板等,石块缝隙填充青苔和墨绿,既通气渗水,又自然美观。

以立面界定物和水平面填充物构成的踏步:丰富而多变,立面界定物的材质和色彩,柔化了踏步的存在。填充物的材质和特性,既满足了踏步与道路、地坪、广场在材料上的功能要求,又确保了踏步的通气和雨水的下渗。

(3) 挡墙的柔化设计:上海地区地下水位较高,地下设施错综复杂,土层的厚度和质量问题给植物种植带来诸多不利因素,堆地形、提高土层已成为上海绿化的主要特征之一,挡土墙便是这一特征中不可缺少的条件。挡土墙除了挡土的实用作用外,还具有美化环境的造景功能。传统习惯上的挡土墙一般采用内砖、外面砖或大理石装饰,"墙"的感觉太强烈,呆板而缺乏生气。生态型挡土墙在剖面构造和装饰材料上的创新和开拓赋予其生命活力和自然内涵。

(三) 植物造景

景观水生态园根据植物在不同水环境下的生长特性与水体动、静、深浅的不同要求,进行科学合理的配置而形成景观水生态绿地。水环境下植物以表现水生植物的多样性和美观性为主题，必须有足够相应的种类，通过水体展现水生植物，普及水生植物知识与功能，同时也通过再现自然水环境，为人们提供良好的休憩环境和自然美景。

1) 水生植物造景功能

(1) 丰富水景观的立体景深感。水面、水中、水边，花色形态各异的水生植物以其色彩、姿态及其所产生倒影，加上水中"蓝天"的叠加倒影，加强了水体立体景深感，在不同季节和气候变化条件下，赋予水环境以内在的、精神上的美感。

(2) 扩大水空间，增加水景观层次。扩大水空间，增加水景观层次，引发无限遐想，令人流连忘返，同时一种朦胧美感油然而生，岸边树、水中影，使水环境更加美丽动人。

(3) 净化水体，治理水环境。水生植物在水体中还有生物学效应，某些沉水植物可增加水体中氧的含量及有抑制有害藻类繁衍的能力，保持水体生态平衡，同时亦普及生物科学知识于其中。

2) 水生植物的种类

水生植物即生长在水中、沼泽、湿地、岸边水位变化的浅水地带的植物，在景观生态水景营造和水体绿化中，依据其水中生态习性、适生环境和生长方式，可以分为"挺水"、"浮叶"、"沉水"、"耐湿岸边"植物四大种类。

(1) 挺水植物——茎叶挺出水面的水生植物，主要有：荷花、菖蒲、水芋、千屈菜、水葱、慈菇。

(2) 浮叶植物——叶浮于水面的水生植物，主要有睡莲、菱、红菱、水浮莲、凤眼莲、王莲、两栖蓼。

(3) 沉水植物——整个植株全部没入水中，或仅有少许叶尖或花露出水面的潜水植物，常见有：金鱼藻、水毛茛、芹、水马齿、红蝴蝶、狐尾藻。

(4) 耐湿岸边植物——生长于岸边湿地或有水位变化的潮湿环境中的植物，或甚至根系长期浸泡于水中也能生长的树木。主要有：落羽松、水松、水杉、池杉、红树、小叶榕、羊蹄甲、蒲葵、垂柳、旱柳、竹类、枫香、枫杨、萱草、玉簪等。

(四)湿地生态绿地设计

1. 湿地概述

湿地是地球上水陆相互作用形成的独特生态系统，是自然界最富有生物多样性的生态景观和人类最重要的生存环境之一。由于湿地在世界各地分布广泛，种类多，类型间的差异显著。

1971年国际《湿地公约》将湿地解释为："天然的或人工的、长久的或暂时的沼泽地、泥炭地或水域地带，且包括低潮时水深不超过6米的水域，无论其是静止或流动的、咸水或淡水，或介于咸水与淡水之间的部分。湿地与森林和海洋一样，被认为是地球上重要的生命支持系统之一"。

2. 湿地园(湿地公园)

湿地园是利用自然湿地或人工湿地，运用湿地生态学原理和湿地恢复技术，借鉴自然湿地生态系统的结构、特征、景观、生态过程进行规划设计、建设和管理的绿地；是将保护和利用相统一的，融合自然、园林景观、历史文化等要素，具有生态、景观、游憩、科普教育和文化等多种功能的绿色生态空间。

湿地园一般可按综合性公园或专类性公园规划设计，但除了要满足一般公园绿地的要求外，还需赋予湿地的特征。不能为了强调湿地公园的景观及艺术属性，而冲淡了对湿地本身特征的显示。

1) 湿地园的特征及其优势

(1) 生态性及两栖性。湿地园涉及湿地和陆地两大生态(两栖)系统，因此，除在设计中满足功能需求外，还要考虑两大生态系统的两栖生态转换和景观的要求，考虑从湿地到陆地自然生态系统演变过渡来显示湿地园的科学艺术性。

湿地园是生态公园，它是人类亲水性在现代生活中的一种表现；是对传统园林水景的继承和拓展；是长期以来人们对湿环境被破坏造成严重生态后果的一种认识和反思。

用于构建湿地园的植物种类丰富，结构多样而稳定，既包括各种耐用湿地的园林绿化植物，也包括适合当地自然条件的、抗逆性强的水生湿生植物，构建的自然湿地植物群落，减少了人工和外来资源(例如水、能量、杀虫剂和化肥等)的投入，形成了园内植物群落自肥的良性循环；能吸引野生生物，特别是鸟类、昆虫(蝴蝶、蜻蜓、萤火虫)和两栖动物(青蛙、龟、蟹)等，成为城市生物多样性保育和自然保护的关键地。

(2) 类型丰富性，特点地带性。湿地具有类型丰富、并且又有不同历史文化的地带特色。中国是世界上湿地类型多、面积大、分布广的国家之一，根据自然地理条件差异、生物区系相似性、生物多样富集程度，全国可分为东北湿地区域、长江中下游湿地区域、杭州湾以北沿海湿地区域、杭州湾以南沿海湿地区域、青藏高原湿地区域、云贵高原湿地区域和西北内陆湿地区域七大区域。就我国三大主要湿地的植被而言，东北湿地区域以莎草科、禾本科为主；长江中下游湿地区域以水域植被为主；青藏高原湿地区域除若尔盖沼泽外，大都以莎草科的苔草和蒿草为主。

(3) 物种多样复杂性，生态景观多彩性。湿地物种多样复杂。就水生湿生植物来说，呈全球性复杂而广泛分布。挺水植物芦苇是分布最广的被子植物，除了南美洲亚马逊地区，几乎全世界都有分布，宽叶香蒲和狭叶香蒲的分布与芦苇相似，只是在个别地区(澳大利亚)缺乏；浮水和沉水植物很多也是世界广布种，如浮萍属的篦齿眼子菜、范草、金鱼藻等。

组成湿地园的植物群落有沉水、浮叶、停水和湿生物群落与一些陆生的植物群落等，同时，在湿地园内还有许多种动物和微生物，以及由它们组成的动物群落和微生物群落，构成了良性循环的生态系统。

湿地园由于涉及湿地和陆地两个生态系统的过渡、演变，其生态和景观的梯度变化明显，即由沉水植物群落、浮叶植物群落、停水植物群落、湿生植物群落、陆生植物群落复合组成的生态演变序列,由此构成绚丽多彩的湿地生态景观。

(4) 投资小,见效快,当年即能初见成效。城市中心大型公共绿地,如上海延中绿地、太平桥绿地、徐汇公园、黄兴绿地等均在绿地中央设置了水面,水面积占全园 10%~20%,在其沿岸安排了湿地,种植水生与沼生植物,丰富了沿岸湿地景观,为市民提供了亲近大自然的水域,尤其在降低城市热岛效应上初见成效。

在新建居住区中重视水景和人工湿地的营建,如上海爱建园住宅小区、万里居住小区均建有 14000 平方米左右不等的亲水地带,自然坡岸和相伴随的水生植物湿地,都发挥了预定的景观生态效应。

2) 湿地生态功能

湿地是大自然重要的生态系统,被称为"自然之肾",它具有多种功能,主要包括如下几种。

(1) 生产功能。湿地具有较高的生产力,可提供许多天然产品,如泥炭、木材、水果、肉类(鸟、鱼、兽)、芦苇和药材等。

(2) 改善环境功能。调节气候、涵养水源、防止土壤侵蚀、降解污染等功能。湿地所拥有的大量水面及其水生植物可以使周围地区的酷热降温,空气湿度增加,从而达到调节气候的作用;湿地可以将过多的降雨水存储、缓冲,然后逐步放出,补给地下水和向其他湿地供水,发挥着蓄洪抗旱的功能;湿地植被可以有效地防止水土流失;湿地植物能够对污染物质进行吸收、代谢、分解,起到降解环境污染的作用。

(3) 生物多样性维系功能。河流的周期性洪水挟带富含营养物质的泥沙,定期泛滥覆盖在湿地土壤表面,补充土壤养分和湿地水分,保证了湿地自然生态系统的养分补给和能量输入,使湿地成为河流与陆地相互作用的物种生命活动活跃的地区。因此,湿地是众多野生动植物栖息地,特别是许多珍稀濒危水禽赖以生存和繁衍的场所。湿地内集聚了丰富的生物种类,数以万计的鱼类、鸟类、禽类、水生植物、底栖动物和浮游生物,是天然的物种基因库,对了解生物进化过程和解开生命奥秘具有重要的科学价值。湿地保护生物多样性的功能,是其他任何生态系统无法代替的。

(4) 休闲娱乐、美化环境功能。湿地作为一种生态系统和景观类型,对人类的贡献不仅是有形的、物质的,而且是无形的、精神的,是重要的旅游休闲地。

(5) 科研宣教及社会文化功能。湿地还可以作为科普教育基地和科技人员的科研基地,具有文化教育科研价值。

3) 湿地园景观功能

(1) 水陆生物多样性与发挥动植物互补作用。湿地园正是有多样的环境才赋予了水陆生物多样性,营造了景观多样性,因此,湿地园规划兴建将大大提高现有城市绿地的生物多样性,丰富城市大景观。同时湿地园是一种专类的生态公园,特殊的环境、多样的湿地生物群落构成的复杂生态系统,为各种涉禽、游禽、蝴蝶和小型哺乳动物修复了丰富的食物生态链和营造了避敌繁衍的良好环境条件,成为城市生物多样性保育的源种地。

(2) 美学价值。湿地是景观生态美学的重要组成部分。在广阔、静谧奇秘的湿地上,珍禽异鸟齐鸣起舞、游弋信步，山水掩映，风清气爽，置身于大自然无私馈赠的湿地园优美景色中，令人心旷神怡。

(3) 科学研究和教育基地。湿地园提供了生物多样性和丰富的景观类型，可用来作为青少年科教基地，开展环境监测、实验和对照的科学研究。了解人类占据的历史特征或湿地物种、群落和环境。例如，占地 380 平方公里的香港米埔湿地公园是有名的水鸟越冬地，水禽总数达 7.5 万只，其中濒危种有黑脸鹭、黑嘴鸥等，与海岸红树林、基围和淡水生态沼泽一起，构成一个典型的半自然湿地生态系统。该公园利用这一生态教育基地向公众，特别是中小学生开展环境和自然保护教育。

4) 湿地园设计

湿地园一般为综合性造园，也可为专类园。总之均是显示和诠释湿地生态原理及变化过程的景观设计。

(1) 湿地景观基本特征。

① 地表水随湿地水位变化而有深浅，甚至有干涸，但无水不成湿地，水是湿地保持、形成、再生发展的关键。

② 水导致了湿地土壤潜育化，应有明显的潜育层。

③ 在水的呵护下，湿生、沼生、水生植物或喜湿的盐生植物(红树林)都是湿地园的标志性景观，科学艺术地再现自然湿地景观，并为人们提供亲水亲湿、体验自然、参与其中的场所，因此湿地具有生态、游憩、旅游、科教等综合功能。特别在大城市人口密集、土地较少地区，利用自然或人工湿地营造湿地公园绿地，发挥其特有的、潜在的生态功能及景观美，是当务之急。

湿地是地球上水陆相互作用形成的独特生态系统，是自然界最富有生物多样性的生态景观。生物多样性是湿地的重要生态现象，物种水平多样性包括有湿生植物、沼生植物或喜湿的盐生植物、水生植物等；群落类型多样性有沉水植物群落、挺水植物群落、浮叶植物群落、湿生植物群落以及陆生植物群落等。在湿地公园规划设计时，应根据具体条件规划设计各种湿地环境，来展示其丰富的生物多样性。

实践证明，湿地通过物理和生物的方式净化多种污染，在转移和排除有机物和有毒物质方面比陆地环境的效益高。国内外已有营造人工湿地净化水环境的成功例子，例如，成都的活水公园，将湿地污染净化功能与园林建设结合起来，具有创新意义，不仅为广大居民提供了休憩游乐的开放空间，而且能发挥更明显的生态效益。

④ 湿地园主要标志植物被：湿地树木主要有墨西哥落羽杉、美国落羽杉、湿地松、水松、水杉、池杉等 10 多种，湿生和水生植物有菖蒲、花叶芦竹、荷花、睡莲、花叶美人蕉、香蒲、慈菇、千屈菜、再力花、水葱等多个品种。

(2) 湿地园水体设计。湿地水体以与附近的自然水体(湖、河)相沟通为好，流动的水体不仅能使水质更新、养活和繁衍藻类，还可结合叠水、小溪、步石等丰富水景观效果。水体深度在 150～100 厘米左右为宜，并按植物的生态习性设置深水、中水及浅水栽植区。通常深水区设置在中央，水底由中央渐升高至岸边，分别作为中水、浅水即沼、湿生植物区。水体平面设计，要与全园的平面及开头相协调，做到有"收"、有"放"，既要防止岸线平淡无奇，又不应使水面分割过细。岸边可用山石或水泥预制仿原木树桩做边饰，力求简约和自然。

无自然水体沟通时，在做湿地专类园总体规划的同时，考虑挖湖或造池。小型的专类园通常造池观赏，并考虑一些水生植物不能露地越冬，多做盆栽处理。用水泥抹底，池壁设上水管，池底设泄水管，秋末将池水抽干，防止池底冻裂。按水生植物对水深的不同要求，在水中安置高度不等的石墩，再将栽植盆放在墩上。水池的平面轮廓，应按专类园的总体规划来选择确定。

(3) 种植设计。各种水生植物的生活环境不同，对水深要求也有很大差异。多数水生高等植物分布在100～150厘米水深中；挺水及浮水植物则以30～100厘米为宜；而湿生植物类则只需20～30厘米的浅水即可。在种植设计时，可参考下列标准。

(五)景观地被绿地设计

景观地被绿地是指由生长低矮、扩展能力强、高度在30～50厘米的景观植物组成的地被式绿地。尤其在当树荫浓密、土壤不良与黄土朝天处，可以代替草坪生长，它比草坪更为灵活，且种类繁多，选择范围大，有蔓生、丛生、常绿、落叶、多年生长宿根的及一些低矮的灌木。

1. 景观特色与功能

(1) 增加地被景观层次和绿量，由于叶面系数增加，还具有减少尘埃与细菌传播的功能。

(2) 吸附尘埃，净化空气，降低气温，减少地面辐射，改善空气湿度等保健功能。

(3) 防止土壤冲刷，保持水土，还可以通过覆盖地被植物解决建筑工程遗留的景观不雅等杂乱问题。

(4) 减少与抑制杂草生长，同时与景观生态综合考虑，丰富与优化环境景观，使景观更加亮丽。

2. 景观地被设计原则

(1) 结合绿地性质与功能，因地制宜，选用地被造景植物。入口区地被绿地主要是环境美化与标识，可以整齐的小灌木地被植物和时令花草进行调配，以靓丽的图案色彩标识入口；山林绿地主要起覆盖黄土、美化环境的作用，可选用耐阴地被植物进行配置，路旁则可选择开花地被类植物，可供游人欣赏到随时序而变化的各色景观。

(2) 符合景观生态理景的艺术与科学要求，处理好地被植物与景观总体规划的布局关系，利用地被植物不同的花色、花期、叶形等搭配形成高低错落、溢彩流金的花境，体现与周围环境协调的风貌特色。

(3) 营造景观生态地被绿地要结合地形、地物与地貌，并与相关专项工程规划相协调，突出群体美，注意大手笔、大色块的运用。

3. 景观地被设计

(1) 大面积的景观地被设计。

① 主要用在园路主干道和主景区，采用一些花朵艳丽、色彩多样的植物，选择阳光充足的区域精心规划，采用大手笔、大色块的手法大面积栽植形成群落，着力突出这类低矮植物的群体美，并烘托其他景物，形成美丽的景观。如美人蕉、杜鹃、红花酢浆草、葱兰以及时令草花。

② 有特色的景点以四季常绿的瓜子黄杨和马蹄筋草坪作陪衬，一年生草花适时更换，成为亮丽的景区。

③ 山林——坡地——草坪，若用海桐直接与草坪相连则显得突兀，在其间增植 3 米宽的杜鹃进行过渡后，使山边高大的灌木丛和草坪连成一体，可增强该区的韵律感，春天艳丽的杜鹃盛开，长长的花带尤为迷人。沿路栽植的红花美人蕉，绿地栽植的红花酢浆草等亦可收到同样的功效。

(2) 耐阴地被设计。

① 景点及大型绿地多高大乔木，且生长繁茂，郁闭度较高，其他植物不易生长，主要选择一些能适应不同荫蔽环境的地被植物，在乔木和灌木下也能较好地生长，覆盖树下的裸露土壤，减少沃土流失，并能增加植物层次，提高单位面积的生态效益。如沿阶草，大、小麦冬，棕榈实生苗，洒金珊瑚，狭叶十大功劳等。

② 如树木多为枝繁叶茂的大树时，林下均较荫蔽，若林下绿地或花坛应栽植大量的阔叶、细叶麦冬，既覆盖了黄土，又取得了良好的景观效果。又如在湖边水杉林下栽植密密的鸢尾，淡淡的紫花在春天可为园区入口景观增色不少。

(3) 垂直与蔓生地被设计。主要是大量栽植一些以藤蔓繁殖、生长旺盛的悬挂和蔓生植物，作为建筑物墙面、挡土墙、石头以及裸露山体的覆盖物，不仅美化了环境，而且具有很大的生态功能。主要种类为迎春、常春藤、爬山虎、凌霄、络石等，它们均以生长快、管理粗放而被广泛运用。

裸露山体也可采用常春藤、凌霄覆盖。

(4) 自繁能力强劲的地被设计。自繁能力强的地被主要是指一些萌发力强或分蘗能力强的地被植物，其适应性和抗逆性均强，一次栽植，多年观赏，且扩张力强。如金鸡菊、硫华菊、金丝桃、箬竹等。

在山崖上，金鸡菊能在悬崖上旺盛生长，形成群落，种子成熟时，小鸟或风吹可传播种子，具有极强的繁殖能力，6～8月开出耀眼的金黄色花朵，甚吸引人。

(5) 地被设计的趋向发展。

① 开发野生地被设计。野生地被是一个丰富的资源，亟待开发。尝试用映山红作林下地被，在一些抗逆性强的乡土地被或野花中寻找资源，如野菊花、虞美人、硫华菊、早熟禾等。这样不仅能降低成本，还能体现本地特色，富有野趣，配置适当还能保持长期稳定性。

② 推广复种混植地被——缀花地被设计。某些地被单体感强，但对地面的覆盖力弱，如葱兰，如果地坪未处理好，也会产生水土流失，而且降低景观效果。在斜坡上种植的一片葱兰中，种植时土中夹种一些马蹄筋草，繁衍起来，不仅覆盖了黄土，而且两者均生长良好。因此，可以在某些地被植物中混些其他植物，一方面覆盖黄土，增加景观的色彩；另一方面保持水土，如常春藤地被中点缀些鸢尾，灰绿蓝色的铺地型桧柏属植物中夹杂一些亮叶的常春藤等。

第四节 道路工程与地形竖向设计

进行风景园林道路和交通规划设计时，除满足一般道路安全、速度、经济、舒适的条件外，还需满足游览和艺术的要求，并与园区的自然环境相协调。尽量避免大填大挖式的方式，因为这种开发往往是破坏性的建设。故一旦道路交通建设与自然景观发生矛盾时，宁可在局部地段为保护自然生态免遭破坏而降低道路的技术要求，例如放慢车速等。

在目前风景园林道路与交通设计准则尚未制定前，可参考《公路设计准则》和《林区公路工程设计规程》(1997年农业部)试行，设计时要谨慎和酌情处理。

一、风景园林道路和交通

风景园林旅游区的游览方式除借助于汽车等机动工具外，更多的是步行及自行车、三轮车、骡马车等非机动交通工具，加之我国幅员辽阔，自然条件多变，风景区的道路情况、铺装材料和施工工艺较一般的交通道路更为复杂和多样，故本节对风景园林道路的分类作一具体介绍。

(一)风景园林道路的分类

1. 风景旅游道路

(1) 风景旅游主干道。指风景名胜区和城市远郊风景区联系城市或旅游依托城镇的客运性交通道路，或是指风景名胜区旅游商业服务设施中心区的主街，风景园林道路分类技术标准见表6-5。

(2) 风景旅游次干道。指联系风景区与城市干道或风景区入口衔接到城郊干道上的客运性兼货运道路，以及联系各景区间为满足旅游不同层次需要所开辟的环路和捷径，这是主干道的补充，其技术指标见表6-6。

表 6-5　风景园林道路分类技术标准(参与)

项目分类		路面宽度(米)	游人步道宽(米)(路肩)	车道数(条)	路基宽度(米)	红线宽(米)(含明沟)	级别	车速(公里/小时)	备注
风景旅游道路	风景旅游主干道	7～21	2～4	2～6	9～25	24～40	Ⅰ Ⅱ Ⅲ	50～60 40～50 30～40	
	风景旅游次干道	7～14	1.2～3.0	2～4	8.2～17.0	16～30	Ⅰ Ⅱ Ⅲ	40～30 30～40 20～30	当采用单四道时(路面宽≤3米),每隔≤300米距离内设置会车用的汽车错车道,此时路段总加宽值≥6.5米,错车道有效长为15～30米,过渡长为15～10米
	风景游览	6～14	1.0～3.0	2～5	7～17	20～30		25～30	
	专用道路林区便道	3	0.5～1.0	1	3.5～4			30	
园路	主园路	6.0～7.0	≥2.0	2	8～9			20	
	次园路	3～4	0.8～1.0	1	4～5			15	
	小径(游览步道)	0.8～1.5							
	专用道	3.0	≥1	1	4	不定			防火、园务、拖拉机道等

表 6-6　中国公路工程(含林区道路工程)分级与主要设计技术指标汇总

公路等级 地形条件 项目	公路 一 平原	公路 二 平原微丘	公路 二 山岭重丘	公路 三 平原微丘	公路 三 山岭重丘	公路 四 平原微丘	公路 四 山岭重丘	林区公路(除黑龙江、吉林、内蒙古) 一	林区公路 二	林区公路 三	便道
设计车速(公里/小时)	100	80	40	60	30	40	30	6.0	3.5	3.0	3.0或不设
路基宽度(米)	2×7.5	7、9	7	7	6	3.5	3.5				
路基宽度(米)	≥23	10、12	8.5	8.5	7.5	4.5~6.5	4.5~6.5	7.0	4.5~6.5	4.5	6.0
不设超高的平曲线半径 R(米)	2000	1000	250	500	150	250	100	200	125	75	
平曲线最小半径 R_{min}(米)	600	250	50	125	25	50	15	80~25	50~20	30~20	15
最小竖曲线半径(米) 凸形	10000	4000	1000	2500	500	1000	500	500	500	500	500
最小竖曲线半径(米) 凹形	2500	1000	500	750	500	500	500	500	500	500	500
视距(米) 停车	150	100	50	75	30	50	20	60、25	50、20	40、15	
视距(米) 会车	150	200	100	150	60	100	40	120、50	100、40	80、30	
最大纵坡 i_{max}(%)	4	5	7	6	8	8	8	5、7	6、8	7、9	≤13
坡长限制(米)	500		400		300			800、500	800、300	500、150	100

注：表格内林区公路项目中，当有两值同时出现时，前者为一般情况，后者为困难情况下取用。

(3) 风景游览干道(又称园林观光路)。指在风景游览城市中结合自然景观、旅游览路线，串联若干主要风景点和公园的游道，一般起到交通导游的作用。另外指风景旅游城市中沿江临街处结合风景景观和交通需要为提高城市环境质量所设置的休憩散步游园式林荫大道。

(4) 风景名胜区专用道路(林区道路)。指在各地自然保护林区和一些风景名胜区中的森林区(原国家林业部大都安排有林场和作业区)，为便于木材有计划地开发外运，一般常按低于四级公路的技术标准修筑林区的便道，即称之为林区道路，此类专用道路只需稍加改善局部技术标准，即可满足风景旅游道路之需。

2. 园(景)路

园(景)路既是交通线，又是风景线。园之路，犹如眉目，又如脉络，既是分隔各个景区的"景界"，又是联系各个景点的"纽带"，是造园的要素，具有导游、组织交通、分划空间界面、构成园景的艺术作用。这种艺术形式，常常会成为景园风格形成的艺术导向。如西方景园追求形式美、建筑美，园路宽大笔直，交叉对称，成为"规则式景园"。而东方，特别是我国造园则讲究含蓄、崇尚自然，安排园路则萦纡回环、曲径通幽，以"自然式景园"为特点。

园路分主次与小径，主园路连接各景区，次园路连接诸景点，小径则通幽。主次分明，层次分布好，才能将景区、景点连缀一起，组成一个艺术景区整体。

(1) 主园路。景园内的主要道路，从园林景区入口通向全园各主景区、广场、公共建筑、观景点、后勤管理区，形成全园骨架和环路，组成导游的主干路线并能适应园内管理车辆的通行要求，路面结构一般采用沥青混凝土、黑色碎石加沥青砂封面或水泥混凝土铺筑，或预制混凝土板块(500×500×100)拼装铺设，设有路侧石道牙，拼装图案要庄重富有特色，全园尽量统一协调，盛产石材处可采用青条石铺筑。

(2) 次园路。是主园路的辅助道路，成支架状连接各景区内景点和景观建筑，车辆可单向通过，为园内生产管理和园务运输服务。路宽可为主园路之半。自然曲度大于主园路，以优美舒展富有弹性的曲线线条构成有层次的风景画面。为体现这一特征的路面可不设道牙，可使园路外侧边缘平滑，线型流畅。若选用道牙，最好选用平石(条石)道牙，体现浓郁的自然气息，"次"的含意，油然而生。

(3) 小径(自然游览步道)。是园路系统的最小路段，供游人休憩、散步、游览的通幽曲径。可通达园林绿地的各个角落，是到广场、园景的捷径，允许有手推童车同行，宽度可以 0.8～1.5 米不等，多选用简洁、粗犷、质朴的自然石材(片岩、条(板)石、卵石等)，条砖层铺或用水泥仿塑各类仿生预制板块(含嵌草皮的空格板块)，并用材料组合以表现其光彩与质感，精心构图，结合园林植物小品建设和起伏的地形，形成亲切自然、静谧幽深的自然游览步道。

(二)风景园林道路的工程设计

1. 风景园林道路横断面设计

1) 道路横断面的组成

道路的横断面就是垂直于道路中心线方向的断面，它关系到交通安全、环境卫生、用地经济、风景景观等。

道路横断面设计，在风景园林总体规划中所确定的园路路幅或在道路红线范围内进行。它由下列各部分组成：车行道、人行道或路肩、绿带、地上和地下管线(给水、电力、电讯等)共同敷设带(简称共同沟)、排水(雨水、中水、污水)沟道、电力电讯照明电杆、分车导向岛、交通组织标志、信号和人行横道等。

红线是指风景园林规划中道路专用地与其他用地的分界线，红线宽度等于道路横断面中各组成部分用地宽度的总和。其中车行道可分快车道(机动车道)和慢车道(非机动车道)，绿带内含分隔绿带、绿岛。排水沟道分有盖板与无盖板两种。管线分地上和地下两部分。

机动车道宽度＋非机动车道宽度＝车行道宽度

机动车道宽度＝车道数×1条车道宽度＝n×(3.5～4.0米)

非机动车道宽度，详见表6-7。

车道宽度与交通高峰、季节、时间及交通组织有关，不能机械地硬性叠加，尽可能综合处理，分期建设加宽，充分利用路肩，缩小路面铺砌宽度，以节省工程投资。

2) 横断面类型

(1) 道路横断面基本形式。

道路横断面有三种基本形式。

表6-7 非机动车道宽度

车辆名称	自行车	三轮车	大板车	小板车	兽力车
车辆宽度(米)	0.5	1.1	2.0	0.9	1.6
车道宽度(米)	1.5	2.0	2.0	1.7	2.6

① 一块板横断面，即所有机动与非机动车辆都在一条车行道上混合行驶，以路面画线标志组织单向交通或不作画线标志，将机动车道设在中间，非机动车在两侧，按照靠右规则行驶。

② 两块板横断面，即由路幅中央设置一条分隔带或绿带，将车行道一分为二，此时形成对向车流分道的两条车行道。但机动车和非机动车同向仍然混合行驶。

③ 三块板横断面，即用两条分隔带或绿带分隔对向车流、分隔机动车和非机动车，将车行道分成三条车道。

(2) 横断面三种基本形式的比较。

① 从建设投资来说，在交通量相同的情况下，一块板占地少，投资省，而三块板用地最大，工程费用也较高。

② 从交通安全和行车速度上分析：三块板有利于解决机动车与非机动车相互干扰的矛盾，两块板可解决对向车流的相互干扰，车速均较一块板高。

③ 从环境保护和绿化遮阴看，三块板上布置多排绿化，对行人和居民的噪声影响较小，遮阴面大，易形成绿色的生态走廊，有利于环保。

此外，三块板便于远近结合，分期修建，也有利于地下管线的分期敷设，非机动车道可采用低造价路面。一般三块板形式主要解决机动车与非机动车之间相互干扰的矛盾。适用于机动车交通流量大、车速要求高、非机动车多、道路红线较宽(≥40米)的主要交通干道。反之在用地困难、车流量不大、出入口较多的生活性道路用一块板形式较适用。

综上所述,三种形式的横截面都有它的适用范围,各有利弊,必须根据具体情况,综合各种因素,经过技术经济比较,慎重选定。

3) 横断面设计

车行道设计:风景园林道路交通量小,车速不高,荷载不大。其主要行驶车辆平、立面尺寸:使用经验表明,每条车道宽 3.5～3.75 米是恰当的。带有路肩式的横断面,机动、非机动车都可以灵活借用,错车颇为便利。

车行道路拱设计:为使道路上地面水,包括园林草坪等地面水迅速排入道路两侧的明沟或雨水口内,道路车行道横断面应做成横向倾斜的坡度。

自行车道设计:包括自行车标准单车尺寸和车道宽度。

4) 结合地形设计道路横断面

在自然地形起伏较大地区设计道路横断面时,如果道路两侧的地形高差较大,结合地形布置道路横断面的几种形式如下 。

(1) 结合地形将人行道与车行道设置在不同高度上,人行道与车行道之间用斜坡隔开。

(2) 将两个不同行车方向的车行道设置在不同高度上。

(3) 结合岸坡倾斜地形,将沿河一边的人行道布置在较低的不受水淹的河滩上,供居民散步休息之用。车行道设在上层,以供车辆通行。

(4) 当道路沿坡地设置,车行道和人行道同在一个高度上,横断面布置应将车行道中线的标高接近地面,并向土坡靠,这样可避免出现多填少挖的不利现象(一般为了使路基比较稳固,而出现多挖少填的情况),以减少土方和护坡工程。

2. 道路绿化带设计

(1) 道路绿地宽度。道路绿化包括人行道绿地和分车带绿地两大块。在我国,道路绿地一般占道路总宽度的 15%～30%,但如按环保的标准,道路绿地总宽度至少应有 6～15 米,其中人行道绿地常用宽度为 1.5～4.5 米,分车带绿地常用宽度为 1.5～6.0 米。但如果绿带过窄,发挥不了应有的防护隔断作用,且行道树与路灯的矛盾突出,与地下管线的埋设又相互干扰。因此,道路绿地宽度以大于 4.5 米为佳。

(2) 行道树的种植。行道树有足够的净空距,同时,树木的间距不应对行人或行驶中的车辆造成视线障碍。若是栽种雪松、柏树等易遮挡视线的树木,株距应为树冠冠幅的 4～5 倍。为防止行道树与架空线争空间,一般可选择没有主尖或易修剪的树木,以控制其高度。

(三)风景园林道路的景观设计

风景园林道路的艺术性是其不同于一般道路的本质特征,因此,一条风景园林道路达到基本工程技术要求,满足基本交通功能之后,对其进行艺术创作和景观设计是必不可少的重要一环。

道路景观是展示在道路使用者视野中的道路线型、道路构造物和周围环境的组合体，也就是人们从道路上看到的一切东西，包括自然物(如山水、土地、植物等)和人工物(如路面、小品、设施等)。道路景观设计就是将所有道路景观要素巧妙和谐地组织起来的一种艺术。

在道路景观设计中一般需考虑到用路目的、运动感受、视觉感受、空间感受等方面的因素。

1. 用路目的

不同的道路使用者由于其使用目的不同而对景观也有着不同的要求，游客可能会非常关注道路两旁的景观；若是散步健身者则还要求一个安静舒适、有利健康运动的环境；而驾驶员最关注的却是线型的流畅与否，行驶的舒适、安全与否。景观设计主要是结合道路性质，针对用路者心理，在满足安全、舒适的同时发觉交通美感。

2. 运动感受

道路美感主要是通过视觉、运动和时间变化产生的。运动中，人们对弯道上的离心力，上下坡或前进方向的加减速度等都产生动感，如果视觉环境和运动感觉无变化会使人感到厌倦，反之，急剧的变化会使人紧张。若对景观元素作适当变化，形成一种有节奏的反复，就会形成一种美的韵律。

3. 视觉感受

道路景观同其他景观一个很大的区别是：道路景观是动态的，具有视觉连续性，不断出现又消失在视野里的景观通过在大脑里的暂留而与下一组景观形成一连串生动的对比，就仿佛一场美妙的风光电影。其中，还有一个色彩感受的因素，红、黄易激发热烈欢快的情绪，提高视觉辨识能力，浅色可以减轻人们的心理负担，绿色的植物常常可以让驾驶员感到安全等等，因此在景观设计中，考虑人们对色彩的心理反应是很必要的。

4. 空间感受

道路是连接不同场所、内外空间的线性单元，当身处不同的环境或是预想、期盼或好奇下一个即将到达的目的地环境时，一系列的空间变化，会带来一系列不同的感受和反应，道路景观设计必须要强调空间的秩序化和节奏感。

(四) 风景园林道路的规划设计要点

现代风景园林道路的规划更多地属于艺术创作的范畴，同样是有规律可循的。主要有以下几点。

1. 兼顾交通性和游览性

园林道路不同于一般交通道路，它有景观、游览的要求，而且其游览性往往大于其交通性。因此在设计时，除了风景旅游主干道等承载较大机动交通的道路，一般不以便捷快速为准则，而且越小的园路其交通性相对于游览性就更弱。

2. 主次分明

主次分明的道路具有方向性强的特点，不易使游人迷路。道路的主次分明不仅仅是在宽度上有所区别，铺装材料的品种、方式、色彩都可以变化，而且还可以从风景的组织上进行区分。当游人行进在一条道路上时，两旁各具特色的植物、建筑、雕塑都会给人留下深刻的印象，从而有助于对方向的识别。

3. 因地制宜

风景园林道路的布置除了要符合整个园林或景区的氛围和风格外，也要与基地的地形地貌相符，任何不顾原有自然环境，大挖大填，修曲成直，矫偏成正的做法都是应当尽力避免的。风景园路依山就势，自然回转，既保持了风景的天然之美，不会对当地的生态造成破坏，又节约了工程量。

4. 疏密有致

风景园林道路的疏密有致除了与艺术上要求有关，还与景区的性质、地形以及游客量有关。一般来说，休息静赏的景区、地形比较复杂或游人较少地方的道路密度可小些，相反则应相应增大道路密度。但总的来说道路不宜过密，那样既浪费又有分割景区过碎之弊。城市公园设计中，道路的比重可大致控制在公园总面积的10%～12%左右。

5. 曲折迂回

除了一些纪念性的景观园林和城市景观大道外，一般的风景园林道路都应该力求避免一目了然的直线。这样做，一方面是山水自然地貌的要求，另一方面则是艺术和功能的需要。曲折迂回的道路可以增加观赏角度，扩大景观空间，延长游览路线，起到小中见大，节约用地的作用。

一般来说，无必要的"三步一弯，五步一转"显得矫揉造作，杂乱无章，圆弧相接一般宜插入一段直线路段。但是，有时为了达到一种特殊的艺术效果，也可以将圆弧曲线作为风景园林道路规划设计的基本元素加以反复使用，甚至作为单纯的主题，只要掌握好尺度，一样给人以美的享受。

同时，路线的曲折固然利于表达园路本身的美感和意境，但直线形的园路，只要稍加处理，也能克服其本身的单调呆板，取得不错的效果。

6. 交叉口处理

(1) 避免交叉口过多，路中心线尽可能交于一点，岔口路面也应分出主次，使方向明确。

(2) 交叉成锐角的园路，应设计成圆顺曲线的角隅。若有多条路线汇合时，则自然形成小广场。这时不妨在交叉点上设立一个导向花坛等小品设施，条件许可的情况下，还可将导向花坛升级为交通环岛，布置小游园式绿地。

(3) 两条道路成丁字形交接时，宜在交点处布置道路对景。

(4) 山路与山下道路交接时,如果山路并非是山上纪念性建筑的主要景观道路,一般不宜正交。而且可在其间设置一个较缓和的坡度,可供游人在登山之前稍作休整,在景观上也起到了藏而不露的作用。

(5) 交叉点的形式在满足园林总体规划、周围地形、交通性质与导游路线组织的基础上,可以不拘一格。

更可以发挥想象,将多条道路的分叉设计成树枝状。自然伸展的树枝状道路不但与规则的网格状绿化形成鲜明对比,且在绿色基调的地面上,路面仅铺以白色沙石,仿佛是一株巨大而美丽的白桦静静地躺在大地上,展现出一种纯净而又生机勃勃的美。

(6) 园林景观道路和建筑地关系:靠近道路的园林建筑一般应面向道路,并且不同程度地后退,远离道路。在一般情况下道路可采取适当加宽或分出支路的办法与建筑相连。游人量较大的建筑应作较多后退,最好形成小广场,便于游人集散。

对于可穿越的建筑,道路可穿越建筑或从支柱间通过。靠山的园林建筑利用地形分层入口,做竖向穿越,临水建筑可从陆地进,穿过建筑涉水(桥、汀步)而出。但不宜安排穿越后便进入尽端式的死胡同,造成游人退出时走回头路。

若建筑与圆弧式园路相接,则最好设计成外接式,导向明确,既可突出建筑景观,也增加了道路对景。

(7) 山地园林景观道路的处理:当道路坡度在6%以内时。则可按一般道路处理,超过6%~10%,就应顺等高线建成盘山道以减小坡度。盘山道是把上山的道路处理成左右转折,利用道路和等高线斜交的办法减小道路坡度。盘山道的路面常做成向内倾斜的单面坡,这样行走给人以舒适安全感。当山路纵坡超过10%时,下山时易使人有站不住脚的感觉,就需要设置台阶,小于10%的斜坡可局部设置台阶。山道台阶每15~20级最好有一段较平坦的路面让人间歇,并适当设置园椅供人们休息眺望。如山路必须跨过冲沟峡谷,可考虑设置旱桥、索桥。如山路必须通过峭壁,则可设栈道或隧道、半隧道。对陡窄的台阶应设置栏杆,或在岩边密植灌木丛以保证安全。

除要满足山地园路的功能要求(坡度、分级、休息、平台、眺望点、旱天桥、隧道、洞穴等)外,选线时必须紧密结合现场地形、地貌,使路面标高既低于两侧山地,又要尽量隐蔽在天然的山谷、岩缝、洞穴、树丛之中。宽度可以变动(但以≥0.8米为宜),线路随地势高低曲直隐现,依山形盘旋升降上下。严格保护路边的露岩,路中的原来树木,以期早日恢复大自然的旧颜,效法自然,再现自然。

(五)风景园林道路的平面布局形式和适用范围

风景园林道路是园林的骨架,其规划布局反映了不同的园林面貌与风格。

同是自然风格的园林,我国古典园林特别是江南的私家园林,用地狭小,无自然山水依托,但通过堆石筑山,讲究峰回路转,曲折迂回,这是在小空间中做大风景的写意手法。

而英国古典园林适合于一些用地广阔,园路舒缓自由,可造成疏林草地或风景。同是规则式园林,法国古典园林则讲究平面图案几何对称,放射状的林荫大道追求一种宏大的美，凡尔赛宫堪称是这种类型园林的典范。意大利台地园也讲究对称，但其道路规划更多地表现不同高差台地纵深的透视效果，而伊斯兰园林的十字形水渠道路布置就是对《古兰经》中所描述天国的概括。

这些古典园林的道路规划形式经过不断创新发展，形成了今天风景园林道路中一些常用的平面布局，一般可以归类为以下几种。

1. 按构图形式分

(1) 规则式，也称几何式。整个平面布局要求严整对称，道路系统以直线、几何方格、环状放射来形成中轴对称或左右均衡的形式，给人以庄严、雄伟、整齐之感，一般用于城市公园或风景区的入口处、纪念性的园林和广场或有对称轴的建筑性庭院中。

(2) 自然式，又称风景式。追求自然活泼，不要求严整对称，道路的平曲线和竖曲线都采用自然形状，以不规则的曲线自由连接各景点，创造出浑然天成的景观空间。适用于有山水起伏的地区。

(3) 综合式。由于文化的交流和人们生活方式、审美情趣的互相影响，以及现代景观园林功能的发展变化，如今的景观园林道路根据实际情况综合多种手法进行布置，一般是以一种形式为主导，另一种形式为补充配合的综合式道路系统。

2. 按旅游路线分

(1) 环路式。交通组织顺畅，风景区内一般都要求有环路，特别是一些主要景观道路要设计成穿越各主景区的环路，便于游览路线的组织，避免游人走回头路。

(2) 尽端式。尽端式道路方向明确，但要走回头路，一般情况下应当避免。但若所处地形过于狭长(比如利用城市道路绿地做的小游园)或是城市中心景观大道，则不适合环路式布置。

(3) 综合式。一般来说，以环路式为主，以尽端式为辅的风景园林道路系统较多见，在一些欲保持景色幽静的小景点，或不宜大量人流穿行的地方(比如公厕、管理用房)，适用尽端式道路，可取得更满意的景观效果和功能效果。

二、地形竖向设计

(一)地貌景观

同建筑设计相比，风景园林的规划设计往往具有更多的不确定因素，要面对更多变的实际情况，这就需要景观设计师能够针对不同用地的文化、历史和自然条件作出反应，并能够将它们有机地结合起来，创造出既和谐又有碰撞、既饱含历史文化又充满时代气息的景观。

在风景区规划建设与景观设计中，地形是风景建设组成的依托基面，也是整个景园景观的骨架，以其极富变化的地貌，赋园林以生机，构成了水平与垂直动态空间，优美的风景景观。

地形景观规划对原地形充分修复改造，合理安排各种景观要素坡度和高程，使所在山、水、植物、建筑、园建工程等，满足造景和游人进行各种活动的需求，同时要营建良好的工程地质坡面，避免形成地表水径流过大的冲刷，引发滑坡或塌方；还可营造生态园林小气候，以满足度假休养、健康身心的需要。

1. 地形设计的空间功能

地形设计可以实现各种各样的空间功能。

地形游憩空间的形象构成——空间处理运用，以创造出具有感染力的空间形象和美的景观享受，这是地形设计的宗旨。

为此，必须采用强化处理手段——改造地貌，利用地形分隔空间。亦即结合地形设计，处理好水平界面和垂直界面、依坡就势的斜界面，巧妆景点。

水平面是限定风景游憩空间的主要界面，其实体就是地形地面，尤其地面的铺装处理是加强空间形象的重要手段，除采用"软性地坪"进行植物配置设计外，还应进行"硬性地坪"的铺砖式装饰设计和踏步台阶处理，以增加水平界面的变化和地形的层次高差，从而增强空间形象效果。

垂直界面则是配合地形设计分隔空间。一般是指山丘峰峦、树木、亭廊墙篱景园建筑小品和路桥接墙等园林工程构筑物等，尤其是随地形起伏的园林景窗云墙具有随形依势而曲，蜿蜒逶迤而秀，灵巧而富于变化，多层次地展开风景面，构成复合型的空间组合。

斜界面是处于从垂直界面到垂直界面的过渡段，起承上启下的连接坡面作用，成为层层叠落的梯田景观地貌地形。

2. 创造空间感的手法

(1) 围、隔、引。围墙、景墙、栅栏可以达到隔离、增加私密性、避免干扰的空间效果。

护坡绿化或铺装，经常可以起到围护和隔离及从气候方面改善和调节微小气候的作用。不仅可以用来支配、汇集或引导车辆和行人流通，还可以用来引导、控制视野角度和所见到的景色以及风和冷空气的流通。

通过植物配置也能起到围、隔、引的作用。

植物与植被除保护地形环境，减少水土流失，维持生态平衡外，还能创造意境，形成四时"季节观"。

从生态出发，植物配置的目的是形成合理的群落结构，若干植物组群形成群落。植物组群的外貌因素，主要指植物的种类、高度、个体分布密度及其相互关系。

植物空间地形的类型大体可分为："林下空间地形"、"草坪空间地形"及介于两者之间的"疏林草地空间地形"。

(2) 林下空间地形。由乔木树冠对地表的覆盖面形成，由于环境隐蔽、静谧、柔和，以散射光为主，多用作休息赏景之处。林下空间的形式变化受制于树木密度、树冠的大小和地形的起伏，其中以林下灌木对视觉影响较大，可以形成空间的围闭、穿插、组合等特性，同时因树木随树龄增长，树冠也因季节变化而不同。林下密集的矮灌木丛对游人的行为限定尤其强烈，但对视线并不遮挡，即所谓"隔而不断"、"围而不闭"。

(3) 草坪空间地形。系没有顶界面的全开放空间。空间感的大小形态只是由地面和林缘线的限定而成。草坪明亮度大，四周树林内明亮度低，人的视线多停留于林缘，故空间划分以林缘为界是显而易见的。人在草坪，视野开阔，环形景观面更吸引游人聚焦，开敞由"旷"达到尽收眼底的"奥"。草坪设计除选择适宜草种外，从地形设计景观上来说，关键就是草坪和地形的设计，草坪四周景物的安排和整体动势线的节奏动态。草坪还能起到将其周围各景点联系起来，形成多角度的"全景"景观面。草坪至少有一面向外敞开，将景点诸风景通过草坪均收纳入园中。这种对景观的聚焦力，非草坪莫属。

(4) 疏林草地空间地形。其特点介于上述两者之间，虽说不及草地地坪那么敞开，不是便于运动、娱乐、日光浴的场地，但其带有半私密性的疏林小空间，还是对追求自然野趣的游人颇具魅力。同时疏林草地空间地形的光影变化多端，呈现出扑朔迷离的复杂景观，是一种过渡类型的景观地形。

当地形地貌为广阔草坪时，景象具有舒展平和之意境；当遍植林木，多植松柏时，则景象具有庄重肃穆之意境；当植垂柳时，柔条飘逸，春意盎然；竹梅则高雅俊俏感人；枫柏深秋红叶，层林尽染，欢悦之情，油然而生。

3. 景观建筑物与地形的结合

景观建筑与地形的结合包括景观建筑如亭、廊、茶室等，因地制宜与地形巧妙结合所形成的园林空间；路堤、水系、绿廊与地形综合；历史人文、传统文化、地表真迹与地形的组景。

(1) 景观建筑因地制宜与地形巧妙结合所形成的园林空间：中国传统园林中的景观建筑，因其体量小、形式多样、体态轻盈、视线通透，是最灵活、最能与自然景观和自然地形相融合的建筑形式。如亭可设在山顶、山腰、山脚、水边；廊可以跨水、爬山、围合空间；茶室则可依山傍水、悬壁吊脚。

(2) 路堤、水系、绿廊与地形综合：组成地形设计的子系统工程简称"黄、蓝、绿"三色系统工程，赋予地形以蓬勃的气息。

(3) 历史人文、传统文化，宜凭借地形真迹组景。

借神话传说、小说故事、历史典故、遗址等题材，运用地形、虚实相生等手法进行组景，独具一格，特宜旅游滚动开发的初期。

如上海淀山湖畔"大观园"景区，它以小说"红楼梦"为题材，利用地形和原植被(多竹林)，设置黛玉潇湘馆景点于此。并以嘉定济河河湾地势，开辟度假村，再以古代科技四大发明为题材做文章，组成科技开发游览的双重功能，吸引游人。

(二)地形竖向设计

地形景观规划与竖向设计应与风景区总体规划同时进行，安排好自然地形和景园建筑工程中园路、工程管线、排水沟道、园桥等构筑物、建筑与抗灾等相互间的关系，是竖向设计的重点所在。

地形地貌的平面、立面上的规划设计，一般在总体规划阶段称"地貌景观规划"；在详细规划阶段称"地形竖向设计"；在修建设计阶段称"标高设计"；在景观规划环境设计阶段称"地形(含地貌)设计"。

1. 地形设计原则和方法

1) 利用、保护为主，改造修整为辅

结合景点的自然地形地貌地势，充分加以保护和利用。尽量采用易于与环境协调的地方材料，不动或少动原有植被，体现原有乡土风貌和地表特征。切实做到：顺应自然，返璞归真，就地取材，追求天趣。

2) 因地制宜，适当采用人为工程措施

景物的安排、空间的处理、意境的表达，都力求依山就势，高低错落，疏密起伏，自由布局。营造出坡陇坪谷、矶渚洲岛、溪涧池湾、山峦平台、叠嶂错层、林中空地、疏林草地等等。高低虚实地围合成地形，逐级上升，随之同层不同标高游步道形成了导向性流动的园林空间特性。

为适应山地地形，在选择景园风景建筑的体形大小、室外茶室、餐厅、平台以及山地广场等公共建筑的基底面积和园路的横断面时，都应遵循如下一些原则："化大为小"，"改单为双"，"不过分强调自身的独立和完整而造成整体上的支离破碎"，"园林建筑应融于自然而不是建筑的堆砌"。

今天的园林建筑已处于从属风景地位，按各类风景园林建筑的功能要求，结合地形地貌，开辟大小不等的台阶地坪多处，或将大体量建筑"化大为小"，分解成若干部分小间，分别布置在相近不同的标高平面上，既避免了单调的由于大体量建筑带来的呆板和竖向工程费用的上升，更增添了高低变化、层层叠叠有围有合错层的谐趣，使工程与自然地形与景貌相互渗透，融为一体。

3) 因绿制宜，保护自然植物群落

有利于生态与园林绿化相结合。在 1:200 地形图上做方案，在 1:100 地形图上复核绿地率和大树破坏情况，尽可能保留或避让或结合于人工地形之中，使树木能重点保护，维持原有风貌。

4) 因石制宜，就地取材

有利于地形设计中配合园路、墙面、围墙、踏步、挡墙等与环境地形协调统一，地形犹如人之皮肤，绿化如毛发，"皮之不存，毛将焉附"。因此这也是一个自然风景交流和生态平衡问题，经济上就地取材，其得益更是显而易见的。

5) 因景制宜，融建筑于自然景色与地形之中地形景观设计必须与建筑及平立面设计同步进行，使人工建筑与自然地形景观浑然一体。不露人为痕迹，符合自然与生态规律，起伏坡地，逶迤山冈，追求天趣，创造人工生态环境，特别是山体风景轮廓线，使园林建筑成为风景的点缀，在上、中、下分层种植的人工生态群落中若隐若现，形成一幅优美具有人文气息的山水画，成为风景区的一部分。

2. 地形在竖向设计中的作用

(1) 围合、限制、分隔空间。根据挖土或堆土的范围、高度，可以制约空间的开敞或封闭程度、边缘范围及空间方向。

(2) 控制视野景观。可以有助于视线导向和限制视野，突出主要的景观或屏障不利景物。

(3) 改善小气候环境。影响风向，有利通风、防风、改善日照，起隔离噪声的作用。

(4) 组织交通。引导和组织行走、行车的路线和速度。

(5) 美学作用。竖向变化地形使景观更丰富生动，有立体感，回归自然，加强环境艺术表现力。起伏的地形阴影在竖向造成的效果更具有雕塑感。

3. 竖向设计的基本原则

(1) 满足各项用地的使用要求(修建、活动、交通、休息等)。

① 建筑：室内地坪高于室外地坪：住宅 30~60 厘米，学校、医院 45~90 厘米为宜。

② 道路：机动车道纵坡一般≤6%，困难时最大可达 9%。山区城市局部路段坡度可达 12%，但坡度超过 4%时，必须限制其坡长。

非机动车道纵坡一般≤2%，困难时个别地段可达 3%，但坡长应限制在 50 米以内。

(2) 保证场地良好的排水；当 $i<3‰$ 时，应组织锯齿形边坡设计，以保证场地迅速排水。

(3) 充分利用地形，减少土方工程量，土方工程量尽可能就地结合地形处理。

(4) 考虑建筑群体空间景观设计的要求和植物种植设计的用地准备。

(5) 场地布置有利于机械化施工，并符合工程技术经济要求。

4. 主要内容

(1) 建筑群及景园建筑选址时，要抉择各景区高程所构成的地形，尽可能依山傍水，不破坏山形及小环境特色，权衡利弊，由此确定竖向设计的基本元素，组织景观空间，构成优美园林美景。

(2) 综合考虑景园各景点及设施工程的控制标高，完成工程用地的准备。

① 因地制宜，在大自然的原有地形上创造性地布置微地形，即对所需各种地形环境进行营造；划分台地，注意巧用地形自然排水，确定控制高程和排水方向；所形成的水体水系要提供园林多功能用途，发挥其灌溉、抗旱、防灾作用。

② 满足园路纵坡设计要求，并按设计要求将园路平顺衔接。

③ 修复生态链，渗蓄地表径流，有利于水土保持与各种工程管线的铺设。

④ 挖方和填方，尽可能就地近距离平衡，当然多余土石方也可借以利用筑土山、造溪池、雕塑及整形植物景观。

(3) 巧用地形，组织好景点的通风、日照以及绿地湖滩湿地保护，结合山地边坡度，即峰陡而麓缓进行立体式形态布局，改善植物生长条件，创造良好的生态环境。

(4) 利用地形，巧安排所划定台地(足够的平地)的大小，综合考虑土地使用性质和游人容量及抗灾抗震的不同要求而加以调整，为景点的优美景观创造条件，达到"人工美中见自然"。

(三)地形设计的影响因素

1. 自然因素

(1) 地质——裸岩和地表。
(2) 地貌——地形、地势、地形测量。
(3) 水文——地面水径流、溢流口、地下水位。
(4) 土壤类型及用途划分。
(5) 植被——植物生态。
(6) 气候——朝向、风向、温度、湿度、降水量。

2. 社会文化因素

(1) 现有土地及邻地使用权属。
(2) 交通与运输——场地及周边的道路走向、车辆与行人流通方向及流量。
(3) 用地性质的规划规定，如建筑密度、红线等。
(4) 市政设施状况——污水及雨水排放系统、水、暖、电、燃气、电话、电缆。
(5) 历史遗存——历史性建筑、路标路名。

3. 审美因素

(1) 自然赋予场地的天然特征。地形、地貌的类型与特征见表6-8。

表6-8 地形和地貌的类型与特征

类 型	定 义 与 特 征
山丘(形)	局部隆起的地形，其坡度在1:5~1:8之间
山冈(形)	条形隆起的地形，在山冈脊梁部分称山梁
山嘴(形)	成半岛形突出成三面下坡的高地
山坳(形)	三面为上坡所围成，中央成凹形的地形
坪台(形)	位于山顶平坦部分称为坪；高位地段上，范围较大的平缓地区亦称坪 山腰较平部分称台

续表

类 型	定 义 与 特 征
峡谷(形)	两侧为上坡的山坡,所夹的谷地部分,沟谷部分称为沟或溪
盆地(形)	四面被上坡所围的中央下凹的低地
山垭(形)	在山上地形,当两侧为隆越的山丘或山岭所组成的高一低一高地形,宛如一口形,此称垭口

(2) 空间模式——视角、空间、连续性等。

(四)地形设计的方法及应用

地形设计可以坡度变化、高程变化两种方法入手,并加以灵活应用。

1. 坡度

地面坡度分级及使用特征见表 6-9。

表 6-9　地面坡度分级及使用特征

分 级	坡 度	使 用 特 征
平坡地	0～2%	基本上是平地,园路与建筑可自由布置,但注意地表以保证最小排水坡度,坡度小于 3‰时应注意排水组织
缓坡地	2%～5%	建筑宜平行于等高线或与之斜交布置,若垂直于等高线,其长度不宜超过 30～50 米,否则需结合地形做错层、跌落等处理;非机动车道尽可能不垂直于等高线布置,机动车道则可随意选线。地形起伏可使建筑及环境绿地景观丰富多彩
	5%～10%	建筑、道路最好平行于等高线布置或与之斜交,若与等高线垂直或大角度斜交时,建筑需结合地形设计,作跌落、错层处理。机动车道需限制其坡长
中坡地	10%～25%	道路走线与等高线成锐角布置,建筑群布置受较大限制,建筑应结合地形设计,道路要平行或与等高线斜交迂回上坡,布置较大面积的平坦场地,填、挖土方量甚大;人行道如与等高线作较大角度斜交布置时,也需做台阶
陡坡地	25%～50%	用作城市居住区建筑用地,施工不便、费用大。建筑必须结合地形个别设计,不宜大规模开发建设。在山地城市土地紧张时仍可使用
急坡地	>50%	道路须曲折盘旋而上,梯道须与等高线成斜角布置,建筑设计需作特殊处理,通常不宜于居住区建设
悬　崖	>100%	惊险,道路及梯道布置极困难,工程措施投资大

(1) 平坡地。所谓平地,不是 $i<3\%$ 绝对的平地,平地不利于自然地形排水。竖向设计时要保护一定的坡度,以免视野单调,并要注意景观艺术效果,避免单向坡拉得过长,而要设计成多面坡。平地坡度的大小选择可视地坡植被覆盖和排水速度而定。

① 排水速度要求：游人散步草地的坡度可大些，介于 1%～3%较理想，以求场地快干，也适合于安排多项活动和内容。

花坛或种植林带，由于径流下渗透水量较大，坡度可略小些，宜在 0.5%～25%间。

② 地表铺装的硬地，坡度可小些，宜在 0.3%～1%之间，但排水坡面尽可能多向，以加快地表排水速度。

③ 当平地处于山坡与山体之间，则可设置坡率渐变的坡度，由 30%，15%，10%，5%，3%，直至临水面时，则以 0.3%的缓坡徐徐伸入水中，使之山地丘陵和草坪水面之间没有生硬转折的界限，柔顺舒展地过渡。

④ 多个平台设计，设计位于不同标高的地形平台以满足地坡的高差缓和变化，也满足游人步移景换、多视角观瞻景园的艺术要求。高差过渡用阶梯、台级、坡道衔接，空间由此也灵活多变，还可借平台作短暂休息。

总之，平坦地貌具有多方向发展的张力感地形；凸形地貌可创造景观中构图的焦点，地形形象十分突出；凹形地貌具有封闭性和内向性，能在观景上产生舞台效果；在谷地中又会产生神秘孤独感；在开阔地又会使人心胸坦荡产生豪放情绪。而在台地梯阶上能使人情绪起伏，增强错落而有韵律气氛中的感染力。

(2) 丘陵。丘陵的坡度变化一般在 10%～25%，高度差异绵亘也多，丘陵在地形设计中可视作山的余脉、主峰的配景、平地的外缘，在进行规划造景构图之际，不仅注意地形的方圆偏正，而且要注意丘陵地形的走向去势，园林用地惟丘陵地最胜，只要"略成小筑，足微大观"。

2. 高程变化

高程变化往往成为景观中最生动和最引人注目的目标。在较低的高程点处被包围，安全的感觉占主导地位，随着高程的升高，扩展了视野和景象的整体范围，可以给人一种广阔之感。同时，站在较高的地方可有一种优越、控制和支配感，从而带给游人兴奋感和满足感。通常用上升与下降、跨越与穿越、筑山、理水这几种手法来实现，在实际工程项目中，这几种手法往往会融合起来灵活运用。

(1) 上升与下降。通过营造高低起伏的地形，给视线以上升或下降的导向。

(2) 筑山(掇山)。利用不同的软、硬质材料，通过安、连、叠、拼一系列工程艺术，模拟造型所堆成的土山和石山，在地形设计中统称为筑山，它是自然界山水再现于景园之中的典型，是一种空间造型艺术工程。

(3) 筑山类型有如下几种。

① 土包石，以土为主，石为辅，山石点缀其中俗称土山。尤适用于筑"大山"，山上可植树木，树根盘固于土，加固了土山，通常山由峦、峰、谷涧、洞、路、桥、台、人工喷泉等组合而成。以土包石之法，既省人工，又省物力，且有天然风景之妙，山上还可筑造亭台楼阁，树木叶繁，浑然一色，不辨土石，自然无痕。苏州沧浪亭名园即"土包石"山成功的一例。

② 石包土，以石为主，土为辅，石山带土，外石内土俗称石山，用于筑"小山"

居多，叠石造山，须依景园规模而定，小型可置少数石峰，或依墙成石壁，或沿池成峰石，或成园山、厅山、楼山、池山。石山易筑成峰岩、洞穴、溪涧、峭壁、瀑泉，造成雄伟之势，群峰拔地而起，孤峰突兀剔透玲珑，有洞则能出奇，惟石山才宜为之。

③ 设计路堑，路堑又可称之为无顶的山洞，既能障景又能隔声，两侧可设置护墙或做台阶，层层跌落成山谷状堑道，幽谷深深，上空盖植绿叶藤蔓，人行其内，别有一派超脱情趣。上海松江方塔园的堑道设计，即为一佳例。

第五节　给排水工程设计

风景园林及景园给水排水与污水处理是风景建设的重要组成部分。水是人们旅游活动中不可缺少的物质，为此必须满足人们对水量、水质和水压的要求。水在使用过程中受到污染，成为污水，要经处理后才能排放。完善的给水工程和排水工程以及污水处理工程，对园林风景的保护、发展和旅游活动的开展都具有决定性作用。

一、景园给水

(一)给水用水分类与要求

1. 生活用水

成年人每天每人要摄取 2～5 公斤的水，在今天一般小康水平的生活，每天每人用水 140～600 升。园林离不开水，水还是生产灌溉、消防安全、水上活动和养殖的保证。园林给水，除对水质、水量、水压有所要求外，还对水温有其特定的要求。

生活用水是指饮用、烹饪、洗涤、清洁卫生用水。因此它包括风景区内办公室、生活区、餐厅、茶室、展览馆、小卖部等用水以及园内卫生清洁冲洗设施和特殊供水。

生活饮用水的水质必须符合国家颁布的《生活饮用水卫生标准》。

生活用水管网必须保证在进户管处有一定的水压，通常叫做最小自由水压，其值根据风景区内的建筑物的层数确定。

2. 生产用水

生产用水是指景区内植物的养护、灌溉、多种水体水景的补充用水及其他园务用水。生产用水对水质要求不高，但用水量大，可直接在池塘河浜中，用水泵抽水满足。

3. 消防用水

消防用水应根据景区内建筑的规模及景区的规模标准按国家规范 GBJ 16—87《建筑设计防火规范》设计，室外消防用水水源可根据具体情况，与园林生活用水共用室外管网，或采用由景观水为水源等方式解决。

(二)给水水源的分类与特点及选择

1. 给水水源的分类

给水水源分为两大类。

一类是地表水源：江、河、湖、水库等。地表水源水量充沛，常能满足较大用水量的需要。因此风景区常用地表水作水源。另一类是地下水源：泉水、承压水、潜水。

(1) 潜水。地底下第一个不透水层承托的含水层。

(2) 承压水。存在于两个不透水层之间的并受到压力的含水层。

2. 水源水质的特点

(1) 地下水。一般受形成、埋藏和补给条件的影响，大部分地区的地下水，具有水质澄清、水温稳定、分布面广等特点。但溶有矿质，有时含盐量为 200～500 毫克/升，还含有较高的硬度。在石灰岩和花岗岩交接的地层中地下水有时所含铁、硫等矿物质超过生活饮用水标准，要除去这些则未必经济，故需作比较确定。

(2) 江河水。易受三废及人为的污染，也受自然因素的影响，有时水中悬浮物和胶体物质含量多，浊度较高，须作处理。

(3) 湖泊、水库水。主要由降雨和河水补给。水质与河水相近，但因水体流动小，经自然沉淀后，浊度较低。然而含藻类较多，生物死亡残骸使水质易产生色、臭、异味。

3. 给水水源选择的原则

选择给水水源，首先应满足水质良好、水量充沛、便于防护的要求。

(1) 在风景区附近可直接从就近的城市给水管网系统接入，也可由一处或几处从水厂给水干管接进。

(2) 若风景区附近没有给水管网，就可选用地下水，其次是河、湖、水库的水。

(三)给水系统的组成与布置

(1) 河水。进水浊度≯100 毫克/升，水质稳定无藻类繁殖，给水系统如图 6-1 所示。

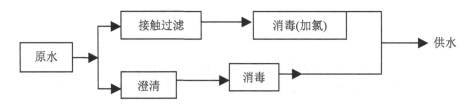

图 6-1　河水给水系统

(2) 江水。进水浊度≯2000～3000 毫克/升(个别短时间可达 5000～10000 毫克/升)，给水系统如图 6-2 所示。

图 6-2　江水给水系统

(3) 水质常清的山溪河流(洪水时才含大量泥虫沙)，给水系统如图 6-3 所示。

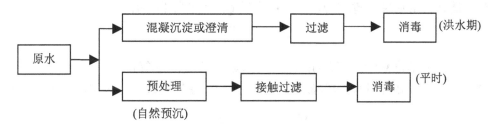

图 6-3　山溪给水系统

(4) 小江河。高浊度水，给水系统如图 6-4 所示。

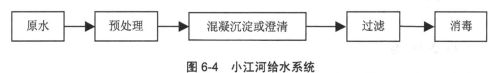

图 6-4　小江河给水系统

(5) 潮水、水库水。浊度低、色度高的原水，给水系统如图 6-5 所示。

图 6-5　水库等给水系统

(四)给水管网的水力计算

1. 用水量标准

各类用水量的计算一般以用水定额为依据。用水定额是对不同的用水对象，在一定时期内制定相对合理的单位用水量数值标准，是国家根据我国各地区、城镇的性质、生活水平、习惯、气候、建筑卫生设备等不同情况而制定的。它是给水管网水力计算的主要依据之一。

用水定额常以最高日用水量、平均日用水量等数值表示。平均日用水量是指一年的总用水量除以全年供水天数所得的数值，最高日用水量是指一年中最大一日的用水量。

而用水量在任何时候都是不均匀的，一年之中随季节差异而变化，一日之中随时间变化而不同。用水量的变化常用日变化系数和时变化系数两个数值反映。

日变化系数，是年限内的最高日用水量与平均日用水量的比值，其值约为 1.1～2.0。

时变化系数，是最高日最高时用水量与该日的平均时供水量的比值，其值约为 1.20～3.0。

2. 设计用水量的计算

在给水系统的设计中，年限内各种构筑物的用水规模是按最高日用水量来确定的，而给水管网的设计则是按最高日最高时的用水量来计算确定的，最高日最高时的流量就是给水管网的设计流量。

(1) 最高日用水量：建筑物最高日用水量 Q_d(立方米/日)为：

$$Q_d = \frac{m \cdot q_d}{1000}$$

式中，m 为用人单位数(人、床等)；q_d 为用水定额(人/人·d 等)。

(2) 最高日最高时用水量(即最大小时用水量)：建筑物最大小时用水量 Q_h(m³/h)为

$$Q_h = \frac{Q_d}{T} \cdot K_h = Q_p \cdot K_h$$

式中，T 为建筑物内部的用水时间；K_h 为小时变化系数；Q_p 为平均时用水量(m³/h)。

二、景园排水

(一)污水分类

污水按其来源和性质的不同一般可分为以下三类。

1. 生活污水

生活污水是来自办公生活区的厨房、食堂、厕所、浴室等人们在日常生活中使用过的水，其中一般含有大量的有机物和细菌。生活污水必须经过适当处理，使其水质得以改善后方可排入水体或用以灌溉农田。

2. 生产污水

生产污水是景区内的工厂、服务设施排除的生产废水，水质受到严重污染，有时还含有毒害物质。

3. 降水

降水是地面上径流的雨水和冰雪融化水，常称为雨水。降水的特点是历时集中，水量集中，一般较清洁，可不经处理用明沟和暗管直接引导排入水体或作为景区水景水源的一部分。

(二)排水系统的组成和体制

1. 排水系统的组成

(1) 污水排水系统。污水排水系统由下列几个主要部分组成：①室内卫生设备和污水管道系统；②室外污水管道系统；③污水泵站及压力管道；④污水处理与利用构筑物；

⑤排入水体的出水口。

(2) 雨水排水系统。雨水排水系统由下列几个主要部分组成：①房屋的雨水管道系统和设备；②景区雨水管渠系统；③雨水口；④出水口。

2. 排水系统的体制及其选择

对生活污水、生产污水和雨水所采用的汇集排放方式，称作排水系统体制。排水体制通常有分流制和合流制两种类型。

(1) 分流制排水系统。生活污水、生产污水、雨水用两个或两个以上的排水管道系统来汇集与输送的排水系统，称分流制排水系统。

有时公园里的分流制排水系统，也有仅设污水管道系统，不设雨水管道系统，雨水沿地面、道路边沟排入天然水体。

分流制有利于环境卫生的保护及污水的综合利用。

(2) 合流制排水系统。将污水和雨水用同一管道系统进行排除的体制称为合流制排水系统。

① 合流制排水的优点：合流制管道排水断面虽增大，但减少了一个管道系统，从而降低了管道投资费用；暴雨期间管道可得到冲洗，养护方便；污、雨水合用同一管道，有利于方便施工。

② 合流制排水的缺点：由于管道断面较大，晴天污水流量很小，往往产生污物淤积管道现象，影响环境卫生；混合污水综合利用较困难。

现在新建工程多不采用合流制排水系统。

(三)排水方式

污、雨水管道在平面上可布置成树枝状，并顺地面坡度和道路由高处向低处排放，尽量利用自然地面或明沟排水，减少管道埋深和费用。在进行地形竖向设计时综合考虑。

1. 利用地形排水

通过竖向设计将谷、涧、地坡、小道顺其自然适当加以组织划分排水区域，就近排入水体或附近的雨水干管，可以节省工程投资。

利用地形排水，地表种植草皮，最小坡度为5‰。

2. 明沟排水

主要指土明沟，也可在一些地段视需要砌砖、石或混凝土明沟，其坡度不小于4‰。

3. 管道排水

将管道埋于地下，有一定坡度，通过排水构筑物等排出。公园里一般采用明沟与管道组成混合的排水方式。

(四) 地表径流的排除

为使雨水在地表形成的径流能及时迅速地引导与排除，但又不能造成流速过大而冲蚀地表土以导致水土流失。为此，应进行综合考虑水系安排和地形的处理与理顺。

1. 竖向规划设计结合理水综合考虑地形设计

(1) 控制地面坡度，使径流速度不致过大，避免引起地表被冲刷，当坡度大于 8‰ 时，应检查是否会产生冲刷，否则应予采取加固措施。

(2) 同一坡度的坡面不宜延伸太长，应有起伏变化，使地面坡度陡缓不一，从而免遭地表径流冲刷到底，造成地表及植被破坏。

(3) 利用顺等高线的盘道谷线等组织拦截，整理组织分散排水。

(4) 局部地段配合种植设计，安排种植灌木及草皮进行护坡。

2. 理水造景的工程措施

园林工程中放水冲刷消能护岸固坡，理水造景工程措施有如下几种。

(1) 理水消能石。在沟坡较大的汇水线上，可结合造景设计跌度式的消能叠石，以使径流在此减速，或结合地形形成多姿瀑布水景。

(2) 护坡和溪涧消力槛。在园路、边沟等纵坡较大处或同一纵坡延续较长时，可结合绿化种植设置护坡消力槛，具体可用砖石镶砌铺筑而成，高出地面 30~50 毫米，与路中线成 75°角布置，并以一定间隔排列于路侧两边。

结合掇山理水叠石，筑造既能消能又能引起泉声共鸣犹如无弦琴声的流水音涧，理水成一景，所掇成的溪涧地形涧水跌落，谷间溪流乍阔乍窄、围绕曲径忽左忽右、消力池大小深浅各异，溪流时缓时湍，产生不同水潺音响，工程与景观相结合，曲径通幽，宛如八音迭鸣，自然又别致。

(3) 池岸与堤桥理水造景工程。水面的划分与平面造型，可凭借池岸界面限定和堤桥来划定，杭州西湖中的白堤与苏堤即因为理水工程而成为著名的一景。

(4) 聚水分水与输送理水造景工程。有水池、沟渠、溪涧蓄水、导水、分流等工程。

(5) 人工喷泉系列造景工程。模拟大自然的水态、水景景观，再现于景区与庭园。

三、污水处理与利用

园林风景区排出的污水主要是生活污水，因而含有大量有机物质及细菌、寄生虫卵，甚至病毒，具有一定危害，其次也有景区内的工程、服务设施排出的生产污水，其中也有毒害物质，还有病毒和放射性物质。

(一) 污水污染分析的指标

1. 生化需氧量(BOD)

指水中有机物在有氧条件下被微生物分解过程中所消耗的能量，单位通常用毫克/升表示，亦称单位体积污水所消耗游离氧的数量。生化需氧量愈高(>60 毫克/升，5 天，20℃)，表示污水中有机物愈多，被污染的程度愈大，一般含碳有机物当水温为 20℃时氧化需 20 天左右，用代号 BOD_{20} 表示，称总生化需氧量。由于这时间太长，实际应用困难，目前都以 5 天的生化需氧量 BOD_5 为代表。

2. 化学需氧量(COD)

指用化学方法，用强氧化剂氧化水中有机物所消耗的氧量，单位为毫克/升。化学需氧量与生化需氧量之差值，大体表示没有被微生物分解的有机物程度。

3. 悬浮固体与溶解固体

用于反映污水发生淤积及土壤盐碱化的程度。

4. pH 值

pH 值是氢离子浓度倒数的对数，是衡量污水呈酸性或碱性的标志，以 pH 值等于 6.5~8.5 为宜。

5. 色、臭、味

色、臭、味影响水体的物理状况和使用价值。

6. 细菌

污水中的细菌大部分是无害的，但其中有危害人体健康的病原菌和病毒则应消除。

(二) 污水处理的基本方法

1. 物理法

利用物理作用来分离去除污水中的非溶解性物质，如重力分离法、离心分离法、过滤法。

(1) 处理流程 A 如图 6-6 所示。

处理流程 A，通常用于污水的预处理，又称一级处理。可用于景区开发初期时，以及水体容量大，自净能力强的景区，即作为景区污水处理分期规划建设的第一期工程。

有些景点处于旷野或远离中心景区的独立风景点，不宜全部按处理流程 A 修建处理构筑物，只需要在景区游人集散点上修建特定的"沼气厕所"即可。

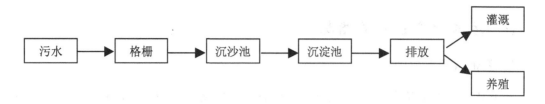

图 6-6 污水处理流程 A

(2) 沼气厕所的处理流程如图 6-7 所示。

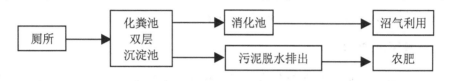

图 6-7 沼气厕所的处理流程图

2. 生物法

利用微生物的生命活动,将污水中的有机物分解氧化为稳定的无机物,使污水得以净化。

(1) 生物法分天然与人工生物处理两种。天然生物处理就是利用土壤或水中的微生物,在自然条件下的生物化学过程来净化污水,例如生物氧化塘等。人工生物处理是人为地创造有利条件,使微生物大量繁殖,提高净化污水的效率。此外,按照微生物在氧化分解有机物过程中对游离氧的要求不同,生物法又可分为好氧生物处理和厌氧生物处理。污水处理一般采用好氧法;污泥处理一般采用厌氧法,又称污泥消化。

(2) 处理流程 B 如图 6.8 所示。

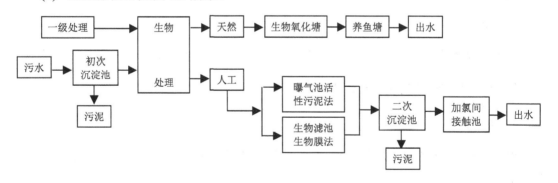

图 6-8 污水处理流程 B

(3) 处理流程 B,目前在景区污水处理中采用较普遍,景区乐于使用生物氧化塘作为污水的二级处理过程主要在于:

① 耗能少,处理效果好,基本不耗能源。
② 投资少,设备和构筑物少,故障更少。
③ 管理方便,机械设备少,不易发生技术故障,只有一个处理系统。

④ 抗污水冲击负荷能力强。

⑤ 综合利用经济价值高。最终一级氧化塘可作为养鱼塘，有一定经济价值。此外，使用景区内水景溪流作水源，一旦变成生活污水后，不处理就不能再排入原溪流之中。但也不能因而就另辟排泄途径，这样会大大减少景区溪流的下游水量，影响溪流自然水景的形成。所以污水经氧化塘方式处理后，还水原溪流，是个治"本"的好方法。惟一要注意的是处理后的水质要满足有关排放标准。故虽有占地较大的缺点，对景区来说也在所不惜了。

为综合利用，建议生物氧化塘内增加曝气设备，保证水中溶解氧充足。以氧化塘为核心工艺的二级处理流程如图6-9所示。

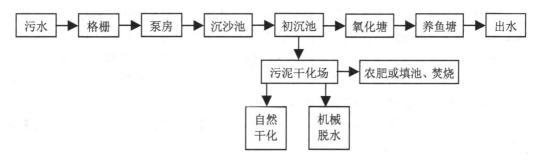

图6-9　氧化塘的二级处理流程图

3. 化学法

利用化学反应处理或回收污水中有毒害的溶解或胶体物质的方法。主要分为两大类。

(1) 投药法。向污水中投掷化学药剂，以便产生混凝、中和、氧化还原等化学反应，生成新的无毒或微毒的物质或呈固态而分离出来。具体处理方法有：化学混凝、絮凝、沉淀、澄清等方法。也有向污水中加CO_2，以降低pH值的再碳酸化法。为了消除生物污染，杀灭细菌，要对污水进行消毒。最常用的是氯消毒，其次是臭氧氧化、紫外线消毒。但对有些病毒，氯消毒效果不佳。

(2) 传质法。利用一定条件下物质可在固相、液相、气相三者之间转化的特点，使污染物从转移过程中由污水中分离出来。具体处理方法有：氨解吸塔解吸污水中的氨；活性炭吸附及表层和深层过滤。

上述污水处理方法，常需要组合使用。沉淀处理称一级处理，生物处理称二级处理，在生物处理基础上，为提高出水的水质再进行化学处理称为三级处理，其处理流程C如图6-10所示。

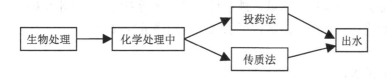

图6-10　污水处理流程C

目前国内各风景城市及景区,一般污水通过一、二级处理后基本上能达到国家规定的污水排放标准要求。三级处理则用于排放标准要求特别高的水体或污水水量不大时,才考虑采用。

四、中水规划设计

随着风景旅游事业的发展和游人客流量的增长,在诸如湖南张家界国家森林公园等一些风景名胜区,淡水资源的不足日趋严重,一些海岛风景区更是如此。因此,污水的资源化及其综合利用已被人们普遍重视,并被列为国家重点研究解决的课题。

景园中水工程,即是在景园和风景旅游地区的建筑及别墅小区中,利用生活污水和废水,经集流净化处理后,回用于该区内,补充作为生活杂用。实际上,中水工程可认为是一种介于建筑物生活给水和排水系统之间的杂用供水方式,故可简称为"建筑中水"。

中水工程既能节省资源,又使污水无害化,是保护风景区旅游环境、防治水污染和缓解风景旅游地区水资源不足的重要途径。

国家已颁布了杂用水水质标准,制定了《建筑中水设计规范》CECS30·91,以便在全国统一推广。

(一)基本类型与适用范围

1. 别墅小区中水系统

(1) 特点。可结合景区小区规划,尤其在风景别墅区将通过污水处理厂、部分污水集中处理后回收利用,可节水 30%,虽工程处理的规模较大,水质成分复杂,导致管道安排复杂,但集中处理费用较低,这是最大的优点。

(2) 适用范围。建筑分布较集中的风景区中心或宾馆别墅区。

2. 建筑中水系统

(1) 特点。采用优质杂排水为水源,处理方便,流程简单。投资省,占地小,在建筑物内便于与其他设备机房统一考虑,管道短,施工方便,处理水量容易平衡。

(2) 适用范围。风景旅游地区中心及其公共建筑。

(二)中水水源与水质

1. 中水水源的选用

应根据原排水的水质、水量、排水状况和中水所需的水质和水量确定,并按污染程度的不同,优先选用优质杂排水,可以按下列顺序进行取舍。

(1) 冷却水。

(2) 淋浴排水。

(3) 盥洗排水。

(4) 洗衣房排水。

(5) 厨房排水。

(6) 厕所排水。

以下用途的用水，可考虑由中水来供给。

(1) 冲洗厕所用水。

(2) 喷洒用水。

(3) 洗车用水。

(4) 消防用水。

(5) 空调冷却用水。

(6) 娱乐用水。

2. 中水水质基本要求

(1) 卫生上安全可靠。无有害物质，其主要衡量指标有大肠菌群数、细菌总数、余氯量、悬浮物量、生化需氧量、化学需氧量等。

(2) 外观上无不快的感觉。主要衡量指标有浊度、色度、臭气、表面活性剂和油脂等。

(3) 不对设备、管道等造成严重腐蚀、结垢和不造成维护管理的困难。其主要衡量指标有 pH 值、硬度、蒸发残留物、溶解性物质等。

(三) 中水工程设施

1. 水处理设施

(1) 前期水处理阶段的设施和设备一般有格栅或滤网截留、油水分离、毛发截流、调节水量、水质酸碱度调整等设施或设备。

(2) 主要处理阶段的设施和设备，按采用的水处理工艺流程而有多种多样。一般有沉淀池、混凝池、生物处理设施、过滤设备等。

(3) 后期处理阶段设施和设备，要根据要求的中水水质标准，分别采用如深度过滤设备、超滤设备、电渗析设备、混凝沉淀、吹脱气浮、吸附交换、化学氧化以及消毒等设施或设备。

2. 中水水源集流设施

(1) 景园建筑。指室内、外的排水集流管道系统。即由室内、外粪便排水管道或粪便——厨房排水管道、杂排水管道、合流管道组成。

(2) 设有中水系统的别墅小区室外杂排水管网宜与该小区雨水管道合流，但在这种合流管网上，一定要设排水溢流井，以便降雨过度时使小区内雨水溢流到城市雨水管网。

(3) 室内、外饮用水及中水配水管道。凡设置中水管网的景园建筑或别墅小区，其建筑内、外都应设置饮用水管网和中水管网，以及各自的增压贮水设备。

(四)中水管网

中水管道系统分中水原水集水系统和中水供水系统。

1. 中水原水集水系统

(1) 室内合流制集水。将生活污水和废水用同一套排水管道排出，即通常的排水系统。支管、立管均同室内排水设计。集流干管可根据处理间设置位置及处理流程的高程要求设计为室外集流干管或室内集流干管。

(2) 室内分流集水系统。分流等集水系统布置与卫生间的位置、卫生器具的布置直接相关。

① 便器与洗浴设备最好分设或分侧布置，以便用单独支管、立管排出。
② 多层宾馆和旅馆建筑洗浴设备宜上下对应布置，以便于接入单独立管。
③ 高层公共建筑的排水宜采用污水、废水、通气管三管组合体系。
④ 明装污废水立管，宜在不同墙角布设以利美观，污废支管不宜交叉，以免横支管标高降低过大。

2. 中水供水系统

(1) 中水供水管道系统和给水供水系统相似，有余压供水，靠最后处理工序的余压将水供至用户；水泵水箱供水；气压供水。

(2) 对中水供水管道和设备的要求。

① 中水管道必须具有耐腐蚀性，因中水保持有余氯和多种盐类，产生多种生物学和电化学腐蚀，采用塑料管、衬塑复合钢管和玻璃钢管比较适宜。
② 中水管道、设备及受水器具应按规定着色以免误引误用。《建筑中水设计规范》CEC30·91 规定为浅绿色。
③ 不能采用耐腐蚀管道和设备时，应做好防腐蚀处理，使其表面光滑，易于清洗、清垢。
④ 中水用水，最好采用使中水不与人直接接触的密闭器具，冲洗浇洒采用地下式给水栓。

(五)水景水的洁净治理和水质保持

水景的水分为湖泊、居住区小河、喷泉水三类。

1. 湖泊水的洁净保持

(1) 污水截流。在居住密度小，地域大的地方，污水分片收集、分片处理；在居住密度高的地方，污水收集后输送到无人居住、土地利用价值低的地方，建造大型污水处理厂。

(2) 底泥清淤。已经富营氧化及溶解氧水平低于 4.0 毫克/升的水体应该进行清除淤泥。在无法放干湖水、投资有限的情况下，可采用挖泥船与污泥浓缩脱水一体化机配合运行，将底泥处理成65%～75%含水率的泥饼，底泥体积减少到挖起时的1/15左右，运到指定地方，泥饼可用来养花植树和肥田。

(3) 富营氧化湖水的处理。若湖水已富营氧化，或有少量的生活污水仍然排入湖泊，溶解氧水平低下时，不但要清除湖底淤泥，还应该给湖水曝气。可以采用移动式组合曝气装置。

(4) 湖中生物种群的合理配比。必须使湖水中有完好的生物链。

(5) 监测。要定期取样分析水质指标，如：色度、浊度、COD、TN、TP、NH_3、N等，并观察记录生物种群的状况，给决策提供时间和依据。

(6) 湖泊环境的规划建议。水和树是相依为命的。在湖的周围一定有成片的树林。树叶可以固住蒸发的水分，在湖区营造出宜人的气候，树因湖水得到滋养，林水相存。

2. 居住区和校园内小河水的洁净保持

(1) 污水不能流入，与污水完全分流。

(2) 接入基地内部分雨水管作补充水源。

(3) 建立泵站，控制下雨时的河水位，平时作循环泵和提升泵使用，给水景的美化提供条件，在管路上需设过滤器或毛发过滤器。

(4) 河底的做法有三种：采用原有土石或人工铺砌砂土砾石；采用钢筋混凝土；采用钢筋混凝土并在其上选用深颜色的池底镶嵌材料。

(5) 为保持水的清洁，应防止泥沙冲入小河，在两岸种植草坪、灌木丛和树木。树林和小河应保持一定间距，以免树叶掉入水中，腐烂后污染水质。

3. 喷泉水的洁净保持

按照喷泉设置不同的位置，其洁净保持也有所不同。

(1) 与游人隔离的喷泉。指建造在室内，只能观赏不能接触的喷泉，如上海银河宾馆大堂的水景，只需用循环泵提升，并及时补充蒸发掉的水分即可。

(2) 街景喷泉。由于空气中灰尘的污染或人为污染的可能性，在循环水管管道上应加滤网。

(3) 旱喷泉。为了喷泉的正常运行和避免疾病传播的可能性，应重视其水循环处理工艺。除了应在循环回水管管路上加滤网，还应涉及低负荷的沙滤灌(池)和消毒工艺。消毒的方法可采用紫外光消毒、静电消毒等养护简便的工艺。

第七章　项目投资估算

【本章导读】

在旅游项目策划中，项目的投资估算是进行经济效益分析的前提条件，也是在策划阶段对项目投资总额进行初步控制的重要参考指标。需要引起注意的是，目前不少项目策划中投资估算部分未按照国家相关要求进行编制，且未达到相应的深度，造成后期在规划设计和工程设计阶段前后出入较大，失去了该部分应有的参考和指导作用。本章严格按照国家相关政策和法规要求，对投资估算进行了全面介绍，并对在项目策划投资估算中遇到的一些新课题，如国民经济评价、土地机会成本计算等进行了案例说明。

【关键词】

投资估算(investment estimate)
国民经济分析(national economic evaluation)
土地机会成本(land opportunity cost)

第一节　投资估算概念及其内容

一、投资估算的范围与内容

投资估算是在对项目的建设规模、技术方案、设备方案、工程方案及项目进度计划等进行研究并初步确定的基础上,估算项目投入总资金(包括建设投资和流动资金),并测算建设期内分年资金需要量的过程。

进行投资估算,首先要明确投资估算的范围。投资估算的范围应与项目建设方案设计所确定的研究范围和各单项工程内容相一致。

按照《投资项目可行性研究指南》的划分,项目投入总资金由建设投资(含建设期利息)和流动资金两项构成。投资估算时,需对不含建设期利息的建设投资、建设期利息和流动资金各项内容分别进行估算。

投资估算的具体内容包括:建筑工程费、设备及工器具购置费、安装工程费、工程建设其他费用、基本预备费、涨价预备费、建设期利息、流动资金。其中,建筑工程费、设备及工器具购置费、安装工程费和建设期利息在项目交付使用后形成固定资产。预备费一般也按形成固定资产考虑。按照有关规定,工程建设其他费用将分别形成固定资产、无形资产和其他资产。

在上述构成中,前六项构成不含建设期利息的建设投资。再加上第七项建设期利息,就称为建设投资。建设投资部分又可分为静态投资和动态投资两部分。静态投资部分由建筑工程费、设备及工器具购置费、安装工程费、工程建设其他费用、基本预备费构成;动态投资部分由涨价预备费和建设期利息构成。

二、投资估算的深度与要求

投资项目前期工作可以概括为机会研究、初步可行性研究(项目建议书)、可行性研究、评估四个阶段。由于不同阶段工作深度和掌握的资料不同,投资估算的准确程度也就不同。因此在前期工作的不同阶段,允许投资估算的深度和准确度不同。随着工作的进展,项目条件的逐步明确和细化,投资估算会不断深入,准确度会逐步提高,从而对项目投资起到有效的控制作用。项目前期不同阶段对投资估算的允许误差率见表7-1。

尽管允许有一定的误差,但是投资估算必须达到以下要求。

(1) 工程内容和费用构成齐全,计算合理,不重复计算,不提高或者降低估算标准,不高估冒险或漏项少算。

(2) 选用指标与具体工程之间存在标准或者条件差异时,应进行必要的换算或者调整。

(3) 投资估算精度应能满足投资项目前期不同阶段的要求。

表 7-1　投资项目的前期各阶段对投资估算误差的要求

序　号	投资项目前期阶段	投资估算的误差率
1	机会研究阶段	±30%以内
2	初步可行性研究(项目建议书)	±20%以内
3	可行性研究阶段	±10%以内
4	评估阶段	±10%以内

三、投资估算的依据与作用

(一)建设投资估算的基础资料与依据

建设投资估算应做到方法科学，基础资料完整，依据充分。建设投资估算的基础资料与依据主要包括以下几个方面。

(1) 专门机构发布的建设工程造价费用构成、估算指标、计算方法，以及其他有关工程造价的文件。

(2) 专门机构发布的工程建设其他费用估算办法和费用标准，以及政府部门发布的物价指数。

(3) 拟建项目各单项工程的建设内容及工程量。

(二)投资估算的作用

1. 投资估算是投资项目建设前期的重要环节

投资估算是投资项目建设前期工作中制定融资方案、进行经济评价的基础，以及其后编制初步设计概算的依据。因此，按照项目建设前期不同阶段所要求的内容和深度，完整、准确地进行投资估算是项目决策分析与评价阶段必不可少的重要工作。

在项目机会研究和初步可行性研究阶段，虽然对投资估算的准确度要求相对较低，但投资估算仍然是该阶段的一项重要工作。投资估算完成之后才有可能进行资金筹措方案设想和经济效益的初步评价。

在可行性研究阶段，投资估算的准确与否，以及是否符合工程实际，不仅决定着能否正确评价项目的可行性，同时也决定着融资方案设计的基础是否可靠，因此投资估算是项目可行性研究报告的关键内容之一。

2. 满足工程设计招标及建筑方案设计竞选的需要

在工程设计投标书中，除了包括方案设计的图文说明以外，还应包括工程的投资估算。在城市建筑方案设计竞选过程中，咨询单位编制的竞选文件应包括投资估算，因此合理的投资估算也是满足工程招标及建筑方案设计竞选的需要。

第二节 分类投资估算

一、建设投资(不含建设期利息)估算

(一)估算步骤

建设投资(不含建设期利息)估算步骤如下。
(1) 分别估算各单项工程所需要的建筑工程费、设备及工器具购置费和安装工程费。
(2) 在汇总各单项工程费用的基础上估算工程建设其他费用。
(3) 估算基本预备和涨价预备费。
(4) 加和求得建设投资(不含建设期利息)总额。

(二)建筑工程费估算

1. 估算内容

建筑工程费是指为建造永久性建筑物和构筑物所需要的费用，包括以下几部分内容。
(1) 各类房屋建筑工程和列入房屋建筑工程预算的供水、供暖、卫生、通风、煤气等设备费用及其装设、油饰工程的费用，列入建筑工程预算的各种管道、电力、电信和电缆导线敷设工程的费用。
(2) 设备基础、支柱、工作台、烟囱、水塔、水池、灰塔等建筑工程以及各种窑炉的砌筑工程和金属结构工程的费用。
(3) 为施工而进行的场地平整，原有建筑物和障碍物的拆除以及施工临时用水、电、气、路和完工后的场地清理，环境绿化、美化等工作的费用。
(4) 矿井开凿、井巷延伸、露天矿剥离，石油、天然气钻井，修建铁路、公路、桥梁、水库、堤坝、灌渠及防洪等工程的费用。

2. 估算方法

建筑工程费的估算方法有建筑工程投资估算法(以单位建筑工程量投资乘以建筑工程总量)、单位实物工程量投资估算法(以单位实物工程量投资乘以实物工程总量)和概算指标投资估算法。前两种方法比较简单，后一种方法要以较为详细的工程资料为基础，工作量较大，可根据具体条件和要求选用。

(三)设备及工器具购置费估算

设备及工器具购置费由设备购置费和工具器具及生产家具购置费组成。在生产性工程建设中,设备及工器具购置费用占建设投资比重的增大,意味着生产技术进步和资本有机构成的提高。

1. 设备购置费

设备购置费是指为投资项目而购置或自制的达到固定资产标准的各种国产或进口设备、工具、器具的购置费用。它由设备原价和设备运杂费构成。

设备原价指国产设备或进口设备的原价;设备运杂费指除设备原价之外的设备采购、运输、途中包装及仓库保管等方面支出费用总和。

1) 国产设备原价的构成及计算

国产设备原价一般指设备制造厂的交货价,即出厂价或订货合同价。国产设备原价分为国产标准设备原价和国产非标准设备原价。

国产标准设备原价是指按照主管部门颁布的标准图纸和技术要求,由我国设备生产厂批量生产的,符合国家质量检测标准的设备。有的国产标准设备原价有两种,即带有备件的原价和不带备件的原价。在计算时,一般采用带有备件的原价。国产标准设备原价可通过查询相关价格目录或向设备生产厂家询价得到。

国产非标准设备是指国家尚无定型标准,各设备生产厂不可能在工艺过程中采用批量生产,只能按一次订货,并根据具体的设计图纸制造的设备。非标准设备原价有多种不同的计算方法,如成本计算估价法、系列设备插入估价法、分部组合估价法、定额估价法等。但无论采用哪种方法都应该使非标准设备计价接近实际出厂价,并且计算方法要简便。按成本计算估价法,非标准设备的原价由以下各项组成。

材料费、加工费、辅助费材料(简称辅材费,包括焊接、焊丝、氧气、氩气、氮气、油漆、电石等费用)、专用工具费、废品损失费、外购配套件费(按设备规定的设计费收费标准计算)。

实践中也可采用有关单位公布的参考价格(元/吨),根据设备类型、吨位、材质、规格等要求选用。

2) 进口设备购置费的构成及计算

进口设备购置费由进口设备货价、进口从属费用及国内运杂费组成。

进口设备货价按交货地点和方式的不同,分为离岸价(FOB)与到岸价(CIF)两种价格。进口从属费用包括国外运费、国外运输保险费、进口关税、进口环节增值税、外贸手续费、银行财务费和海关监管手续费(减免税时计算海关监管手续费)。国内运杂费包括运输费、装卸费、运输保险费和其他杂费等。

进口设备按离岸价计价时,应计算设备运抵我国口岸的国外运费和国外运输保险费,得出到岸价。计算公式为

$$进口设备到岸价=离岸价+国外运费+国外运输保险费$$

其中：　　　　国外运费=离岸价×运费率 或 国外运费=单位运价×运量
　　　　　　　国外运输保险费=(离岸价+国外运费)×国外保险费率
进口设备的其他几项从属费用通常按下面公式估算。
进口关税=进口设备到岸价×人民币外汇牌价×进口关税率
进口环节增值税=(进口设备到岸价×人民币外汇牌价+进口关税+消费税)×增值税率
外贸手续费=进口设备到岸价×人民币外汇牌价×外贸手续费率
银行财务费=进口设备到岸价×人民币外汇牌价×银行财务费率
海关监管手续费=进口设备到岸价×人民币外汇牌价×海关监管手续费率

海关监管手续费是指海关对发生减免进口税或实行保税的进口设备，实施监管和提供服务收取的手续费。全额征收关税的设备，不收取海关监管手续费。

进口设备国内运杂费按运输方式，根据运量或者设备费金额估算。

3) 设备运杂费的构成

设备运杂费通常由下列各项构成。

(1) 运费和装卸费。国产设备由设备制造厂交货地点起至工地仓库(或施工组织设计指定需要安装设备的堆放地点)止所发生的运费和装卸费；进口设备则由我国到岸港口或边境车站起至工地仓库(或施工组织设计指定需安装设备的堆放地点)止所发生的运费和装卸费。

(2) 包装费。在设备原价中未包含的，为运输而进行的包装支出的各种费用。

(3) 设备供销部门的手续费。按有关部门规定的统一费率计算。

(4) 采购与仓库保管费。指采购、验收、保管和收发设备所发生的各种费用，包括设备采购人员、保管人员和管理人员的工资、工资附加费、办公费、差旅交通费，设备供应部门办公和仓库所占固定资产使用费、工具用具使用费、劳动保护费、检验试验费等。这些费用可按主管部门规定的采购与保管费费率计算。

4) 设备费估算表

设备估价后，应编制设备购置费估算表。国内设备购置估算表参考格式见表 7-2，进口设备购置费估算表参考格式见表 7-3。

表 7-2　国内设备购置费估算表

序号	设备名称	型号规格	单位	数量	设备购置费		
					出厂价(元)	运杂费(元)	总价(万元)
	A						
	B						
	合计						

注：项目决策分析与评价阶段，根据投资估算的深度要求，也允许仅列出主要设备表，且运杂费的估算可以按单项工程分别估算。

表7-3 进口设备购置费估算表　　　　　　　　　　单位：万元或万美元

序号	设备名称	台套数	国外运费	国外运输保险费	到岸价	进口价	进口关税	消费税	增值税	外贸手续费	银行财务费	海关监管手续费	国内运杂费	设备购置费总价
	A													
	B													
	合计													

注：项目决策分析与评价阶段，根据投资估算的深度要求，也允许仅列出主要设备表，且从属费用和国内运杂费的估算可以按单工程分别估算。

2. 工具、器具及生产家具购置费的构成及计算

工具、器具及生产家具购置费，是指按照有关规定，为保证新建或扩建项目初期正常生产必须购置的没有达到固定资产标准的设备、仪器、工卡模具、器具、生产家具等购置费用。一般以设备购置费为计算基数，按照部门或行业规定的工具、器具及生产家具费率计算。

(四)安装工程费估算

需要安装的设备应估算安装工程费，安装工程费内容一般包括如下内容。

(1) 生产、动力、起重、运输、传动和医疗、实验等各种需要安装的机械设备装配费用，与设备相连的工作台、梯子、栏杆等装设工程费用，附属于被安装设备的管线敷设工程费用，以及被安装设备的绝缘、防腐、保温、油漆等工作的材料费和安装费。

(2) 为测定安装工程质量，对单台设备进行单机试运转、对系统设备进行系统联动无负荷试运转工作的调试费。

投资估算中安装工程费通常根据行业或专门机构发布的安装工程定额、取费标准所综合的大指标估算。具体计算可按安装费率(以设备原价为基数)、每吨设备安装费(以设备吨位为基数)或者每单位安装实物工程量的费用(以安装实物工程量为基数)分类估算。附属管道量大的行业，有的要求单独估算管道工程费用，并单独列出主材费用。

项目决策分析与评价阶段，根据投资估算的深度要求，也允许安装费用按单项工程分别估算。

(五)汇总各单项工程费用

在按照上述内容与方法分别估算各单项工程建筑工程费、设备及工器具购置费和安装工程费的基础上，汇总形成各单项工程费用。然后将各单项工程费用分门别类加和，得到投资项目的工程费用。根据需要，大型项目还可能需要列出主要的单项工程投资估

(六) 工程建设其他费用估算

工程建设其他费用是指建设投资中除建筑工程费、设备及工器具购置费、安装工程费以外所必须花费的其他费用。

工程建设其他费应按国家有关部门或行业规定的内容、计算方法和费率或取费标准分项估算，具体估算方法参见《现代咨询方法与实务》。按各项费用科目的费率或者取费标准估算后，应编制工程建设其他费用估算表，见表7-4。

表7-4 工程建设其他费用估算表　　　　　　　　单位：万元或万美元

序号	费用名称	计算依据	费率或标准	总价
1	土地使用费			
2	建设单位管理费			
3	前期工作费			
4	勘察设计费			
5	研究试验费			
6	建设单位临时设施费			
7	工程建设监理费			
8	工程保险费			
9	引进技术和进口设备其他费用			
10	联合试运转费			
11	生产职工培训费			
12	办公及生活家具购置费			
	合计			

注：表中所列费用科目，仅供估算工程建设其他费用参考。项目的其他费用科目，应根据有关规定及拟建项目的具体情况确定。

(七) 基本预备费估算

基本预备费是指在项目实施中可能发生难以预料的支出，需要事先预留的费用，又称工程建设不可预见费，主要指设计变更及施工过程中可能增加工程量的费用。一般由下列三项内容构成。

(1) 在批准的设计范围内，技术设计、施工图设计及施工过程中所增加的工程费用；设计变更、工程变更、材料代用、局部地基处理等增加的费用。

(2) 一般自然灾害造成的损失和预防自然灾害所采取措施的费用。

(3) 竣工验收时为鉴定工程质量对隐蔽工程进行必要的挖掘和修复费用。

基本预备费按工程费用(即建筑工程费、设备及工器具购置费和安装工程费之和)和工程建设其他费用两者之和乘以基本预备费的费率计算。

基本预备费 =(工程费+工程建设其他费用)×基本预备费率

(八)涨价预备费估算

涨价预备费是对建设工期较长的项目,由于在建设期内可能发生材料、设备、人工等价格上涨引起投资增加,需要事先预留的费用,亦称价格变动不可预见费。涨价预备费以建设工程费、设备及工器具购置费、安装工程费之和为计算基数。计算公式为

$$P_C = \sum_{t=1}^{n} I_t [(1+f)^t - 1]$$

式中,P_C为涨价预备费;I_t为第 t 年的工程费用;f为建设期价格上涨指数;n为建设期。

建设期价格上涨指数,政府部门有规定的按规定执行,没有规定的由工程咨询人员合理预测。

(九)汇总编制建设投资(不含建设期利息)估算表

上述各项费用估算完毕后应编制建设投资(不含建设期利息)估算表,并对项目建设投资(不含建设期利息)的构成和各类工程、其他费用及预备费占建设投资(不含建设期利息)比例的合理性,单位生产能力(或使用效益)投资指标的先进性进行分析。

表格格式或依行业有所不同,制造业项目的参考格式见表7-5。

表7-5 建设投资(不含建设期利息)估算表　　　单位:万元或万美元

序号、工程或费用名称	建筑工程费	设备及工器具购置费	安装工程费	其他费用	合计	其中:外汇	投资比例(%)
工程费用							
主要生产项目							
×××							
…							
辅助生产项目							
×××							
…							
公用工程项目							
×××							
…							
服务性工程项目							
×××							
…							
厂外工程项目							

续表

序号、工程或费用名称	建筑工程费	设备及工器具购置费	安装工程费	其他费用	合计	其中：外汇	投资比例(%)
×××							
...							
×××							
...							
工程建设其他费用							
×××							
...							
预备费							
基本预备费							
涨价预备费							
建设投资(不含建设期利息)合计							
投资比例							100%

注：投资比例分别指各主要科目的费用(包括横向纵向)占建设投资(不含建设期利息)的比例。

二、建设期利息的估算

建设期利息是指项目借款在建设期内发生并应计入固定资产原值的利息。建设期利息是在完成的建设投资(不含建设期利息)估算和分年投资计划基础上，根据筹资方式(银行贷款、企业债券)、金额及筹资费率(银行贷款利率、企业债券发行手续费率)等进行计算。建设期利息的计算方法如下。

1. 借款额在各年年初发生

各年利息=(上一年为止借款本息累计+本年借款额)×年利息

2. 借款额在各年年内均衡发生

借款是按季度、月份平均发生，为了简化计算，通常假调借款均在每年的年中支用，借款第一年按半年计息，其余各年份按全年计息，此时借款利息的计算公式如下。

各年应计利息=(上一年年末借款本息累计+本年借款额/2)×年利率(按复利计算)

或：

各年应计利息=(上一年年末借款本息累计+本年借款额/2)×年利率(按单利计算)

在投资项目决策分析与评价阶段，一般采用借款额在各年年内均衡发生的方法估算建设利息。

三、流动资金估算

流动资金是指项目投产后,为进行正常生产运营,用于购买原材料、燃料,支付工资及其他经营费用等所必不可少的周转资金。它是伴随着固定资产投资而发生的永久性流动资产投资。等于项目投资运营后所需全部流动资产扣除流动负债后的余额。项目决策分析下评价中,流动资产主要考虑应收账款、现金和存货;流动负债主要考虑应付账款。由此看出,这里所解释的流动资金的概念,实际上就是投资项目必须准备的最基本的运营资金。流动资金估算一般采用分项详细估算法,项目决策分析与评价的初期阶段或者小型项目可采用扩大指标法。

(一)分项详细估算法

分项详细估算法是对构成流动资金的各项流动资产和流动负债逐项并分年进行估算。

流动资金=流动资产-流动负债

流动资产=应收账款+存货+现金

流动负债=应付账款

流动资金本年增加额=本年流动资金-上年流动资金

根据流动资金各项估算的结果,编制流动资金估算表,见表7-6。

表7-6 流动资金估算表　　　　　　　　　　　　单位:万元

序号	项目	最低周转天数	周转次数	生产期					
				3	4	5	6	...	n
1	流动资产								
1.1	应收账款								
1.2	存货								
1.2.1	原材料								
	×××								
	×××								
	...								
1.2.2	燃料								
	×××								
	×××								
	...								
1.2.3	在产品								
1.2.4	在成品								
1.3	现金								
2	流动负债								

续表

序 号	项 目	最低周转天数	周转次数	生产期					
				3	4	5	6	…	n
2.1	应付账款								
3	流动资金(1－2)								
4	流动资金本年增加额								

(二)扩大指标估算法

扩大指标估算法是按照流动资金占某种基数的比率来估算流动资金。一般常采用的基数有销售收入、经营成本、总成本费用和建设投资等，究竟采用何种基数，依行业习惯而定。所采用的比率根据经验确定，或根据现有同类企业实际资料确定，或依行业、部门给定的参考值确定。扩大指标估算法简便易行，但准确度不高，适用项目建议书阶段流动资金的估算。

(1) 产值(销售收入)资金率估算法。

流动资金额=年产值(年销售收入额)×产值(销售收入)资金率

(2) 经营成本(或总成本费用)资金率估算法。经营成本是一个反映物质、劳动消耗和技术水平、生产管理水平的综合指标。

流动资金额=年经营成本(年总成本费)×经营成本资金率(总成本费用资金率)

(三)流动资金估算应注意以下问题

(1) 在采用分项详细估算法时，需要分别确定现金、应收账款，存货和应付账款的最低周转天数。在确定周转天数时要根据实际情况，并考虑一定的保险系数。对于存货中的外购原材料、燃料要根据不同品种和来源，考虑运输方式和运输距离等因素分别确定。

(2) 不同生产负荷下的流动资金是按照相应负荷时各项费用金额和给定公式计算出来的，而不能按100%负荷下的流动资金乘以负荷百分数求得。

第三节 项目投入总资金与分期投资计划

一、项目投入总资金

按投资估算内容和估算方法估算上述各项投资并进行汇总，编制项目投入总资金估算汇总表，见表7-7。

表7-7 项目投入总资金估算汇总表　　　　　单位：万元或万美元

序号	费用名称	投资额 合计	其中：外汇	估算说明
1	建设投资			
1.1	建设投资静态部分			
1.1.1	建筑工程费			
1.1.2	设备及工器具购置费			
1.1.3	安装工程费			
1.1.4	工程建设其他费用			
1.1.5	基本预备费			
1.2	建设投资动态部分			
1.2.1	涨价预备费			
1.2.2	建设期利息			
2	流动资金			
3	项目投入总资金(1+2)			

二、分年投资计划

估算出项目建设投资(不含建设期利息)、建设期利息和流动资金后，应根据项目计划进度安排，编制分年投资计划表，见表7-8。该表中的分年建设投资(不含建设期利息)可以作为安排融资计划，估算建设期利息的基础。由此估算的建设期利息列入该表。流动资金本来就是分年估算的，可由流动估算表转入。分年投资计划表是编制项目资金筹措计划表的基础，实践中往往将两者合一，称为"投资使用与资金筹措计划表"。

表7-8 分年投资计划表　　　　　单位：万元或万美元

序号	项目	人民币			外汇		
		第一年	第二年	…	第一年	第二年	…
1	建设投资(不含建设期利息)						
2	建设期利息						
3	流动资金						
4	项目投入总资金(1+2+3)						

第四节　土地国民经济费用的计算方法

我国土地分为城市土地和农村土地。城市土地包括市区内的土地、城市郊区的土地，可采用市场价格测定影子价格。

农村土地按照机会成本法测定影子价格。下面主要介绍投资项目使用农村土地的国民经济费用计算方法。

$$\text{土地的国民经济费用} = \text{土地机会成本} + \text{新增资源消耗}$$

土地机会成本按照投资项目占用土地而使国家为此损失该土地"最好可行替代用途"的净国民经济效益计算。其计算公式为

$$OC = NB_0 \times (1+g)^{\tau+1} \times \frac{1-(1+g)^n(1+i)^{-n}}{i-g}(i \neq g)$$

式中，OC 为土地机会成本；n 为项目占用土地的期限；NB_0 为基年土地的"最佳可替代用途"的单位面积净效益；τ 为净效益计算基年距项目开工年的年数；g 为土地的最佳可替代用途的年平均效益增长率；i 为社会折现率。

新增资源消耗主要包括拆迁费和人口安置费用。

三通一平等土地开发费用通常在投资项目的工程费用中列支，在国民经济评价中另行测算。

在投资项目评价中，土地的影子价格可以以财务评价中土地的征地费用为基础进行调整计算。一般情况下，按国民经济评价费用与效益划分原则，投资项目的实际支付征地费可以划分为三部分，分别按照不同的方法调整。

(1) 属于机会成本性质的国民经济费用，如土地补偿费、青苗补偿费等，按照机会成本计算方法调整计算。

(2) 属于新增资源消耗的国民经济费用，如拆迁费、剩余劳动力安置费、养老保险费等，按影子价格调整计算。

(3) 属于转移支付的，如粮食开发基金、耕地占用税等，应予以剔除。

【案例 7-1】

案例背景

某项目为一港口工程，位于浙江省。征用耕地 225.66 亩，1990 年开始征地建设，项目寿命为 30 年，其实际支付的征地费用总额为 3888.69 万元，征地费用构成表 7-9。已知耕地的各种用途中，种植蔬菜净效益最大，以 1990 年为基年，一次种植蔬菜的单位面积净效益为 482.3 元/亩，一年内可复种 2.5 次，且项目规划期内种植蔬菜的年净效益增长率为 2%。社会折现率为 10%。房屋建筑工程影子价格换算系数为 1.1，与此无关的项目换算系数为 1。

表 7-9　项目实际征地费用　　　　　　　　　　单位：万元

费用类型	费用总额	费用类型	费用总额
1. 土地补偿费	455.66	7. 剩余农业劳动力安置费	856.15
2. 青苗补偿费	35.68	8. 农转非人口粮食差价补贴	225.53
3. 粮食开发基金	330.12	9. 征地管理费	171.00
4. 耕地占用税	580.09	10. 拆迁总费用	1256.70
5. 撤组转户老年人保养费	165.45	合计	3888.69
6. 养老保险金	12.31		

问题

(1) 在投资项目评价中，土地的影子价格可以以财务评价中土地的征地费用为基础进行调整计算。请问，一般情况下，按国民经济评价费用与效益划分原则，投资项目实际支付的征地费可以划分为哪几部分，分别按照什么方法加以调整？并具体说明本案例中项目实际征地费用构成表中各项处理办法。

(2) 写出土地机会成本的计算公式，并说明公式中各字母所代表的含义和等号右边各项在本案例中的值分别是多少(不必计算出机会成本)。

解题思路

土地的影子价格计算属于特殊投入物的影子价格计算范畴，有其特殊的计算方法。已知条件中列出了实际征地费用的各项内容，则应该根据内容中给出的将财务评价中的土地征地费用按三部分分别调整来计算即可。对于土地机会成本计算应该重点掌握。

解答

(1) 一般情况下，按国民经济评价费用与效益划分原则，投资项目实际支付的征地费可以划分为三部分，分别按照不同的方法调整。

① 属于机会成本性质的国民经济费用，如土地补偿费、青苗补偿费等，按照机会成本计算方法调整计算。

② 属于新增资源消耗的国民经济费用，如拆迁费、剩余劳动力安置费、养老保险费等，按影子价格调整计算。

③ 属于转移支付的，如粮食开发基金、耕地占用税等，应予以剔除。

对于本案例，在实际征地费用构成表中，第 1、2 两项即土地补偿费和青苗补偿费属机会成本性质，应按机会成本计算方法进行计算；第3、4项即粮食开发基金和耕地占用税属转移支付，不计为费用；其余第 5~10 共六项费用为新增资源消耗，应该换算为影子费用。新增资源消耗中的拆迁费主要为建筑工程的拆迁费用，用房屋建筑工程影子价格换算系数 1.1 将其换算为影子价格，其他五项新增资源消耗因其换算系数为 1，可不作调整。

(2) 土地机会成本的计算公式为

$$OC = NB_0 \times (1+g)^{\tau+1} \times \frac{1-(1+g)^n(1+i)^{-n}}{i-g}$$

对于本案例，据已知条件得，项目寿命期 $n=30$ 年；种植蔬菜为最好可行替代用途，故其基年(1990 年)单位面积净效益为：NB_0=482.3×2.5=1205.75 元/亩；由于开工年与基年相同，所以 $\tau=0$；土地的最佳可替代用途的年平均效益增长率 g=2%；社会折现率 i=10%。

复习自测题

(1) 投资估算的概念及其构成是什么？
(2) 在旅游项目策划阶段，投资估算应该达到什么深度？
(3) 在投资估算中，基本预备费和涨价预备费的区别和联系在哪里？

第八章 项目经济效益分析

【本章导读】

项目的经济效益分析，是项目策划的重要内容，是项目立项、投资和融资的重要依据，是旅游项目投资商最看重的一个部分。项目经济效益分析涉及对财务基础数据如项目的生命期、固定资产折旧、流动资金、资金筹措和使用、成本费用、收入和利润方面的分析；项目现金流量涉及对现金的流入量、流出量和净流量进行分析；资金时间价值涉及对资金的复利、现值、终值、年金、普通年金进行分析；盈利能力评价涉及评价项目的投资回收期、投资利润率、净现值、现值指数和内含报酬率；偿债能力评价是评价项目的资产负债率、流动比率、速动比率；不确定性分析是对项目的盈亏平衡、敏感性和概率进行分析。

【关键词】

财务基础数据(financial basic data)
项目现金流量(project cash flux)
资金时间价值(financing time value)
盈利能力评价(profit ability evaluation)
偿债能力评价(solvency ability evaluation)
不确定性分析(ancertainty analysis)

第一节　财务基础数据预测

财务基础数据是指与项目生命期内全部经济活动有关的数据,如投资额、成本费用、营业收入、税金、折旧等。财务基础数据评估建立在建设必要性、生产建设条件和技术评估基础上,通过数据调查、收集、鉴别、评审和测算等一系列财务评估方法得到的。财务基础数据评估是项目经济效益分析的重要环节,只有通过这个环节获得各种经济数据,才能对拟建项目进行财务经济效益和国民经济效益评估,从而进一步确定项目经济上的合理性,最后判断项目的可行性。可见,财务基础数据评估关系到项目评估结果的科学性、合理性和实际性,从而影响到项目投资决策。因此,在评估项目财务基础数据时,必须实事求是、准确无误,杜绝人为调整数据和参数的行为。

一、财务基础数据的内容

1. 投资成本费用的预测

投资成本费用是指项目建设期间各年的投资支出。总投资包括固定资产投资、无形资产投资、开办费用、建设期利息和建成后需要垫付的流动资金等。

2. 项目经济寿命期

项目经济寿命期是指投资项目开始建设到建成投产,直至项目终止报废所经历的时期,它是项目寿命年限的计算期,是预测其他财务基础数据的前提。

3. 资金来源和使用计划

筹集资金是项目管理的一项重要任务,合理选择筹资渠道和筹资方式,确定权益资本与负债资本的组合是项目筹资管理的关键。资金筹集落实以后,应根据项目实施预计进度和资金来源渠道编制资金使用计划。

4. 固定资产折旧

固定资产折旧是项目建成投产后,按规定提取的固定资产折旧额。固定资产折旧额是经营成本、经营利润、贷款偿还期等财务数据的评估依据。

5. 经营成本和费用

经营成本和费用是指项目建成投产后,为生产经营活动所产生的开支。项目评估所涉及的成本费用主要有产品生产成本、管理费用、财务费用、销售费用等等。

6. 营业收入和税金

营业收入与税金是指项目投产经营后所获得的收入和向国家缴纳的各种税金。销售收入和税金估算所提供的数据是利润估算的重要依据。

7. 利润

利润是项目投产经营后取得的财务成果。包括营业利润、投资净收益和营业外收支净额。利润估算提供的数据是进行贷款偿还期评估的直接依据。

8. 贷款偿还期

贷款偿还期是项目投产后，按国家规定用以归还贷款的资金来源，分年归还贷款本金和利息所需要的时间。

在实际工作中，通常把财务基础数据评估获得的数据资料，编制成财务数据估算表，以便为项目进行财务效益评估和国民经济效益评估提供依据。

财务预测表一般分为四类。第一类表包括"固定资产投资预测表"、"流动资金预测表"和"投资计划与资金筹措表"三种。此类预测表主要对项目建设期资金筹措和使用计划，以及项目的投资结构和支出情况进行预测。

第二类表包括"总成本费用预测表"、"单位产品生产成本预测表"、"固定资产折旧预测表"、"无形及递延资产摊销预测表"、"原材料能源成本预测表"。这一类表反映了项目投产后的成本费用水平。

第三类表包括"销售收入和税金预测表"、"利润预测表"。这一类表反映项目投产后的销售收入和利润水平。

第四类表为"固定资产投资贷款还本付息预测表"，它反映了项目建设期和生产期内项目投资偿还能力和速度。

上述各种预测表的相互关系如图 8-1 所示。

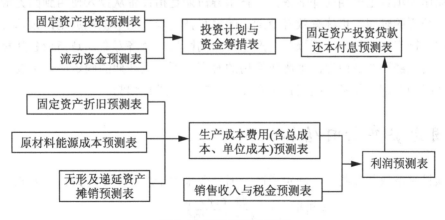

图 8-1 财务预测关系图

上述各种财务预测表之间的相互关系，既体现了财务预测各个方面的相互联系及其重点，又体现了财务预测的工作程序。

二、项目寿命期的预测

项目寿命期包括项目建设期和生产期。项目寿命期是分析和评价项目全部经济活动的重要依据。

(一)建设期预测

项目建设期是项目开始建设到项目建成投产所经历的时间。项目建设期的长短应根据主管部门的规定确定。一般通过建设工期与成本的优化进行测定，即以成本费用最低的期限为建设期。由于项目具有单件性的特点，即使是同一类项目，也会因性质、规模、地点、时间、施工方法和管理水平等不同而存在建设期差异。因此，预测项目的建设期，必须结合项目的具体情况，因地制宜，既不要把建设期定得过长，也不能不切实际地缩短建设期。

(二)项目生产期预测

项目生产期是指项目从建成投产或交付使用开始，至主要固定资产报废为止所经历的时间。项目生产期包括试生产期和正常生产期。试生产期是项目从交付使用起，到实际年产量达到设计生产能力时止所经历的时间。正常生产期是指达到设计规定的生产能力后的生产期。

一般来说，项目的生产期应按照综合折旧寿命期确定。固定资产，特别是主要设备的寿命期可分自然寿命期、技术寿命期和经济寿命期。自然寿命期是指项目的使用期限，即设备经投入使用到不能修复而报废所经历的时间。随着科技进步和维修质量的提高，设备的自然寿命将不断延长，设备的老化维修费用也将不断增加，经济上不合算。因此，一般不能作为项目生产期的评估依据。技术寿命期是指设备从投入使用到因无形损耗而被淘汰所经历的时间，也称有效寿命期。随着科技进步，无形损耗加剧，技术寿命不断缩短，这一特点对项目生产期预测会产生很大的影响。经济寿命期是指设备从投入使用到继续使用已经不经济而提前报废所经历的时间。项目生产期的确定应以主要设备的经济寿命期限为基础，并考虑到其技术寿命期限的影响进行预测。

三、固定资产折旧估算

在项目经济效益预测中，固定资产折旧一般采用平均年限法。其计算公式为

$$年折旧率 = \frac{1 - 预计净残值}{年折旧年限}$$

年折旧额 = 固定资产原值 × 年折旧率

有的项目为了简化核算，所有应计提折旧固定资产统一使用一个固定的折旧率，称

为综合折旧率，其缺陷是准确性较差。

有的项目采用个别折旧率，即不同的固定资产采用不同的折旧率，其核算工作量较大，但计算的各期折旧额比较准确。

大多数项目采用分类折旧率。分类折旧率是首先将应计提折旧的固定资产划分为几个大类，不同大类采用不同的折旧率。比如房屋、建筑物年折旧率为 5%，机器设备为 10%，运输车辆为 12%，工具器具为 20%等。

四、流动资金估算

项目流动资金是指能够保证拟建项目进入正常运营所必需的最低限额流动资金，即项目除固定资产投资支出以外，预先支付用于购买各种原材料、燃料动力、支付工人工资等项目的费用，以及生产中的在产品、半成品、制成品所占用的周转资金。

流动资金估算一般参照类似生产企业的相关指标进行估算。常用方法是参照同类生产企业流动资金占销售收入、经营成本的比率；固定资产价值资金率和单位产量占用流动资金的比率等确定项目流动资金需要量。

(1) 按产值(或销售收入)资金率估算。该方法是指根据项目建成投产后，预计正常生产年份创造的产值(销售收入)和该行业的产值资金率来计算流动资金数额的一种方法，计算公式为

流动资金需要额=正常年份产值(年销售收入)×产值资金利润率(销售收入资金率)

(2) 按成本资金率估算。该方法是按项目建成投产后，预计正常年份经营成本(或总成本)资金率来计算流动资金的一种方法，其计算公式为

流动资金需要额=正常年份经营成本(总成本)×经营成本资金率(总成本资金率)

(3) 按固定资产价值资金率估算。该方法是由固定资产价值和该行业的固定资产价值资金率估算项目流动资金需要额的一种方法。其计算公式为

流动资金需要额=固定资产价值总额×固定资产价值资金率

五、资金筹措和使用计划估算

由于资金筹措渠道具有多元化的特点，项目的资金筹措方案也必然有多种。资金筹措估算中应对各方案进行分析比较，取其优者。资金筹措估算时应考虑以下问题。

1. 资金来源落实情况分析

资金来源落实情况分析包括分析资金来源的可靠性，分析资金来源是否恰当，是否符合国家政策规定，是否有一定的依据来说明资金来源的可靠性。还要分析筹资数量是否满足投资项目的最低资金要求，盲目筹措巨额资金必然造成资金闲置，筹措太少又将造成资金短缺，影响项目建设和生产的正常进行。

2. 筹资结构分析

投资项目所需的资金数额巨大，往往采用各种资金来源按比例搭配组合的筹资方式。因此，必须分析各种组合方案的可行性，并选择最佳筹资组合方案。在分析筹资方案的组合结构时，最重要的是考虑自有资金(资本金)和负债(主要是长期负债)的比例。在利润率大于利息率时，企业通过举债可以提高自有资金利润率。但是，如果举债太多，会加大利息负担，对企业经营不利。因此，举债必须适度。在对资金来源的估算中，分析筹资结构是否合理，需要检查贷款额和自有资金的比例是否满足银行规定；分析项目负债经营的投资利润率是否高于资金成本率(利息率)；分析负债额是否与企业资金结构和偿债能力相当。

3. 资金成本分析

资金成本是取得或使用资金所支付的费用。包括资金占用费和资金筹集费。资金成本通常用资金成本率表示。计算公式为

$$资金成本率 = \frac{资金占用费用}{筹集资金总额 - 资金筹集费用}$$

资金成本分析，主要通过比较分析，选择条件最优惠的资金来源，使综合资金成本率最低。

4. 筹资风险分析

贷款利率和汇率的变化可能会引起项目投资效益下降，因此，必须充分考虑利率和汇率变化趋势，把握利率和汇率变化可能造成投资效益下降的风险和损失，尽可能选择风险小的筹资方案。

5. 资金使用结构分析

筹得资金后如何使用也是关系到筹资成本的重要问题。投资的使用一方面应按建设进度在不同的时期投入，另一方面应考虑不同来源的投资如何进行适当安排。一般来说，长期投资应用于固定资产，短期投资应用于流动资产；资金成本低的先投入，资金成本高的后投入。

6. 资金使用计划估算

对资金分年使用计划评估，主要是分析其合理性和经济性，具体包括如下内容。
(1) 分析年度计划投资额与建设内容即工程内容是否相一致。
(2) 分析计划投资额与筹资方案数额是否相平衡。即年度投资总额是否突破筹资总额，每个年度的投资来源和投资支出是否平衡。

对资金筹措方案进行评估后，应将评估结果编制成"投资使用计划与资金筹措表"。

六、成本费用估算

(一)按成本要素分类

按成本要素分类就是将费用的经济性质作为分类的标准,把经济性质相同的费用归为一类,从而形成各种费用要素,这些费用要素是构成产品成本的基础,又称为要素成本。

1. 外购材料

外购材料是指为进行生产经营活动而耗用的一切外购原材料,包括主要材料、外购的半成品、辅助材料、包装物、修理备用件、低值易耗品等。

2. 外购燃料和动力

外购燃料和动力指为进行生产经营活动而耗用的,从外面购入的各种燃料和各种动力如水、电、气等。

3. 工资

工资指计入成本、费用的全部职工工资、奖金和津贴等。

4. 提取的职工福利费

提取的职工福利费指根据规定按工资总额的一定百分比从成本、费用中提取的福利费用额。

5. 修理费

修理费指为修理固定资产而发生的各种修理费用。

6. 折旧费

折旧费指按规定的折旧费率,从成本、费用中计提的固定资产折旧费。

7. 摊销费用

摊销费用指按相关规定,将无形资产和递延资产在规定的摊销年限内进行平摊的费用。

8. 税金

税金指应计入费用的税金,如营业税、所得税、车船税、土地使用税、印花税等。

9. 财务费用

财务费用指为筹集资金而在生产经营期间发生的利息支出、汇兑损失以及相关的金融机构手续费。

10. 其他费用

其他费用指以上各项费用要素之外的其他支出，如办公费、差旅费、劳动保护费、保险费、业务费、广告费、工会经费、职工教育经费、业务招待费等。

这种分类方法既清楚地反映了企业各类费用的支出状况，又区分了各物质消耗和活劳动消耗。该分类方法可以用以估算一定时期内生产经营总成本和各种费用的支出数，用以编制总成本费用估算表。

(二) 按费用的经济用途分类

按费用的经济用途分类就是将费用的经济用途作为分类标准，把经济用途相同的费用划分为一类，从而形成各种成本费用项目，这类成本可称为项目成本。

1. 计入产品成本的生产费用

根据费用在生产过程中的具体用途不同，计入产品成本的费用可细分为直接材料、直接人工和制造费用等成本项目。

(1) 直接材料。指在生产中用来构成产品实体或变成产品主要部分的材料，包括原料及主要材料、辅助材料、外购半成品、燃料、动力、包装物以及其他直接材料。

(2) 直接人工。指直接从事产品生产的人员工资、奖金、津贴以及按规定比例提取的职工福利费。

(3) 制造费用。指企业内部各个生产单位(分厂、车间)为组织和管理生产所发生的各种费用。

2. 期间费用

期间费用是指企业在一定时期内从事整个企业范围内生产经营活动所发生的费用和销售产品所产生的费用。包括管理费用、财务费用和销售费用。

(1) 管理费用。是指企业行政管理部门为组织和管理生产经营活动所发生的各种费用。

(2) 财务费用。指为筹集资金所发生的各项费用。包括生产经营期间发生的利息净支出、汇兑净损失、调节外汇手续费、金融机构手续费及筹资过程中发生的其他财务费用。

(3) 销售费用。指企业在销售产品、自制半成品和提供劳务等过程中发生的各项费用。

按费用经济用途划分，能够反映生产一定种类和数量产品所负担的各项费用总额及单位成本构成，能够反映费用用于各种产品生产的情况，以及发生的地点和用途，这种分类方法可以用于成本估算，从而编制成本构成和产品单位成本估算表。

(三) 按产量的关系分类

按产量的关系分类就是将产品产量作为划分费用的标准，把随产量增减变动而变动的费用作为变动费用(或称为可变成本)；把不随产量增减变动的费用归为固定费用(或称固定成本)。变动费用和固定费用是相对的，产量超过临界线时，固定费用也会变动。

将费用划分为变动费用和固定费用有利于不确定性分析，有利于预测不同年度不同生产能力的成本费用水平，也有利于成本效益分析。

(四) 成本费用估算的方法

项目评估中成本费用估算一般在技术评估确定的各种定额和参数及行业研究报告中产品成本费用预测的原始资料和数据的基础上，按成本要素的顺序分项测算拟建项目产品单位成本费用及各年的成本费用总额。

1. 外购原材料、燃料、动力估算

外购原材料、燃料、动力成本在产品成本中所占的比重较大，一般通过编制"原材料、燃料、动力估算表"分项目、分种类进行估算。通常根据单位价格和产品单位耗用量确定，其计算公式为

原材料燃料动力费=产品产量×单位产品原材料燃料动力费定额×单位价格

2. 工资估算

工资根据技术评估确定的企业定员人数并结合各部门职工的工资水平确定。

3. 应付福利费估算

应付福利费按工资总额的一定比例提取。

4. 修理费估算

固定资产修理费一般按固定资产原价或固定资产折旧的一定比例计提。计提的比例可根据经验数据或参考同类企业的数据加以确定。

5. 摊销费用估算

摊销包括无形资产摊销和递延资产摊销。无形资产按规定期限分期平均摊销。没有规定期限的，按不少于10年分期摊销。递延资产按不少于5年的期限平均摊销。摊销费用估算通过编制无形资产和递延资产估算表进行估算。

6. 财务费用估算

项目评估时，生产经营期财务费用的计算只考虑长期负债利息净支出和短期负债利息净支出。在未取得可靠计算依据的情况下，可以不考虑汇兑损益及相关金融机构手续

7. 其他费用估算

其他费用可参照同类企业的经验数据，可以采用成本费用的百分比计算其他费用。

8. 总成本费用估算

前面 7 项费用的合计数即为总成本费用。总成本费用估算通过编制"总成本费用估算表"分年进行估算。

七、营业收入、税金和利润估算

(一) 营业收入估算

营业收入是企业在生产经营活动中，因销售产品或提供劳务而取得的各项收入，由主营业务收入和其他业务收入构成。主营业务收入是指企业持续的、主要的经营活动所取得的收入。其他营业收入是指企业在主要经营活动以外从事其他业务而取得的收入，它在企业收入中所占的比重较小。

影响营业收入的因素是复杂多变的，这些因素一般分为外部因素和内部因素。企业为了准确地预测销售情况，应该充分调查各种因素，搜集、整理有关数据和资料，正确地组织预测工作。

经常使用的营业收入预测方法有如下几种。

(1) 判断分析法。判断分析法是一种常用的定性分析方法，主要通过一些具有丰富经验的经营管理人员、有销售经验的工作人员或者有关专家对市场未来变化进行分析，以判断在一定时期内企业某种产品的销售趋势。

(2) 调查分析法。这种预测方法通过对某种商品在市场上的供需情况和消费者的消费取向进行调查，来预测本企业产品的销售趋势。

(3) 趋势分析法。趋势分析法是企业根据销售历史资料，用一定计算方法预测出未来的销售变化趋势，确定计算年份的销售收入。

(二) 营业税金估算

税金按照其性质和作用主要分为五大类。

第一类，流转税类。包括增值税、消费税和营业税 3 个税种。这些税种在生产和流通领域中，按照销售收入或营业收入征收。

第二类，资源税类。包括资源税和城镇土地使用税 2 个税种。

第三类，所得税类。包括适用于国有企业、集体企业、私营企业、联营企业、股份制企业等各类内资企业的企业所得税，适用于外资企业的外贸投资企业和外国企业所得税，以及个人所得税等 3 个税种。

第四类，特定目的税类。包括固定资产投资方向调节税、城市维护建设税和土地增值税等 3 个税种。这些税种是为了达到特定目的，对特定对象进行调节而设置的。

第五类，财产和行为税类。包括房产税、城市房地产税、车船使用税、车船使用牌照税、遗产税、印花税、证券交易税、屠宰税和运输税等9个税种。

根据新税制的体系构成，投资项目经济评价中税金及附加的估算主要包括对增值税、消费税、营业税、资源税、城市维护建设税和教育附加费、企业所得税等税种的估算。

(三)利润估算

1. 利润总额估算

利润总额是指企业一定时期内实现盈亏的总额。它反映了企业生产经营管理的综合水平，是财务数据测算和项目经济评价的重要内容。

利润总额按下式计算。

  利润总额=营业利润+投资净收益+营业外收入-营业外支出+补贴收入

营业利润测算如下：

  营业利润=主营业务利润+其他业务利润-管理费用-财务费用

  主营业务利润=主营业务收入-主营业务成本-营业税金及附加

  其他业务利润=其他业务收入-其他业务成本-其他业务税金

投资净收益是指企业对外投资取得的收益与对外投资发生亏损的净额。

营业外收入与支出是指与企业生产经营活动没有直接关系的各项收入与各项支出。包括固定资产盘盈、盘亏、罚款净收入等。

补贴收入是指企业取得的各种补贴。

估算利润额时，对于新建项目，一般来说没有对外投资的，营业外收支也很少，在不考虑各种补贴的情况下，可以将营业利润近似地视作利润总额。

2. 利润分配估算

根据现行财会制度规定．企业利润分配程序和原则如下。

(1) 弥补以前年度亏损。企业发生亏损，可用下一年度利润弥补。下一年度利润不足弥补的，可以逐年延续弥补，但延续弥补期间不得超过5年。

(2) 缴纳所得税。

(3) 支付被罚没的财产损失，各项税收的滞纳金和罚款。

(4) 弥补税前利润弥补后存在的亏损。

(5) 按规定提取法定公积金和法定公益金。

(6) 提取任意公积金。

(7) 向投资者分配利润。

利润总额及分配测算完成后，填制"损益表"或者"利润和利润分配估算表"，全面反映企业经营利润及分配关系。

第二节 项目现金流量和资金的时间价值

一、项目投资的现金流量

现金流量是指项目投资所引起的现金流入量和现金流出量。这里的"现金"概念是广义的,包括各种货币资金与投资项目有关的非货币资产的变现价值。现金流量对整个项目投资期间的现实货币资金收支情况进行了全面揭示,实时动态地反映了项目投资的流向与回收之间的投入产出关系,使决策得以完整、准确,进而全面地评价投资项目的经济效益。

用现金流量指标作为评价项目投资经济效益的信息,可以科学地考虑资金的时间价值因素,并且摆脱在贯彻财务会计权责发生制时必然面临的困境,即对于不同的投资项目可能采取不同的固定资产折旧方法、存货估价方法或费用摊配方法,从而导致不同方案的利润相关性差、可比性差等问题。

(一)现金流量的构成

在项目投资决策分析时,通常用现金流出量、现金流入量和现金净流量来反映项目投资的现金流量。

1. 现金流入量

现金流入量是指项目在某一时间内所取得的收入,主要包括:试营业期的营业收入;正常营业期内的营业收入;项目寿命期最后一年应收回的固定资产残值和流动资金。其计算公式为

现金流入量=营业收入+回收固定资产残值收入+回收流动资金

2. 现金流出量

现金流出量是指项目在某一时间内支出的费用,主要包括固定资产总投资、流动资金垫付、经营期付现成本、所得税等。其计算公式为

现金流出量=固定资产总投资+流动资金垫付+付现成本+所得税

3. 现金净流量

现金净流量是指项目在一定时期内现金流入量和现金流出量的差额,其计算公式为
1) 建设期现金净流量
现金净流量=-(固定资产总投资+流动资金垫付+与固定资产投资相关的其他投资)

2) 营业期现金流量

现金净流量=销售收入-付现成本-所得税+该年回收额

=销售收入-(销售成本-非付现成本)-所得税+该年回收额

=营业利润-所得税+非付现成本+该年回收额

=净利润+非付现成本+该年回收额

其中，非付现成本主要包括该年固定资产折旧额；该年回收额主要包括：固定资产残值收入或变价收入；原来垫支在各种流动资产上的资金收回等。

(二) 项目现金流量表分析

项目现金流量表是按照工程建设和生产规划进度与项目资金规划，反映项目计算期内现金流入和流出的基本财务报表。利用现金流量表可以进行现金流量分析，测算项目的净现值、内部收益率和投资回收期等评价指标从而判断项目的盈利能力。

按投资计算基础不同，财务项目现金流量表可分为全部投资现金流量表和自有资金现金流量表。

(1) 全部投资现金流量表，是将全部投资均设定为自有资金作为计算基础，用以计算全部投资的财务净现值、内部收益率和投资回收期等评价指标。

(2) 自有资金现金流量表，适用于有自有资金和其他各种外部资金作为资金来源的项目。以投资者的出资额作为计算基础，把借款本息的偿付作为现金流出，用以计算各种财务指标，考察项目自有资金的盈利能力。

(三) 项目现金流量计算举例

华风公司 2004 年年初对一旅游项目进行固定资产投资 100 万元，流动资金垫支 12 万元。该项目于 2006 年年初完工投入运营，项目的有效期为 10 年。固定资产采用直线法提取折旧，无残值，每年折旧额为 10 万元；垫付的流动资金在项目结束时收回。预计该项目 2006 年、2007 年年末的净利润分别为 10 万元、15 万元；从 2008 年起，以后 8 年每年年末的净利润为 20 万元。试计算该项目的现金净流量。

2004 年年初的现金净流量为：-(100+12)=-112(万元)

2006 年年末的现金净流量为：10+10=20(万元)

2007 年年末的现金净流量为：15+10=25(万元)

2008 年至 2014 年每年年末的现金净流量都为：20+10=30(万元)

2015 年年末的现金净流量为：20+10+12=42(万元)

二、资金的时间价值的含义

资金时间价值，是指一定量资金在不同时点上价值量的差额。资金时间价值是资金在周转使用中产生的，是资金所有者让渡资金使用权而参与社会财富分配的一种形式。比如，将今天的 100 元钱存入银行，在年利率为 10%的情况下，一年后就会变成 110 元，可见经过一年时间，这 100 元钱发生了 10 元的增值。人们将资金在使用过程中随时间推移而发生增值的现象，称为资金具有时间价值的属性。资金时间价值是一个客观存在的经济范畴，在项目策划中引入资金时间价值概念，是做好项目经济效益测算的必要保证。理论上，资金时间价值相当于没有风险、没有通货膨胀条件下的社会平均利润率。实际上，当通货膨胀很低的情况下，可以用政府债券利率来表示资金时间价值。

(一) 单利和复利

资金时间价值的计算方法和有关利息的计算方法相类似，因此资金时间价值的计算涉及利息计算方式的选择。目前有两种利息计算方式：单利计息和复利计息。

单利计息方式下，每期都按初始本金计算利息，当期利息即使不取出也不计入下期的计息基础，每期的计息基础不变。

复利计息方式下，每期都按上期期末的本利和作为当期的计息基础，即通常说的"利滚利"，不仅要对初始本金计息还要对上期已经产生的利息再计息，每期的计息基础都在变化。

虽然复利计息法同单利计息法相比较，计算过程更复杂、计算难度更大。但它不仅考虑了初始资金的时间价值，而且考虑了由初始资金产生的时间价值的时间价值，能更好地诠释资金的时间价值，因此财务管理中资金时间价值的计算一般都用复利计息法进行计算。

(二) 现值与终值

终值又叫将来值，是现在一定量现金在未来某一时点上的值，通常叫做本利和。比如存入银行一笔现金 100 元，年利率为复利 10%，经过 3 年后一次性取出本利和 133.1 元，这 3 年后的本利和 133.1 元即为终值。

现值又称本金，是指未来某一时点上的一定量现金折合为现在的价值。上述 3 年后的 133.1 元折合为现在的价值为 100 元，这 100 元即为现值。

(三) 资金的基本类型

要想掌握资金时间价值的计算方法和计算技巧，首先要学会区分资金的两种基本类型：一次性收付款项和年金，这是掌握资金时间价值计算的关键所在。

1. 一次性收付款项

在某一特定时点上一次性支付(或收取)，经过一段时间后再相应的一次性收取(或支付)的款项。一次性收付款项的特点是资金的收入或付出都是一次性发生的。

2. 年金

一定时期内每次等额收付的系列款项。年金的特点是资金的收入或付出不是一次性发生，而是分次等额发生的，而且每次发生的间隔期都相等。按照每次收付款发生的具体时点不同,又可以把年金分为以下四种类型。

(1) 普通年金。是指从第一期开始,在一定时期内每期期末等额收付的系列款项,又称为后付年金。

(2) 即付年金。是指从第一期开始,在一定时期内每期期初等额收付的系列款项,又称为先付年金。

(3) 递延年金。是指从第一期以后才开始的,在一定时期内每期期末等额收付的系列款项。它是普通年金的特殊形式。凡不是从第一期开始的普通年金都是递延年金。

(4) 永续年金。是指从第一期开始,无限期每期期末等额收付的系列款项。它也是普通年金的特殊形式。

三、资金时间价值的计算方法

(一)一次性收付款项现值与终值的计算

一次性收付款项资金时间价值的计算可以用单利法计算和复利法计算。

1. 单利现值与终值的计算

在单利计算方式下,资金现值与终值的计算比较简单。

为了计算方便,先设定以下符号。

I 为利息;P 为现值;F 为终值;i 为每一利息期的利率(折现率);n 为计算利息的期数。

(1) 单利终值的计算。资金的终值就是本金与每年的利息额之和。单利终值的计算的公式为

$$F = P \times (1 + i \times n)$$

(2) 现值的计算是终值计算的逆运算,计算公式为

$$P = F \times \frac{1}{1 + i \times n}$$

2. 复利现值与终值的计算

复利不同于单利,既涉及本金的利息,也涉及以前年度的利息继续按利率生息的问题。

(1) 复利的终值计算公式(已知现值 P,求终值 F)

$$F = P \times (1 + i)^n$$

复利终值公式中 $(1+i)^n$ 的数值称作"复利终值系数",记作 $(F/P, i, n)$,可以通过查阅"一元复利终值表"直接获得。因而,复利终值的计算可以转化为本金与系数乘积的形式。

(2) 复利的现值计算公式 (已知终值 F,求现值 P)为

$$P = F \times \frac{1}{(1+i)^n}$$

实际上计算现值是计算终值的逆运算，复利现值公式中 $\dfrac{1}{(1+i)^n}$ 的数值可称作"复利现值系数"，记作 $(P/F,i,n)$，可以通过查阅"一元复利现值表"得到。复利现值的计算可以转化为将来值与系数乘积的形式。

(二)年金终值与现值的计算

不同种类年金用以下不同的方法计算。

1. 普通年金的计算

(1) 普通年金终值的计算(已知年金 A，求年金终值 F)，年金终值的计算公式为

$$F = A \times \sum_{t=1}^{n}(1+i)^{t-1} = A \times \frac{(1+i)^n - 1}{i}$$

式中，分式 $\dfrac{(1+i)^n - 1}{i}$ 称作"普通年金终值系数"，记作 $(F/A,i,n)$，可以通过直接查阅"1 元年金终值表"求得有关数值。

(2) 普通年金现值的计算(已知年金 A，求年金现值 P)，年金现值的计算公式为

$$P = A \times \sum_{t=1}^{n}(1+i)^{-t} = A \times \frac{1-(1+i)^{-n}}{i}$$

式中，$\dfrac{1-(1+i)^{-n}}{i}$ 的数值称作"普通年金现值系数"，可以通过查阅"1 元年金现值表"直接获得。

2. 预付年金

(1) 预付年金终值可在普通年金终值的计算公式基础上算出，其计算公式为

$$F = A \times \sum_{t=1}^{n}(1+i)^{t} = A \times \left[\frac{(1+i)^n - 1}{i} - 1\right]$$

式中，分式 $\left[\dfrac{(1+i)^n - 1}{i} - 1\right]$ 可以通过直接查阅"1 元年金终值表"查得 $(n+1)$ 期的值，然后减去 1 后得出。

(2) 预付年金现值可在普通年金现值的计算公式基础上算出，其计算公式为

$$P = A \times \sum_{t=1}^{n}(1+i)^{1-t} = A \times \left[\frac{1-(1+i)^{-(n-1)}}{i} + 1\right]$$

式中，分式 $\left[\dfrac{1-(1+i)^{-(n-1)}}{i} + 1\right]$ 可以通过直接查阅"1 元年金现值表"查得 $(n-1)$ 期的值，然后加上 1 后得出。

3. 递延年金

1) 递延年金现值的计算

将递延年金看成 n 期普通年金，先求出第 $m+1$ 期起初时的 n 期普通年金的现值，然后再折算到第一期期初，即得到 n 期递延年金的现值。计算公式为

$$P=A\times(P/A,i,n-m)\times(P/S,i,m)$$

2) 递延年金终值的计算

递延年金终值的计算与普通年金相同，前面没有发生收付款的时期不计算，后面发生收付款的期数有几期，按期数和折现率计算终值。

4. 永续年金

永续年金可视为普通年金的特殊形式，无限期债券的利息和优先股的股利都是永续年金的例子。此外，也可将利率较高、持续时间较长的年金视为永续年金现值计算。

由于永续年金持续期无限，没有终止的时间，因此没有终值，只有现值。计算公式由普通年金现值公示推导得出。即

$$P=\frac{A}{i}$$

四、资金时间价值计算举例

华风公司 2004 年年初对一旅游项目投资 100 万元，该项目于 2006 年年初完工投入运营；预计该项目 2006 年、2007 年年末的收益分别为 10 万元、15 万元；从 2008 年起，以后 8 年每年年末的收益为 20 万元；银行存款复利率为 6%。问：该旅游项目为华风公司带来的各年收益在 2006 年初的现值之和是多少？

该问题实际上是要求两笔复利的现值和一个递延年金的现值之和：

$$10\times(P/S,6\%,1)+15\times(P/S,6\%,2)+20\times(P/A,6\%,8)\times(P/S,6\%,2)$$

$$=10\times\frac{1}{(1+6\%)}+15\times\frac{1}{(1+6\%)^2}+20\times\sum_{t=1}^{8}(1+6\%)^{-8}\times\frac{1}{(1+6\%)^2}$$

$$=10\times0.943+15\times0.890+20\times6.210\times0.890$$

$$=133.318(万元)$$

第三节 投资项目财务分析评价

项目经济评价是投资项目可行性研究和项目评估的有机组成部分和重要内容，是项目和方案选择及决策的主要依据。可行性研究和项目评估内容涉及拟建项目建设及经营

的方方面面，但最终都会归结到经济评价当中，使项目经济评价成为可行性研究和项目评估的核心。这是在市场经济条件下，对投资项目研究和管理的必然要求。投资项目经济评价主要包括项目财务评价、不确定性分析、国民经济评价等内容。

财务分析评价要进行财务盈利性分析评价、清偿能力分析评价。

一、盈利性分析评价

盈利是投资项目财务上的主要目标，是对项目成本费用与收益的综合反映。因此财务盈利能力分析是投资项目财务评价的主要内容。实际分析中采用一系列反映项目盈利能力的数量指标来分析项目的财务现金流量，考核投资项目的盈利水平，并依据国家或行业标准进行评判，确定项目在盈利能力上的可行性。营利性基本指标可分为静态指标和动态指标两大类。

(一)静态指标

静态指标是指不考虑资金时间价值的指标，常应用于投资项目的投资机会研究阶段和初步可行性研究阶段，主要包括以下具体指标。

1. 投资回收期

投资回收期是指以项目的净收益抵偿全部投资所需要的时间。它是反映项目财务投资回收能力的重要指标。投资回收期一般从建设开始年算起，也可以从投产开始年算起，计算时要标明起算时间。投资回收期以年为单位表示，其基本表达式为

$$投资回收期 = \frac{原始投资额}{每年净收益}$$

投资回收期可用财务现金流量表中的净现金流量计算求得，计算公式如下。

$$投资回收期 = \frac{原始投资额}{每年现金净流入量}$$

将求出的投资回收期与基准投资回收期比较，当投资回收期小于基准回收期时，应认为项目在财务上是可以接受的，否则不可行。

投资回收期作为项目财务盈利能力的评价指标，其优点是能够反映项目本身的资金回收能力，比较直观，容易理解。但缺点也很突出，主要表现在两方面，一是过分强调迅速获得财务效益，而不考虑投资回收后的情况，不能反映项目计算期内的总收益和获利能力；二是没有考虑现金流量的时间分布，忽视了资金的时间价值。

2. 投资净利润率

投资净利润率是指项目达到设计生产能力后的一个正常生产年份的年净利润总额与项目总投资的比率。当生产期内各年度间净利润总额变化幅度较大时，应计算生产期内年平均净利润总额与项目总投资的比率，其计算公式为

$$投资净利润率 = \frac{年净利润总额}{投资总额} \times 100\%$$

投资净利润率可根据损益表中的有关数据计算求得。计算完成后,将投资净利润率与基准净利润率对比,如果项目或方案的净利润率大于基准净利润率,则认为该项目或方案可行。

该指标也具有简便、直观、易于理解的特点。但正常生产年份选择有困难,投产后因多种原因使各年度净利润额不等,需要计算平均年净利润总额,所以较为复杂。同时也没有考虑资金的时间价值。

3. 投资利税率

投资利税率是指项目达到设计生产能力后一个正常生产年份的年利税总额或项目生产期内的年平均利税总额与项目总投资的比率,计算公式为

$$投资利税率 = \frac{年利税总额}{投资总额} \times 100\%$$

年利税总额为年利润总额加年销售税金及附加总额。

投资利税率亦可根据损益表中的有关数据计算求得。将计算结果与基准利税率进行比较,如果大于基准利税率,就可认为该项目或方案可行。

4. 资本金利润率

资本金利润率是指项目达到设计生产能力后一个正常生产年份的年利润总额或项目生产期内的年平均利润总额与资本金的比率。反映了投入项目资本金的盈利能力,计算公式为

$$资本金利润率 = \frac{年利润总额}{资本金总额} \times 100\%$$

资本金利润率可根据损益表和资产负债表计算求得,计算结果与投资预算期的最低利润率相比较,如果大于预期利润率,项目或方案就可行。

(二)动态指标

动态指标是指考虑资金时间价值计算反映项目计算期内总的盈利能力的财务评价指标。主要包括净现值、现值指数和内部收益率等。

1. 净现值

净现值(NPV)是指按基准收益率或设定的折现率(i),将项目计算期内各年净现金流量(C_n)折现到建设期初的现值之和。即项目计算期内全部现金流入量现值与全部现金流出量的现值之差,其计算公式为

$$净现值 = 未来报酬的总现值 - 投资额的现值$$

$$NPV = -C_0 + \sum_{t=1}^{n} \frac{C_t}{(1+i)^t}$$

净现值是考察项目在计算期内盈利能力的动态评价指标，可根据财务现金流量表计算求得。计算结果可能有三种：$NPV>0$、$NPV=0$ 或 $NPV<0$。净现值大于零表明项目盈利能力超过基准收益率或设定折现率所要求达到的盈利水平；净现值小于零表明项目盈利能力达不到基准收益率或设定折现率的盈利水平；净现值等于零则表明项目盈利能力正好达到基准收益或设定折现率的盈利水平。一般说来，净现值大于或等于零的项目可行，项目净现值越大，说明其盈利能力越大。

2. 现值指数

现值指数是未来现金流入量现值与现金流出量现值的比率，有被称为财务净现值率、现值比率、获利指数等。其计算公式为

$$NPVR = \sum_{t=1}^{n} \frac{C_t}{(1+i)^t} \div C_0$$

某项目投资方案如果现值指数大于 1，则可行；否则为无利或不可行。现值指数是一个相对数，反映投资的效率；而财务净现值是绝对指标，反映了投资的效益。面临方案选择时，如果几个备选方案的投资总额不相等，则应采用现值指数作比较，而不宜使用净现值指标。

3. 内含报酬率

内含报酬率(IRR)又称内部报酬率或内部收益率，是指项目在整个计算期内各年净现金流量现值累计等于零时的折现率，它反映了拟建项目实际的投资收益水平。内含报酬率(IRR)满足下列表达式。

$$-C_0 + \sum_{t=1}^{n} \frac{C_t}{(1+IRR)^t} = 0$$

内含报酬率的计算公式是一个一元高次方程，求解较复杂。实际分析中可根据财务现金流量表，经过试算再使用插入法求得。

随着电子计算机的广泛应用，内含报酬率的计算也变得越来越精确、简便了。计算出的内涵报酬率与基准收益率或设定的折现率比较，如果前者大于后者，则说明项目的实际盈利能力超过基准收益率或设定的折现率的盈利水平，项目是可行的，否则不可行。

二、项目清偿能力分析评价

项目清偿能力分析，是指对项目计算期内各年的财务状况及偿债能力的考察，用以下指标表示。

(一)资产负债率

资产负债率,即项目负债与其资产之比,是衡量项目各年所面临的财务风险程度及偿债能力的指标。它反映项目经营者利用债权人提供资金进行经营活动的能力以及债权人发放贷款的安全程度,是进行项目偿债能力分析的主要指标,计算公式如下。

$$资产负债率 = \frac{负债总额}{资产总额} \times 100\%$$

资产负债率可通过资产负债表计算求得。从债权人方面看,资产负债率越低越好。这项指标低,表示项目债务轻,自有资本雄厚,偿债能力强;反之,则表明债务重,自有资本少,偿债能力弱。

(二)流动比率

流动比率,即项目流动资产与流动负债之比,是衡量项目各年偿付流动负债能力的指标。它反映了项目流动资产在短期债务到期以前可以变为现金用于偿还流动负债的能力,计算公式为

$$流动比率 = \frac{流动资产}{流动负债} \times 100\%$$

(三)速动比率

速动比率,即项目速动资产与流动负债之比,是衡量项目快速偿还流动负债能力的指标。它反映了项目资产中可以立即用于偿还流动负债的能力。所谓速动资产是指流动资产减去存货,这是因为存货不能迅速转换成现金,计算公式如下。

$$速动比率 = \frac{流动资产 - 存货}{流动负债} \times 100\%$$

速动比率也根据资产负债表求得。一般认为,速动比率不宜低于 1:1。这项指标越高,表明项目资产变现能力越强,偿债能力也就越强;反之变现能力差,偿债能力弱。

(四)固定资产投资借款偿还期

固定资产投资借款偿还期是指在国家财税制度及项目具体财务条件下,以项目投产后可用于还款的资金偿还固定资产投资借款本金和利息所需要的时间。借款偿还期可根据资金来源与运用表和借款还本付息预测表计算,其表达式为

$$I_b = \sum_{t=0}^{P_b} R_t$$

式中,I_b 为借款本金和利息之和;P_b 为借款偿还期满年限;R_t 为第 t 年可用于还款的资金,包括利润、折旧、摊销等。

计算所得的借款偿还期如果满足贷款机构规定的借款期限要求,则表明项目有足够的偿还能力,否则说明还款能力不足。

三、财务分析举例

(1) 华风公司 2004 年年初对一旅游项目投资 100 万元,该项目于 2006 年年初完工投入运营;预计该项目 2006 年、2007 年年末的收益分别为 10 万元、15 万元;从 2008 年起,以后 8 年每年年末的收益为 20 万元;银行存款复利率为 6%。该项目在 2004 年初收益的现值之和为 119 万元。

① 净现值 NPV=-100+119=19(万元)
② 现值指数 $NPVR$=119÷100=1.19
③ 内含报酬率 IRR=8.5%

(2) 该项目建成后经营期第 1 年,即 2006 年经营成果估算见表 8-1。

表 8-1　2006 年经营成果估算

项　目	金　额
经营收入	45
经营成本	11
折旧费用	10.5
管理费用	5
财务费用	2
税金及附加	1.5
经营利润	15
所得税	5
净利润	10

① 投资净利润率=$\dfrac{10}{100}×100\%$=10%
② 投资利税率=$\dfrac{15+1.5}{100}×100\%$=16.5%

第四节　不确定性分析

不确定性分析是相对于确定性分析而言的,在此之前的讨论均为确定条件下的分析,确定条件下所依据的信息是完备的,每种经营活动均有一个确定的结果。不确定性分析则是指对未来情况不断发生变化而给项目带来不利影响的分析。预测过程中所包含的各种不确定因素,如项目数据统计偏差、通货膨胀、技术进步、市场供求结构变化、政府政策变化、国际政治经济形势变化等,均会对项目经济效果产生一定的甚至是难以预料的影响。不确定性的直接后果是使方案经济效果的实际值与评价值相偏离,从而按评价值做出的经济决策带有风险。为了分析不确定性因素对经济评价指标的影响,应根据拟建项目的具体情况,分析各种外部条件发生变化或者测算数据误差对方案经济效果的影响程度,以估计项目可能承担不确定性的风险及其承受能力,以确定项目在经济上的可靠性。常用的不确定性分析方法有盈亏平衡分析、敏感性分析、概率分析。

一、盈亏平衡分析

盈亏平衡分析又称保本点分析,它根据投资项目生产中的产销量、成本和利润三者之间的关系,测算出投资项目的盈亏平衡点,并据此分析投资项目适应市场变化能力和承担风险能力的一种不确定性分析方法。其中,盈亏平衡点是指投资项目在正常生产条件下,项目生产成本等于项目销售收入的点,它通常以产销量指标表示,有时也可以用销售收入、生产能力利用率、单位产品售价等指标来表示。一般来说,盈亏平衡点越低,投资项目盈利机会就越高,承担风险的能力就越强;盈亏平衡点越高,投资项目盈利机会就越低,承担风险的能力就越弱。

(一)基本的损益方程式

盈亏平衡分析是量本利相互关系的研究,以成本和产品数量的关系为基础,当产量变化以后,各项成本有不同的性态,大体上可分为三种:固定成本、变动成本和混合成本。固定成本是不受产量影响的成本。变动成本是随产量增长而成正比例增长的成本。混合成本介于固定成本和变动成本之间,可以根据具体情况将其分解成固定成本和变动成本。这样,全部成本都可以分成固定成本和变动成本两部分。

在一定期间把成本分解成固定成本和变动成本两部分后,再把收入和利润加过来,成本、数量和利润的关系就可以统一于一个数学模型中,这个数学模型的表达形式为

利润=销售收入-总变动成本-总固定成本-税金

(二)盈亏平衡分析方法

盈亏平衡分析将产量或销售量作为不确定因素,通过计算企业或项目的盈亏平衡点的产量(销售量),据此分析观察项目可以承受多大风险而不致发生亏损。根据生产成本及销售收入与产量(或销售量)之间是否呈线性关系,盈亏平衡分析又可进一步分为线性盈亏平衡分析和非线性盈亏平衡分析。

1. 线性盈亏平衡分析的前提条件

(1) 生产量等于销售量,统称为产销量,用 Q 表示。

(2) 在一定时期和一定产销量范围内,单位变动成本不变,从而使总生产成本成为生产量的线性函数。

生产总成本=固定成本+单位变动成本×产销量

即：$$T_C=F_C+V_C\times Q$$

式中，F_C 为固定成本；V_C 为单位变动成本；T_C 为生产总成本。

(3) 在一定时期和一定产销量范围内，销售单价不变，从而使销售收入成为销售量的线性函数。

销售收入=产品销售单价×产销量

即：$$T_R=PQ$$

式中，T_R 为销售收入总额；P 为单位价格。

(4) 在一定时期和一定产销量范围内，单位产品销售税率保持不变，销售税金为产销量的线性函数。

销售净收入=销售收入-销售税金
=(产品销售单价-单位产品销售税金)×产销量

即：$$N_R=(P-T)Q$$

式中，N_R 为销售净收入；T 为单位产品销售税金。

2. 线性盈亏平衡分析方法

1) 图解法

图解法是一种通过绘制盈亏平衡图直观反映产销量、成本和盈利之间的关系，确定盈亏平衡点的分析方法，其绘制方法是：以横轴表示产销量 Q，以纵轴表示价格，在直角坐标系上先绘制出固定成本线 F_C，再绘制出销售收入线 $T_R=P\times Q$，生产总成本线 $T_C=F_C+V_C\times Q$，其中 V_C 是指单位变动成本。销售收入线与生产总成本线相交于 A 点，即盈亏平衡点，在此点销售收入等于生产总成本。以 A 点作垂直于横轴的直线并与之相交于 Q^* 点，此点即为以产销量表示的盈亏平衡点。利用图进行分析，可得出如下结论：当实际产销量小于盈亏平衡点 Q^* 时，为亏损状态，实际产销量越小，亏损也就越多；当实际产销量等于盈亏平衡点时，销售收入等于生产成本，不盈不亏；当实际产销量大于盈亏平衡点时，销售收入大于生产总成本，会产生盈利，实际产销量越大，盈利也就越多，如图 8-2 所示。

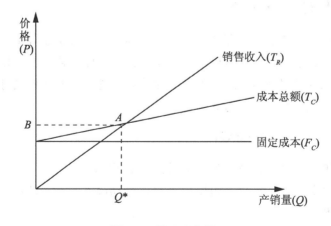

图 8-2 盈亏平衡图

2) 方程式法

方程式法是利用数学方程式来反映产销量、成本和利润之间关系，确定盈亏平衡点的一种分析方法。

产销量、成本、利润三者之间关系的基本方程式为

销售净收入方程：$N_R=(P-T)Q$

生产总成本方程：$T_C=F_C+V_C\times Q$

利润方程：$M=N_R-T_C=(P-T)Q-V_C\times Q-F_C$

(1) 以产销量表示的盈亏平衡点。

由盈亏平衡点定义，$N_R=T_C$，$M=0$，求得盈亏平衡产销量 $BEP(Q)=F_C/(P-T-V_C)$；当实际产销量大于盈亏平衡产销量时，可盈利；当实际产销量小于盈亏平衡产销量时，会发生亏损。

(2) 以销售净收入表示的盈亏平衡点。

盈亏平衡销售收入 $BEP(N_R)=F_C+V_C\times Q$；当项目产品实际销售收入超过盈亏平衡净收入时，可盈利，反之，则亏损。

(3) 以生产能力利用率表示的盈亏平衡点。

生产能力利用率表示的盈亏平衡点，是指盈亏平衡点销售量占企业正常销售量的比重。所谓正常销售量，是指正常市场和正常开工情况下，企业的销售数量。

$$BEP(\%)=盈亏平衡点销售量/正常销售量$$

在其他条件不变的情况下，项目实际生产能力利用率超过盈亏平衡能力利用率时，可实现盈利，超过越多，盈利越多，抵抗风险的能力就越强。根据盈亏平衡生产能力可以计算出项目产品产量的安全度。产量安全度越高，项目盈利的机会就越大，项目承担风险能力越强。产量安全度与盈亏平衡生产能力利用率呈互补关系。

(4) 以产品销售单价表示的盈亏平衡点。

盈亏平衡点的销售单价=年固定总成本/设计生产能力+单位产品可变成本+
单位产品销售税金及附加

即：$BEP(P)=F_C/Q+V_C+T$

在其他条件不变的情况下，当项目产品定价大于盈亏平衡销售单价时，可实现盈利；当项目产品定价与盈亏平衡销售单价相等时，可保本；当项目产品定价小于盈亏平衡销售单价时，则发生亏损。

3. 线性盈亏平衡分析举例

假设某项目生产某产品的年设计生产能力为 10000 台，每件产品销售价格 5000 元，该项目投产后固定成本总额为 500 万元，单位产品变动成本为 2000 元，单位产品所负担的销售税金为 500 元，若产销率为 100%，试对该项目进行盈亏平衡分析。

已知 Q=10000 台，P=5000 元，F_C=500 万元，V_C=2000 元，T=500 元，按上述公式计算如下。

(1) 盈亏平衡产销量：$BEP(Q)$=5000000÷(5000−2000−500)=2000(台)

(2) 盈亏平衡销售收入：$BEP(T_R)$=2000×5000=10000000(元)

(3) 盈亏平衡生产能力利用率：$BEP(\%)=2000\div10000\times100\%=20\%$
产量安全度为：$1-20\%=80\%$
(4) 盈亏平衡销售单价：$BEP(P)=5000000\div10000+2000+500=3000(元)$
价格安全度：$1-3000\div5000=40\%$

4. 非线性盈亏平衡分析

在现实生活中，很多时候产品成本与产量并不呈比例变化，销售收入与销售量也会受市场的影响而不呈线性关系。这就需要进行非线性分析。在非线性盈亏平衡分析中，销售收入曲线和生产总成本曲线可能在两个及两个以上点处相交，这些点都是盈亏平衡点，所对应的产销量即为盈亏平衡产销量，所对应的销售收入即为盈亏平衡销售收入。

二、敏感性分析

(一)敏感性分析的概念

投资项目评价中的敏感性分析，是在确定性分析的基础上，通过进一步分析、预测项目主要不确定因素变化对项目评价指标(如内部收益率、净现值等)的影响，从中找出敏感因素，确定评价指标对该因素的敏感程度和项目对其变化的承受能力。

敏感性分析有单因素敏感性分析和多因素敏感性分析两种，这里只介绍单因素敏感性分析。

(二)单因素敏感性分析的步骤

单因素敏感性分析一般按以下步骤进行。

1. 确定分析指标

一般来说，敏感性分析的指标应与确定性分析所采用的指标相一致，不应另立指标，否则，不便于比较。当确定性分析的指标较多时，敏感性分析可围绕其中一个或几个重要的指标进行。如果主要分析方案状态和参数变化对方案投资回收快慢的影响，则可选用投资回收期作为分析指标；如果主要分析产品价格波动对方案超额净收益的影响，则可选用净现值作为分析指标；如果主要分析投资大小对方案资金回收能力的影响，则可选用内部收益率指标等。

2. 选择需要分析的不确定性因素

影响项目效益的不确定因素通常是很多的，可以从以下两个方面考虑选择需要分析的不确定性因素：第一，预计在可能的变动范围内，该因素的变动将会比较强烈地影响项目方案的效益；第二，对在确定性分析中采用该因素的数据准确性把握不大。选择好了不确定性因素后，再根据实际情况设定这些因素可能的变化范围。

作为敏感性分析的不确定因素通常包括：产品销量、产品售价；项目经营成本；项目期限；项目折现率；项目投资额等。

3. 计算不确定性因素在拟定的不同变动范围内各分析指标的变动结果

可以在不确定性因素可能的变动范围内选取多个变动幅度，分别计算在每一变动幅度下分析指标变动的结果，建立起一一对应的数量关系，并用图或表的形式表示出来。

4. 确定敏感性因素，判断项目方案的风险情况

根据分析问题的目的不同，一般可通过两种方法来确定敏感性因素。

（1）相对测定法。即设定要分析的因素均从确定性经济分析中所采用的数值开始变动，且各因素每次变动的幅度(增或减的百分数)相同，比较在同一变动幅度下各因素变动对经济评价指标的影响，据此判断方案经济评价指标对各因素变动的敏感程度。反映敏感程度的指标是敏感系数(又称灵敏度)，是衡量变量因素敏感程度的一个指标。

（2）绝对测定法。即假定要分析的因素均向只对经济评价指标产生不利影响的方向变动，并设该因素达到可能的最差值，然后计算在此条件下的经济评价指标，如果计算出的经济评价指标已超过了项目可行的临界值，从而改变了项目的可行性，则表明该因素是敏感因素。

5. 方案选择

如果进行敏感性分析的目的是对不同的投资项目(或某一项目的不同方案)进行选择，一般应选择敏感程度小、承受风险能力强、可靠性大的项目或方案。

(三) 单因素敏感性举例

某一项目的经营期投资利润率为 8.58%，计算该指标所采用的数据是根据对未来最可能出现的情况预测得来的。由于对未来经济环境的某些因素把握不大，如游客人数、旅游产品价格和总投资成本因素，所以分别就上述三个不确定性因素作敏感性分析。

在总投资成本、游客人数和旅游产品价格因素增加 10%和下降 10%的情况下对投资利润率进行敏感性分析见表 8-2。

表8-2　敏感性分析

不确定因素	投资利润率
基本方案	8.58%
游客人数增加 10%	10.43%
游客人数减少 10%	6.74%
旅游产品价格增加 10%	11.22%
旅游产品价格减少 10%	5.96%
总投资额增加 10%	7.44%
总投资额减少 10%	9.09%

由敏感性分析结果看出，投资利润率对旅游产品价格的变化最为敏感；对游客人数变化的敏感度次之；总投资额的变动对投资利润率的影响在三者之中最小，但也有着明显影响。

上述计算结果可以用单因素敏感性分析图来表示，如图 8-3 所示。

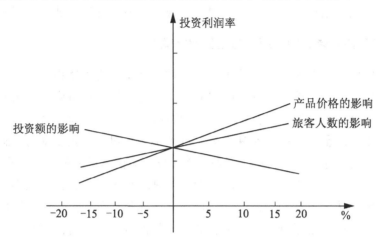

图 8-3　单因素敏感性分析图

三、概率分析

不确定性因素的分析在一定程度上就不确定性因素对项目效益的影响作出了定量描述，这有助于决策者了解方案的风险情况，有助于确定在方案决策过程中及实施过程中需要重点研究与控制的因素。但是，它没有考虑各种不确定性因素在未来发生变化的概率。实际上，各种不确定性因素在未来发生某一幅度变动的概率一般是不相同的，有可能出现这样的情况：某一因素通过敏感性分析被确认为是敏感性因素，但由于它发生不利变动的概率很小，因而它实际所带来的风险并不大；相反的，被认为是不敏感的因素，由于它发生不利变动的概率很大，所带来的实际风险会比那个敏感性因素更大。这就需要借助概率分析方法来解决类似的问题。

概率分析是在对有关数据进行统计处理的基础上，求得项目各种因素与指标值发生不同变动的各种可能性即概率，并利用这些概率对项目具有的潜在风险作出定量分析。

(一)概率分析的步骤

概率分析一般按下列步骤进行。
(1) 选定一个或几个评价指标。通常是将内部收益率、净现值等作为评价指标。
(2) 选定需要进行概率分析的不确定性因素。
(3) 预测不确定因素变化的取值范围及概率分布。
(4) 根据测定的风险因素取值和概率分布，计算评价指标的相应取值和概率分布。
(5) 计算评价指标的期望值和项目可接受的概率。

(6) 分析计算结果，判断其可接受性，研究减轻和控制不利影响的措施。

(二)期望值分析

所谓随机变量就是这样一类变量，我们能够知道其所有可能的取值范围，也知道它取各种值的可能性，但却不能肯定它最后确切的取值。

期望值是在大量重复事件中随机变量取值的平均值，换句话说，是随机变量所有可能取值的加权平均值，权重为各种可能取值出现的概率，其计算公式如下。

$$E_{(x)} = \sum_{i=1}^{n} x_i P_i$$

式中，$E_{(x)}$为随机变量x的期望值；x_i为随机变量x的各种可能取值；P_i为对应出现x_i的各种概率。

【案例8-1】

某旅游项目有三个互相排斥的方案可供选择，它们各自面临的经济前景有三种可能，即好、中、差。各种状态发生的概率和有关数据见表8-3。

表8-3 概率分析表

状 态	概 率	净现值(万元)		
		A方案	B方案	C方案
好	0.3	180	160	200
中	0.5	150	120	160
差	0.2	80	100	50

各方案净现值的期望值分别是：
$E_{(x)A}$=180×0.3+150×0.5+80×0.2=145(万元)
$E_{(x)B}$=160×0.3+120×0.5+100×0.2=128(万元)
$E_{(x)C}$=200×0.3+160×0.5+50×0.2=150(万元)

由此可见，方案C的期望值最大，因而应选择C方案。

(三)方差分析

方差是反映随机变量x在期望值$E_{(x)}$两侧分布离散程度的一个统计量。随机变量的方差为$\sigma^2_{(x)}$，它的计算公式如下。

$$\sigma^2_{(x)} = \sum_{i=t}^{n} [x_i - E_{(x)}]^2 P_i = E_{(x^2)} - [E_{(x)}]^2$$

方差很好地反映了风险的程度。方差大的方案，表明实际值偏离期望值的可能性大，风险也就大。因此，从减少风险的角度出发，方差小者为好。

对上述案例数据按方差进行评估如下。

$\sigma^2_{(x)A} = 0.3\times(180-145)^2 + 0.5\times(150-145)^2 + 0.2\times(80-145)^2 = 1225$

$\sigma^2_{(x)B} = 0.3\times(160-128)^2 + 0.5\times(120-128)^2 + 0.2\times(100-128)^2 = 496$

$\sigma^2_{(x)C} = 0.3\times(200-150)^2 + 0.5\times(160-150)^2 + 0.2\times(50-150)^2 = 2800$

由此可见，方案B的方差最小，即风险最小。

复习自测题

(1) 财务预测的基础数据有哪些？依据这些基础数据，可以编制出一套什么样的财务数据估算表？

(2) 在项目投资决策分析中，需要考虑的项目现金流入量和现金流出量有哪些？

(3) 在项目经济评价中，有哪些常用的盈利性评价指标？如何使用这些指标来进行盈利性评价？

(4) 在项目投资决策中，为什么需要进行不确定性分析？

(5) 如何用销售量、销售收入和生产能力利用率来表达盈亏平衡点？

(6) 如何进行敏感性分析？

第九章 旅游项目的营销策划

【本章导读】

市场营销有两个层面。首先,它是一种理念、一种态度、一种观点、一种管理方式,它把客户满意度放在首位。其次,市场营销是一系列的活动,它把市场环境分析、需求分析、战略管理、产品、价格、渠道、促销等营销组合以及现代组织与控制方法等理论统一到同一学科体系之下。

市场细分与目标市场的选择、营销策略与营销措施都以市场分析为基础,以充分显示其营销活动的市场导向性。市场数据、市场分析和结论指导营销的理念与行动。

本章立足于实践应用的角度,以一个实际案例对旅游项目的市场营销进行解说。通过本章的学习,可使读者了解旅游项目的营销策划是如何开展的。

【关键词】

营销战略(marketing strategy)
营销定位(marketing orientation)
营销推广策划(marketing extend plan)

第一节 实战案例简介

本节案例选自成都来也旅游策划管理有限责任公司编制的安徽省黄山市花山谜窟——渐江国家级风景名胜区核心景区之烟村谜窟景区的营销推广方案。从对该案例的介绍可以发现,由于自身的特殊性,该案例有较高的参考价值。通过对该案例的研究,对旅游项目营销策划的主要方面将会有一个较为深入的认识。

本节主要介绍该旅游项目——烟村谜窟的一些基本情况,包括区位条件、资源条件、市场条件等。在此基础上,我们将明确烟村谜窟景区的开发定性、定位,为展开景区的营销推广方案奠定基础。

一、区位条件

(一)地理区位

烟村谜窟景区位于黄山市东北约 8 公里处,是花山谜窟——渐江国家级风景名胜区范围内的一个重要组成部分,是其核心景区。花山谜窟——渐江国家级风景名胜区位于安徽省黄山市境内,屯溪和歙县交界处,是黄山的延伸部分,地理坐标介于东经 118°20′37.5″~118°28′47.5″,北纬 29°43′45.0″~29°50′48.0″之间。花山谜窟——渐江国家级风景名胜区南起麻雀山,北至雄村、浦口湾,东部紧靠徽杭(黄山—杭州)高速公路,西至屯溪篁墩、歙县烟村一带。

(二)交通区位

1. 航空

黄山机场坐落在黄山市屯溪区,到烟村谜窟景区只要 25 分钟的车程。目前机场主要开通了连接南京、杭州、北京、广州等主要客源市场的航线,还将开辟韩国等多条新的航线。

2. 铁路

黄山有皖赣铁路横贯市境,向南可直达福州、厦门、昆明、桂林,向北可达北京、青岛等地,铁路交通非常便利,每逢节假日,黄山也是最多开行旅游专列的景点之一。

3. 公路

根据黄山市城市总体规划,到 2010 年,黄山市有五条高速公路将建成通车,分别是徽杭(屯溪—杭州)路(已开通)、合铜黄(合肥—铜陵—黄山)路、屯景(屯溪—江西景德镇)

路、黄衢南(黄山—衢州—南萍)路、屯宣芜(屯溪—宣城—芜湖)路,这将使黄山市的可进入性大大提高。

总结:烟村谜窟景区位于黄山市屯溪区和歙县的交界处,紧邻花山谜窟,可以成为屯溪和歙县近程游客的重要旅游地。

黄山的飞机场、汽车站、火车站等坐落在屯溪市区,而市区到烟村谜窟景区只需10分钟的车程,交通十分方便。

烟村谜窟景区紧邻的潜口镇是黄山市合铜黄(合肥—铜陵—黄山)高速路在屯溪的一个重要出口,该出口将使烟村谜窟景区拥有便利的交通条件,旅游集散功能大大增强。

(三)旅游区位

1. 烟村谜窟景区是大黄山旅游景区的重要景区

大黄山旅游景区的地理范围是以黄山景区为中心,辐射半径100公里的周边区域,是中国中部旅游的中心区。该区资源密集程度高,分布2处世界遗产、3处国家级风景名胜区,分布国家级自然保护区3个、国家森林公园23个,亳州、寿县、歙县三座国家级历史文化名城,以及9处国家重点文物保护单位。

其中黄山是华中旅游区上的中心点,而花山谜窟——渐江国家级风景名胜区与黄山、徽州古村落的资源特质完全不同,是以新安江水上文化和中国最伟大的工业遗产为主,是互补关系,形成形象叠加效应。

2. 烟村谜窟景区是新安江画廊上的重要节点

花山谜窟——渐江国家级风景名胜区正好位于新安江画廊的重要节点上。而作为其核心区的烟村谜窟景区,历史上就是新安江画廊的重要组成部分。优美的田园风光使其旅游资源丰富而有魅力。

3. 烟村谜窟景区是黄山市环城游憩休闲带上的一个重要节点

烟村谜窟景区距黄山市城区8公里左右,正好位于黄山市环郊游憩带上。烟村谜窟景区的工业遗产观光产品、乡村休闲度假旅游产品与城市观光产品、城市休闲度假产品形成互补,构成了黄山市环城游憩休闲带上的一个重要节点。

二、资源条件

(一)自然资源分析

1. 优势分析

烟村谜窟景区位于屯溪和歙县交界处王村镇的烟村,是花山谜窟——渐江国家级风景名胜区的核心景区。烟村谜窟景区四周田园平坦,田园风光优美,有着浓厚的乡村风味。烟村谜窟景区紧邻新安江，新安江江水清澈，水岸风光优美，有着良好的亲水环境。

总结：优美的乡村田园风光和新安江水域风光赋予了景区良好的休闲度假环境，对厌倦了城市枯燥生活、向往乡村生活的游客具有很大吸引力。

2. 劣势分析

烟村谜窟景区的林木资源缺乏，整体上绿色景观单调，特别是山上的植被稀少，给人一种荒凉感觉。与花山谜窟良好的生态环境相比，烟村谜窟景区的绿色资源逊色很多。

总结：烟村谜窟景区在绿色环境上存在着先天不足。但可以通过人工手段，重新栽种具有观赏性的树种，营造出景区良好的生态环境，并使之呈现出更为迷人的观光景象。

(二)人文资源分析

1. 烟村谜窟

据有关资料显示，烟村谜窟景区内共有谜窟 70 余处。谜窟体现了中国古代劳动人民的勤劳智慧，具有很高的科学价值、历史价值和美学价值，是中国古代最伟大的工业遗产。

2. 烟村古渡

烟村谜窟景区紧邻新安江，是烟村古渡所在地。新安江是徽商进出的黄金水道，从这里可以乘船直到杭州等繁华之地。

明清时期，烟村渡又成为了徽商外出经商的起点。烟村渡不仅是徽商进出的重要渡口，也是古代徽州子弟外出参加科考的重要港口。所以，烟村渡是古徽州文化的重要见证人，有新安江上第一渡的美誉。

3. 新安江画廊

新安江是徽州历史发展的母亲河，新安江上接黟县、休宁县、祁门县，下连杭州市，在几千年的历史发展中，形成了丰厚的文化积淀。丰富的文化资源与众多的自然景观融为一体，构成了中外闻名的新安江画廊。

宋代著名诗人邵雍的《蒙学诗》这样描绘新安江画廊上的烟村景色："一去二三里，烟村四五家，亭台六七座，八九十枝花。"邵雍的诗使烟村在历史上具有了很高的知名度。而烟村谜窟景区刚好是新安江画廊的起点，烟村的历史知名度赋予了景区深厚的文化内涵。

4. 徽州古村落

新安江两岸有众多的皖南古村落，在烟村附近就有诸如雄村、西溪南、唐模、篁墩、浯村、烟村等古村落，同时又有大量的文化建筑，如书院、楼阁、祠堂、牌坊、古塔与园林杂陈其间，使整个新安江富有文化气息和园林情趣。两岸生态环境极佳，森林、茶园、果园错落有致，与掩映其间的古村落、古民居辉映成趣，构成一幅秀丽的世外桃源图景。

(三)深厚的徽文化

烟村谜窟景区处于徽州文化区内,文化积淀深厚。徽文化又名新安文化,它是发生于历史上古徽州以及由此辐射、影响于外的典型的地域文化,包括新安理学、新安医学、新安画派、徽派朴学、徽派版画、徽派篆刻、徽剧等文化体系。徽学与敦煌学、藏学是中国学术界的三大显学,徽文化在中国文化史上占有重要地位。

徽文化开始于魏晋,到宋代是高潮,明朝形成主流地位,最突出的是宋明理学,是中国儒家文化的重要组成部分。而歙县境内著名的牌坊群、祠堂、聚族而居的村落等物质文化遗产是其典型表现,深厚的徽文化就是通过这些物质遗产得到体现的。

(四)众多的非物质文化遗产

目前,黄山市的徽州三雕(石雕、木雕、砖雕)、徽剧、徽墨制作技艺、歙砚制作技艺、万安罗盘制作技艺已正式入选首批国家级非物质文化遗产推荐名录。这些都是古徽州人民聪明才智的艺术结晶,是博大精深的徽州文化的组成部分。

总结:黄山是古徽州所在地,这里是徽文化的发源地,众多的文化遗产是徽文化辉煌的历史见证。这些都是烟村谜窟景区开发徽文化产品可资借用的重要资源。目前徽文化中的医学、徽菜、工艺美术、戏曲、徽派建筑等得到一定的保护与开发,但与丰富多彩的徽文化相比,保护与开发内容还远远不够,并且没有形成文化产业规模。这为烟村谜窟景区开发徽文化产品提供了重要契机,只要充分发掘,精心打造,一定能做成具有很大吸引力和产业规模的徽文化体验目的地。

三、市场条件

按出游类型,可将旅游市场分为观光旅游市场、休闲度假旅游市场、专项旅游市场三类。

(一)观光旅游市场

1. 需求分析

1) 游客对观光类旅游产品总体感知分析

黄山风景区是游客最喜爱的观光景点,在被调查的游客中,对黄山的感知度达到100%。

西递、宏村作为世界文化遗产的知名度越来越大,感知度分别为38.0%、36.1%,有部分游客将之作为首选目的地。但是,其同质性较强,缺乏深层次的体验,据调查,游客对于旅游产品中缺乏徽文化主题的休闲娱乐项目最为不满(23.3%)。

游客对花山谜窟的感知度有所上升,达到了26.3%。但是,90%左右的游客为慕名而来，这得力于花山谜窟与黄山景区的依附营销，其受欢迎程度正在稳步增长。但国内游客满意度较低，仅有10%的游客认为很有震撼力。

2) 各类型游客旅游需求特征分析

(1) 团队游客。据调查，目前来黄山市旅游的游客中，有76%的游客通过旅行社组团，其中，近70%的游客出游目的是观光，且有85.9%的游客选择黄山作为首要旅游目的地。这与目前黄山市所提供的旅游产品以观光型为主以及黄山本身的知名度是密不可分的。

组团的方式分别为在客源地组团，约占64%；目的地组团，约占21%；周边中转城市组团约占15%。可见，组团社与地接社作为旅游中间商这一销售渠道的力量不容忽视。

(2) 散客。据调查，目前来黄山市旅游的散客比例约为24%，相对较小。但是其中一个较为有潜力的市场是自驾车市场。虽然目前自驾车到黄山旅游的游客并不多，只占黄山游客总量的5%～10%左右。随着交通道路的改善，黄山将进入长江三角洲4小时经济循环圈。

目前，自驾车来黄山市旅游的方式主要有通过旅行社组织、通过自驾车俱乐部组织和个人组织三种，其中个人组织的自驾车方式在黄山市自驾车旅游市场中占63.2%。这主要是与旅行社目前推出的自驾车线路较为单一、景点较少有关。但从长远发展角度来看，旅行社和自驾车旅游俱乐部将在未来自驾车旅游组织中发挥重大作用。

自驾车在目的地上的选择偏好与其出游动机是一致的，据调查，67%左右的人偏好"风光独特但未开发的地区"作为旅游目的地，13%左右选择著名风景区，20%左右选择"文化独特区"。这说明自驾车游客倾向于选择一般旅游团到达不了的温冷点，游客相对较少，且能看到一般观光旅游者看不到的景致。因此，烟村谜窟景区在开发过程中完整保留浓郁的乡村田园气息，世外桃源般的意境，做好功能分区，适度开发，将对自驾车旅游者形成一个巨大的吸引力。

2. 供给分析

(1) 从产品性质上看，大黄山旅游景区旅游产品供给体系以观光产品为主，而对观光产品功能的延伸，即吃、住、娱等配套产品供给相对缺乏，与旅游者多元化的旅游需求产生了一定程度的矛盾，造成了旅游者对皖南旅游满意度不高。烟村谜窟景区应立足大黄山景区，侧重观光产品功能完善，产品配套，突出黄山观光游客吃、住、行、娱、购等一条龙服务的组合优势。

(2) 从观光产品资源品质结构上看，除黄山、九华山外，旅游资源的总体感知度差，各旅游资源的感知差异度大，游客空间集聚性强，黄山风景区一枝独秀，其他旅游景区的客流多来自于黄山景区的分流市场，即大黄山景区的旅游发展对黄山依赖性极强，核心依托地位突出。这为烟村谜窟景区今后联合营销提供了方向。

(3) 从观光产品线路组合上看，大黄山景区观光产品性质上主要属于山岳型，湖泊河流(临江)等相对缺乏，难以满足大众观光游客多元化的旅游需求，而传统的山水组合观光产品仍是大众观光游客的主要需求指向的目的地。

(4) 旅游者对旅行社的依赖性较强。黄山市内的地接社和客源市场的组团社构成了黄山市旅游中介的中坚力量。尤其是黄山市内地接社，对当地旅游线路节点的安排具有极强的控制力。烟村谜窟景区推向市场的过程中，旅行社营销在今后相当长一段时期内，仍居主导地位。

(5) 目前，大黄山景区的团队市场占70%，其中观光旅游占75%左右。宏村、西递、花山谜窟等景点，作为补充节点，客源主要是黄山分流的团队市场，其中黄山分流的团队市场占花山谜窟客源市场的70%。鉴于烟村谜窟景区处于开发初期，立足于黄山大景区景点基本格局和市场总体态势，黄山分流的团队市场在将来一段时间内，将成为主要目标市场，2007年估计占市场总额的70%左右，宜确定为烟村谜窟景区优先度最高的目标市场。

(6) 长江三角洲地区人均国民收入不断增长，汽车持有量不断增加，休闲度假需求的排浪式阶段的到来，为烟村谜窟景区发展提供了良好的机遇。烟村谜窟景区应将长江三角洲自驾车市场作为优先度第二的目标市场。

(7) 黄山大景区线路组合的市场认可度集中趋势明显。古村落、花山谜窟成为选择最集中的补充节点，谜窟类产品成为补充节点，市场份额呈不断增长态势，正在成为一种趋势，这对烟村无疑是一大机遇。

(二)休闲度假市场

1. 需求分析

1) 现状分析

目前，休闲度假型游客在黄山市游客中所占比例不大，据调查，仅有8.1%的游客是来黄山度假的，度假市场发育非常不充分，大黄山旅游区的产品体系极不完善。

(1) 休闲度假型游客绝大部分来自近程客源市场。即本省(市)及长三角地区，约占95.9%，而对中远程客源市场的吸引力很小，仅占3.7%和0.4%，这与黄山市并非度假型旅游目的地的市场形象是相吻合的。因此本次对客源市场的需求特征重点分析近程客源市场，主要包括长江三角洲地区市场、黄山市本地市场等。

(2) 出现市场晚上7~10时的旅游市场空白明显。黄山团队市场停留夜数一般为1~3夜，游客需求多元化休闲项目愿望强烈，而黄山夜间休闲娱乐配套项目贫乏，国内游客主要是购物和娱乐，入境市场主要偏好足疗和喝酒等，出现了晚上7~10时的旅游市场空白。

2) 概念性产品需求测试分析

(1) 乡村休闲娱乐需求强烈。通过对游客市场调查数据分析可知，游客对于田园农舍休闲娱乐(52.2%)和徽州文化主题休闲娱乐(39.1%)的市场需求表现出较高的热情。但对在古村落内开发休闲娱乐项目，游客又表现出极大的反对意见，这就需要开发新的旅游景区，来满足游客休闲娱乐的需求。这为烟村谜窟景区的乡村休闲度假产品开发提供了契机。

(2) 黄山游客休憩需求强烈。很多游览黄山的游客,从山上下来,体力已经透支,对于运动量不大的修养、放松等相关的项目具有较大的需求。

(3) 游客对游览新安江画廊及新安江码头文化的市场认可度较高。仅有 11.1%的游客表示不愿意和非常不愿意参加这项活动,而明确表示愿意和非常愿意两种意愿的占 48.1%。游客对新安江码头文化表现出较高的兴趣,近半数(48.3%)的游客明确表示愿意参加。

(4) 游客对特色度假客栈产品的市场认可度较高。游客对特色度假客栈需求均值为 3.4,即游客对此项产品的反应介于中立和愿意参与之间。游客意见多集中于愿意和中立两类,分别占 46.4%和 35.7%。

(5) 游客对特色徽菜的市场认可度极高。游客对于特色地方菜系表现出极高的热情,这与现代旅游追求奇、异等特点是吻合的。

2. 供给分析

目前,大黄山旅游区的旅游休闲度假产品普遍缺乏,多以黄山景区为依托,建立景区依托型度假区。通过供给分析,有如下结论。

(1) 对团队市场而言,在黄山大景区 0.5~1 天休闲游憩产品的需求潜力巨大;19:00~23:00 的市场空白供给急需补充。烟村谜窟景区应将二者有机结合,作为黄山观光产品功能的延伸,完善观光游客休闲度假产品体系,弥补游客需求价值链的两个空档,具有极强的组合优势和市场潜力。

(2) 从大黄山景区休闲度假产品类型结构上看,大黄山旅游区有四大高端休闲度假旅游产品、高尔夫球场商务休闲产品、新徽天地旅游休闲主题园区、黄山温泉洗浴产品,这四大产品的特点都面对高端游客市场,其中新徽天地和高尔夫球场提供的休闲产品是城市休闲产品的延伸,而黄山温泉和太平湖提供的休闲产品则是黄山景区休闲产品的延伸,他们的共同缺点是缺少乡村休闲度假产品。

(3) 对本地市场而言,休闲度假设施总量不够。根据上面的分析看出,对市政公园、综合性公园和风景区的需求旺盛,而本地居民选择率偏低,这种不对称现象,与黄山市内缺乏休闲娱乐产品供给是分不开的。烟村谜窟景区充分利用其城郊的区位优势,发展成为黄山市普通市民的综合性休闲公园,引起其在烟村谜窟景区的相关消费,这决定了对黄山本地市场营销的总体基调。

(4) 对本地市场而言,休闲度假设施档次不协调。黄山市作为中国旅游城市,在城市内休闲、康体、娱乐产品的设计、布局等具有明显的旅游者导向功能,无论在消费档次上,还是在经营管理上,都带有明显的外向型特征,没有办法适应黄山市本地市民的需求。烟村谜窟景区应立足黄山市市场,将烟村纳入黄山市的城市休闲产品体系,作为城市休闲产品的补充和完善。

(5) 太平湖景区是烟村谜窟景区的同位竞争者,但因处于黄山等地的形象遮蔽之下,使其不能成为独立的旅游目的地,也难以成为大黄山景区的旅游集散地。烟村谜窟景区从立足大黄山景区需求价值链条完善的需要,打造成为黄山市郊的旅游集散地,具有极强的市场潜力。

(6) 屯溪老街业态单一，餐饮娱乐不完备，夜间娱乐不配套。一般游客都不在此购物消费。但在当地经营的老板收入都很高，没有积极性开发新的休闲娱乐产品，这里的房产都是私有的，没有办法通过政府或市场进行调节，这为烟村谜窟开发休闲娱乐产品，占领市场空白提供了契机。

(7) 目前，黄山的餐饮很分散，未形成规模经营，也没有形成企业集群。徽菜和土菜有其名而无实。因此，对于开发这样的徽菜和土菜，形成真正的规模经营，对于烟村谜窟景区来说，是一个很大的市场。

(三)专项市场

烟村的专项旅游市场主要包括：会议/商务市场、科普教育旅游市场等。

1. 会议/商务市场需求分析

(1) 市场规模较大，所占比例较高。据调查，来黄山的游客中，商务出差人员的比例是仅次于观光游览的第二大市场，达14%，加上会议和奖励旅游市场，比例达到24%，高于国内平均比例。

会议与商务游客以专业人员、企事业管理和公务员为主，奖励旅游特征突出，游客的收入水平以1000~3000元居多。

(2) 黄山市也是一个重要的奖励旅游目的地。会议/商务市场在职业构成上与普通游客是有显著的差异，上述三类职业人员的比例均超过了20%。另外，有将近40%的游客是单位组织来黄山游玩的，不少游客表示，到黄山游览是本单位员工福利的一个部分。

(3) 会议/商务客人的重游率不高，城市商务功能有待加强。游客来黄山参加会议的平均次数为2次，48.5%的游客是第一次，32.3%的游客是第二次。会议商务客源市场淡旺季无明显差别，平均停留时间为4天，会议规模平均为100人。

(4) 黄山市内的会议/商务市场主要有经营者会议、奖励旅游、协会会议、团队拓展培训、政府会议。协会和团体会议比例达到了将近50%，企业和政府会议则各占20%。协会和团体会议对价格比较敏感，而在黄山市召开会议的价格较低成为吸引他们的重要因素之一。

2. 会议/商务产品供给分析

目前，黄山市内除了各类酒店承担着会议接待外，黄山市也正积极开拓会议/商务产品，已启动的重要建设项目有：黄山国际会议展览中心(屯溪)、太平湖会议中心(黄山区)。

结论：

(1) 从产品供给类型上看，目前主要是城区依托型和景区依托型，缺乏乡村型的会议商务旅游地。

(2) 对本地市场而言，休闲度假设施档次不协调。黄山市作为中国旅游城市，在会议商务产品的设计、布局等方面具有明显的旅游者导向功能，无论在消费档次上，还是在经营管理上，都带有明显的外向型特征，难以与本地政府公务员、商务接待市场进行对接。

烟村谜窟景区应立足黄山市市场，将烟村谜窟景区纳入黄山市的城市休闲产品体系，作为城市休闲产品的补充和完善。

(3) 在黄山市内，针对会议商务市场产品供给的产业集群还没有形成，而市场需求较为旺盛。烟村谜窟景区应充分强调产品配套完善，打造旅游产业集群。

(4) 会议/商务游客的职业构成具有较强的集中性。协会、经营者和政府占据了近90%的市场。烟村谜窟景区应充分挖掘亮点，有计划、有针对性地对团队展开营销。

四、景区定性定位

(一)景区定性

地下石窟神秘文化观光及休闲娱乐文化体验地。

(二)景区定位

1. 景区命名：烟村谜窟景区

诠释：该景区坐落于烟村镇，烟村在历史上具有很高的文化知名度，景区以烟村命名将提高景区的知名度，减少景区营销的难度。神秘石窟是烟村谜窟景区可以依托的核心旅游资源。由于该景区与花山谜窟同处于花山谜窟——渐江国家级风景区名胜区内，烟村和花山都以石窟闻名，所以以谜窟为景区命名，刚好构成花山——渐江国家级风景区名胜区不可分割的两个部分，形成形象叠加效应。烟村谜窟和花山谜窟两者在产品上具有一定的雷同，但烟村谜窟的产品开发着重于文化体验、休闲度假产品的开发，比花山谜窟将具有更大的游客市场，他们之间的关系是竞争与合作的关系。

2. 形象定位：中国古代最伟大的工业文化遗产

中国古代的工业主要表现为手工作坊和手工工场，烟村采石场是遗留下来的大规模手工工场遗址。这样的定位便于营销，便于研究，便于引起学术界的注意，也容易引起市场的注意。这样，在营销和产品组合上，烟村谜窟与花山谜窟就与黄山、西递、宏村形成更大的叠加效应。

3. 项目定位

从烟村谜窟景区而言，该项目建设将完善景区观光娱乐、休闲度假的功能配套，使石窟观光区、徽文化体验区、休闲演绎区融为一体，旅游生产力布局得以体现。

对团队游客和外地游客而言，烟村谜窟景区巧妙地演绎了神秘石窟文化、徽文化、码头文化，增加了游客的体验、互动、参与的功能，让游客体验到旅游的欢乐。

烟村谜窟是一个欢乐的世界，是休闲、娱乐、餐饮、游玩的地方。

4. 产品定位

1) 观光产品

通过石文化博物馆、临江石窟观光、原始石窟探秘等对石窟文化、石窟工程进行系统展示，充分展示石窟的神秘和魅力，再伴以龙首湖、龙光湖、龙珠湖、龙溪、新安江沿岸的绿地景观，演绎神秘石窟，满足游客观光增长知识的需求。

2) 休闲产品

通过特色餐饮、特色购物、徽州三雕、徽墨制作、徽文化表演广场的徽剧、新安江风情街的酒馆、新安江水上活动等构成景区丰富的休闲体验产品，满足游客的休闲体验情结。

3) 专项产品

徽文化博大精深，体系庞大，其中最出名的便是程朱理学，是中国儒家思想的重要组成部分。通过对徽文化物质遗产和非物质遗产的发掘，将徽文化的精华发扬光大，开发出具有体验性和参与性的新型旅游产品，将会对游客产生吸引力。烟村谜窟景区内的国学院通过创办徽文化国学讲堂，将徽州文化进行系统的讲解，主要针对公务员、企业家、企事业单位的管理者、大学生、中学生修学市场的培训，将徽文化发扬光大。程朱理学对中国民众的思想意识、行为习惯将会产生深远影响。

5. 市场定位

观光市场：团队游客、自驾车游客。
休闲市场：黄山市周边休闲度假游客(包括杭州等长江三角洲市场)、自驾车游客。
专项市场：国学培训市场、科普教育游客。

第二节 营销战略及策略

一、营销战略

营销战略(Marketing Strategy)就是营销哲学、理念，它是以营销总体环境为基础并以之为依据的。营销战略指导着营销的整个实施。

(一)市场导向战略

市场导向的营销战略是整个营销的基础。烟村谜窟要随时注意市场的变化，迎合市场和引导市场并举，结合企业的经营目标、企业资源优势，结合竞争的现状，集中力量，形成一种具有可行性的战略。

(二) 资源创新战略

烟村谜窟已有的核心旅游资源和核心旅游产品比较少，所以必须根据市场的需要不断开发、创造新的旅游资源，并以此为基础创造出新的旅游产品，以满足景区生存的需要，延长旅游景区的生命周期。

(三) 体验营销战略

在新的世纪，旅游者对旅游产品的需求日趋多元化、差异化，这种趋势让旅游成为追求一种"非日常"的特殊体验，旅游就是追求一种"非日常"感觉的过程，在这个过程中，旅游者通过直觉去感知旅游产品。这就要求经营者在营销过程中顺应这种特殊的旅游体验趋势，不断创新，在营销中宣扬和推出一种新的体验，新的旅游体验文化，宣扬观览地下谜窟，体验徽文化，体验田园生活的观念。

(四) 利益相关者共赢战略

利益相关者共赢战略的提出是烟村及其周边的竞争势态决定的。由黄山及其周边旅游业现状来看，旅行社在很大程度上左右了旅游者的决策，并组织实施了游客的行为路线和旅游方式。随着自驾车游客的增加，这种现状将迅速改变，但近两年内，旅行社主导的形势仍将延续。所以，短期内要采取与旅行社等利益相关者共赢的战略。同时，与政府、旅行社、(潜在)旅游者、宾馆饭店、营销渠道(电视、报刊、网络等)、甚至当地居民和周边景区景点形成恰当的利益相关者同盟，以利于初期开发。

二、营销策略

(一) 营销策略的内容和层次

所谓营销策略是指对一个或多个目标市场进行选择、描述，并发展和维持一种营销组合，运用这种营销组合，可以实现与目标市场进行买卖双方均满意的交换活动。

营销策略的内容包括：目标市场策略；营销组合；产品策略；分销策略；促销策略；定价策略等，当然首先是目标市场策略。

营销策略适应于三种不同类型或三个不同层次的问题。第一层次是宏观层的营销策略，它以营销组合变量(价格、产品、广告等)的综合运用为核心。根据这一定义，为某个产品制定一个策略涉及为该产品进行定价、设计一个广告运动，然后决定分销的方案。中观层次的营销策略指营销要素策略，它指用于营销组合中某个要素竞争方式的抉择，如"推"对"拉"的促销策略，"密集"对"精选"、众多"独家"的分销策略，或"撇脂"对"渗透"的定价策略等。处于微观层次的是产品的市场进入策略，它指某个具体营销决定的策略。如厂商力图建立市场份额的策略、收获利润(或份额)的策略或者捍卫市场份额的策略等。

营销策略的意义在于，它从企业整个经营的角度考虑问题，对企业的整个营销动向起到提纲挈领的作用。营销策略是三个问题的有机结合，目标市场、市场定位和营销组合，这是营销策略的具体表现，营销策略的目的就是高度统一目标市场、市场定位和营销组合的各种因素，促使其和谐一致地为企业的市场目标服务。

(二) 烟村谜窟的营销策略

1. 石窟观光、探谜游

- 主要目标市场：长三角地区主要大城市及安徽省内主要城市。
- 依托产品：石窟文化博物馆；临江1、2号石窟；原始石窟。
- 产品组合：石窟观光；石窟探谜。
- 定价目标：突出并深化烟村的"中国古代最伟大工业文化遗产"的旅游形象。
- 定价策略：低价策略、折扣定价。
- 实施时间：2007年。
- 实施办法：通过直接销售和间接销售渠道大力深化"中国古代最伟大工业文化遗产"的形象，并通过同花山谜窟联合促销，提高知名度、美誉度。

2. 古徽州民俗文化体验游

- 主要目标市场：东南沿海各主要城市，以及对徽文化感兴趣的人。
- 依托产品：古徽州戏剧；古徽州婚俗；民间歌舞表演；新安江码头文化街。
- 产品组合：徽文化体验；民俗节庆活动参与。
- 定价目标：进入新的细分市场、突出产品差异，树立新形象。
- 定价策略：前期低价策略，后期高价策略。
- 实施时间：2007—2009年。
- 实施办法：对于散客市场，利用媒体宣传烟村谜窟景区"品质高雅，特色鲜明"；对于外地专门组团来参加徽文化体验系列活动的游客，通过统一安排徽州特色的食宿、专门讲解员，价格可以提高一个档次。

3. 青少年"求知、快乐"之旅

- 主要目标市场：上海、南京、杭州等长三角主要大城市以及安徽省内主要城市的中小学生。
- 依托产品：石文化博物馆；新安诗画廊；石雕展示制作。
- 产品组合：科普教育；快乐体验。
- 定价目标：深化旅游产品形象。
- 定价策略：新产品薄利多销。
- 实施时间：每年春游及7—8月。
- 实施办法：与目标市场的教育部门和中小学或教育系统内部旅行社联系，对于参与活动的游客实施价格优惠，对于部分贫困学生的费用进行减免，并针对学生的特点安排好参观项目和讲解。

4. 自驾车之旅

- 主要目标市场：长三角主要大城市以及黄山、合肥等省内主要城市高收入人群以及部分海外游客。
- 依托产品：石窟、新安江、美食人家；画舫夜宴；新安风情；新安医学疗养中心。
- 产品组合：乡村休闲度假；康体娱乐；中医疗养。
- 定价目标：深化旅游产品形象，丰富产品结构。
- 定价策略：精品采取高价取利策略、差别定价、满意定价。
- 实施时间：2008年。
- 实施办法：抓住2008年北京奥运会的大好时机，与目标市场的自驾车协会、老年人协会以及海外参赛团体联系，对于参与乡村休闲活动的国内游客实施价格优惠，而对于一些精品产品如新安医学疗养中心，可针对海外游客实行高价。

三、目标市场策略

细分市场是一组具有相似特点的个人或群体，因此他们可能具有相似的产品需求。制定市场策略的第一步是市场机遇分析(Market Opportunity Analysis)，即对与企业利益攸关的细分市场的规模和销售潜力进行描述和判断，并对该市场中的主要竞争对手进行分析判断。在对细分市场进行描述后，企业应该将目标定位于其中的一个或多个市场。选择细分市场一般有三种策略：可以对整个市场运用一种营销组合，或是只关注某一个细分市场，或是对多个细分市场运用多种营销组合。

(一) 目标市场策略需要注意的问题

定位后的目标市场必须经过仔细描述。人口特征、心理特征、购买者行为等都应经过评估。如果细分市场具有种族差异性，那么营销组合应考虑多重文化的影响。如果目标市场是全球性的，则尤其需要强调那些可能影响营销策略的因素：包括文化差异、经济技术发展不平衡以及政治结构不同等等。

制定准确的目标市场策略必须要认清以下问题。

(1) 根据地理分布、人口构成以及行为特点，每个市场中的各个成员是同质的还是异质的？

(2) 在每个细分市场中，市场规模、成长率、全国和地区的发展趋势如何？

(3) 每个细分市场是否具有足够的规模和重要性，以保证实施特定的营销组合？

(4) 哪些细分市场的机遇多？哪些细分市场的机遇少？

(5) 细分市场是否具有可衡量性，是否可实施分销和沟通措施？

(6) 目标市场所追求的不断提高的需求和满意度是什么？

(7) 每个细分市场能够带来何种利益？这些利益与对手所提供的利益相比如何？

(8) 是否将自己定位于生产特色产品？产品是否有市场需求？

(9) 将其产品定位于特定的客户群，还是人人都适用？

(二) 烟村谜窟景区细分市场指导下的产品特色

烟村谜窟景区的市场定位如下。

观光市场：团队游客、自驾车游客。

休闲市场：黄山市周边休闲度假游客、自驾车游客。

专项市场：国学培训市场、科普教育游客。

1. 市场与产品的匹配

纯粹的石窟观光使花山谜窟的产品单一化，缺乏持久的吸引力，不能满足游客多层次的需求。烟村谜窟在产品开发上，突出了其产品的多元化，建立完善的产品体系。应针对不同细分市场，开发和推介适合他们的旅游产品，市场与产品匹配见表9-1。

表9-1　市场与产品匹配表

市场细分	产品匹配
观光市场	◆ 龙首湖、龙光湖、龙珠湖、烟村田园风光、新安江等 ◆ 石窟文化博物馆、临江1、2号石窟、原始石窟、新安诗画廊等
休闲度假市场	◆ 美食人家、新安风情、竹筏漂流、江上人家、码头文化、国学院、新安医学疗养中心等 ◆ 特色餐饮、戏剧演出、民俗歌舞表演、乡村农家乐等
专项市场	◆ 探险、摄影、科学考察、修学、商务考察、文学风水、星象等 ◆ 国学研习、企业培训、节事活动、康体娱乐、家庭旅馆等

2. 产品包装

对旅游产品包装的技巧在于根据不同细分市场需求，了解游客的需求期望并反映在对产品的包装上。对不同市场的产品包装策略如下。

1) 黄山分流市场

(1) 产品项目。石窟观光、休闲娱乐。

(2) 产品宣传。"登黄山72峰，探烟村36窟"，"黄山脚下被遗忘的伟大奇迹"。

两大卖点：提供自然+文化线路组合；补充供给游客游完黄山之后，精神和体力消耗都比较大，需要得到休息与放松的需求。

2) 文化旅游爱好者市场

(1) 产品项目。石窟文化、徽文化、码头文化。

(2) 产品宣传。"游烟村谜窟，探寻地下石窟神秘文化"；"中国古代最伟大的工业文化遗产"；"发现新烟村，再现古徽州"。

这类产品组合专为文化旅游爱好者量身定做，旨在能够满足他们对古徽文化的追求和向往，强化亲身参与民俗文化体验性。

3) 科普教育市场

(1) 产品项目：石窟观光、石窟探谜、石雕展示制作。

(2) 产品宣传："烟村谜窟，为你展开1700多年的神秘画卷"，"1700多年前的石窟是怎样形成的？"

作为青少年人群的历史教育基地，参与石窟探谜、石雕展示制作等活动项目，既能够激发他们的兴趣，又能够使他们学到知识，了解我们伟大的祖先们所创造的灿烂文明。同时，也可以成为一批批研究生实地考察和研究的基地。

4) 黄山周边市场

(1) 产品项目：特色餐饮、休闲娱乐、购物街、画舫夜宴。

(2) 产品宣传："新安江不眠夜，烟村渡逍遥游"，"烟村四五家，亭台六七座，凭江晚风美"，"烟村归渡，新安画廊"。

为黄山市周边休闲游客定做的19：00—23：00"新安江不眠夜"休闲娱乐系列产品，注意"闹中取静"。

5) 康体休闲市场

(1) 产品项目：新安医学康疗中心、太极园。

(2) 产品宣传："生命品质，新安医学"。

挖掘新安医学，针对中老年游客开发康体疗养、武术健身等项目。

6) 高端市场(自驾车市场)

(1) 产品项目："在胡雪岩故乡做一天古徽商"。

(2) 产品宣传："徽商荣归故里生活剧"、"重温名商胡雪岩旧事"。

面向长江三角洲各主要大城市中有身份、有地位的成功人士以及部分徽商后代中经商发达人士而开发的体验型休闲项目，挖掘古徽商文化资源，再现当年徽商享乐生活场景，让游客参与其中，实现他们"做一天古徽商"的梦想，正如古徽州商人一样，深具经商才干，又兼备中国传统文化底蕴和较高的社会地位。

7) 会议旅游市场

(1) 产品项目：经营者会议、政府会议、奖励旅游、学术专题会议。

(2) 形象宣传："新安画廊中，烟村田园会(汇)"。

各企事业单位人员、专家学者及相关民间人员是这一目标市场的主体，要注重产品的徽学氛围打造，在环境打造、器具设计、服务等各个方面融入徽文化的内涵。会议旅游市场开发可以在营销上宣扬国学培训的主题，也在会议之余加入国学培训的内容，吸引团队消费者。

8) 徽学培训市场

(1) 产品项目：国学院、徽州书法、篆刻、绘画培训。

(2) 形象宣传："再现徽文化，倡导新徽学"。

专业人员、政府公务员、企事业单位管理人员是这一目标市场的主体。

9) 家庭市场
(1) 产品项目：乡村田园观光、美食人家、新安风情、徽州田园烟村乐。
(2) 形象宣传："烟村乐，家家乐"。

主要是面向以家庭出游为主要形式的假日观光市场。在产品组合上，开发家庭旅行、民居院落等，吻合家庭市场的需求特征。

第三节 营销组合

所谓营销组合(Marketing Mix)是指产品、分销、促销和定价战略的独特组合，运用营销组合，可以实现与目标市场进行买卖双方均满意的交换活动。营销管理人员能够控制营销组合的各个要素，但这些要素必须综合运用才能实现最优效果。一个营销组合的结果如何，是由其中最弱的环节来决定的。最佳的促销方式和最低的价格并不能挽救劣质产品。同样优质产品如果缺乏良好的分销渠道、准确的定价和相应的促销也很可能以失败收场。

成功的营销组合必须经过认真仔细的规划以满足目标市场的要求。乍看起来，麦当劳经营者和Wendy's经营者似乎具有相近的营销组合，因为它们都从事快餐经营。然而，麦当劳将目标定位于父母和儿童的午餐，这一点它做得非常成功。而Wendy's经营者则将目标定位于成人的午餐和晚餐。麦当劳有儿童游乐场所，还有儿童幸福套餐。Wendy's有色拉调制吧台，在餐厅中铺设地毯，但是却没有游乐场所。

营销组合的差异并非偶然。敏锐的管理人员设计出一系列的营销战略来赢得对竞争对手的优势，同时最大限度地满足特定细分市场的需求。营销经理控制着营销组合的各个要素，他们能够根据客户需求调节产品供给，在竞争中获得成功。

在选择营销方式时，需明确以下问题。

(1) 经营者是运用综合营销战略(产品、分销、促销和定价)还是单一的促销战略来实现其目标？

(2) 是否清楚地列示了营销组合中每个要素的作用和目标？

一、产品战略

营销组合的核心和起点是产品供给和产品战略(Product Strategies)。如果对将要推出的产品不甚了解，则很难设计分销战略、展开促销活动或者进行产品定价。

(一)产品的构成

一项产品不仅仅是产品本身，同时还包括包装、售后服务、品牌、形象、价值观以及许多其他因素。一块金帝巧克力就包含着很多这样的产品要素：巧克力本身的质量、漂亮的金色包装纸、客户满意度保证以及金帝品牌的声誉等等。我们买东西时追求的不仅是商品带来的直接益处，还有一些其他的间接益处(包括身份、质量或者声誉)。产品既可以是有形的(如计算机)，也可以是无形的(医疗机构提供的服务)。产品还应该能给消费者带来价值。

(二)产品战略思考的重点

(1) 旅游开发提供的主要产品或服务是什么？这些产品或服务是否能相互补充，或者仅仅是一些不必要的重复生产？

(2) 每种产品的特点是什么？它所能提供的利益是什么？

(3) 旅游开发本身及其主打产品在生命周期中目前处于什么位置？

(4) 在扩大或缩小产品范围、提高或降低产品质量方面，每个目标市场所面临的压力是什么？

(5) 每种产品的弱点是什么？客户主要有哪些抱怨？哪些地方最容易出错？

(6) 产品名称是否易于称呼？是否易于记忆？产品名称是仅仅作为一种称呼呢，还是代表了产品所能给客户带来的益处？这一名称是否能将旅游开发或产品与其他旅游开发或产品区分开来？

(7) 产品的质量保证如何？是否有其他方式来保证实现客户的满意度？

(8) 产品是否能传递良好的客户价值观？

(9) 如何为客户提供服务？如何评价所提供的客户服务？

(三)观光产品开发

1) 石文化博物馆观光

石文化博物馆在外形设计上具有夸张奇特的特征，石材采用洞窟淘掘出来的石条和石子堆砌而成，石条和石头不加打磨，古朴原始，使石博物馆具有强烈的外观吸引力。石博物馆内设置神秘猜想幻灯片厅，厅内采取连续播放谜窟不同形态、不同场景的图片，播放过程中发出各种奇特的声音，激起游客的兴趣，让游客通过幻灯片感受石窟的神秘。通过动画电影使游客在声、光、电的多种感受中回到石窟的原始生活环境中，展现出石窟当时作为战争、屯兵、采石、避难等场所的情景。设置触摸屏，让游客了解石窟采石的整个过程，包括选址、开工、量方、采掘、运输，工人生活的场景，使游客接受科学知识教育，了解石窟作为采石场的科学解释。在石窟内设置工人开采石头的泥塑，通过一系列泥塑展示工人开采石头的过程，给游客带来视觉冲击。设置石窟文物展厅，展出石窟清理过程中出土的文物，体现石窟的文化内涵。

2) 临江1、2号谜窟观光

临江的两处石窟位于山腰，脚下就是美丽的新安江，此处植被和地理景观良好，视野开阔。游客除石窟观光外，还可以欣赏江上美景，还可以到山顶楼台休闲。石窟在保存原有风貌基础上，应采用高科技手段，展现石窟的神秘。首先在石窟壁上刻画出一些似太阳、月亮天体图案，在两种天体图案之间的上方，刻画一些像凤和鸟的图案痕迹，以展现石窟早期巫教文化的原始崇拜。在洞内使用激光在墙壁上再现人们开采石头的动画图案。使用幻灯片在石壁上再现人们开凿石窟的动画场景。在石窟中可模拟、再现古山越人穴居野处的生活环境,生活方式、生活设施;依据"万有神教"的理念,构建一些崇拜物,或举行相应的巫教祭祀仪式,如装饰青蛙求雨、扮龙祭求雨、弄鬼招魂场面,或再现狩猎、种植、采集等实践活动场面,再用神话沟通"人界"和"灵界"的联系,使谜窟更加谜人。

3) 原始石窟观光

游客乘坐电瓶车到达原始石窟观光,犹如走进原始社会的洪荒混沌之中,体会、欣赏属于人类早期艺术的神话、装饰、歌舞等原始美。游客进入漆黑、阴幽、寂静、沉闷的石窟深处,交织着神秘、惊险、离奇等各种复杂心境,勾起游客的探求欲望和科学幻想。

将主题石窟区内的部分石窟打造出主题石窟,对其他一些石窟加强命名,依据古徽州历史上的神话传说、民间故事等内容,打造主题石窟文化群。

二、分销战略

分销战略主要讨论适时、适地地向客户提供产品。分销战略的目标是保证产品在需要的时候能以适当方式到达指定地点。

企业分销战略的建立需要供应链管理者作出几项至关重要的决定,首先要考虑分销环节在整个营销战略中扮演何种角色。此外,他们还必须确保所选择的营销战略与产品、促销以及价格战略的一致性。而要作出这些抉择,营销人员必须分析影响分销渠道的因素和最合适的分销渠道宽度。

(一)分销战略的重点

确定分销战略之前,必须明确以下问题。

(1) 经营者是应该尽力直接为客户提供商品,还是应该通过与其他经营者的合作,有选择地提供更好产品?销售产品时,使用的是何种渠道?

(2) 销售产品时,使用的是何种设备?这些设备应安装在什么地方?这些设备应具备何种主要性能?

(3) 目标市场中的客户是否愿意并且有能力经过长途跋涉来购买?

(4) 设备是否易于操作?操作性能是否可以得到进一步提高?哪些设备需要有限考虑?

(5) 如何选择设备的安装地点?所选地点是否靠近目标市场?目标市场是否能看到这些设备?

(6) 零售商的地点和环境如何?零售商是否能使客户满意?

(7) 产品何时才能提供给客户?时间是否恰当?

(二)营销渠道的管理

1. 渠道系列图链

(1) 直接渠道链,如图 9-1 所示。

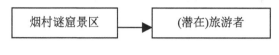

图 9-1　直接渠道链

(2) 通过中介的渠道链,如图 9-2 所示。

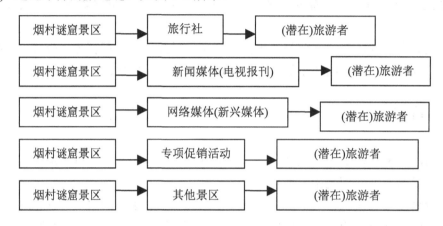

图 9-2　通过中介的渠道链

(3) 其他组合渠道。其他组合渠道是上述渠道链的组合,如图 9-3 所示。

图 9-3　其他组合渠道

2. 旅行社管理措施

1) 建立合作联盟

与黄山的主要地接旅行社,以及南京、杭州、上海、苏州等地的主要发团旅行社结成利益战略联盟,建立招揽游客的系列优惠政策;在门票,产品项目消费等方面形成全面的合作互利关系。

2) 更灵活的游客招揽回报机制

与竞争者相比,在景区开发初期建立更加灵活和优惠的游客招揽回报机制。

(1) 对于某些外地旅行团,在晚间时间段内可以免费进入。

(2) 对于高消费的旅行团,可以在门票、项目价格等方面实施优惠。

(3) 对于停留时间长的旅行团,实施同样的优惠。

3. 组织/协会管理措施

(1) 景区开业之前与相关自驾车协会/组织建立联系，沟通合作意向，建立合作机制和关系；在自驾车协会的营销渠道(网站、宣传册等)中进行宣传营销。

(2) 可以与行业组织/协会建立更进一步的合作关系，合作召开会议、讲座、广告、公益事业等。

(3) 与地质、考古协会合作，对烟村谜窟进行探源，利于在学术上的突破和利于新闻报道形式的营销。

(4) 与新安理学、新安医学、新安画派、徽派朴学、徽派版画、徽派篆刻、徽剧、徽商文化的相关协会建立合作关系，进行双赢的市场营销。

(5) 通过宾馆饭店企业建立合作关系，如发放旅游信息、对烟村谜窟进行营销。

4. 公众渠道管理措施

(1) 选择《中国国家地理》、《旅行家》、《旅行》杂志进行专题宣传，对谜窟探秘过程进行"软性宣传"(突出文化性、同时注重宣传)。

(2) 在中央电视台 CCTV4 "探索·发现" 栏目制作宣传片进行宣传。

(3) 在地方电视台 "天气预报" 栏目进行景区天气预报。

(4) 与相关网络建立合作关系，用网络进行营销(如网页报道、群发 E-mail 等)。

(5) 对景区的文化事件、与组织/协会的合作进展，考古进展都进行追踪报道。

(6) 制作《烟村日志》内部刊物，免费发送/寄送给旅游者、旅行社、相关合作媒体、宾馆饭店、合作景区。

(7) 对于重大的考古发现、文化事件，要通过各种渠道进行重点报道，甚至制作专题宣传片进行宣传。

(8) 与黄山当地的电视台、重要报纸建立关系，对景区进行相关报道，一方面在当地居民心目中树立起良好的形象，利用他们的口碑进行宣传；另一方面，也鼓励他们休闲消费。

(9) 对黄山当地居民休闲的优惠，根据不同时间段(如晚间)，在景区某些区域(如娱乐、餐饮休闲区)，对黄山当地市民进行价格优惠，或减免门票的优惠。

(10) 在大型活动期间、中央台报道景区期间，向长三角潜在游客发送手机断信。

5. 与区域内其他景区的整合措施

(1) 通过其他非同质景区(如黄山、九华山、齐云山等)的渠道，帮助宣传烟村谜窟，同时建立合作协议，通过烟村谜窟的营销渠道为他们营销。

(2) 对于黄山等具有竞争优势的景区，可以通过非正式渠道建立合作关系，进行利益反馈。

三、促销战略

促销包括个人销售、广告、促销活动以及公共关系。营销组合中促销的作用是通过告知、教育、劝说以及提醒目标市场经营者或群体了解产品的益处,来实现与目标市场进行双方均满意的交换活动。一项良好的促销战略往往能显著地增加销售额。然而,优秀的促销战略并不能保证最终的成功。促销战略中的各个因素相互关联,共同构成综合的促销战略。

制定促销战略时,需明确以下一系列问题。

(1) 一般客户如何发现经营者的产品?

(2) 经营者所发布的信息是否能够到达潜在客户处?这些信息是否强调了目标市场的需求,是否表明了满足这些需求的方式?这些信息是否进行了恰当的定位?

(3) 促销工作是否有效地使客户知晓并说服他们购买本经营者的产品,使客户了解本经营者产品的特点?

(4) 广告。

① 目前经营者使用的是何种媒体?经营者是否选择了最有利于实现其目标的广告媒体?

② 所选择的媒体的成本效益是否最高?是否最有利于提供经营者的公众形象?

③ 广告刊登的时机和次数是否最恰当?经营者是否预备了几套不同的广告版本?

④ 经营者是否聘请了广告代理经营者?这些代理经营者的作用何在?

⑤ 使用何种系统来处理由广告和促销所引发的公众要求?经营者接下来将采取何种措施?

(5) 公共关系。

① 是否有一套构思精良的公共关系方案和宣传方案?这一方案能否应对反面宣传?

② 经营者通常是如何处理公共关系的?由谁负责?这些负责人是否加强了与媒体间的沟通?

③ 经营者是否运用现有的各种公共关系方案?是否努力去了解每种公共宣传渠道的要求?是否用现有形式为各个渠道提供能够吸引客户的宣传方式?

④ 年报是如何评价经营者及其产品的?公共宣传对哪些客户是最有效的?公共宣传所带来的益处是否能弥补其成本?

(6) 个人销售。

① 与服务现有客户相比,普通销售人员要花费多少时间来开发新客户?

② 如何决定开发新客户?决策由谁来做?对新客户的访问频率是多少?

③ 销售人员的薪酬如何?是否有促进销售的激励措施?

④ 如何组织和管理销售人员?

⑤ 销售人员是否针对潜在客户制定了相应的策略?

⑥ 经营者是否针对不同特点的目标市场配备不同的销售队伍？
⑦ 把产品初步推销出去后，经营者是否还有后续的保障措施？是否能做到让客户满意？
⑧ 是否使用客户数据库或直销方式来代替或弥补销售人员的工作？
(7) 促销活动。
① 每一次促销活动的用意何在？为什么要搞促销活动？促销活动的最终目标是什么？
② 运用何种形式的促销活动？促销活动是针对交易行为还是针对最终用户，抑或两者兼而有之？
③ 促销活动是针对经营者主要的公众群体，还是仅仅针对潜在客户？

四、定价战略

价格是买主在购买时必须付出的代价，它往往是营销组合四个要素中灵活性最强的一个，因为它变化速度最快。相对于营销组合中其他要素的变动情况，销售者能较为轻易地提升或降低价格。价格是重要的竞争武器，对经营者的意义重大。

(一) 定价战略的重点

在制定价格战略时，以下问题需要引起重视。
(1) 价位应定为多少？具体价格是多少？
(2) 经营者如何确保所定的价格能为客户所接受？
(3) 客户的价格敏感度如何？
(4) 如果价格发生变化，客户数量将会发生多大变化？销售总体收入是增加还是减少？
(5) 采用何种方法定价？是根据市价或客户需求定价，还是根据成本来定价？
(6) 产品提供几折优惠？所依据的原则是什么？
(7) 经营者是否考虑了价格给公众带来的心理影响？
(8) 价格增长是否与成本增长、通货膨胀或竞争因素保持一致？
(9) 经营者是如何利用价格优惠来进行促销的？
(10) 对那些感兴趣的潜在客户能否以试销价来试用产品？
(11) 可以接受哪些支付方式？使用这些不同的支付方式是否符合经营者的最大利益？

(二) 定价战略与收益估算

本项目开发初期以观光产品为主，收入构成则仅以门票收入为主，项目全部建成后各种休闲娱乐设施业已完善，其收入构成则较为复杂，须加上住宿及餐饮娱乐的收入。

1) 门票收入

鉴于本项目与花山谜窟的资源雷同性,并参照花山谜窟的定价标准,将本项目门票纯收入暂定为 40 元。经营期 5 年门票收入预算,见表 9-2。

表 9-2 经营期 5 年门票收入预算

年 份	2007	2008	2009	2010	2011
游人规模(万人次)	15.00	19.17	24.50	31.31	40.00
门票单价(元)	40.00	40.00	40.00	40.00	40.00
总收入(万元)	600.00	766.80	980.00	1252.40	1600.00

2) 住宿收入

本项目拟建一座四星级标准宾馆,2008 年底建成,2009 年正式营业,该宾馆住宿收入按 150 个床位计算,每个床位安 180 元/天计算,经营期前 2 年按客房出租率 50%计算,第 3 年及以后按 70%计算,计算天数按 280 天/年。经营期 5 年住宿收入预测,见表 9-3。

表 9-3 经营期 5 年住宿收入预测

年 份	住宿收入(万元)
2007	0
2008	0
2009	150×280×50%×180=378
2010	150×280×50%×180=378
2011	150×280×70%×180=529.2

3) 餐饮娱乐等收入

该项收入前 2 年按人均 60 元花费估算,以后按 100 元估算。经营期 5 年餐饮娱乐等收入预测,见表 9-4。

表 9-4 经营期 5 年餐饮娱乐等收入预测

年 份	2007	2008	2009	2010	2011
游人规模(万人次)	15.00	19.17	24.50	31.31	40.00
人均花费(元)	60.00	60.00	100.00	100.00	100.00
总收入(万元)	900.00	1150.20	2450.00	3131.00	4000.00

第四节 回顾：营销推广策划的方法

一、比较推广策划

消费者会把自己归为某一群体，也会对产品进行分类，而且总是将同类产品进行比较。利用消费者爱比较的心态来确定营销策略，影响消费者对产品特性的认知，是比较营销的心理学原理。

比较推广策略是"弱者挑战强者"的策略。如今，市场已经进入"比较经济时代"，各行各业皆是如此，这是消费者消费理念与消费行为日趋理性与成熟的结果，尤其是在市场竞争激烈化的背景下。强势品牌在消费者心目中往往有着较高的地位。在消费者看来，能够挑战强势品牌的企业往往实力雄厚。

在具体操作层面，比较推广策略要注意以下几个方面的问题。

1) 分析市场领先者的品牌策略

当以比较推广策略进行营销推广的时候，要全面分析领先者的品牌优势和劣势，要做到扬长避短。挑战的成功与否取决于能否提出更准确的主张以抗击领先者，从而改变自身的劣势，而这必须建立在对领先品牌的深入分析上。

2) 树立强有力的挑战者形象

比较推广策略的核心是挑战，即以鲜明的挑战者姿态赢得市场消费者的关注。这个形象必须是强有力的，需要关注这样的问题：为什么要向它挑战？有什么资格向它挑战？拿出证据来，说明自己的品牌为什么比领先者更好。要通过确凿证据表述对自己品牌的信心，同时要让消费者对你的品牌产生信心。

3) 比较推广最好结合差异化策略

如果在宣传上没有突出产品的任何差异，那就谈不上是有效的挑战。所以，首先要界定所推出品牌相对于领先品牌来说具有的独特个性。

挑战者总能够获得更多的关注，这是生活中的常识，但是，这仍然需要讲究技巧，需要科学分析。

二、印象类推策略

消费者会把关联事物的印象，加于他物之上，即爱屋及乌。利用这种心理习性，可将消费者对他物的良好印象，加于产品品牌上，从而产生提升品牌的效果，这就是印象类推策略。

营销推广活动中，印象类推策略通常以形象代言人策略体现。用明星做代言人即是让消费者因喜爱明星而对产品产生好感，如 TCL 手机花巨资请号称韩国第一美女的影星金喜善作代言人，在韩风日盛的青年中，策略效果非常明显。

当今已经进入了一个"富媒体"时期，名人、明星们在媒体的精心打造下，如同流水线上的产品一样正源源不断地涌现出来，自然造就了一个巨大的品牌代言人市场。商界人士大都接受了这一现实：品牌与代言人的联姻组合已经成了商战"克敌制胜"必不可少的一把利器。

品牌推广的终极目的是为了塑造品牌的影响力。品牌营销推广的第一步就是品牌知名度的扩大，而代言人在扩大品牌知名度方面有着得天独厚的优势。心理学家认为，信息传递者本身的人格因素会作为信息的一部分影响受众，进而影响受众对传播信息的认同。其中信息传播者的可信度是一个重要因素。因此在塑造品牌的过程中，不但要选用代言人，更要讲求技巧与策略，选准代言人。

1) 策略之一：围绕品牌个性选用代言人

品牌个性指品牌价值体系中，企业在产品与服务的内容和形式上对消费者作出的独特而真诚的承诺，且这种承诺是竞争对手难以模仿的。品牌个性与代言人个性的吻合是品牌传播效果优化的关键。人的个性是在现实社会中塑造而成的，不同的个性折射着不同的人文精神和个体价值，品牌个性也产生于社会，它是整个市场价值肌体上的一个细胞，是企业经营理念和文化的无形缩影。只有品牌个性与代言人个性准确对接，才会产生传播识别的同一性，有效地树立和强化该品牌在公众中的独特位置。

2) 策略之二：营销目标区域化与代言人细分化的协调

据调查显示：名人广告中会出现同性相吸的倾向，即女性消费者偏爱女性名人广告，而男性消费者则偏爱男性名人广告。同时，中国广告受众对广告明星的偏爱有着较大的南北差异，这源自文化积淀的多样性。如在各大城市名人广告排行榜上，上海和广州把刘德华排在第一位，而北京、大连和青岛却把葛优排在第一位。这一事实启示我们，名人影响虽大，但亦有其"力所不及"的地方，因此，对代言人的细分化也就显得格外重要。

3) 产品生命周期与代言人人气的搭配

品牌是恒久不变的，而且随着时间的推移而愈见生命力。可是品牌之下的产品，是发展变化的，这种变化不但体现在种类的增加和产品线的延长上，也体现在单体产品本身生命周期的变化上。产品生命周期包括导入期、成长期、成熟期和衰退期。代言人的人气也会有一个萌芽、成长、鼎盛和衰退的发展历程，聪明的营销策划人员应当目光敏锐，找准二者的最佳结合点，如当产品进入导入期时，采用人气极旺的明星，以期迅速扩大品牌知名度，而当产品进入成熟期后，应当考虑换用一些有潜质的新星，让其来延长产品的市场生命。

三、网络互动营销

互动营销是顾客关系管理的一个重要渠道，也是营销推广的一个基本策略。互动营销在中国是近十年的事情,在最近几年得到了快速发展。目前阶段,互动营销大多以互联网络、手机、电话中心和数字电视作为载体。

互动营销的优势体现在它可以保持消费者的忠诚度,双向沟通,成本便宜。一个共识是,现在的消费者在品牌沟通中越来越希望参与,沟通应该是双向的,这就需要互动。怎么进行互动营销?在具体的操作策略上,需要做好下面的工作。

1) 找准自己的商业目标

互动营销需要注意的一个地方在于,一定要找准自己的商业目标。所有的沟通都应该有目标,也就是要非常清晰自己要解决的问题。日本有个饮料厂商,抓住每个妈妈都希望知道自己给孩子的营养是否足够的心理,在自己的网站上通过在线问卷的方式,妈妈们只需要回答相应的问题,就知道她们所关心的结果。以后厂家就根据这些问卷建立资料库,从而方便日后向这些妈妈提供适合他们的产品,或者进行具体的沟通。

2) 客户细分,提供个性化服务

在获取强大的数据库后,不但获取了顾客的信息,而且更加便于客户关系管理,而且可以对顾客细分,甚至可以做到产品个性化定制和产品个性化定价。

3) 做好创意的互动工作

凭什么让消费者参与这种互动呢?凭创意。但创意必须要有诱因,这个诱因可能是有趣、可能是有用,但它们必须都是消费者乐于接受的。创意必须能促使消费者更多地与别人交流,要让他们站在消费者的角度,发现自己的需求。而对市场策划人员来说,幽默、直观、富有想象力和创造力的东西更容易被接受、传播和交流。

互动营销最终要实现商家与消费者的互动,这是互动营销的根本所在。但是从另一个方面说,互动营销也是一种成本低廉的营销方式。例如通过 E-mail 方式,在发给每个顾客时就已经完成传统广告的效果。如果有 2%的人回复就已经显示其优势了。所以互动营销既是有效的,也是可行的,是很多市场推广工作需要优先考虑的推广方式。

四、逆向营销策略

逆向营销的概念是在与传统营销方式对比中得出的,这一营销模式的主要表现特征是:由顾客主导一切。传统的消费者行为学中消费者决策的含义为"消费者谨慎地评价某一产品、品牌或服务的属性,并进行理性的选择,即用最少的成本购买能满足某一特定需求产品的过程"。这表明,无论消费者决策属于哪种类型,无论消费者处于决策过程中的哪一环节,其行为过程都是从市场上现有的产品或服务中,依据自己的需求作出选择的过程。而最终消费问题的解决,也依赖于现有产品或服务。

然而,逆向营销从根本上改变了这种模式,它始于消费者的需求,由他们自己提出设想或构思、或参与产品设计。对购买满意度和对决策合理化的肯定则取决于购买后的消费状况,以及生产者的追踪服务和对产品或服务的追加改进。依据这种思路,消费者决策完全处于主动状态,不受购物环境影响,超越现有产品或服务的限制,排除过多信息和宣传的干扰,从而使消费问题在更高层面上得以解决。

仅从产品的不同组合元素来区分,逆向营销包括如下几个方面。

1) 逆向产品设计

目前有越来越多的生产者让消费者能够设计、安排符合自己需求的产品。如戴尔电脑让客户提出对电脑设计的要求。

2) 逆向定价

互联网技术使消费者得以从"价格的接受者"转变成"价格的制订者"。Priceline.com所开展的业务是一个典型案例。在Priceline.com网站上,顾客可以提出打算为某特定物品(或)服务支付的价格。

3) 逆向广告

在传统广告活动中,营销人员一般是将广告"强行"推向消费者。在将来,消费者完全有可能主动决定自己希望看到的广告,经营者在寄发广告之前甚至必须先获得消费者的许可。比如电子邮件,现在消费者已经能够要求订阅或停止订阅电子邮件广告。

4) 逆向推广

现在顾客可以通过营销中介请求厂商邮寄折价券和促销品,可以通过网络服务供应商等营销中介来提供特定的报价。这些中介机构能够在不泄露个人信息的情况下将顾客的请求转交给各经营者。

5) 逆向通路

让顾客能随时获得所需的产品与服务,并将产品运送给顾客的通路如雨后春笋般不断增加。许多产品已经可通过网站直接发送至顾客手中。总体来说,逆向通路的特征就是把展示间搬到顾客家中,顾客不必跑到企业或经销商的展示间去看。这种方式暗示了企业必须发展和管理更多的通路,定价也会趋于复杂,有时甚至需要为不同的通路推出不同的产品和服务。

6) 逆向细分

互联网让顾客能够通过回答问卷的方式使企业明白自己的喜好及个人特征,企业可运用这种信息来进行市场细分并为不同的细分市场提供适当的产品和服务。

逆向营销的应用领域是非常广泛的,如今逆向营销正成为一种趋势,把握逆向营销的技能也成为对市场专业人员必不可少的要求。

五、直复营销策略

从理论上说,直复营销是渠道营销的深度开发。现代经济的发展使得传统的营销方式所呈现的不足越来越多,其中最突出的一点就是营销渠道不足。直复营销的意义在于创新了营销的渠道,加深了营销与市场的接触,因此也创造了新的营销奇迹。直复营销已成为一种新颖而有效的营销手段。

直复营销起源于美国,它以1872年蒙哥马利·华儿德创办第一家邮购商店为代表。20世纪20到30年代由于连锁店的大力兴起而衰落;20世纪80年代以后又由于信息化社会的迅速发展和人们图方便的购物心理而再次兴起。现在直复营销几乎遍及全球所有市场经济成熟和发达的国家。

与传统营销相比，直复营销在以下几个方面具有独立的特性。

(1) 它是一种商业模式。直复营销作为一种商业模式，经营它的经营者，其经营者销售的商品不一定完全由自己生产，比如戴尔实际上是电脑组装，而非生产。

(2) 完备的物流配送系统。以直复营销为基础的经营组织必须具备自己或者第三方完备的物流配送系统。

(3) 依赖强大的信息处理与交换系统。企业必须具备高度现代化和信息化的信息处理和交换系统，因为强大的信息处理能力是直复营销得以生存的根基，如戴尔处理信息的能力是举世公认的。

(4) 充分发挥顾客数据库的作用。顾客每一次购买行为都会在数据库中得到保存和分析，得出顾客的各种消费信息，总结出顾客的消费特征，从而能够确保营销工作更具针对性。

(5) 以完备的"顾客满意服务体系"提升服务质量。直复营销以提供便捷的服务制胜，所以每一个采用直复营销的企业都会有完备的"顾客满意服务体系"，以此作为衡量并改善服务的基本参数。

如今市场竞争越来越白热化，消费者的需求也越来越高，市场几乎完全变成了一个买方市场，在这种情况下，营销推广必然要朝贴近顾客需求的方向发展。而要做到这一点就必须掌握充分的信息。直复营销能够与顾客建立良好的关系，能够提供全面的、令人满意的服务和享受，直复营销这些功能的体现都依托于对信息的掌握，并在对信息把握的基础上与客户形成利益互动关系。

六、事件营销策略

事件营销是指企业通过策划、组织和利用具有名人效应、新闻价值以及社会影响的人物或事件，吸引媒体、社会团体和消费者的兴趣与关注，以求提升企业或产品的知名度、美誉度，树立良好品牌形象，并最终促成产品或服务销售目的的手段和方式。

目前，我国许多企业已经认识到事件营销的重要性，而通过这一营销方式有效提升了市场知名度和影响力的企业也不乏其数。作为一种强大的营销推广方式，事件营销依托的基础是"事件"，而"事件"本身就具备先天的吸引眼球的特性，这对营销推广来说是不可多得的要素。不过，吸引眼球只是一个方面，从经营的角度来看，比起长期的广告投入，事件营销所具有的一大优势就是经济实惠、节约成本的特征。

对于策划人员来说，事件营销要求高度的技巧性，否则极容易给自己造成伤害——不仅仅是利用有利的事件进行营销推广，更多的时候，营销人员面临的是不利的事件。在事件营销的具体操作上，需要注意以下几个问题。

(1) 选准切入角度，控制舆论导向。有效的事件营销操作必须分析企业自身特点和事件核心之间的相互关联，务求完美吻合，并据此选取恰当的切入角度。在这样的前提下，企业还需要控制好媒体和舆论的导向，要通过各种策划促使媒体舆论朝对自己有利的角度展开宣传。

(2) 把握关键问题，引导事件走向。事件营销不能让最终的结果对企业产生伤害，因此要善于引导事件的走向。

(3) 要有发展眼光，着重塑造持续影响。事件营销不应当成为一个单独的营销推广操作，不应当仅从短期知名度的提升上进行事件营销。真正能够将事件营销做到极致并获取成功，必须要有一系列完备策划、一连串后续操作，并设法将短期效应切实转化为企业的知名度和美誉度——事件营销要求我们具备发展的眼光和系统的策划能力。

(4) 遵从提高市场效益的目的。事件营销要以实现市场效益为最终目的，包括两个方面，一是形象宣传，通过事件营销获得良好的市场形象是创造企业市场效益的一种手段；二是同时进行产品促销，市场形象是长期的，产品促销是短期的，要把两者结合起来，才能最大限度地为企业创造效益。

复习自测题

(1) 在编制项目营销方案时，如何整合优势旅游资源和优势旅游产品？

(2) 如何了解和分析旅游项目的市场需求？如何对市场的现状消费、需求情况进行综合判断和评价？

(3) 如何编制旅游项目的促销方案？

(4) 什么是事件营销？以节庆活动为例，编制一个节庆活动的营销计划。

第十章 项目管理

【本章导读】

本章针对旅游行业的实际需要,重点介绍了项目时间管理的方法、项目成本管理的方法、项目质量管理的方法和项目风险管理的方法,从中可以理解到如何对旅游行业的项目实施管理。

【关键词】

项目管理(project management)
项目时间管理(project time management)
项目成本管理(project cost management)
项目质量管理(project quality management)
项目风险管理(project risk management)

第一节　项目管理概述

一、项目管理的含义和特点

从字面上理解，项目管理就是"以项目为对象的管理"。按照美国项目管理学会(Project Management Institute, PMI)的定义，项目管理就是把知识、技能、工具和技术应用到项目各项活动之中，以满足或超出项目干系人的要求和期望。通俗地讲，项目管理就是在时间、成本、质量等指标的限制条件下，尽可能高效率地完成项目任务，在项目完成的过程中，提高项目团队成员的工作效率。项目管理具有以下基本特点。

1. 项目管理具有复杂性

项目一般由多个部分组成，工作跨越多个部门或机构，需要运用多种学科的知识来解决问题；项目工作通常没有或很少有可以借鉴的经验；项目实施中有很多不确定性因素和风险；项目团队往往由来自不同组织，具有不同背景和经验的人员组成，管理上难度较大等。这些因素都决定了项目管理是一项复杂的工作。

2. 项目管理具有探索性

因为项目的惟一性和独特性，项目管理必然要承担风险、勇于探索、发挥创造力才能成功。这也是它与一般重复性管理的主要区别。但是随着项目管理实践和理论的发展，项目管理逐渐形成一整套管理方法体系。

3. 项目管理涉及诸多干系人

项目干系人有时又被称为相关利益者，它是指项目所涉及的或受项目影响的一些个人和组织，他们积极地参与到项目之中，他们的利益会由于项目的实施或完成而受到正面或负面的影响，同时，他们反过来也可以对项目及其结果施加影响。项目干系人包括项目经理、客户、项目执行组织、项目团队成员、项目发起人和供货商、承包商等其他项目干系人。

4. 项目管理需要更多协调与沟通

项目的复杂性随着范围不同而变化很大。项目愈大愈复杂，其所涉及的学科、技术、知识和技能等要求也愈高。项目进行过程中常常需要组织内部和外部多个部门的配合，要求这些组织、部门迅速做出反应。这样的情况下，对项目经理的要求就更多地体现在协调资源和人员沟通方面。

5. 项目管理有其生命周期

项目生命周期用于定义一个项目的开始和结束。项目生命周期不同于项目全生命周期。项目全生命周期包括项目的建设、使用和最终处理的全过程。可见，项目全生命周期包含了一般意义上的项目生命周期和项目产出物的生命周期两个部分。而项目生命周期只是指项目全生命周期的开发阶段和建设阶段，一旦项目目标满足，项目就失去其存在的意义而解体。因此项目管理具有一种可预知的生命周期。

6. 项目经理在项目管理中起着非常重要的作用

项目经理的位置是因特殊需要而形成的，项目经理除了要行使一般职能经理的职能外，还必须了解、利用项目管理的专业知识、技能、工具和技巧去解决项目中的突发事件和各种矛盾等。许多学者都承认项目经理是项目管理的核心与灵魂，也是项目能否成功的一个关键因素。

二、项目管理的知识体系

项目管理知识体系(Project Management Body Of Knowledge, PMBOK)是一专有名词，由美国项目管理学会(PMI)提出，并以模块的方式逐渐完善。项目管理知识体系是项目管理学科的主体，它描述了项目管理的专业知识。PMI把项目管理分为九大知识领域，分别是项目范围管理、项目时间管理、项目成本管理、项目质量管理、项目人力资源管理、项目沟通管理、项目风险管理、项目采购管理和项目集成管理。

(一)项目范围管理

项目范围是指为了成功达到项目的目标而规定项目要做的内容。确定项目范围就是为项目界定一个界限，划定哪些方面是属于项目应该做的，而哪些是不应该包括在项目之内的；定义项目管理的工作边界，确定项目目标和主要的项目可交付成果。

正确地确定项目范围对项目的成功非常重要。如果项目的范围确定得不好，有可能造成提高最终的项目费用，推迟项目完成时间，降低劳动生产率。项目范围管理主要过程包括如下几方面。

1. 启动

它是指组织正式开始一个项目或项目阶段，并且有意进行下去的过程。启动过程的输出就是项目章程。项目章程是一个重要的文档，这个文件正式承认了项目的存在并对项目提供一个概览。

2. 制定范围计划

制定范围计划是编写正式项目范围说明的过程，也就是项目范围逐步明细并归档的过程。一份正式的范围说明对于项目及其子项目都是必要的。范围说明通过确定项目目标和主要的项目可交付成果,为项目队伍与项目顾客间达成协议奠定了基础。

3. 范围定义

它把主要的项目可交付成果分解成较小的且更易管理控制的单个项目。项目范围定义的结果就是项目的分解结构。分解结构对项目来说意义非常重大,它使得原来看起来非常笼统、非常模糊的项目目标一下子清晰起来,使得项目管理有了依据,项目团队的工作目标变得清楚明了。

4. 范围变更控制

一个项目的范围计划可能制定得非常好,但是不出现任何改变的情况几乎是不可能的。范围变更控制是指对有关项目范围的变更实施控制,它包括对造成范围变更的因素施加影响,以确保这些变更得到一致认可;确定范围变更是否已经发生;当范围变更发生时,对实际的变更进行管理。范围变更控制的全过程应当与其他控制过程结合起来,如风险控制、成本控制、质量控制等。

5. 范围核实

范围核实是项目干系人(发起人、客户和顾客等)正式接受项目的过程。项目干系人(发起人、客户和顾客等)可以通过检察的方式(测量、检验和测试等)来核实项目工作的完成情况,从而决定是否接受项目。范围核实的内容包括审查交付成果和工作结果,范围核实的标准为项目的工作分解结构和范围说明。

(二)项目时间管理

项目的时间管理又叫项目的工期管理,也被称为项目进度管理。项目时间管理包括确保项目准时完成所必需的一系列管理过程与活动。其中主要有界定和确认项目活动的具体内容;项目活动内容的排序;估算工期;制定项目进度计划;项目进度的管理与控制等。详细内容见本章第二节。

(三)项目成本管理

项目成本管理是为了保证完成项目的实际成本和费用不超过预算成本和费用的管理过程。它主要包括资源计划编制、成本估算、成本预算和成本控制。详细内容见本章第三节。

(四)项目质量管理

项目质量管理是为了保障项目产出物能够达到客户所规定的质量要求,所开展的对于项目产出物质量和项目工作质量的全面管理工作。项目质量管理的基本内容包括:项目质量方针的确定、项目质量目标和质量责任的制定、项目质量体系的建设以及为实现项目质量目标所开展的项目质量计划、项目质量控制和项目质量保障等一系列的质量管理工作。详细内容见本章第四节。

(五) 项目人力资源管理

项目人力资源管理，是为了保证所有项目团队成员的能力和积极性都得到最有效发挥和利用所做的一系列管理措施。这种管理的根本目的是充分发挥项目团队成员的主观能动性，以实现既定的项目目标和提高项目效益。项目人力资源管理主要包括以下三个方面。

1. 组织规划编制

项目组织规划编制是项目人力资源管理的首要任务。项目组织规划是项目整体人力资源的计划和安排，是按照项目目标分析和预测，给出项目人力资源在数量上、质量上的明确要求、具体安排和打算。项目组织规划的具体工作包括：项目组织设计、项目组织职务与岗位分析和项目组织中职务与岗位的工作设计。

1) 项目组织设计

项目组织设计主要是根据项目的具体任务需要，如项目工作分解结构，设计出项目组织的具体组织结构，如项目组织分解结构。项目组织分解结构描述了一个项目组织中的权力传递和信息沟通关系。

2) 项目组织职务与岗位分析

项目组织职务与岗位分析主要是通过分析确定项目组织中各个业务和管理职务的角色、任务、职责的一种专门的组织规划与设计工作。职务与岗位分析的结果最终形成了一系列有关项目组织职务或岗位的工作描述和任职要求说明文件。

3) 项目组织中职务与岗位的工作设计

项目组织中职务与岗位的工作设计是指为有效地实现项目目标和满足项目工作者个人需求而开展的，是一种有关项目工作内容、工作职能和工作关系的设计工作。项目组织中职务与岗位的工作设计和职务与岗位分析是既有联系又有区别的两个概念。职务与岗位分析是对项目组织职务或岗位的客观描述，而工作设计则是对各个职务或岗位工作内容、工作方法和工作关系的设计和确定。工作设计需要利用职务与岗位分析所得的信息，做出各项目职务或岗位工作任务的规定。

2. 项目人员的获得和配备

项目人员的获得与配备是项目人力资源管理的重要任务。项目组织通过招聘或其他方式获得项目所需的人力资源，并根据所获人力资源的技能、素质、经验、知识等进行工作分配，从而构建一个成功的项目组织或团队。在大多数情况下，不一定能得到"最好"的资源，但项目队伍必须注意确保获得的资源能满足项目需要。

3. 项目团队的建设

项目团队建设是在组建项目团队以后所开展的项目团队各种建设与开发工作。这项工作的主要内容包括：项目团队精神的建设、项目团队绩效的提高、项目团队工作纠纷与冲突处理和解决，以及项目团队沟通和协调等。该项工作是贯穿项目全过程的一项日常人力资源管理工作，它需要针对具体的项目、具体的项目团队、具体的团队成员去开展实际有效的管理工作。

(六) 项目沟通管理

项目沟通管理是为了确保项目信息合理收集和传输所需要实施的一系列措施。项目沟通管理提供了项目成功所必需的人、思想和信息之间的重要联系。项目沟通管理主要包括以下几个方面。

1. 沟通计划编制

沟通计划的编制确定了项目干系人的信息和沟通需求，即确定何人在何时需要何种信息，以及如何将信息提供给他们。虽然所有项目都需要进行项目信息沟通，但所需要的信息和发布的方法差别甚远。识别项目干系人的信息需求，并选择一套适用的方法满足这些需求是项目成功的一个重要因素。在大多数项目中，沟通计划编制大部分工作是在项目早期阶段完成的。但是，该过程的结果在项目的全过程中应接受定期审查，并根据需要修正，以保证持续适用性。

2. 信息处理和沟通的实施

执行沟通管理计划，对项目过程中产生的信息进行合理收集、储存、检索、分析和分发，以保证项目生命期内的有效决策和沟通，对始料不及的信息需求及时采取应对措施。

建立和保持项目干系人之间正式或非正式的沟通网络，以保证项目生命期内各层次成员之间有效沟通，使项目所有相关人士对项目的实施情况有清晰的了解和达成共同的认识，互相之间的矛盾和冲突能及时地得到解决或缓解。

3. 绩效报告

绩效报告涉及绩效信息的收集和发布，以便向项目干系人提供有关资源如何利用并完成项目目标的信息。绩效报告一般应提供关于范围、进度计划、成本和质量的信息。许多项目还要求包括关于风险和采购的信息。报告可以是综合的，也可以是以特殊报告为基础的。

(七) 项目风险管理

由于项目实现过程是一个复杂的、创新的、一次性的过程。因此这个过程存在着很大的不确定性，即各种各样的风险，项目管理人员必须充分认识与管理这些不确定因素，才能使项目得以成功实施。项目风险管理就是对项目风险进行识别、分析和应对的系统过程。详细内容见本章第五节。

(八)项目采购管理

项目采购管理是为了从项目实施组织之外获得所需资源或服务所采取的一系列管理措施。项目采购管理是从买方和卖方关系中买方的角度进行讨论的。在项目的许多层次上都存在买方与卖方关系，根据应用领域的不同，卖方可以是供应商或转包商等。项目采购管理主要包括以下几个方面。

1. 采购计划编制

采购计划编制是确定从项目组织外部采购哪些产品和服务才能够最好满足项目需求的过程。采购计划编制涉及需要考虑的事项包括是否采购、怎么样采购、采购什么、采购多少及何时采购。项目采购计划编制的最终结果是生成一系列的项目采购文件，主要包括项目采购计划、项目采购作业计划、项目采购标准、供应商评价标准等。

2. 开展询价工作

这是根据项目采购计划和项目采购作业计划所规定的时间以及各种采购具体工作文件的要求，所开展的寻找供应商的工作。这项工作要求向可能的供应商发出询价信，以及与他们交流项目具体所需资源的信息，并且考虑邀请可能的供应商给出他们的报价，然后向可能的供应商发出邀请，请求他们响应。这是项目货物采购计划实施工作的第一步。

3. 供方选择

供方选择包括接受投标书或建议书及应用选择供应商的评价标准。在供方选择决策过程中，除了成本或价格因素以外，还需要评价许多其他因素，例如供货时间、供货方的信誉、供货质量等。

4. 合同管理

合同管理是确保卖方履行合同要求的过程。对于具有多个产品和服务供应商的大型项目，合同管理的一个关键方面是管理好不同供应商或承包商的履约行为。这个过程尤其需要从法律的角度来规范各个供货商和组织之间的关系，明确义务与责任。在合同管理中，特别要注意财务方面的问题，诸如付款方式及期限等。

5. 合同终结

项目采购合同的当事双方在依照合同规定履行了全部义务之后，项目采购合同就可以终结了。项目采购合同的终结需要伴随一系列的项目采购合同终结管理工作。项目采购合同终结管理活动包括货物或劳务的检查与验收，项目合同及其管理的终止，更新项目采购合同的管理工作记录并将有用信息存入档案等。需要说明的是，项目采购合同的提前终止是合同终结的一种特殊情况。

(九) 项目集成管理

项目集成管理是指为确保项目各项工作能够有机地协调和配合所展开的综合性和全局性的项目管理工作和过程。项目集成管理是保证项目各要素相互协调的过程,它需要在相互影响的项目目标和方案中作出平衡,以满足或超出项目关系人的需求和期望。项目集成管理包括项目集成计划的制定,项目集成计划的实施,项目变动的总体控制。项目集成管理过程与其他专项管理过程间是相互作用的,根据项目需要,每一过程都包含了一个或多个个人或团体的共同努力。

1. 项目集成计划制定

项目集成计划制定是审查其他过程的计划编制,并将其整合后建立一份连贯、一致的文档,以指导项目实施和项目控制。这个过程总是需要多次重复。

2. 协调项目内、外部环境的关系

在项目计划设施过程中,项目经理和项目管理队伍需要协调、管理存在于项目中的各种技术和组织接口。为了达到项目目标,应对组织内部不同层次管理人员对于项目某些方面或整个项目中相互矛盾的意见加以协调和控制。必要时,可适当修改项目目标。

3. 在整个项目生命期内实施项目管理

项目管理过程中要对引起变更的各种内部、外部因素予以识别;确定变更是否已经发生;当变更发生时,确定是否必须对项目目标、计划、制度及合同等作出变更;如果有需要,则按事先设定的变更程序作出相应的变更。

第二节　项目时间管理

合理地安排项目时间是项目管理中的一项关键内容,它的目的是保证按时完成项目、合理分配资源、发挥最佳工作效率。

一、项目时间管理的内容

1. 项目活动分解与界定

项目活动分解与界定是将项目工作分解为更小、更易管理的工作包,这些小的工作包也叫活动或任务,这些小的活动是保障完成交付产品的,并具有可实施性的详细措施。项目活动的分解和界定工作是项目时间管理中的一项重要内容。在项目实施中,要将所

有活动列成一个明确的活动清单，并且让项目团队的每一个成员能够清楚有多少工作需要处理。

2. 活动排序

项目活动排序是指通过分析和确认项目活动清单中各项活动的相互关联与相互依赖关系，对项目各项活动的先后顺序进行合理安排与确定的一种项目时间管理工作。为了制定和管理项目时间计划，人们就必须科学合理地安排一个项目中各项活动的顺序关系，并依据这些项目活动的顺序确定项目各种活动的路径，以及由这些项目活动路径所构成的项目活动网络。

3. 活动工期估算

项目活动工期估算是对已确定项目所做工期可能长度的估算工作，这包括对每项独立项目活动的时间估算和对于整个项目工期的估算。这项工作通常由项目团队中对项目各种活动比较熟悉的项目计划人员完成。有时也可以由计算机项目管理信息系统计算，再由专家审查确认的方式得出。对一个项目活动所需时间的估算，通常需要考虑项目活动的作业时间、必要的休息时间、客观条件延误的时间和各种提前和滞后的时间要求。

4. 项目工期计划制定

项目工期计划制定是指根据项目活动分解与界定、项目活动排序、各项活动工期估算和项目所需资源情况全面开展项目工期计划的分析、编制与安排工作。项目工期计划意味着明确定义项目活动的开始和结束日期，这是一个反复确认的过程。项目工期计划中进度表的确定应根据项目网络图、估算的活动工期、资源需求、资源共享情况、项目执行的工作日历、进度限制、最早和最晚时间、风险管理计划、活动特征等统一考虑。进度限制是指根据活动排序考虑如何定义活动之间的进度关系。一般有两种形式：一种是加强日期形式，以活动之间前后关系限制活动进度，如一项活动不早于某活动的开始或不晚于某活动的结束；另一种是关键事件或主要里程碑形式，以定义为里程碑的事件作为要求时间进度的决定性因素，制定相应时间计划。

5. 进度控制

进度控制主要是监督进度的执行状况，及时发现和纠正偏差、错误。在控制中要考虑影响项目进度变化的因素、项目进度变更对其他部分的影响因素、进度表变更时应采取的实际措施。

二、项目时间管理的方法

1. 项目活动分解与界定的方法

项目活动分解与界定的结果就是要给出一份包括所有项目具体活动的清单。具体方法如下。

1) 项目活动分解法

项目活动分解法是根据项目范围管理中的工作分解结构,通过进一步分解和细化项目工作中的各项任务,从而得到全部项目具体活动的一种结构化、层次化的项目活动分解与界定方法。这种方法将项目范围管理中确认的项目工作包逐个地按照一定的层次结构分解成详细、具体和容易管理控制的一系列具体项目活动。这种项目活动分解法有助于完整地勾画出一个项目的所有具体活动。使用这种项目活动分解与界定方法,最终得到项目各个工作包中所包含的项目具体活动。这种项目活动分解与界定的结果是为项目时间管理服务的,但是它所使用的方法、依据与项目范围管理中对项目目标和项目产出物分解得到项目工作分解结构的项目工作分解技术是相似的。

2) 项目活动分解平台法

项目活动分解平台法也叫原型法,它使用一个已完成项目的活动清单或者是一个已完成项目活动清单中的一部分作为新项目活动分解与界定的一个平台;然后根据新项目的各种具体要求和限制条件与假设前提条件,通过在选定平台上增减项目具体活动的方法,分解和定义出一个新项目的全部具体活动,从而得到一个新项目的活动清单。这种方法的优点是简单、快捷、明了,但是在使用该方法时,要特别注意项目对平台或原型的选用工作,避免由于所选平台或原型(已完成项目的活动清单)的缺陷,对新项目的活动分解与界定结果带来一些不良影响。

2. 项目活动排序的方法

通过项目活动排序确定出的项目活动关系,可以使用网络图或文字描述等方式给出。通常计划安排和描述项目活动顺序的主要方法有下述几种。

1) 顺序图法

顺序图法(PDM)也叫节点网络图法(AON),这是一种通过编制项目网络图而给出项目活动顺序安排的方法。这一方法使用节点表示一项项目活动,使用节点之间的箭线表示项目活动之间的相互关系。这种项目活动排序和描述的方法是大多数项目管理中所使用的方法。这种方法既可以使用人工绘制的方法,也可以使用计算机软件系统实现。例如在一项新的旅游产品开发项目中,只有先完成了"消费者需求调查"之后才开始"新产品信息分析",然后再进行"新产品设计"。该项活动用顺序图表示如图10-1所示。

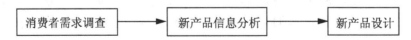

图 10-1 用节点和箭线表示的项目活动顺序示意图

2) 箭线图法

箭线图法(ADM)也是一种安排和描述项目活动顺序的网络图方法。只是这一方法使用箭线代表项目活动,使用节点代表项目活动之间的相互关系。箭线图法比顺序图法要复杂一些,所以这种方法没有顺序图法使用得广泛;但是在一些专门应用领域的项目中,它仍不失为一项可供选择的项目活动顺序安排与描述的方法。箭线图法同样既可以由人工完成，也可以使用计算机及其专用软件系统完成，如图 10-2 所示。

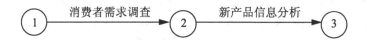

图 10-2　用箭线图法绘制的项目顺序示意图

3．项目活动工期估算的方法

1）专家评估法

专家评估法是由项目时间管理专家运用他们的经验和专长对项目活动工期做出估计和评价的方法。由于项目活动工期受许多因素的影响，所以在使用其他方法估算和推理有困难时就必须依赖专家的经验，因此专家评估法在很多情况下是有效的。

2）类比法

类比法是以过去相似项目活动的实际活动工期为基础，通过类比的办法估算出新项目活动工期的一种方法。当一个新项目活动工期方面的信息有限时，多数情况下可以使用这种方法。但是这种方法的结果比较粗略，所以一般仅用于最初的项目活动工期估算。

3）模拟法

模拟法以一定的假设条件和数据为前提，运用仿真办法进行项目活动工期估算。常见的这类方法有蒙特卡罗模拟、三角模拟等。这种方法既可以用来确定每项项目活动工期的统计分布，也用来确定整个项目工期的统计分布。其中，三角模拟法相对比较简单，这种方法的一种具体做法如下。

对于活动持续时间不确定的项目活动，可以通过仿真模拟给出一个项目活动的三个仿真模拟估计时间，即乐观时间 (这是在非常顺利的情况下完成某项活动所需的时间)、最可能时间 (这是在正常情况下完成某项活动最经常出现的时间)、悲观时间(这是在最不利情况下完成某项活动的时间)以及这三种时间所对应的发生概率。然后，使用这三种时间进行估计就能确定出每项活动的期望(平均数或折中值)工期了。

4．制定项目工期计划的方法

项目工期计划是项目专项计划中最为重要的计划之一，这种计划的编制需要进行反复试算和综合平衡。项目工期计划编制所使用的主要方法有如下几种。

1）系统分析法

系统分析方法是通过计算所有项目活动的最早开始时间、最早结束时间、最晚开始时间和最晚结束时间以及浮动时间等参数，然后根据这些参数安排和编制项目工期计划的方法。这些时间参数的计算，要反映出对各个项目活动资源需求和其他一些约束条件的考虑，以及对各种不确定因素的综合考虑。由于这种方法考虑了多种因素的系统性影响，所以它被称为系统分析法。

2) 模拟法

模拟法根据给定的一些假设条件与参数和这些条件与参数发生的概率，运用蒙特卡罗模拟、三角模拟等仿真方法，模拟确定每个项目活动可能工期的统计分布和整个项目可能工期的统计分布，然后使用这些统计数据去编制项目工期计划。其中，三角模拟法相对比较简单，一般都使用这种方法去模拟和估算项目各项活动的工期，然后再根据项目各项活动的工期估算和整个项目可能工期的统计分布去做出整个项目的工期估算，最终根据这些数据资料编制出一个项目工期计划。

3) 资源水平法

使用系统分析法制定项目工期计划的前提是项目的实施条件和资源十分充分。但是实际上，多数项目在实施中都存在有资源约束和限制，因此有时需要使用资源水平法去编制项目的工期计划。这种方法的基本指导思想是将稀缺的资源优先分配到关键路线的项目活动上。使用这种方法制定出的项目工期计划常常比使用系统分析法编制的项目工期计划总工期要长，但是这种方法的计划结果更为经济和实用。这种方法有时又叫做基于资源的项目工期计划方法，在许多情况下这种方法可以与系统分析法配套使用，从而编制出更加符合实际的项目工期计划。

4) 甘特图法

这是由美国学者甘特在 20 世纪初发明的一种最早的项目计划方法，这种方法使用棒图(或叫条形图)表示项目活动及其顺序并安排和计划项目的工期，这是一种简便的项目工期计划进度安排方法。这种方法使用广泛。甘特图把项目活动按照纵向排列展开，而横向则表示项目活动时间与工期。甘特图将每项活动的工期长短用棒图的长短表示。简单项目的甘特图如图 10-3 所示。

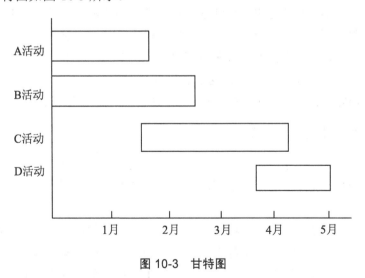

图 10-3 甘特图

5) 项目管理软件法

项目管理软件法也是广泛应用于项目工期计划编制的一种辅助方法。使用特定的项目管理软件就能够运用系统分析法和资源水平法等方法，快速地编制出多个可供选择的项目工期计划方案,最终由决策者选定一个满意的方案。这种方法对于优化项目工期计划是非常有用的。

5. 项目工期计划控制的方法

1) 项目工期计划变更的控制方法

项目工期计划变更的控制方法是针对项目工期计划变更的各种请求,按照一定的程序对于项目工期计划变更进行全面控制的方法。包括:项目工期变更的申请程序、项目工期变更的批准程序和项目工期变更的实施程序等一系列控制程序及相应的方法。

2) 项目工期计划实施情况的度量方法

项目工期计划实施情况的度量方法,是一种测定和评估项目实施情况,确定项目工期计划完成程度和项目实际完成情况与计划要求差距大小的管理控制方法。这一方法的主要内容包括:定期收集项目实施情况的数据,将实际情况与项目计划要求进行比较,报告项目工期计划实施情况存在的偏差和是否需要采用纠偏措施等。这一方法要求有固定的项目工期计划实施情况报告期,要求定期与不定期地度量和报告项目工期计划的实施情况。这种报告中的数据或信息包括:项目实施情况的数据、项目各种变更的消息等。一般从对项目的控制角度来看,这种报告的报告期越短,越有利于及早发现问题并采取纠正措施。当项目工期进度出现问题时,一定要缩短报告期和增加报告的频率,以便更好地控制项目工期计划的实施情况。

3) 追加计划法

一个项目的实施很少能完全依照工期计划进行,有些项目活动会提前完成而另一些项目活动则会延期完成。因此项目工期计划控制方法中还有一种是追加计划法(或叫附加计划法),这种方法可以根据出现的工期计划变动情况使用追加计划去修订原有的项目工期计划。追加计划法包括四个基本步骤:首先是分析项目实施进度并找出存在的问题,其次是确定应采取哪些具体的纠偏措施,再次是制定追加计划,最后是实施新的计划安排。这种方法需要重点分析两种活动,其一是近期需要开展的项目活动,其二是所需时间较长的项目活动。因为对于这两种活动的积极控制是最有效的。

4) 项目工期管理软件法

对项目工期计划的控制,运用项目管理软件是很有用的方法之一。这种方法可以用来追踪和对比项目实际实施情况与工期计划要求的差距,预测和分析项目工期计划的变动情况及其影响,调整、更新与追加项目工期计划。

第三节 项目成本管理

项目成本管理是为保障项目实际发生的成本不超过项目预算而开展的项目资源计划、项目成本估算、项目预算编制和项目预算控制等方面的管理活动。

一、项目成本管理的内容

1. 项目资源计划

项目资源计划是指通过分析并识别和确定项目所需各种资源,如人力、设备、材料、资金等,确定它们的种类、数量和投入时间的一项项目成本管理工作。在项目资源计划工作中,最为重要的是确定出能够充分保证项目实施所需各种资源的清单和资源投入的计划安排。

2. 项目成本估算

项目成本估算是指根据项目资源计划以及各种资源的市场价格或预期价格等信息,估算和确定项目各种活动的成本和整个项目全部成本这样一项项目成本管理的工作。项目成本估算中最主要的任务是确定整个项目所需人力、机器设备、原材料、费用等成本要素耗用量。

3. 项目成本预算

项目成本预算是一项制定项目成本控制基准和项目成本计划的管理工作。这项工作包括根据项目的成本估算为项目的各项活动分配预算,以及确定整个项目总预算安排的一项项目成本管理工作。项目成本预算的关键是合理、科学地确定出项目成本的控制基准。

4. 项目成本控制

项目成本控制是指在项目实施过程中依据项目成本预算,努力将项目实际成本控制在项目预算范围之内的成本管理工作。这项工作的内容包括不断度量项目实际发生的成本;分析和度量项目实际成本与项目预算之间的差异;采取纠偏措施或修订项目预算的方法实现对项目成本的控制。

5. 项目成本预测

项目成本预测是指在项目的实施过程中,依据项目成本实际的发生情况和各种相关影响因素的发展与变化,经常地分析和预测项目成本未来的发展和变化趋势,以及项目成本最终可能出现结果的一项成本管理工作,它是为项目成本控制和预算调整提供依据的工作。

二、项目成本管理的方法

(一)项目资源计划编制的方法

1. 专家判断法

这是指由项目成本管理专家根据经验和判断去确定和编制项目资源计划的方法。这种方法通常又有两种具体的形式。

1) 专家小组法

这是指在组织一组有关专家进行调查研究的基础上,通过召开专家小组座谈会的方式,共同探讨并提出项目资源计划备选方案,然后制定出项目资源计划的方法。

2) 德尔斐法

这种方法需要有一名协调者去组织专家进行项目资源需求计划安排,然后汇集专家意见,最终整理和编制项目资源计划的方法。这种方法一般需要协调者联系、协调、分析和归纳专家提出的方案。这种方法的优点是:主要依靠专家判断,适合于创新性的项目。而它的缺点是:在专家水平不一或专家对于项目理解不同时,就容易使项目资源计划存在问题。

2. 统一定额法

这是指使用国家或民间统一标准定额和工程量计算规则去制定项目资源计划的方法。所谓统一标准定额是指由国家或民间权威部门所制定的,为完成一定量的项目工作所需消耗和占用的资源质量和数量限额标准。这些统一标准定额是一种衡量项目经济效果的尺度,套用这些统一标准定额去编制项目资源需求是一种很简便的方法。但是由于统一标准定额相对固定,无法适应技术装备、工艺和劳动生产率等方面的快速变化,所以近年来许多国家都逐步放弃了这种编制项目资源计划的方法。

3. 资料统计法

这是指使用历史项目的统计数据资料,计算和确定项目资源计划的方法。这种方法中使用的历史统计资料要求有足够的样本量。通常这些方法所使用的计划指标可以分为实物量指标、劳动量指标和价值量指标。利用这种方法计算和确定项目资源计划,能够得出比较准确合理和切实可行的结果。但是这种方法要求有详细的历史数据,所以这种方法的使用也有一定难度。

4. 项目管理软件法

这是使用现成的项目管理软件去编制项目资源计划的方法。现在市面上有许多项目资源计划编制方面的通用软件系统。这种软件系统有不同的复杂程度和功能强度,需要根据项目需要进行必要的选用。

(二)项目成本估算的方法

1. 类比估算法

这是一种在项目成本估算精确度要求不高的情况下使用的项目成本估算方法。这种方法也被叫做自上而下法,是一种通过比照已完成的类似项目实际成本,估算出新项目成本的方法。类比估算法通常比其他方法简便易行、费用低,但它的精度确也低。有两种情况可以使用这种方法,其一是以前完成的项目与新项目非常相似;其二是项目成本估算专家或小组具有必需的专业技能。类比估算法是最简单的成本估算技术,它将被估算项目的各个成本科目与已完成同类项目的各个成本科目进行对比,从而估算出新项目的各项成本。这种方法的局限性在于许多情况下没有真正类似项目的成本数据,因为项目的独特性和一次性使得多数项目之间不具备可比性。类比估算法的优点是这种估算是基于实际经验和实际数据的,具有较好的可信度。

2. 参数估计法

参数估计法也叫参数模型法,是利用项目特性参数建立数学模型来估算项目成本的方法。例如,旅游项目中大量使用项目接待能力作参数,建筑项目可以使用每平方米单价等作参数去估算项目的成本。参数估计法使用一组项目费用的估算关系式,通过这些关系式对整个项目或其中大部分项目费用进行一定精确度的估算。参数估计法重点集中在成本动因,即影响成本最重要因素的确定上,这种方法并不考虑众多的项目成本细节,是因为项目成本动因决定了项目成本总量的主要变化。参数估计法能针对不同项目成本元素分别进行计算。参数估计法是许多国家规定采用的一种项目成本估算和分析方法,它的优点是快速并易于使用,只需要小部分信息,并且其准确性在经过模型校验后能够达到一定的精确度。

3. 工料清单法

工料清单法也叫自下而上法。这种方法首先要给出项目所需的工料清单,然后再对工料清单中各项物料和作业的成本进行估算,最后向上滚动加总得到项目总成本。这种方法通常十分详细而耗时,但是估算精确度较高。它可对每个工作包进行详细分析并估算其成本,然后统计得出整个项目的成本。这种基于项目详细工料资源需求清单的项目成本估算方法,能够给出一个项目最接近实际成本的成本估算。这种方法的缺点是要求有详细的工料消耗和占用量信息,这种信息本身就需要大量的时间和经费的支持。另外,这种成本估算方法所需的工料消耗与占用数据本身也需要有数据来源,而且这些数据经常是过时的数据,所以这种方法往往需要在成本估算中做出各种各样的项目成本费率调整。

4. 软件工具法

这是一种运用现有的计算机成本估算软件去确定项目成本的方法。项目管理技术的发展和计算机技术的发展是密不可分的。计算机的出现和运算速度的迅猛提升使得使用计算机估算项目成本变得可行，并涌现出了大量的项目成本估算软件。

(三)项目成本控制的方法

随着项目的进展，根据项目实际发生成本的情况，不断修正原先的成本估算，对项目的最终成本进行预测等工作都属于项目成本控制工作的范畴。

项目成本控制的方法包括两类，一类是分析和预测项目各要素变动与项目成本发展变化趋势的方法；另一类是如何控制各种要素变动从而实现项目成本管理目标的方法。这两个方面的具体技术方法将构成一套项目成本控制管理的方法。这套方法的主要技术和工具有如下几种。

1. 项目变更控制体系

这是指通过建立和使用项目变更控制体系对项目成本进行有效控制的方法。包括从提出项目变更请求到变更请求获得批准，一直到最终变更项目成本预算的一整套项目变更全过程控制体系。项目变更是影响项目管理成败的重要因素，也是项目成本控制的关键，一般可以通过两种方法去解决这种问题。

1) 规避的方法

在项目定义和设计提出阶段，努力通过项目业主和全体项目相关利益者的充分参与，从而真正了解和正确确定项目的需要；在项目定义和设计阶段结束后，通过积极组织设计评审等方法倾听各方面的意见；在项目实施阶段，通过项目业主和项目实施者的有效沟通与及时反馈等一系列的工作，努力避免项目发生变更或返工的情况，从而规避项目成本的变更。

2) 控制的方法

建立严格的项目变更控制系统和流程，对各种项目变更请求进行一系列的有效评估，分析和确定项目变更带来的成本变动，然后设法找到项目变更的最优方案，使项目变更所造成的成本变动最小化和项目利益的最大化。

2. 项目成本实际情况度量的方法

在现代项目成本管理中引入的"挣值"(Earned Value)度量方法是非常有价值的一种项目成本和工期绩效集成控制方法。挣值法实际上是一种分析目标实施与目标期望之间差异的方法，故又常被称为偏差分析法。挣值法通过测量已完成工作的预算费用与已完成工作的实际费用以及计划预算费用实施进度和费用偏差，而达到判断项目预算和进度计划执行情况的目的。挣值法的计算关系比较简单，成功应用挣值法的关键是准确地度量挣值，即准确地将完成工作量转化成货币的形式。准确度量挣值的基础是要做好工作结构分解和作业费用估计，当工作结构分解和作业费用估计比较细致和精确时，每一项作业都被分配了具体费用,在完成作业后将作业费用作为进度的挣值。

3. 附加计划法

很少有项目能按照原定计划完成,所以需要采用附加计划法,通过新增计划的办法对项目成本进行有效的控制。如果没有附加计划,往往在遇到意外情况时,项目管理者缺少应付紧急情况的资金,这可能因实际与计划不符而造成项目成本失控的局面。所以,附加计划法是未雨绸缪、防患于未然的项目成本控制方法。

4. 项目不确定性成本的控制

由于各种不确定性因素的存在和它们对项目成本的影响,使得项目成本一般都会有三种不同成分,一是确定性成本部分,对这一部分成本人们知道它是确定会发生而且知道其数额大小;二是风险性成本部分,对此人们只知道它可能发生和它发生的概率大小与分布情况,但是人们不能肯定它一定会发生;三是完全不确定性成本部分,人们既不知道它是否会发生,也不知道它发生的概率和分布情况。这三类不同性质的项目成本综合构成了一个项目最终的总成本。

项目的成本控制必须从控制项目的确定性、风险性和完全不确定性这三类不同性质的成本去开展控制工作,必须从对于风险性事件的控制出发去控制风险性项目成本。在实现项目成本全面管理中,最根本的任务是首先要识别一个项目具有的各种风险,并确定出它们的风险性成本;其次是要通过控制风险事件的发生与发展去直接或间接地控制项目的不确定性成本;同时还要开展对风险性成本和不可预见费用等风险性成本管理储备资金的控制,从而实现项目成本管理的目标。

5. 计算机软件工具法

这是一种使用项目成本控制软件来控制项目成本的方法。目前市场上有大量这方面的软件可供选择。利用项目成本控制软件,用户可以进行的工作有:生成任务一览表(包括各项目任务的预计工期);建立项目工作任务之间的相互依存关系;以不同的时间尺度测量项目工作(包括工时、工日等);处理某些特定的约束条件(如某项任务在某天之前不得开始等);跟踪项目团队成员的薪金和工作;统计公司的假日、假期等;处理工人的轮班工作时间;监控和预测项目成本的发展变化;发现项目成本管理中的矛盾和问题;根据不同要求生成不同用途的成本或绩效报告;以不同方式整理项目信息;联机工作和网络数据共享;对项目进度、预算或职员变动迅速做出反应;通过实际成本与预算成本比较分析找出项目实施情况中存在的问题并能提供各种建议措施,以供项目成本管理人员参考。

第四节　项目质量管理

项目质量管理是指为确保项目质量目标要求而开展的项目管理活动,其根本目的是保障最终交付的项目产出物能够符合项目质量要求。项目质量管理包括两个方面的内容。一是项目工作质量管理,二是项目产出物质量管理。现代项目质量管理要特别强调对于项目工作质量的管理,强调对于项目所有活动和工作质量的管理和改进,因为项目产出物质量是由项目工作质量保障的。

现代项目管理认为项目质量是通过项目实施和管理活动而形成的结果,它们不是通过单纯的质量检验得到的。在项目质量管理中,需要使用全面质量管理的思想,也就是项目质量管理必须按照全团队成员都参与的模式开展质量管理,项目质量管理的工作内容必须贯穿项目全过程,从项目的决策阶段、计划阶段、实施阶段、控制阶段,一直到项目结束与交付阶段。

一、项目质量管理的内容

(一)编制项目质量计划

项目质量计划是指确定项目应该达到的质量标准和如何达到这些质量标准的工作计划与安排。项目质量管理从对项目质量的计划安排开始,通过对于项目质量计划的实施和开展项目质量保障与控制活动而得以实现。项目质量计划的内容包括如下几方面。

1. 项目质量方针

项目质量方针是项目组织和项目高级管理层规定的项目质量管理大政方针,是项目组织对于将如何去实现项目质量的描述和表达,是一个项目组织对待项目质量的指导思想和中心意图。从项目质量管理的角度来看,质量方针的主要内容包括项目设计质量方针、项目实施质量方针、项目完工交付质量方针。

2. 项目范围描述

项目范围描述是指有关项目所涉及范围的说明,包括项目目标说明、项目产出物说明和项目任务范围说明。它明确给出了为提交既定功能的项目产出物而必须开展的工作和对于这些工作的具体要求,因此它同样是编制项目质量计划的主要依据文件之一。

3. 项目产出物的描述

项目产出物的描述是指对于项目产出物(产品)全面与详细的说明,这种说明既包括对于项目产出物特性和功能的说明,也包括对于项目产出物有关技术细节的说明。质量管理中对项目产出物的描述要比在项目范围描述中给出的项目产出物简要说明详细得多。

4. 标准和规定

项目组织在制定项目质量计划时，还必须充分考虑所有与项目质量相关的国家、地方、行业等标准、规范以及政府规定等。

(二)项目质量保障

项目质量保障是一种事前性和预防性项目质量管理工作。项目质量保障是在执行项目质量计划过程中所开展的一系列经常性项目质量评估、项目质量核查与项目质量改进等方面工作的总称。这是一项为确保完成项目质量计划而开展的系统和贯穿整个项目生命周期的项目质量管理工作。项目质量保障工作的主要内容有如下几个方面。

1. 清晰明确的项目质量要求

清晰明确的项目质量要求既包括清晰明确的项目产出物质量要求，也包括清晰明确的项目过程与工作质量要求。通常，对项目质量要求越详细和具体，项目质量保障工作就会越周密和可靠。

2. 科学可行的项目质量标准

在项目质量保障工作中，必须要进行科学可行的质量标准设计工作，即根据以前的经验和各种国家、地区、行业的质量标准去设计出一套适合于具体项目质量工作和项目产出物的质量标准。

3. 组织建设完善的项目质量体系

这是项目质量保障中的一项最重要的工作，这一工作的根本目标是要组织和建设一个项目质量保障体系(质量体系)。项目质量体系是实施项目质量管理所需的组织结构、工作程序、质量管理过程和各种资源质量管理等构成的一个整体。一般说来，如果没有一套健全的质量保障体系，一个项目的质量是无法实现和保障的。

4. 配备合格和必要的资源

在项目质量管理中需要使用各种各样的资源，包括人力资源、物力资源和财力资源等等。项目质量保障的一项工作内容就是要为项目质量管理工作和项目质量体系配备合格的和必要的资源。

5. 持续开展有计划的质量改进活动

项目质量保障工作的目标是为了保证项目产出物能够满足质量要求，这就要求人们在项目管理过程中持续开展一系列有计划的项目质量改进工作，包括针对项目实际质量而开展的审核、评价和改进项目质量等方面工作，也包括对于项目作业方法和项目管理方法的持续改进和完善。

6. 项目变更的全面控制

在项目质量保障中，还有一项重要的工作就是开展对于项目变更的全面控制，以便使项目变更结果不会对项目质量造成伤害，甚至通过有些项目变更提高项目质量服务，为更好地满足项目业主的需求服务。通常像项目范围的缩小、项目资源的降级替代、项目预算的削减、项目工期的缩短等变更都会对项目质量形成不利影响，所以这些变更都需要进行全面控制。在这种控制工作中，要对项目每个变更进行仔细分析，并定义其目的，仔细分析它对项目质量的各种影响，并设计好相应的质量保障对策，这些工作都属于项目质量保障工作的范畴。

(三)项目质量控制

项目质量控制是在项目质量保障基础上展开的，它是对项目过程质量控制，或者叫项目事中控制的一种管理方法。

项目质量控制与项目质量保障的最大的区别在于，项目质量保障是一种从项目质量管理组织、程序、方法和资源等方面为项目质量保驾护航的工作；而项目质量控制是直接对项目质量进行把关和纠偏的工作。项目质量保障工作是一种预防性、提高性和保障性的质量管理活动；而项目质量控制工作是一种过程性、纠偏性和把关性的质量管理活动。当然，项目质量保障和项目质量控制的目标是一致的，都是确保项目质量能够达到项目组织和项目业主的需要，所以在项目开展质量管理工作时，二者会有交叉和重叠，只是在时间、方法和方式上有所不同而已。

在项目质量控制的概念方面必须严格区分以下不同的概念。

1. 项目质量预防工作和项目质量检验工作

项目质量预防工作属于项目质量控制工作中的事前控制工作，项目质量检验工作属于项目质量控制中的事中和事后控制工作，二者共同构成了项目质量控制工作的整体。

2. 项目质量问题的特异原因和系统原因

项目质量问题的特异原因是一种没有任何规律可循的完全随机事件原因，这种原因造成的项目质量事故很难预防；项目质量问题的系统原因是一种有规律可循的项目质量事故原因，人们可以根据这类原因所表现出的规律和趋势去采取预防性项目质量控制措施。

3. 项目质量的容忍区间和项目质量的控制界限

项目质量控制结果如果落在项目质量的容忍区间，那么这是可以容忍和接受的，但此时可能已经超出了项目质量控制的界限。项目质量控制界限一般要比项目质量容忍区间小，所以，当项目质量控制结果超出了质量控制界限以后虽然表明项目质量出现了失控，但是不一定造成废品或返工，因为此时的结果可能仍然处在项目质量容忍区间之内。

4. 项目质量的抽样样本和项目实际总体

在项目质量控制过程中经常会使用抽样检验方法，在这种方法中，人们使用项目总体中一定数量样本的各种质量属性来推断项目总体结果的质量属性。人们在使用这种方法时，必须严格区分项目总体和项目样本的概念。虽然这种项目质量控制方法的置信区间(可信度)有限，但仍然是项目质量控制中有效的统计质量控制方法之一。

二、项目质量管理的方法

(一)制定项目质量计划的方法

1. 成本收益分析法

这种方法也叫经济质量法，这种方法要求在制定项目质量计划时必须同时考虑项目质量的经济性。任何一个项目的质量管理都需要开展两个方面工作，其一是项目质量保障工作，这是防止有缺陷的项目产出物出现和形成的管理工作；其二是项目质量检验与质量恢复工作，这是通过检验发现质量问题，并采取各种方法恢复项目质量的工作。这两个方面的工作使得项目质量成本分为两种类别：其一是项目质量保障成本，其二是项目质量纠偏成本。这二者的关系是项目质量保障成本越高，则项目质量的纠偏成本就会越低；反之亦然。项目质量成本收益法就是一种合理安排和计划项目的这两种质量成本，使项目质量总成本最低，而质量收益相对最高的一种项目质量计划方法。

2. 质量标杆法

质量标杆法是指利用其他项目实际或计划的质量结果或项目质量计划作为新项目质量参照体系和比照目标，通过对照比较最终制定出新项目质量计划的方法，这是项目质量计划中常用的一种十分有效的方法。这里所说的其他项目，既可以是项目组织自己以前完成的项目，也可以是其他组织以前完成的或者正在进行的项目。通常，项目质量标杆法的主要做法是以标杆项目的质量方针、质量标准与规范、质量管理计划、质量核检清单、质量工作说明文件、质量改进记录和原始质量凭证等文件为蓝本，结合新项目特点制定出新项目的质量计划文件。使用这一方法时应充分注意标杆项目在质量管理中实际发生的各种质量问题及教训，在制定新项目质量计划时要考虑采取相应的防范和应急措施，尽可能避免类似项目质量事故发生。

3. 流程图法

流程图法是使用一个描述项目工作流程和项目流程各环节之间相互联系的图表并编制项目质量计划的方法。通常人们利用这一流程图去分析和确定项目实施过程和项目质量形成过程，然后编制出项目的质量计划。在运用流程图法编制项目质量计划时所使用的项目流程图有：项目系统流程图、实施过程流程图、作业过程流程图等等。因为这些工具和技术能够从不同侧面给出项目质量问题的形成过程，通过分析项目质量的形成过程，人们能够运用它们给出的规律去编制项目的质量计划。同时，项目流程图还有助于预测项目发生质量问题的环节，有助于分配项目质量管理的责任，有助于找出解决项目质量问题的措施等。所以流程图法是一种编制项目质量计划非常有效的方法。在编制流程图时要注意收集必要的信息和实际情况，要将各种项目活动都考虑进去并尽量避免漏项。这种项目质量计划方法通常要参考历史项目使用过的各种流程图先编制一个项目流程图，然后通过逐步细化和分析研究最终编制出新项目的质量计划。

4. 实验设计法

实验设计法适用于那些独特性很强的原创性研究项目质量计划编制。因为这种方法首先需要采用试验方法识别出对项目成功影响最大的关键因素，并根据所找出的项目质量关键因素去编制项目质量计划。例如，在一些技术开发项目的实施活动中，为保证项目质量经常会使用实验设计法制定项目质量计划，确定怎样选择合适的配方、合理的工艺参数、最佳的生产条件，才能够得到最优的结果。这类问题在数学上被称为最优化或称优选法，所以实验设计法实际上是决策优化的方法之一，它特别适用于项目质量计划编制和项目质量管理方案的优化分析。

(二) 项目质量保障的工具与方法

1. 项目质量核查

质量核查方法是用于项目质量保障的一种结构化审核方法。开展项目质量核查的目的，是要找出可改进项目质量的问题和机会，从而开展项目质量的改善与提高工作。项目质量核查可以定期进行，也可以不定期地随机抽查。既可以由项目组织内部人员实施核查，也可由第三方专业机构完成核查后，将结果通知项目实施组织，以开展项目质量的持续改进和提高工作。项目质量核查的内容主要有对项目所用材料、半成品和配件的质量查验，对项目各项工作质量的核查，对项目产出物的质量检验，对项目质量控制方法和工作的核查和对项目各种管理与技术文件的核查等方面。

2. 项目质量改进与提高

项目质量改进与提高的方法可以用于提高项目质量，从而为项目组织和项目客户等带来更多的利益。项目质量改进与提高的方法包括项目质量改进建议和项目质量改进行动两个方面的方法。项目质量改进建议方法是通过要求和倡导项目团队成员提出项目质量改进建议，从而更好地保障和提高项目质量的一种方法。通常，一项项目质量改进建议应包括：目前存在的项目质量问题及其后果，发生项目质量问题的原因分析，进行项目质量改进的建议目标，进行项目质量改进的方法和步骤、进行项目质量改进所需的资源、项目质量改进成果的确认方法等内容。多数项目质量改进行动是根据项目质量改进建议所确定的具体内容和工作方法而开展的。

(三)项目质量控制的技术与方法

1. 核检清单法

核检清单是项目质量控制中一种独特的结构化质量控制工具和方法。它主要是使用一份开列有项目各个流程、活动和各个活动步骤中所需核对和检查的科目与任务清单,并对照这一清单按规定核检时间和核检频率去检查项目实施情况;然后对照清单中给出的工作质量标准去确定项目质量是否失控、是否出现系统误差、是否需要采取纠偏措施;最终给出相关核查结果和相应的对策措施决策。这是一种针对项目工作质量控制的基本技术方法。

2. 质量检验法

质量检验法是指通过测量、检查和测试等手段来保证项目工作结果以及项目产出物与质量要求相一致的质量控制方法。这种方法主要针对项目产出物进行质量控制,但是它也可以用于项目工作质量控制。其中,对于项目工作和项目产出物的质量检验法又可分为:自检(自己不断检验工作和工作结果的方法)、互检(团队成员相互检验工作和工作结果的方法)和专检(由专门质量检验和监督人员检验工作和工作结果的方法)三种不同的质量检验方法。对任何一个项目活动而言,在必需的检验工作和必要的检验文件未完成之前,一般不应该开展项目的后续工作。否则会使项目质量问题的后果扩大化。项目质量检验方法要求每次严格记录检验结果,由授权人员进行结果评价并决定最终是否接受。

3. 控制图法

控制图是用于开展项目质量控制的一种图示方法。通过控制图给出关于控制界限、实际结果、实施过程的图示描述。控制图法可以用来确定项目的过程和结果是否处于受控状态。

如图10-4所示,图中的要求上、下限是项目质量容忍区间,此时的控制标准是:在设定的控制界限内,如果发生朝同一方向连续变化有七个点时(或者连续有七个点在中线的同一侧时),就认定项目质量控制出现失控状况而应该采取控制措施,使项目质量过程回到受控状态。控制图法是建立在统计质量管理方法基础之上的,它需要利用有效数据建立控制界限,观察与分析所得到的项目质量数据,并根据分析采取质量控制措施。

4. 帕累斯图法

帕累斯图可以分析和发现项目质量问题的关键影响因素。这也是项目质量控制中经常使用的一种方法。帕累斯图又叫排列图。它将关于项目质量问题的要素进行分类。从而找出相对重要的少数(A 类)因素和次要的多数(C 类)因素,以便对这些要素按照 ABC 分类管理的方法对项目进行质量控制和管理。

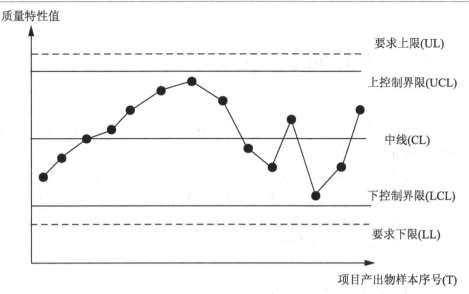

图 10-4　控制图

5. 统计样本法

统计样本法是指选择一定数量的项目工作样本，然后通过检验样本得到的统计数据去推断项目总体的质量情况，以获得项目质量信息和开展项目质量控制的方法。这种方法适用于有大批量项目产出物的项目质量控制，因为只有这样才能够获得足够数量的样本去科学准确地推断项目整体的质量情况，并由此来减少项目质量控制的成本。统计样本法在项目质量控制中也是很重要的方法之一。但是由于项目的一次性、独特性等特性，使得这种方法在某些项目质量控制中使用时还有一些困难。

6. 流程图法

流程图法在项目质量管理中是一种非常有用和经常使用的质量控制方法，这是由项目的过程性所决定的。在这种方法用于项目质量控制时，主要用于分析项目质量问题将要或实际发生在项目流程的哪个环节，以及造成这些质量问题的原因和这些质量问题发展和形成的过程。

7. 趋势分析法

趋势分析法是指使用各种预测分析技术来预测项目质量未来发展趋势和结果的一种质量控制方法。这种方法预测的依据为项目前期数据资料。趋势分析法常用于项目质量的监控。这种方法的原理是统计分析和预测的原理，包括回归分析、相关分析、趋势外推分析等一系列的统计分析预测原理和方法。

第五节 项目风险管理

任何一个项目都会有风险。一般认为,项目风险是指由于项目所处环境和条件本身的不确定性,项目业主、项目组织、项目其他相关利益主体主观上不能准确预见或控制影响因素,使项目最终结果与项目相关利益主体的期望产生背离的可能性。如果不能很好地管理项目风险,就会给项目相关利益者造成各种各样的损失。因此在项目管理中必须积极地开展项目风险管理,必须通过项目风险管理去充分识别、科学度量和控制项目的各种风险,从而保证项目目标最终能够实现。

一、项目风险管理的内容

项目风险管理过程包括项目风险识别和项目风险度量、制定和使用各种项目风险应对措施,全面管理与有效控制项目风险,以及处理项目风险事件所造成的不利结果等。

(一)项目风险识别

项目风险识别是一项贯穿项目全过程的项目风险管理工作。这项工作的目标是识别和确定出项目究竟存在哪些风险,这些项目风险究竟有哪些基本特性,这些项目风险可能会影响项目哪些方面等等。在项目风险识别的过程中,不但必须全面识别项目风险可能带来的各种损失,而且要识别项目风险的不确定性可能带来的各种机遇,这种项目风险不确定性带来的机遇是一种正面影响和获得额外收益的可能性。项目风险识别内容包括以下几个方面。

1. 识别并确定项目有哪些潜在的风险

这是项目风险识别的第一项工作目标。在项目风险识别工作中,首先要全面分析项目发展变化的各种可能性,从而识别出项目潜在的各种风险并整理汇总成项目风险清单。

2. 识别引起这些项目风险的主要影响因素

这是项目风险识别的第二项工作目标。在项目风险识别中要全面分析各项目风险的主要影响因素及其对项目风险的影响方式、影响方向、影响力度等。然后,要运用各种方式,如图表、文字或数学公式等,将项目风险和这些风险主要影响因素的相互关系描述清楚。

3. 识别项目风险可能引起的后果

这是项目风险识别的第三项工作目标。项目风险识别的根本目的是找到项目风险和缩小、消除项目风险带来的不利后果，如果能够预知项目风险可能引起的后果，就可以采取相应的风险应对措施了。

在项目风险识别阶段，人们对于项目风险的识别和分析主要是一种定性分析，对于项目风险的定量分析属于项目风险度量的任务。

(二) 项目风险度量

项目风险度量是对于项目风险大小、项目风险影响程度和后果所进行的评价与估量。项目风险度量包括对项目风险发生可能性(概率大小)的评价和估量、对项目风险后果严重程度(损失大小)的评价和估量、对项目风险影响范围的评价和估量以及对项目风险发生时间的评价和估量等多个方面。项目风险度量的主要作用是根据这种度量去制定项目风险的应对措施以及开展项目风险的控制。项目风险度量的主要工作内容如下。

1. 项目风险可能性的度量

项目风险度量的首要任务是分析和估计项目风险发生概率的大小，即项目风险可能性的大小。一个项目风险的发生概率越高，造成损失的可能性就越大，对它的控制就应该越加严格。

2. 项目风险后果的度量

项目风险度量的第二项任务是分析和估计项目风险后果的严重程度，即度量项目风险可能带来的损失大小。如果一个项目风险发生的概率并不大，可它一旦发生则后果十分严重的话，就必须对它进行严格的管理和控制，否则这种项目风险的发生会给整个项目造成十分严重的损失。

3. 项目风险影响范围的度量

项目风险度量的第三项任务是分析和估计项目风险影响范围的大小，即项目风险可能会影响到项目哪些方面和哪些工作。如果一个项目风险发生的概率和后果严重程度都不大，但它一旦发生会影响到项目各个方面和许多工作，也需要对它进行严格的管理与控制，以防止因而影响整个项目的工作和活动。

4. 项目风险发生时间的度量

项目风险度量的第四项任务是分析和估计项目风险发生的时间，即项目风险可能在项目的哪个阶段或什么时间发生。项目风险管理与控制都必须根据项目风险发生时间进行安排，一般先发生的项目风险应该优先控制，后发生的项目风险可以延后采取措施，通过监视和观察项目的发展进程作进一步风险识别和风险控制。

(三) 项目风险应对措施

完成项目风险识别和度量以后，就可以根据由此获得的信息制定项目风险应对措施。经过项目风险识别和度量而确定出的项目风险一般会有两种情况：一是项目风险超出了项目组织或项目客户能够接受的程度，其二是项目风险未超出项目组织或项目客户可接受的程度。这两种不同情况各有一系列不同的项目风险应对措施。对第一种情况，项目组织或项目客户基本的应对措施是停止项目或取消项目，从而规避项目风险；对于第二种情况，项目组织或项目客户要积极主动地努力采取各种措施避免或削减项目风险损失。所有用于规避和避免项目风险损失措施都属于项目风险应对措施的范畴。

(四)项目风险控制的概念

项目风险控制是指在整个项目过程中，根据项目风险管理计划和项目实际发生风险与变化所开展的各种控制活动。通过项目风险识别与度量，人们已识别出项目的绝大多数风险及其特性，所以这些项目风险多数是相对可控的。只要能够通过项目风险识别和度量得到足够多的有关信息，然后通过采取正确的项目风险应对措施，就可以实现对项目风险的有效控制。

项目风险是发展和变化的，在人们对其进行控制的过程中，这种发展与变化同时会随着人们的控制行为而发生变化。在这一过程中所产生的各种信息，会进一步完善人们对项目风险的认识和把握程度，使人们对项目风险的控制行为更加符合客观规律。实际上，人们对项目风险的控制过程，就是一个不断认识项目风险、不断修订项目风险控制决策与行为的过程。这一过程是一个通过有意识的行为使项目风险逐步从不可控向可控转化的过程。

二、项目风险管理的方法

(一)项目风险识别的方法

项目风险识别的方法有很多，既有结构化方法也有非结构化方法，既有经验性方法也有系统性方法。使用最多的项目风险识别方法有如下几种。

1. 系统分解法

这是一种利用系统分解的原理，将一个复杂的项目分解成一系列简单和容易认识的子系统或系统元素，从而识别项目各子系统、系统要素和整个项目中各种风险的方法。比如，在投资建造一个旅游项目时，人们可以首先根据项目本身的特性，将项目风险分解成市场风险、投资风险、经营风险、技术风险、原材料或资源供应风险、环境污染风险等子系统风险，然后可以对这些项目子系统风险作进一步分解，如将项目市场风险进一步分解成竞争风险(由于市场竞争而造成对未来经营成果的不确定)、替代风险(由于出现替代产品对未来经营成果的不确定)、需求风险(由于市场出现需求不足对未来经营成果的不确定)，从而全面识别这一旅游项目的各种风险。

2. 流程图法

项目流程图给出了一个项目的工作流程，给出了项目各部分之间的相互关系。包括项目系统流程图、项目实施流程图和项目作业流程图等各种不同详细程度的流程图。项目风险识别中使用的流程图法就是使用这些流程图分析和识别项目风险的方法，这种方法的结构化程度比较高，所以对识别项目风险和风险要素都是非常有用的。这种方法使用项目流程图分析和识别项目各个环节中存在的风险以及项目风险的起因和影响。例如，一个建设项目就有一个由可行性分析、技术设计、施工图设计、计划、施工组织等一系列环节构成的流程，这些流程构成的项目流程图就可以用来分析和识别该项目的各种风险。

3. 头脑风暴法

对于项目风险识别来说，头脑风暴法是一种非结构化的方法，它是运用创造性思维、发散性思维和专家经验，通过会议等形式来识别项目风险的一种方法。在使用这种方法识别项目风险时，要允许与会的各方面专家和分析人员畅所欲言，共同搜寻和发现项目存在的各种风险。在使用这种方法时，组织者要善于提问和引导，能够及时整理项目风险分析与识别的结果，促使与会者能够不断地发现和识别出项目的各种风险和项目风险影响因素。一般在使用这种方法时，需要专家们回答的主要问题包括：如果实施这个项目会遇到哪些项目风险，这些项目风险的后果严重程度如何，这些项目风险的主要成因是什么，项目风险事件的征兆有哪些，项目风险有哪些基本特性等等。

4. 情景分析法

情景分析法是通过对项目未来某个状态或某种情景的详细描绘与分析，从而识别出项目风险与项目风险因素的一种项目风险识别方法。项目情景是对项目未来某种状态或情况的描述，这种描述可以使用图表、文字或数学公式等形式。对涉及影响因素多、分析计算比较复杂的项目风险识别作业，可借助于计算机信息系统进行情景分析。使用情景分析法识别项目风险一般需要先给出项目情景描述，然后找到项目变动的影响因素，最后分析项目情景变化造成的风险与风险后果。情景分析法可以识别项目风险、分析和识别项目风险影响因素、分析和识别项目风险后果、分析和识别项目风险波及范围和检验项目风险识别的结果。

(二) 项目风险度量的常用方法

1. 损失期望值法

这种项目风险度量的方法首先要分析和估计项目风险发生概率的大小和项目发生风险所带来的损失大小，然后将二者相乘，以求出项目风险损失的期望值，并使用项目损失期望值度量项目风险的大小。具体做法如下。

1) 项目风险发生概率的确定

确定项目风险发生概率及其分布是项目风险度量中最基本的内容。一般说来，项目风险发生概率及其分布应该根据历史信息资料来确定。当项目管理者没有足够历史信息资料时，就需要利用理论和经验去估计和确定项目风险发生的概率。由于项目具有一次性和独特性等特性，所以在许多情况下人们很难找到大量的历史信息资料，而只能根据有限的历史资料去估算项目风险发生概率，甚至有时在一定程度上要依靠人们的主观判断。项目管理者在很多情况下要使用自己的经验和主观判断去度量项目风险发生概率及其分布。依据经验和主观判断得到的项目风险发生概率被称为先验概率，虽然它是凭经验和主观判断估算或预测出来的，但它并不是纯粹的主观随意性的估计，因为项目管理者的主观判断依照过去的管理经验，具有一定的客观性。

2) 项目风险造成损失的确定

项目风险造成的损失大小可以从三方面来衡量，其一是项目风险造成损失的性质，其二是项目风险造成损失的大小，其三是项目风险造成损失的时间分布。项目风险造成损失的性质是指项目风险可能造成的损失是环境危害性的、经济性的，还是技术性的或其他方面的。项目风险造成损失的大小是指项目风险可能带来损失的严重程度，它们需要用损失的数学期望与方差表示。项目风险造成损失的时间分布是指项目风险是突发的，还是随时间的推移逐渐变化的。

3) 项目风险损失期望值的计算

项目风险损失期望值的计算一般是将上述项目风险发生概率与项目风险造成损失估计相乘得到的，其计算公式如下。

$$E_{(L)} = \sum_{i=1}^{n} L_i P_i$$

式中，$E_{(L)}$ 为风险损失的期望值；P_i 为项目第 i 种风险的发生概率；L_i 为项目第 i 种风险的损失；i 为项目第 i 种风险，i 从 1 到 n。

2. 模拟仿真法

模拟仿真法是用计算机模拟仿真模型分析度量项目风险的方法。这种方法可用来度量项目各种能够量化的风险，它通过系统仿真模拟项目风险事件发生时的各种条件和影响因素，然后使用计算机模拟仿真计算，给出项目风险概率及其分布和损失大小的统计规律与结果，并由此得到项目风险度量结果。例如，项目工期风险和项目成本风险的度量就可以使用模拟仿真方法。模拟仿真法多数用在大型项目或是复杂项目的风险度量上，一般小项目多数使用前面给出的损失期望值法。由于项目质量、工期和造价的风险直接关系项目成败，所以模拟仿真法在这些项目风险的度量中广为使用。

3. 专家决策法

专家决策法也是在项目风险度量中经常使用的方法之一，它可以代替或辅助损失期望值计算和模拟仿真方法。在许多大型和复杂的项目管理中都会邀请各方面专家,并要求他们运用自己的经验作出项目范围、项目工期、项目成本、项目质量等各方面项目风险的度量。这种项目风险度量通常比较准确可靠,甚至有时比期望值计算和模拟仿真方法确定的项目风险度量结果还要准确和可靠,因为这些项目专家的经验通常是一种比较可靠的思想型信息数据。另外,在很多项目风险度量中仅仅要求专家给出高、中、低三种项目风险概率的估计和多种项目风险损失严重程度估计的数据,这种估计所要求的精确程度并不高,所以使用专家决策法去作项目风险度量,其结果一般足够准确和可信。

(三) 项目风险应对的主要措施

1. 风险规避措施

这是从根本上放弃项目或放弃使用有风险的项目资源、项目技术、项目设计方案等,从而避开项目风险的一类应对措施。例如,对于不成熟的技术坚决不在项目实施中采用就是一种项目风险规避措施。

2. 风险遏制措施

这是从遏制项目风险引发原因的角度出发应对项目风险的一种措施。例如,对可能因项目财务状况恶化而造成的项目风险,如因资金断绝而造成项目停工等,采取注入新资金作为保障措施就是一种典型的项目风险遏制措施。

3. 风险转移措施

这类项目风险应对措施多数用来对付那些发生概率小,但是损失大或者项目组织很难控制的项目风险。例如,通过购买工程保险将工程项目风险转移给保险商的办法就属于风险转移措施。

4. 风险化解措施

这类措施从化解项目风险出发,去控制和消除项目具体风险的引发原因。例如,对于可能出现的项目团队内部和外部的各种冲突风险,可以通过采取双向沟通、调解等各种消除矛盾的方法解决,这就是一种项目风险化解措施。

5. 风险削减措施

这类风险应对措施是对付无预警项目风险的主要应对措施之一。例如,对于一个工程建设项目,在因雨天而无法进行室外施工时,采用尽可能安排各种项目团队成员与设备从事室内作业的方法就是一种项目风险削减措施。

6. 风险应急措施

这也是应对无预警项目风险的一种主要措施,特别是对于那些会造成巨大损失的潜在项目风险,应该积极采取这种风险应急措施。例如,准备各种灭火器材以对付可能出现的火灾，购买救护车以应对人身事故的救治等都属于风险应急措施。

7. 风险容忍措施

风险容忍措施是针对那些项目风险发生概率很小而且项目风险造成后果较轻的风险事件采取容忍接受的一种风险应对措施。这是一种最为经常使用的项目风险应对措施，但注意不同组织的风险容忍度必须要合理地确定。

8. 风险分担措施

这是指根据项目风险大小和项目相关利益者承担风险能力的大小，分别由不同项目相关利益主体合理分担项目风险的一种应对措施。这种项目风险应对措施多数采用合同或协议方式确定项目风险分担责任。

另外还有许多项目风险应对措施，但是在项目风险管理中上述项目风险应对措施是最常使用的几种项目风险应对措施。

(四)项目风险控制方法和步骤

1. 建立项目风险事件控制体制

这是指在项目开始之前根据项目风险识别和度量报告所给出的信息，制定出整个项目风险控制方针、项目风险控制程序以及项目风险控制的管理体制。包括项目风险责任制、项目风险报告制，项目风险控制决策制，项目风险控制的沟通程序等。

2. 确定要控制的具体项目风险

这是根据项目风险识别与度量报告所列出的各种具体项目风险，确定出对哪些项目风险进行控制、而对哪些项目风险容忍并放弃对它们的控制。通常要按照项目具体风险后果严重程度和风险发生概率以及项目组织的风险控制资源等情况确定。

3. 确定项目风险的控制责任

这是分配和落实项目具体风险控制责任的工作。所有需要控制的项目风险都必须落实具体负责控制的人员，同时要规定他们所负的具体责任。每一项项目风险的控制工作都要由专人负责、不能分担，而且要由合适的人员去担负责任。

4. 确定项目风险控制的行动时间

这是指对项目风险控制要制定相应的时间计划和安排，规定解决项目风险问题的时间限制。许多项目风险失控造成损失都是因为错过了风险控制时机造成的，所以必须制定严格的项目风险控制时间计划。

5. 制定各个具体项目风险的控制方案

根据项目风险的特性和时间安排，还要制定出各个具体项目风险的控制行动方案。

首先要找出能够控制项目风险的各种备选方案,然后对方案作必要的可行性分析和评价,最终选定要采用的风险控制方案并编制项目风险控制方案文件。

6. 实施各个具体项目风险控制方案

这一步要按照确定的具体项目风险控制方案开展项目风险控制活动。在这项活动中,还必须根据项目风险的实际发展与变化,不断地修订项目风险控制方案与办法。对于某些具体的项目风险而言,项目风险控制方案的修订与实施几乎是同时进行的。

7. 跟踪各个具体项目风险的控制结果

这一步的目的是收集项目风险控制工作结果信息并给予反馈,并不断地根据反馈信息修订和指导项目的风险控制工作。通过跟踪而给出项目风险控制工作信息,再根据这些信息去改进具体项目风险控制方案及其实施工作,直到项目风险控制完结为止。

8. 判断项目风险是否已经消除

如果认定某个项目风险已经消除,则具体项目风险的控制工作就已经完成了。如果判定某个项目风险仍未解除就需要重新进行项目风险识别和度量,然后重新开展新一轮项目风险控制作业。

复习自测题

(1) 项目管理和其他管理相比较有哪些特点?
(2) 项目管理的知识体系有哪些内容?
(3) 项目时间管理包括哪些方面的内容?有哪些常用的方法?
(4) 项目成本管理包括哪些方面的内容?有哪些常用的方法?
(5) 项目质量管理包括哪些方面的内容?有哪些常用的方法?
(6) 项目风险管理包括哪些方面的内容?有哪些常用的方法?

附录A 项目建议书编制、申报、审批

一、编制项目建议书的主要内容及要求

(一)项目概况

项目名称、项目由来及背景。

项目承办单位和项目投资者的有关情况。即：生产经营内容、生产经营规模、产品销售情况、年上缴税额、自有资金数额、债权债务情况等。

兴办外商投资项目要作如下简述。

(1) 合营各方概况，即：合营各方名称、法定地址、法定代表国籍及姓名、资金实力、技术力量等。

(2) 合营方式(注明合资、合作、独资)。

(3) 合营年限。

(4) 经营范围。

(5) 产品销售方向(内销或出口比例)。

简述项目建设的必要性和依据。技术引进项目，要简述技术引进内容(关键设备或技术专利)、拟引进技术设备水平及其国别和厂商。

产品技术水平及市场销售前景。

(二)项目建设初步选址及建设条件

项目建设拟选地址的地理位置、占地范围(四至范围)、占用土地类别(国有、集体所有)和数量、拟占土地的现状及现有使用者的基本情况。

如果不指定建设地点，要提出对占地的基本要求。

项目建设条件。简述能源供应条件、主要原材料供应条件、交通运输条件、市政公用设施配套条件及实现上述条件的初步设想。需进行地上建筑物拆迁的项目，要提出拆迁安置初步方案。

(三)项目建设规模、建设内容

建设规模和建设内容。生产性项目要提出主要产品品种、生产工艺及生产能力；非生产项目要根据项目的不同性质说明其规模，如旅馆、宾馆项目要说明有多少客房、多少床位；房地产开发项目要说明拟建的建筑物类别及数量；成片开发建设的小区要说明小区的主要功能、建筑容积率等。

总建筑面积及主要单项工程的建筑面积。

(四)环境影响

一般民用建筑项目不写，其他非工业生产项目简写。

(五) 投资估算及资金来源

项目总投资额。技术引进项目要说明进口技术设备使用外汇数额，建设费用和购置国内设备所需人民币数额；外商投资企业要说明总投资额、注册资本数额、合营各方投入注册资本的比例、出资方式及利润分配方式。

资金来源。利用银行贷款的项目要将建设期间的贷款利息计入总投资内。

利用外资项目要说明外汇平衡方式和外汇偿还办法。

(六) 建设进度初步设想(略)

(七) 经济效益和社会效益的初步估算(略)

(八) 结论(略)

(九) 附件

建设项目拟选位置地形图(城市近郊区比例尺为 1:2000；远郊区县比例尺为 1:10000)。标明项目建设占地范围和占地范围内及附近地区地上建筑物现状。

在自有地皮上建设，要附市规划部门对项目建设初步选址意见(规划要点或其他文件)。

国家限制发展的或按国家及市政府规定需要先由行业主管部门签署意见的项目，要附有关行业主管部门签署的审查意见。

外商投资项目要附以下材料。

(1) 会计师事务所出具的外商资信证明材料。
(2) 合营各方的营业执照(复印件)。
(3) 合营各方签署的合营意向书(境内单位要有上级主管部门的意见)。

两个或两个以上境内单位合建的项目要附以下材料。

(1) 合建各方签署的意向书(要有上级主管部门的意见)。
(2) 合建各方的营业执照(复印件)。

其他附件材料。

二、基本建设、更新改造项目的项目建议书的审批权限和申报渠道(以北京市为例)

(一) 审批权限

大中型基本建设项目、限额以上更新改造项目、3000 万美元以上的利用外资项目，经市发改委(限额以上的工业更新改造项目经市经委)审核后，报国家发改委(限额以上的工业更新改造项目报国家经贸委)审批，其中 2 亿元人民币以上项目，由国务院审批。

小型基本建设项目，限额以下更新改造项目的审批。

(1) 总投资 1000 万元人民币以上的内资项目、总投资 500 万美元以上的生产性利用外资项目、300

万美元以上的非生产性利用外资项目由市发改委(工业更新改造项目由市经委)审批。

(2) 总投资 1000 万元人民币以下的内资项目、总投资 500 万美元以下的生产性利用外资项目、300 万美元以下的非生产性利用外资项目，由区(县)、局、总公司审批。

(3) 中央在京单位与本市地方单位合建的项目，由市发改委、市建委联合审批。

其他几类项目的审批。

(1) 外省市省级单位驻京办事处，经国务院机关事务管理局批准设立，具体建设规模由市建委予以确认。

(2) 外省市地区级及以下机构的驻京联络处、各大企业的驻京办事机构，经市政府办公厅批准设立，具体建设规模经有关省、市、自治区计委或企业主管部门批准后由市发改委予以确认。

(3) 外省市单位在京独资建设的项目，按上述权限由项目所在地区县计委或市发改委审批。

在北京经济技术开发区内的建设项目，不论建设规模、资金来源及建设单位的隶属关系，凡是按国家规定可以由北京市审批的，均由北京经济技术开发区管理委员会审批。

下列项目，不论规模大小均需报国家审批。

(1) 外商投资的宾馆、饭店项目，需经市发改委、市经贸委、市旅游局联合初审后，报国家发改委、国家经贸部、国家旅游局审批。

(2) 需国家补助投资或使用国家统借外汇的项目，需由市发改委上报国家发改委审批。

(3) 国家规定的限制类(乙)外商投资项目。

下列项目在市发改委审批之前需征得有关主管部门同意。

(1) 汽车检测场或汽车驾校，需征得市公安交通管理局同意。

(2) 歌舞厅项目，建筑面积 500 平方米以上，需征得市文化局同意(500 平方米以下，在征得区县文化局同意后，由区县计委审批)。

(3) 经营黄金饰品的项目，需征得市人民银行同意。

(4) 施工企业需征得市建委同意。

(5) 勘察设计企业需征得首规委办同意。

(6) 房地产物业管理公司需征得市房地局同意。

(二)申报渠道

市属单位申报项目，先按隶属关系报到主管部门，再由主管部门上报市发改委(或市经委)。

区县属单位申报项目，先报到区县计委，再由区县计委报市发改委(或市经委)。

合建项目的申报。

(1) 中央在京单位与地方单位合建项目，先由合建各方签订合建协议，所签协议经各方上级主管部门认可(地方单位需经区、县、局总公司一级的单位认可，中央单位需经部委的业务司局认可)后，由合建一方或各方的主管部门联合上报市发改委、市建委。

(2) 地方单位与地方单位或外省市单位合建项目，先由合建各方签订合建协议，所签协议经各方上级主管部门认可后，由一家或各家的主管部门联合上报市发改委。

外省市地区级及以下单位的驻京联络处项目，由联络处持北京市政府办公厅的批件和当地省一级计委的批件，到市发改委办理确认手续。

股份制企业或民营企业等无上级主管部门的项目，外省市单位独资在京建设的项目，由项目所在地区、县计委上报市发改委。

中外合营项目，由合营的中方按上述办法上报。

需要上报国家发改委或国家经贸委审批的项目，一般由主管部门先报到市发改委或市经委初审，初审同意后由市发改委或市经委上报。

三、房地产开发项目的项目建议书申报和审批渠道(以北京市为例)

(一)审批权限

国家发改委和市发改委是房地产开发项目的审批机关，除危旧房改造项目可由区县计委审批外，其他房地产开发项目，区、县、局、总公司一律不具备审批权。

具体分工是：

中央在京单位(含军队)所属房地产开发公司的项目，由国家发改委审批。

地方房地产开发公司总建筑面积在10万平方米以上或总投资在2亿元人民币以上的高档房地产开发项目、总投资3000万美元以上的中外合资或合作房地产开发项目，由国家发改委审批。

高档房地产项目是指：别墅性质的高档住宅和度假村；建安造价高于一般民用住宅造价(2000元/平方米)一倍以上的公寓项目；建筑标准四星级(或相当四星级)及以上的宾馆、饭店；建安造价超过一般民用非住宅造价(4000元/平方米)一倍以上的各类综合用房、写字楼、商业服务楼。

地方房地产开发公司总建筑面积在10万平方米以下且总投资在2亿元人民币以下的高档房地产开发项目、总投资3000万美元以下的中外合资或合作房地产开发项目以及其他房地产开发项目，按下列权限审批。

(1) 非中外合资、合作项目，属于新开发区内的项目和危旧房改造小区内非配套的大型公建项目，由市发改委、市建委审批；属于危旧房改造小区内住宅及相应配套项目，由区、县计委审批。

(2) 中外合资、合作项目，由市发改委审批。

(二)申报渠道

需国家发改委审批的项目申报渠道。

(1) 地方房地产开发公司的项目，如需报国家发改委审批，开发单位或其主管部门将项目建议书报送市发改委(建委)，经初审后，由市发改委上报国家发改委审批。

(2) 中央在京单位(含部队)所属房地产开发公司的项目，项目建议书由开发公司的主管部门直接报国家发改委，国家发改委审批项目之前涉及北京市规划等有关方面问题，由市发改委(建委)按北京市的有关程序协助办理。

需市发改委审批项目的申报渠道总的原则是，由具有在京房地产开发资格的企业按隶属关系上报。

(1) 市属单位的公司，由其上级主管部门上报。

(2) 区(县)属公司，由区(县)计委上报。

(3) 没有上级主管部门的公司若其组成单位中有地方企业，可由地方企业按上述渠道上报；若组成单位中没有地方企业,则由项目所在地区(县)计委上报。

四、项目建议书批准之后的主要工作

选定建设地址,申请规划设计条件,做规划设计方案。

落实筹措资金方案。落实供水、供电、供气、供热、雨污水排放、电信等市政公用设施配套方案。

落实主要原材料、燃料的供应。

落实环保、劳保、卫生防疫、节能、消防措施。

外商投资企业申请企业名称预登记。

进行详细的市场调查分析。

编制可行性研究报告。

附录B 可行性研究报告编制、申报、审批

一、编制可行性研究报告的主要内容及要求

(一)项目概况

项目名称及项目内容梗概。

项目承办单位和项目投资者。

兴办外商投资项目要作如下简述。

(1) 合营各方概况：即：合营各方名称、法定地址、法定代表国籍及姓名、资金实力、技术力量等。
(2) 合营方式(注明合资、合作、独资)。
(3) 合营年限。
(4) 经营范围。

(二)项目建设的必要性(略)

(三)市场预测

国内外需求、供给的预测。

产品竞争能力、销售方向(出口产品要预测出口数量及进入国际市场的前景)。

产品销售量预测(要预测投产后6～10年内的产品销售量)。

(四)项目建设选址及建设条件论证

项目建设选址的地理位置、占地范围(四至界限)、占用土地类别和数量。

建设条件论证。

(1) 地形、工程地质、水文、气象条件论证。
(2) 供水条件论证。测算供水量，提出供水来源。
(3) 能源供应条件论证。测算各种能源消耗量，提出各种能源供应来源。
(4) 主要原材料条件论证。测算主要原材料消耗量及供应来源。
(5) 交通运输条件论证。测算主要能源、原材料和产品的运输量，提出解决方案。
(6) 拆迁安置方案。

(五)项目规划方案、建设规模和建设内容

建设规模。生产性项目要提出主要产品的生产规模、生产能力；非生产性项目要根据项目的不同性质说明其建设规模。

总建设面积。

建筑内容。分述各个单项工程的名称及建设面积。

项目的总平面布置说明。

生产工艺和主要设备选型。选用进口设备或引进国外技术的要说明理由，并说明进口设备或技术的国别、厂商和技术档次。

(六)项目外部配套建设

能源供应设施建设方案。如变电站、输变电线路、锅炉房、输气管线等建设方案。

供水、排水建设方案。

交通和通信设施建设方案。

原材料仓储设施建设方案。

其他配套设施建设方案。

(七)环境保护

项目对环境的影响预测，环境保护及"三废"治理方案。环保部门有特殊要求的项目，要单独编制环境影响评价。

(八)劳动保护与卫生防疫(略)

(九)消防(略)

(十)节能、节水(略)

(十一)总投资及资金来源

建设项目总投资额(大中型项目要列出静态投资和动态投资，生产经营项目包括固定资产投资和铺底流动资金投资)。

要按建设内容列明主体工程、辅助工程、外部配套工程、其他费用的投资额。

要按费用类别列明前期工程费(土地出让金、征地拆迁安置费等)、建安工程费(建筑工程费、设备安装费等)、设备购置费和其他费用等(建设期贷款利息、应缴纳的各种税费、不可预见费等)。

资金来源。

外商投资项目要列出注册资本、合营各方投入注册资本的比例、利润及分配方式。

外汇平衡方式。

(十二)经济、社会效益

还款期、销售收入、财务内部收益率、财务净现值、投资回收期等财务评价指标的测算。

盈亏平衡分析、敏感性分析等不确定因素分析的结果。

投资总额和资金筹措表、贷款还本付息表、销售收入表、税金表、利润表、财务平衡表、现金流量表、外汇平衡表等经济评价表格。

国民经济效益评价，主要是根据国家公布的社会折现率、影子汇率、影子工资、影子价格等参数、测算项目的经济内部收益率、经济净现值、投资净效益率等。

(十三)项目建设周期及工程进度安排(略)

(十四)结论

综合全部分析,对建设项目在经济上、技术上进行全面的评价,对建设方案进行总结,提出结论性意见和建议。

(十五)附件

项目建议书审批文件。

建设项目所在位置地形图(城市近郊区的比例尺为 1:2000;远郊区的比例尺为 1:10000)。标明项目占地范围和占地范围内及附近地段地上建筑物现状。

项目建设规划总平面布置图。标明交通组织、功能分区、绿化布局、建筑规模(分出层次和面积)。

道路交通、电信、供电、给排水、供气、供热等各种市政配套设施建设管线布置图。

环境影响评价报告(小型生产性和民用建筑项目可以不编制,需要编制环境影响评价报告的项目由市环保局决定)。

规划、供电、市政、公用、劳动、卫生、环保等有关部门对可行性研究报告的审查意见。

大中型生产性项目,要附咨询评估机构的评估报告。

其他附件材料。

二、可行性研究报告的审批权限和申报渠道

总的原则是,谁批项目建议书,谁批可行性研究报告。具体的审批权限和申报渠道可参见项目建议书的审批权限和申报渠道。

大中型基本建设项目、限额以上更新改造项目、一些重要的小型和限额以下的生产经营性项目以及用市财力投资安排的重要项目,政府决策部门在批准项目可行性研究报告前,要先委托有资格的咨询评估机构对项目可行性研究报告进行全面、系统论证,以此作为项目决策的依据。

三、可行性研究报告之后的主要工作

可行性研究报告批准后,建设单位可进行下列工作:

用地方面,开始办理征地、拆迁安置等手续。具体与市规划局、市房地局联系。

报审设计方案,经批准后委托具有承担本项目设计资格及业务范围的设计单位进行设计,并编制设计文件。

报审供水、供气、供热、下水等市政配套方案,征求人防、消防、环保、交通、园林、文物、安全、劳动、卫生、保密、教育等主管部门的审查意见,取得有关协议。

如果是外商投资项目,还需编制合同、章程报经贸委审批,经贸委核发了企业批准证书后,到工商局领取营业执照,办理税务、外汇、统计、财政、海关等登记手续。

规划设计方案经规划部门审定同意后,市计委向市房地局发出《建设项目土地使用性质确认函》,如项目土地确认出让,则委托房地有关部门进行地价评估。

附录C 旅游项目策划需要参照的重要法律法规和国家行业标准

1. 法律法规

《中华人民共和国文物保护法》(2002年)

《中华人民共和国森林法》(1998年)

《中华人民共和国土地管理法》(1998年)

《中华人民共和国消防法》(1998年)

《中华人民共和国建筑法》(1998年)

《中华人民共和国城市规划法》(1996年)

《中华人民共和国自然保护区条例》(1994年)

《中华人民共和国房地产管理法》(1994年)

《中华人民共和国水土保持法》(1991年)

《中华人民共和国环境保护法》(1989年)

《中华人民共和国水法》(1988年)

《中华人民共和国草原法》(1984年)

《中华人民共和国大气污染防治法》(1985年)

《中华人民共和国水污染防治法》(1985年)

《风景名胜区管理条例》(2006年)

《全国生态环境保护纲要》(2000年)

2. 标准(国家标准和行业标准、规范)

《风景名胜区规划规范》(GB 50298—1999)

《旅游区(点)质量等级的划分与评定》(GB/T 18972—2003)

《旅游规划通则》(GB/T 18973—2003)

《旅游资源分类、调查与评价》(GB/T 18972—2003)

《旅游厕所质量等级的划分与评定》(GB/T 18973—2003)

《旅游饭店星级的划分与评定》(GB/T 14308—2003)

《标志用公共信息图形符号 第2部分：旅游设施与服务符号》(GB/T 10001.2—2002)

《标志用公共信息图形符号 第1部分：通用符号》(GB/T 10001.1—2001)

《中国森林公园风景资源质量等级评定》(GB/T 18005—1999)

《游乐园(场)安全和服务质量》(GB/T 16767—1997)

《内河旅游船星级的划分及评定》(GB/T 15731—1995)

附录C 旅游项目策划需要参照的重要法律法规和国家行业标准

《森林公园总体设计规范》(LY/T 5132—95)
《村镇规划标准》(GB 50188—93)
《砌体结构设计规范》(GB 50003—2001)
《木结构设计规范》(GB 50005—2003)
《建筑地基基础设计规范》(GB 50007—2002)
《建筑结构荷载规范》(GB 50009—002)
《混凝土结构设计规范》(GB 50010—2002)
《建筑抗震设计规范》(GB 50011—2001)
《室外给水设计规范》(GBJ 13—86)
《室外排水设计规范》(GB 50014—2006)
《建筑给水排水设计规范》(GB 50015—2003)
《建筑设计防火规范》(GBJ 16—87)
《钢结构设计规范》(GB 50017—2003)
《湿陷性黄土地区建筑规范》(GB 50025—2004)
《工程测量规范》(GB 50026—93)
《供水水文地质勘察规范》(GB 50027—2001)
《城镇燃气设计规范》(GB 50028—93)
《室外给水排水和燃气热力工程抗震设计规范》(GB 50032—2003)
《供配电系统设计规范》(GB 50052—95)
《10kV及以下变电所设计规范》(GB 50053—94)
《低压配电设计规范》(GB 50054—95)
《通用用电设备配电设计规范》(GB 50055—93)
《35—110kV变电所设计规范》(GB 50059—92)
《30—110kV高压配电装置设计规范》(GB 50060—92)
《66kV及以下架空电力线路设计规范》(GB 50061—97)
《给水排水工程构筑物结构设计规范》(GB 50069—2002)
《建筑结构设计术语和符号标准》(GB 50083—97)
《给水排水制图标准》(GB 50106—2001)
《地下工程防水设计规范》(GB 50108—2001)
《架空索道工程技术规范》(GBJ 127—89)
《高耸结构设计规范》(GBJ 135—90)
《古建筑木结构维护与加固技术规范》(GB 50165—92)
《公共建筑节能设计标准》(GB 50189—2005)
《防洪标准》(GB 50201—94)
《城市道路交通规划设计规范》(GB 50220—95)
《城市规划基本术语标准》(GB 50280—98)
《堤防工程设计规范》(GB 50286—98)

《灌溉与排水工程设计规范》(GB 50288—99)

《城市工程管线综合规划规范》(GB 50289—98)

《城市电力规划规范》(GB 50293—99)

《城市居民生活用水质量标准》(GB 50331—2002)

《污水再生利用工程设计规范》(GB 50335—2002)

《建筑中水设计规范》(GB 50336—2002)

《城市环境卫生设施规划规范》(GB 50338—2003)

《老年人居住建筑设计标准》(GB 50340—2003)

《历史文化名城保护规划规范》(GB 50357—2005)

《绿色建筑评价标准》(GB 50378—2006)

《建筑气象参数标准》(JGJ 35—87)

《城市道路和建筑物无障碍设计》(JGJ 50—2001)

《汽车客运站建筑设计规范》(JGJ 60—99)

《博物馆建筑设计规范》(JGJ 66—91)

《城市公共厕所规划和设计规范》(CJJ 14—2005)

《城市环境卫生设施设置标准》(CJJ 27—2005)

《城市道路设计规范》(CJJ 37—90)

《古建筑修建工程质量检验评定标准》(CJJ 39—91)

《城市用地分类代码》(CJJ 46—91)

《公园设计规范及条文说明》(CJJ 48—92)

《城市防洪工程设计规范》(CJJ 50—92)

《市政工程勘察规范》(CJJ 56—94)

《城市规划工程地质勘察规范》(CJJ 57—94)

《风景园林图例图示标准》(CJJ 67—95)

《城市道路绿化规划规划与设计规范》(CJJ 75—97)

《城市用地竖向规划规范》(CJJ 83—99)

《汽车用燃气加气站技术规范》(CJJ 84—2000)

《园林基本术语标准》(CJJ 91—2002)

《城市规划制图标准》(CJJ 97—2003)

《公路工程技术标准》(JTGB 01—2003)

《公路桥涵设计通用规范》(JTGD 60—2004)

《游泳池和水上游泳池给水排水设计规范》(CECS 14—2002)

《城市污水回用设计规范》(CECS 61—94)

《健康住宅建设技术规程》(CECS 179—2005)

参考文献

中文

1. 李天元. 旅游学概论. 天津：南开大学出版社，1999
2. 魏小安，张凌云. 共同的声音：世界旅游宣言. 北京：旅游教育出版社，2003
3. 谢彦君. 基础旅游学(第二版). 北京：中国旅游出版社，2004
4. 辞海编委会. 辞海. 北京：光明日报出版社，2002
5. 现代汉语大词典编委会. 现代汉语大词典. 北京：汉语大词典出版社，2000
6. (汉)许慎撰，(清)段玉裁注. 说文解字注. 上海：上海古籍出版社，1981
7. 谷衍奎. 汉字流源字典. 北京：华夏出版社，2003
8. 辞源编委会. 辞源. 北京：商务印书馆，1983
9. 司马迁. 史记·齐太公世家. 北京：中华书局，1998
10. [美]苏珊. 现代策划学. 北京：中共中央党校出版社，2002
11. 陈放. 策划学. 北京：中国商业出版社，1998
12. 吴灿. 策划学. 基本原理及高级技巧. 成都：四川人民出版社，2001
13. 李宝山，张利库. 企业策划学. 北京：企业管理出版社，2003
14. 雷鸣雏. 中国策划教程. 上海：上海远东出版社，2004
15. 沈祖祥，张帆. 旅游策划学. 福州：福建人民出版社，2000
16. 蒋三庚. 旅游策划. 北京：首都经济贸易大学出版社，2002
17. 杨振之. 旅游资源开发与规划. 成都：四川大学出版社，2002
18. 杨振之等. 旅游原创策划. 成都：四川大学出版社，2005
19. 杨振之，陈谨. "形象遮蔽"与"形象叠加"的理论与实证研究. 旅游学刊，2003(2)
20. 杨振之. 旅游资源系统论分析. 旅游学刊，1997(3)
21. 成都来也旅游策划管理有限责任公司，成都来也城市策划规划设计有限责任公司编制《甘肃省拉卜楞景区旅游开发总体策划及修建性详细规划》，2004，已通过评审并正在实施
22. 成都来也旅游策划管理有限责任公司，成都来也城市策划规划设计有限责任公司编制《丽江古城东郊环境整治及旅游开发总体策划》，2004
23. 陈放. 中国旅游策划. 北京：中国物资出版社，2003
24. 欧阳斌. 中国旅游策划导论. 北京：中国旅游出版社，2005
25. 申葆嘉. 论旅游学的研究对象与范围. 桂林旅游高等专科学校学报，1999(3)
26. 王德刚. 略论旅游学的理论体系. 旅游学刊，1999(1)
27. [美]冈恩，瓦尔著；吴必虎等译. 旅游规划：理论与案例(第四版). 大连：东北财经大学出版社，2005
28. [美]艾尔·巴比著；邱泽奇译. 社会研究方法. 北京：华夏出版社，2000
29. 李怀祖. 管理研究方法论(第二版). 西安：西安交通大学出版社，2004

30. 贝塔兰菲著；秋同，袁嘉新译. 一般系统论. 北京：社会科学文献出版社，1987
31. 徐红罡，保继刚. 系统动力学原理和方法在旅游规划中的运用. 经济地理，2003(5)
32. 彼得·圣吉著. 郭进隆译. 第五项修炼：学习型组织的艺术与实务. 上海：上海三联书店，1998
33. 丹尼斯·舍伍德著. 邱少良，刘昕译. 系统思考. 北京：机械工业出版社，2004
34. 罗伯特·路易斯·弗勒德著. 赵恒译. 反思第五项修炼：掌握系统思考在不可知中学习. 北京：中信出版社，2004
35. 保继刚等. 旅游区规划与策划案例. 广州：广东旅游出版社，2004
36. 沈祖祥. 世界著名旅游策划实战案例. 郑州：河南人民出版社，2004
37. 陈传康，刘振礼. 旅游资源鉴赏与开发. 上海：同济大学出版社，1990
38. 冯维波. 对我国旅游开发规划中若干问题的研究. 重庆建筑大学学报(社科版)，2001(1)
39. 傅文伟. 旅游资源评估与开发. 杭州：杭州大学出版社，1994
40. Inskeep, E. 旅游规划——一种综合性的可持续的开发方法. 北京：旅游教育出版社，2004
41. 李天元，王连义. 旅游学概论. 天津：南开大学出版社，1991
42. 刘振礼，王兵. 新编中国旅游地理. 天津：南开大学出版社，2002
43. 刘赵平. 各地《关于加快旅游业发展决定》的综述. 载国家旅游局主编：新世纪·新产业·新增长：旅游业成为新的经济增长点研究. 北京：中国旅游出版社，1999
44. 于定明. 旅游规划法律问题探析. 旅游学刊，2004(4)
45. 宋子千，黄远水. 旅游资源概念及其认识. 旅游学刊，2000(3)
46. 孙文昌，郭伟. 现代旅游学. 青岛：青岛出版社，1997
47. 吴必虎. 区域旅游规划原理. 北京：中国旅游出版社，2001
48. 肖铁. 项目策划. 成都：西南财经大学出版社. 2001
49. Xie, P and Wall, G. 民俗旅游过程中旅游吸引物的真实性. 见：旅游吸引物管理——新的方向 (Fyall, A 和 Garrod, B 等主编). 大连：东北财经大学出版社，2005
50. 谢彦君. 旅游地生命周期的控制与调整. 旅游学刊，1995(2)
51. 辛建荣，杜远生，冯庆来. 旅游地学. 天津：天津大学出版社，1996
52. 邢道隆，王玫. 关于旅游资源评价的几个基本问题. 旅游学刊，1987(3)
53. 杨富斌，韩阳. 我国旅游景区管理法制状况述评. 北京第二外国语学院学报，2006(1)
54. 赵西萍，王磊，邹慧萍. 旅游目的地国国际旅游需求预测方法综述. 旅游学刊，1996(6)
55. 范泉兴，屠苏莉. 发挥地块特色 提升风景价值——常熟亮山工程设计体会. 中国园林，2005(11)
56. Inskeep. E. 著，张凌云译. 旅游规划：一种综合性的可持续的开发方法. 北京：旅游教育出版社，2004
57. 陆大道. 区位论及区域研究方法. 北京：科学出版社，1988
58. 陆大道. 区域发展与空间结构. 北京：科学出版社，1995
59. 罗明义. 旅游经济学：分析方法·案例. 天津：南开大学出版社，2005
60. 任少华，袁勇志，华冬萍，王玉玫. 关于发展苏州大旅游的思考. 社会科学家，2004(6)
61. 陶臻. 世博地块城市环境分析评价及改善措施. 山西建筑，2006(4)
62. 王瑛，王铮. 旅游业区位分析——以云南为例. 地理学报，2000(3)
63. 王铮，王莹，李山，翁桂兰，宋秀坤. 贵州省旅游业区位重构研究. 地理研究，2000(3)
64. 保继刚. 滨海沙滩旅游资源开发的空间竞争分析. 经济地理，1995(2)

65. 保继刚. 名山旅游地的空间竞争研究——以皖南三大名山为例. 人文地理，1994(2)
66. 保继刚. 喀斯特石林旅游开发的空间竞争研究. 经济地理，1994(3)
67. Bell R and Vazquez-IIIa J. 衰退产业的竞争策略与竞争计划——西班牙阿尔内迪略市温泉酒店业的市场定位. 见：国际旅游规划案例分析. 天津：南开大学出版社，2003
68. 窦文章，杨开忠，杨新军. 区域旅游竞争研究进展. 人文地理，2000(3)
69. 李蕾蕾. 旅游地形象策划：理论与实务. 广州：广东旅游出版社，1999
70. 许春晓. 旅游规划新论——市场导向型旅游规划的理论，方法和实践. 长沙：湖南师范大学出版社，2002
71. 许春晓. 旅游资源非优区适度开发与实例研究. 经济地理，1993(2)
72. 许春晓. 欠发达地区周末度假旅游初步研究. 经济地理，1997(3)
73. 许春晓. 论旅游资源非优区的突变. 经济地理，1995(4)
74. 许春晓. 旅游地屏蔽现象研究. 北京第二外国语学院学报，1995(1)
75. 张凌云. 旅游地空间竞争的交叉弹性分析. 地理学与国土研究，1989(1)
76. 卢石泉，周惠珍. 投资项目评估. 大连：东北财经大学出版社，1993
77. 杨明生，马能泽. 中长期贷款项目评估. 北京：中国金融出版社，1999
78. 成都来也旅游策划管理有限责任公司编制《安徽省花山谜窟——渐江国家重点风景名胜区烟村谜窟景区总体策划》，2006
79. 戚安邦. 项目管理学. 天津：南开大学出版社，2003
80. 舒淼，方竹根. 项目管理精华读本. 合肥：安徽人民出版社，2002
81. [美]巴迪鲁，巴拉特著. 王瑜译. 项目管理原理. 北京：清华大学出版社，2003
82. 中国(首届)项目管理国际研讨会学术委员会. 中国项目管理知识体系纲要. 北京：电子工业出版社，2002
83. 蒋兆祖，刘国冬. 国际工程咨询. 北京：中国建筑工业出版社，1996
84. 吴贺新等. 现代咨询理论与实践. 北京：科学技术文献出版社，2000
85. 杨子竞等. 咨询理论与方法. 北京：北京图书馆出版社，1998
86. 秦铁辉等. 信息分析与决策. 北京：北京大学出版社，2001
87. 郑永幅. 预测分析与 1－2－3 在经济管理中的应用. 北京：经济科学出版社，1998
88. 中国国际工程咨询公司. 投资项目可行性研究指南. 北京：中国电力出版社，2002
89. 陶树人. 技术经济学. 北京：经济管理出版社，1999
90. 中国国际工程咨询公司. 投资项目可行性研究指南. 北京：中国电力出版社，1998
91. 中国国际工程咨询公司投资项目可行性研究与评价中心. 投资项目可行性研究报告编写范例. 北京：中国电力出版社，2002
92. 王建国. 城市设计. 南京：东南大学出版社，1999
93. 徐彬. 环境景观艺术. 沈阳：辽宁科学技术出版社，2002
94. 方惠. 叠石造山. 北京：中国建筑工业出版社，2001
95. 吴为廉. 景观工程规划设计. 上海：同济大学出版社，2005
96. 吕正华. 城市环境规划设计. 沈阳：辽宁科学技术出版社，1999
97. 王浩等. 城市道路绿地景观设计. 南京：东南大学出版社，2005
98. 张国强，贾建中. 《风景名胜区规划规范》实施手册. 北京：中国建筑工业出版社，2003

99. [美]艾·里斯，杰克·特劳特. 营销战(修订版). 北京：中国财政经济出版社，2002
100. 时代光华图书编辑部. 市场竞争策略分析与最佳策略选择. 北京：北京大学出版社，2004
101. 科特勒著；梅汝和，梅清豪，周安柱译. 营销管理(新千年版·第十版). 北京：中国人民大学出版社，2001
102. 黄景清. 100个令你拍案叫绝的营销案例. 北京：中华工商联合出版社，2004
103. 彭一刚. 建筑空间组合论. 北京：中国建筑工业出版社，1998

英文

104. McIntyre, G. Sustainable tourism development: guide for local planners. Madrid: World Tourism Organization, 1993
105. Romero, S. Amazon seeks to green economy. The Toronto Star, 19 June, 2000
106. Smith, V. Introduction: the quest in guest. Annals of Tourism Research, 1992, 19: 1～17
107. Song, H and Witt, S F. Tourism demand modeling and forecasting: modern econometric approaches. New York: Elsevier Science, 2000
108. Usyal, M and Crompton, J L. An overview of approaches used to forecast tourism demand. Journal of Travel Research, 1985, 23: 7～14
109. Witt, S F and Witt, C A. Modeling and forecasting demand in tourism. London: Academic Press, 1992
110. Witt, S F and Witt, C A. Forecasting tourism demand: A review of empirical research. International Journal of Forecasting, 1995, 11(3), 447～475
111. Charlotte M.Echtner, Tazim B.Jamal.The disciplinary dilemma of tourism studies. Annals of tourism research, 1997, Vol.24:868～883
112. Interdisciplinary Revival in Central Europe. Annals of tourism research Volume 25, Issue 3, July, 1998:768～769
113. Jafari J. The Scientification of tourism. In Smith, V.L.&Brent, M.Host and guests revisited: tourism issues of the 21st century. New York/Sydney/Tokyo: Cognizant communication corporation, 2001: 34
114. John M. Nicholas. Project management for business and technology, 2nd ed. 北京：清华大学出版社，2001: 22
115. John Tribe .Indisciplined and unsubstantiated. Annals of tourism research.Volume 27, Issue 3, July, 2000:809～813
116. John Tribe .The indiscipline of tourism. Annals of tourism research. Volume 24, Issue 3, July, 1997: 638～657
117. Leiper Neil. An emerging discipline. Annals of tourism research. Volume 27, Issue 3, July, 2000:805～809
118. Ratandeep singh. Dynamics of modern tourism. Kanishka Pulishers, Distributors.New Dlhi, 1996: 106
119. Robert W. McIntosh, Charles R. Goeldner, J.R.Brent Ritchie. Tourism: principles, practices, philosophies. 7th edition. John Wiley&Sons, Inc. 1995: 10, 19
120. Burke, J and Resnick, B. Marketing and selling the travel products, 2nd edition. Albany, NY: Delmar/Thompson learning, 2000
121. Fennell, D. Ecotourism, 2nd edition. Routledge, 2003

122. Galloway, G. Psychographic segmentation of park visitor markets: evidence for the utility of sensation seeking. Tourism Management, 2002, 23: 581~596
123. Gunn, C and Var, T. Tourism planning: basics, concepts, cases 4th edition. Routledge, 2002
124. Jordan, M. Brazil lays claims to the rain forest. Wall Street Journal, Eastern Edition, 31 August, 2001
125. Kolter, P. Marketing management: analysis, planning and control, 2nd edition. Englewood Cliffs, NJ: Prentice-Hal, 1988
126. Zhang, H Q, Chong, K and Ap J. An analysis of tourism policy development in modern China. Tourism Management, 1999, 20: 471~485
127. Zuckerman, M. Sensation seeking: Beyond the optimum level of arousal. Hillsdale, NJ: Lawrence Erlbaum Associates, 1979
128. Horwath and Horwath, Inc. Maltese islands tourism development plan. London, 1989
129. Lim, C. Review of international tourism demand models. Annals of Tourism Research, 1997, 24(4): 835~849
130. Amazance J. International City Tourism Analysis and Strategy. Ed. Josef A Mazance. London and Washington, Printed and in Great Britain By Biddles Ltd. Guildford and king's Lynn, 1997
131. Deasy G and Griess P. Impact of a tourist facility on its hinterland. Annals of the Association of America Geographers, 1966, 56(1): 29~306
132. Gunn C A. Vacationscape: designing tourist regions. Austin: Bureau of Business Research, University of Texas, 1972
133. Ritchie J and Crouch G. Are destinations born or made — must competitive destinations have star genes? In: Travel and Tourism Research Association, Annals of Conference Proceedings: 2000a, 306~315
134. Ritchie J and Crouch G. Special issues on the competitive destinations. Tourism Management, 2000b, 21: 1